연세 방각본전집 ❶

남훈태평가 한양가

연세 방각본전집 ❶

남훈태평가 한양가

이윤석·김유경 교주

연세대학교 대학출판문화원

연세 방각본전집 1

남훈태평가 한양가

교 주 자 이윤석 · 김유경
펴 낸 곳 연세대학교 대학출판문화원
주 소 서울특별시 서대문구 연세로 50
전 화 02) 2123-3380~2
팩 스 02) 2123-8673
홈페이지 http://www.yonsei.ac.kr/press
E-mail ysup@yonsei.ac.kr
등 록 1955년 10월 13일 제9-60호
인 쇄 (주)일흥피앤피

2014년 5월 29일 1판 1쇄
ISBN 978-89-6850-064-0 (93810)

값 20,000 원

머리말

조선시대 서적 간행은 주로 관청에서 담당했으므로 민간에서 간행한 서적은, 사찰에서 간행한 불교서적이나 각 문중에서 만든 문집 또는 족보 등이 있다. 이러한 관판(官版)이나 사찰판(寺刹板) 또는 사가판(私家版)은 특정 집단 내에서만 유통되는 것이므로, 이런 책을 얻을 수 있는 신분이나 자격이 없으면 구할 수 없다. 조선 후기에 들어서면서 서적에 대한 수요가 늘어나게 되는데, 편지를 쓰거나 한시를 지을 때 참고할 수 있는 교양서적이나, 소설처럼 오락용 서적이 그것이다. 이와 같은 교양서적이나 오락서적에 대한 요구에 응하기 위해 민간에서 간행한 서적이 방각본(坊刻本)이다. 방각본은 영리를 목적으로 간행한 상업출판물이므로, 돈만 있으면 누구나 구입할 수 있다.

조선시대 상업출판물로 거론할 수 있는 것은 세책(貰冊)과 방각본이다. 돈을 받고 책을 빌려주는 영업인 세책업은 18세기 중반에 나타났는데, 이 세책은 인쇄본이 아니라 필사본이었다. 목판으로 인쇄한 방각본은 18세기 후반에 나타나기 시작해서 19세기에 들어와 성행하게 된다. 조선시대 방각본은 한글본과 한문본이 모두 있는데, 한글본은 한글소설이 대종을 이루는 주로 오락적인 것이고, 한문본은 초보적인 교양서적이 그 대부분이다. 상업출판물은 지식이 지배층의 전유물이 아니라는 사실을 보여주는 것이고 또 지식이나 오락이 상품으로 거래되는 시대가 왔음을 보여주는 한 징표이므로, 방각본의 출현은 조선이라는 봉건국가가 이전과는 다른 새로운 시대로 들어서고 있음을 알려준다.

한문방각본은 대체로 낮은 수준의 책이고, 한글방각본은 한글로 표기되었다는 사실 자체가 외면 받는 것이었으므로, 당대는 물론이고 최근까지도 홀대를 받아왔다. 그러나 방각본은 지식의 확산과 오락의 대중화에 크게 공헌한 대중문화의 꽃이다. 20세기 들어와서 서양의 인쇄 기술인 활판

인쇄에 의한 대량출판이 가능해지기 전까지 방각본은 대중의 교양과 오락을 위한 유일한 인쇄된 서적이었다. 그리고 방각본과 세책으로 유통되던 서적들은 활판인쇄 시대에 들어와서도 다시 활판본으로 간행되어 인기를 끌었다. 그러므로 대중문화의 초기 형태를 이해하기 위해 방각본에 대한 연구는 반드시 필요하다.

방각본 연구를 위해서는 그 내용을 현대어로 옮기는 일이 필요하다. 한문본뿐만 아니라 한글본 방각본 역시 마찬가지이다. 왜냐하면 지난 150년 정도의 기간 동안 우리 사회는 극심한 변화를 겪었기 때문에 19세기 중반에 나온 방각본의 내용을 정확하게 이해하기 위해서는 고도의 전문적인 지식이 필요하기 때문이다. 이제까지 방각본을 현대어로 옮기는 작업이 없었던 것은 아니나, 특정한 몇몇 작품에 국한되었었고, 또 정밀하지 못한 것이 대부분이다. 연세방각본전집은 조선후기에 나온 방각본 전체를 정밀한 교주와 함께 정확하게 현대어로 옮기는 것을 목표로 하고 있다.

연세방각본전집의 첫 권으로 <남훈태평가>와 <한양가>를 낸다. <남훈태평가>는 당대 유행하던 노래의 가사를 모아놓은 노래책이고, <한양가>는 조선의 수도인 한양의 갖가지 볼거리를 나열한 장편가사이다. 두 책 모두 현재의 분류로는 시집이라고 되어 있으나, 당시에는 시집이라기보다는 노래책이었다고 보아야 할 것이다. 한글 방각본의 대부분이 소설이었는데, 이 두 책은 노랫말을 모아놓은 것이므로 방각본 가운데 특별한 의미를 갖고 있다.

작품의 교주는 이윤석과 김유경이 함께 했고, <남훈태평가>의 해제는 김유경이, <한양가> 교주는 이윤석이 맡아서 썼다.

2014년 2월

이 윤 석

일러두기

1. 교주한 본문은 원문을 최대한 살리되 현대 어법에 맞도록 옮기고 주석을 붙였다.

2. 작품을 읽었을 때의 느낌을 살리기 위하여 자수를 맞추는 데 중점을 두었으나, 문법에 어긋나는 경우나, 독자의 오해를 부를 수 있는 부분에서는 수정하였다.

3. 독자의 편의를 위해 남훈태평가는 시조, 가사, 잡가편마다 각 작품에 일련번호를 붙였다.

4. 한양가의 경우에도 전체 내용을 7개 부분으로 구분하여 소제목을 붙여 작품 이해에 도움이 되도록 하였다.

5. 남훈태평가는 단권본을 대본으로 삼았으나, 2권본에만 있는 작품(시조 2편 잡가 1편)들도 말미에 첨부하여 함께 교주하였으며, 한양가 말미에 첨부된 신증동요도 한양가와 함께 교주하였다.

6. 교주본과 원문을 대조하여 읽기 편하도록 원문 각 장의 첫글자 위에 점을 찍어 표시하여 각 면의 숫자를 밝혔다.

차 례

해제

『남훈태평가』

Ⅰ. 방각본 노래책의 등장

Ⅱ. 가곡창과 시조창

Ⅲ. 표기 및 편찬상의 특징

Ⅳ. 『남훈태평가』의 간행과 의미

『한양가』

Ⅰ. 〈한양가〉의 성격

Ⅱ. 〈한양가〉의 내용

Ⅲ. 〈한양가〉 이본과 연구

남훈태평가

Ⅰ. 방각본 노래책의 등장

『남훈태평가』는 1863년에 방각본으로 출간된 노래책이다. 방각본은 18세기 후반부터 민간 업자들이 판매를 위해 목판으로 인쇄한 출판물이다. 방각본 이전에는 관청이나 사찰 또는 일부 명문가에서만 책을 간행했으므로, 일반인에게 판매하기 위한 출판은 방각본으로부터 시작되었다고 할 수 있다. 방각본은 초보적인 교양서 등 실용적 목적을 지닌 것들이거나 소설 등 흥미 위주의 책이었는데, 실용과 흥미 위주의 출판 경향은 오늘날의 상업 출판과 크게 다르지 않았다.

『남훈태평가』의 등장은 이 시기에 이르러 시조·잡가·가사의 노랫말이 구매의 대상이 되었음을 말해준다. 방각 출판은 판각 단계에서 상당한 초기 비용이 요구되는 것이라는 사실에 주목한다면, 노래책에 대한 수요가 상당히 있었음을 알 수 있다.

노랫말을 수록한 『남훈태평가』는 가창 대본으로서의 성격을 지닌다고 할 수 있다. 그렇다면 구매자는 시조의 전문가일 텐데, 소수의 전문가를 수용자층으로 하는 가창대본이 방각본으로 간행되었다는 점은 모순처럼 보이기도 한다. 19세기에 이르러 시조가 일반인들에게 향유될 정도로 대중화되었다고 보는 시각도 있지만 시조창이 가곡창에 비해 간단해졌다고 해서 시조창을 일반인도 쉽게 부를 수 있는 것은 아니었다. 해답은 시조창의 확대로 인한 노랫말의 대중화 추세에서 찾을 수 있다.

19세기 이후 시조창의 성행은 향유층의 확대를 가져왔고 향유층의 확대 과정에서 시조창에 접하게 된 대중은 그 노랫말에 흥미를 가지게 되고 따라서 노래책의 간행이라는 현상까지 낳게 된 것이다. 시조창은 전문가에 의해 고급한 수준으로 연창(演唱)되기도 하였지만 낮은 수준으로 시행되기도 하였다. 한글 독서층에서 시조를 이해하는 방식의 한 예를 『규호소적』의 〈만언답사〉에서 확인할 수 있다. 유배객이 머무는 집의 안주인이 〈만언사〉 화자에게 들려주는 답사를 시작하기에 앞서, 서술자가 등장하여 〈만언사〉 화자의 노래를, 노래 같기도 시조 같기도 하다고 하였다.

혼ᄌᆞ안ᄌᆞ 듕듕긔며 노ᄅᆡ쳐로 시조쳐로
셜운 졍원을 코노ᄅᆡᄉᆞ마 ᄒᆞ노라니
쥬인겨집 손뼉치며 압흐로 나아와셔 ᄒᆞᄂᆞᆫ말이…

시조가 시조창의 전문적 창법과는 무관하게 '중중거리며', '콧노래삼아' 하는 정도의 수준에서 평가되는 실상이 나타난다.

『남훈태평가』 이전의 필사본 가집들은 음악인으로서의 의식을 드러내는 서·발문(序跋文)과 함께 가창의 레퍼토리를 수록하기 위해 편찬되어 소수의 음악 전문가 집단에서 편찬·유통되었다. 이와는 달리 방각본 가집 『남훈태평가』는 구매력을 가진 한글 해독층을 상대로 유통되었다. 시조창의 노랫말을 문자화된 읽을거리로 수용하려는 수요에 부응한 상업출판물이 바로 『남훈태평가』이다.

노래가사집인 『남훈태평가』는 가창 문화 성행이 낳은 부산물이다. 연행 현장에서 들으며 즐긴 경험이 바탕이 되지 않았다면 시조창의 노랫말을 문자로 수용하려는 구매욕구가 발생할 수 없었을 것이기 때문이다. 또한 '눈으로 보는 노랫말'인 『남훈태평가』의 대량 보급은 다시 노랫말을 콘텐츠로 하는 가창 문화의 성행에 기여하게 된다. 그 결과 1910년대에 이르러 활판본 가집들이 왕성하게 출간된다.

Ⅱ. 가곡창과 시조창

『남훈태평가』에는 시조의 노랫말이 실려 있다. 흔히 『청구영언』, 『해동가요』, 『가곡원류』를 삼대 시조집(時調集)이라고 일컫는다. 그러나 이들은 가곡창(歌曲唱)을 반영하고 있으므로, 시조집이 아니라 가곡집(歌曲集)이다. 가곡창과 시조창(時調唱)은 음악적으로 큰 차이가 있다. 시조창은 가곡창에서 파생된 형식으로서, 5장인 가곡창과는 달리 3장 형식으로 부르며 노래의 길이가 짧아 여음도 줄고, 반주도 매우 간략해진다.

같은 노랫말을 가곡창으로도 시조창으로도 부를 수 있는데, 노랫말을 생략하지 않고 부르는 가곡창과는 달리, 시조창에서는 종장의 맨 끝 한 어절을 생략하게 된다. 그러니까 노랫말 생략 여부에 따라, 그 가집이 가곡창의 대본인지 시조창의 대본인지를 구분할 수 있다. 종장의 노랫말이 생략되지 않고 끝까지 다 수록되었다면 가곡창 노랫말을 수록한 가집이고, 종장의 맨 끝 한 어절이 생략되어 있다면 시조창 노랫말을 수록한 가집이다. 『청구영언』, 『해동가요』, 『가곡원류』 등에는 종장의 노랫말이 생략되지 않고 온전히 다 수록되어 있는 데 비해, 『남훈태평가』는 거의 모든 작품에서 종장의 한 어절을 생략해놓았다. 『청구영언』 등은 가곡집이고 『남훈태평가』는 시조집이라는 분명한 차이가 드러난다.

그런데 가곡 또는 시조는 엄밀히 말하자면, 문학의 명칭이라기보다 음악 곡조의 명칭이었다. 시조라는 명칭은 신광수(申光洙; 1712-1775)의 『석북집(石北集)』, 이학규(李學逵; 1770-1835)의 『낙하생고(洛下生稿)』 등에서 비로소 나타나는데, 그 의미는 당대에 유행하는 노래 조(調)라는 '시절가조(時節歌調)'였다. 시조가 문학의 명칭으로 자리를 잡게 된 것은 1920년대 시조부흥운동을 통해서이다. 이 시기 시조는 민요와 함께 조선의 혼을 담은 문학으로서 조선의 정신을 되살릴 문학 양식으로 인정되어 문학 양식으로서의 명칭을 확립하게 된 것이다.

시조문학을 짓고 부르던 당대의 문인들은 그것을 한시와 대립적인 우리말 노래라는 뜻으로 가곡(歌曲) 또는 가사(歌詞)/가사(歌辭) 또는 단가(短歌)라는 이름으로 불렀다. 조선시대의 뛰어난 시조 작가 농암(聾巖) 이현보(李賢輔; 1467~1555), 송강(松江) 정철(鄭澈; 1536~1593), 고산(孤山) 윤선도(尹善道; 1587~1671) 등의 시조 작품은 그들의 문집에서 가사(歌詞) 또는 가사(歌辭)라는 항목으로 분류되어 있다.

오늘날 시조문학을 연구할 때, 종장 끝 어절의 생략 여부를 따지지 않는다. 가곡창의 노랫말인지 시조창의 노랫말인지를 따지지 않는다는 의미이다. 오히려 노래에서는 생략되는 부분까지 연구에서는 포함하여 다룬다. 또한 가곡창은 시조창이 성행하기 이전부터 시조문학을 부르는 곡조였다. 바로 이러한 점을 중시하여 시조문학을 가곡창사(歌曲唱詞)라고 불러야 한다는 논의가 나오기도 한다.

『남훈태평가』는 시조창 노랫말을 수록한 가장 이른 시기의 가집인데, 비슷한 시기에 이루어진 것으로 알려진 이세보(李世輔)의 개인 가집 『풍아(風雅)』에서도 종장 끝 한 어절이 생략되었다.

가곡창의 전문 가객 또는 그 애호가들의 손에서, 음악인으로서의 자의식을 드러내고 노랫말을 정리하기 위해 편찬되어 소량으로 유통되던 가집의 역사는, 『남훈태평가』에 이르러 시조창의 노랫말로서 대량 유통의 시대를 열게 된다. 연희의 현장에서 부르고 듣는 가창물이 문자를 통한 출판물로서 상품화된 것이다.

Ⅲ. 표기 및 편찬상의 특징

첫째, 한글로만 표기하였다. 『남훈태평가』에 수록된 노래들은 물론 우리말 노래이다. 하지만 노랫말 가운데 한자어나 한시문의 구절이 섞여 있는 경우가 꽤 있다. 『남훈태평가』 이전의 가집들에서는 우리말 노래에 섞인 한자어나 한시 구절을 한자로 적는 것이 일반적이었다. 그런데 『남훈태평가』에서는 순전히 한글로만 표기하였다. 한시 구절이 삽입된 노랫말일 경우에도 한자를 적지 않았다. 『남훈태평가』 이후의 가집들에도 한자 표기가 흔히 나타난다는 사실에 비추어 보면, 『남훈태평가』의 국문 위주 표기 방식은 매우 두드러진다. 이는 방각본 출간의 주요 종목인 소설이 순전히 국문으로만 표기된 것과 연관이 있을 것이다. 일반적인 가집의 표기 방식과는 달리 국문소설의 표기방식을 따르고 있기 때문이다.

둘째, 노랫말만을 기록하였다. 『남훈태평가』에는 노랫말 이외에는 작가명이나 창작 배경 등에 관한 설명도 수록하지 않았다. 일반적으로 가집들에는 작품과 함께 작가의 이름과 호, 활동 연대 등이 함께 기록되었다. 또한 작품 창작 배경 등이 전해지는 경우에는 그 내용이 한문으로 기록되었다. 그러나 『남훈태평가』에서는 작가조차 밝히지 않았다.

작자나 창작 배경 등이 작품 이해에 도움이 되는 경우가 있다. 그러므로 대부분의 가집들에서는 그러한 사항을 기록하고 있는 것이다. 하지만 『남훈태평가』에서는 오직 노랫말만을 중요하게 여겼음을 알 수 있다. 필사본과는 달리 방각의 효율상 노랫말 이외의 사항은 덜 중요한 것으로 여겨 생략한 것이다.

또한 『남훈태평가』에는 편찬 의도에 관한 서문이나 발문도 없다. 대표적 가집인 『청구영언』(1728)에서 김천택(金天澤)은 우리말 노래를 수집하여 책으로 엮은 뜻을 다음과 같이 밝혔다.

> 무릇 문장과 시율은 세상에 간행되어 영원히 전해져 천년을 지나고도 오히려 없어지지 않는다. 그런데 우리말 노래는 한 때에 입으로 읊조려서 자연히 숨어 드러나지 않아서 후세에 흔적도 없이 사라지게 되니 어찌 애석하지 않겠는가? 고려시대부터 우리나라에 이르기까지 이름난 재상과 뛰어난 선비에서부터 마을에 사는 규수의 작품까지 일일이 수집하여 교정하고 필사하여 한 권으로 정리하여 청구영언이라고 이름을 붙여 당세의 호사가로 하여금 입으로 외우고 마음으로 생각하고 손으로 펼쳐 눈으로 보아 널리 전하게 하고자 한다.
>
> 夫文章詩律 刊行于世 傳之永久 歷千載而猶有所未泯者. 至若永言則一時諷詠於口 自然沈晦 未免煙沒于後 豈不慨惜哉 自麗季至國朝以來 明公碩士 及閭井閨秀之作 一一蒐輯 訂訛繕寫 釐爲一卷 名之曰靑丘永言 使凡當世之好事者 口誦心惟 手披目覽 以圖廣傳言.

문장과 시율이란 한시문을 말하며 그에 대비하여 영언(永言)이란 우리말 노래를 말한다. 영언이란, “시는 뜻을 말한 것이고, 노래는 길게 말하는 것[詩言志 歌永言]”이라는『서경(書經)』「순전(舜典)」에서 유래한 말이다. 그런데 우리나라 사람에게 노래는 우리말로 지어야만 부를 수 있는 것이다. 그러므로 영언이란 바로 우리말 노래를 말한다. 일찍이 퇴계 이황은 “요즘의 시는 옛날의 시와는 달라서 읊을 수는 있어도 노래할 수는 없기 때문에 노래로 부르기 위해서는 반드시 우리말로 노랫말을 지어야 한다. 우리나라 풍속의 소리와 리듬이 그러하지 않을 수 없기 때문이다. [今之詩異於古之詩 可詠而不可歌也 如欲歌之 必綴以俚俗之語 蓋國俗音節 所不得不然也]”라고 하였다. 여기서 이속지어

(俚俗之語)란 이어(俚語), 이언(俚言)과 마찬가지로 우리말을 지칭한다. 이와 같이 『남훈태평가』는 오직 노랫말만을 중시하였다.

셋째, 작품 배열 기준이 나타나지 않는다. 일반적으로 가집들에서는 곡조에 따라 노랫말을 수록하였다. 또는 곡조의 빠르기에 따른 느린 곡조에서 빠른 곡조로 각 곡조로 크게 분류한 뒤, 작가의 출신 성분과 생존 시기에 따라 작품을 배열하였다. 가곡은 원래 만대엽(慢大葉), 중대엽(中大葉), 삭대엽(數大葉) 밖에 없던 것이 가장 느린 만대엽은 영조 이전에 없어지고 중간치인 중대엽도 사람들이 즐겨하지 않았고, 결국 빠른 삭대엽만 유행하게 되었다. 이 삭대엽이 초삭대엽, 이삭대엽, 삼삭대엽으로 분화되었으며 낙시조, 농, 락, 편 등도 파생되었다.

가장 이른 시기의 가집으로 알려진 진서간행회본 『청구영언』의 경우, 초중대엽(初中大葉), 이중대엽(二中大葉), 삼중대엽(三中大葉), 북전(北殿), 이북전(二北殿), 초삭대엽(初數大葉), 이삭대엽(二數大葉), 삼삭대엽(三數大葉), 낙시조(樂時調)에 이어 만횡청류(蔓橫淸類)를 수록하였는데, 가장 많은 작품을 수록하고 있는 이삭대엽 부문에서는 다시 여말, 본조, 열성어제, 여항육인, 규수삼인, 연대결고(年代缺考), 무명씨로 구분하였다. 그런데 『남훈태평가』에는 이러한 기준이 모두 배제되었다. 대체로 평시조는 주로 전반부에 실리고 사설시조는 뒷부분에 실렸으나, 반드시 그러한 것만은 아니어서 뒷부분에 평시조가 들어가기도 했다.

『남훈태평가』에서는 잡가와 가사를 제외한 모든 작품을 일괄적으로 낙시조 항목에 수록하였다. 수록된 작품들을 다른 가집들과 비교하면, 낙희조(樂戲調)를 비롯하여 초삭대엽, 이삭대엽, 삼삭대엽, 계락(界樂), 언락(言樂), 농(弄), 편락(編樂), 언롱(言弄) 등의 곡조로 불린 것들이다.

넷째, 표제에서 태평성대를 표방하였다. '남훈'은 순(舜)임금이 오현금(五絃琴)을 만들어 연주하며 지었다는 〈남풍가(南風歌)〉를 뜻한다. 또한 남훈전(南薰殿)을 뜻하기도 한다. 남훈전은 당나라와 이후 각 시대의 궁궐 전각 이름인데, 주로 천하를 태평하게 다스린 순임금과 관련하여 사용된다. 이와 같이 『남훈태평가』의 표제에는 태평시대를 향한 기원이 담겨 있다.

또한 『해동가요』 등에 언급되는 노래 부르는 격식[歌之風度形容]에 따르면, '남훈'은 초중대엽을 부르는 풍도(風度)로 제시되기도 한다. 초·중대엽을 부르는 풍도는 '순임금이 오현금으로 남풍가를 타듯, 구름이 가는 듯 물이 흐르듯[南薰五絃 行雲流水]'한다는 것이다. 『남훈태평가』 낙시조 14번째 작품에도 남훈전이 등장하는데, 〈남풍가〉의 한 구절 '내 백성의 불평한 마음을 풀도다[解吾民之慍兮]'를 활용하여, 순임금의 태평성대를 노래한다.

다섯째, 『남훈태평가』에는 가집 사상 처음으로 잡가와 가사를 구분하여 그 둘을 나란히 제시하였다. 〈소춘향가〉·〈매화가〉·〈백구사〉를 잡가로, 〈춘면곡〉·〈상사별곡〉·〈처사가〉·〈어부사〉(2권본에는 〈황계사〉 포함)를 가사로 수록하였다. 잡가와 가사를 구분하여 나란히 수록하는 현상은 『남훈태평가』에 이르러 비로소 나타난다.

가사와 잡가는 노랫말에서는 어느 정도 유사성이 있지만, 음악적으로는 잡가는 가사보다 후대에 발생하였으며 전문 창자가 부른 것이다. 음악상으로는 가사는 정악이고, 잡가는 민속악이다. 『남훈태평가』에서는 이 둘을 구분하여 나란히 소개하되, 가사보다 잡가를 앞세웠다.

『남훈태평가』에 잡가와 가사로 소개된 노래들은 모두 현재 12잡가와 12가사에 속해 있다. 단, 현재는 12가사에 드는 〈매화가〉와 〈백구사〉가 당시에는 잡가로 분류되었음을 알 수 있으며, 『남훈태평가』에서 처음으로 시도한 잡가와 가사의 구분은 가사와 잡가가 각각 12개로 고정되기 이전의 가창 현장을 반영한 것임도 알 수 있다.

『남훈태평가』에 수록된 잡가·가사 7편(2권본은 8편)은 『한양가』에서 소리하는 기생이 부르는 곡명으로 등장한다. 『한양가』에 등장하는 〈춘면곡〉·〈처사가〉·〈어부사〉·〈상사별곡〉·〈황계타령〉·〈매화타령〉 등 6편은 『남훈태평가』에 수록된 곡과 모두 일치한다. 이런 점을 통해 『남훈태평가』에 수록된 잡가·가사는 당대 연행 현장의 인기를 반영한 것이었음을 추정할 수 있다.

Ⅳ. 『남훈태평가』의 간행과 의미

방각본 『남훈태평가』는 1863년에 28장본 단권으로 출간된 이래 상권 17장·하권 16장의 2권본으로도 출간되었다. 단권본에는 '癸亥石洞新刊'이라는 간기(刊記)가 있어, 초간 시기를 알 수 있으나, 2권본에는 간기가 없어 정확한 출간 시기를 알 수 없다. 다만 연세대에 소장된 2권본의 상권 중 하나의 소장 기록 '丙午年閏四月十五日'을 토대로, 1906년 이전에 출간되었음을 알 수 있다.

2권본에는 단권본에 수록된 시조 224수 가운데 1수가 빠지고, 단권본에 없는 2수가 첨가되었고, 가사 한 편이 첨가되었다. 2권본은 단권본보다 시조 1수와 가사 1편을 더 수록하고 있는 것이다. 그 외에 단권본에 있던 오자가 수정되기도 하였으며 새로운 오자가 생기기도 하는 등 표기상의 차이가 있다. 방각본 단권을 2권으로 분권하여 출판하는 이유는 인기 있는 작품의 권수를 늘여 가격을 올리기 위한 것으로 파악된다. 『남훈태평가』 2권본도 그러한 과정을 보여준다.

1913년에는 신문관에서 육전소설 시리즈로 활자본 『남훈태평가』를 간행하는데 이는 방각본 단권본을 저본으로 한 것이다. '낙시조'가 '락

시조'로, '만졍'이 '만뎡'으로 달라지는 등 표기상의 차이, 각 장 사이를 한칸씩 벌려 장을 구분한 점을 제외하고는 신문관본은 시조, 가사, 잡가의 수록 작품과 내용이 단권본과 모두 같다. 최남선은 육전소설 시리즈를 출간하면서, 옛 책 가운데 전할 만한 것을 골랐다는 점을 내세웠는데, 50년 전에 간행된 『남훈태평가』가 육전소설 시리즈의 첫 번째로 선택되었다는 점은 이 시기 가창문화의 활성화 그리고 바로 이 시기 왕성하게 이루어진 잡가집 출판과 관련하여 이해할 수 있다.

이후 1920년에는 한남서림에서 다시 『남훈태평가』를 간행하는데, 이것은 1863년 석동 방각소의 단권본 판목을 인수하여 재판한 것이다. 판목을 그대로 이용하였기 때문에 끝장 말미의 '계해석동신간'이라는 간기도 그대로 있다. 이 한남서림본에는 판권지가 붙어 있어, 1920년 이후의 출판 사항을 추적할 수 있는데 1922년 이후 또는 1926년 이후까지 시판되었음을 알 수 있다.

방각본 『남훈태평가』는 1863년에 단권본으로 출간된 이후 2권본으로도 출간되었으며, 1913년에는 저렴한 가격을 내세우며 활판으로 간행되었고, 1920년 여름에 한남서림에서 단권본이 재판되었으며 적어도 2년 이후 또는 6년 이후에 다시 인쇄될 정도로 인기를 누렸다. 이러한 1920년 이후의 『남훈태평가』 재간행은 1910년대에 왕성하게 공급된 활판본 가집의 성행에 힘입은 것인데, 『남훈태평가』는 저렴한 가격으로 이들 활판본 가집과 시장에서 경쟁할 수 있었다. 아울러 1910년대 활판본 가집의 성행은 1863년에 『남훈태평가』가 최초로 열어놓은 가집의 대중적 보급이 토대가 된 것이다.

한양가

Ⅰ. 〈한양가〉의 성격

1880년 방각본으로 간행된 〈한양가〉에는 1844년에 한산거사가 지었다는 기록이 있으나, 한산거사가 누구인지 알 수 없으며, 또 1844년에 지었다는 〈한양가〉가 원문 그대로 1880년에 간행되었는지도 알 수 없다. 왜냐하면 궁궐 대목에서, "경복궁 창덕궁과 창경궁 큰 전각이 반공에 솟았으니 만호천문 깊을세라. 인정전 근정전은 치민하는 정전이요"라고 하여 경복궁의 근정전에 대한 언급이 있기 때문이다. 경복궁은 임진왜란 때에 폐허가 된 후 1865년부터 중건 공사를 해서 1867년에 완공하고, 1868년 7월에야 국왕이 옮겨 가서 정무를 보기 시작했다. 그러므로 경복궁이 터만 남아 있던 시기인 1844년에 경복궁의 근정전을 언급한 것은 사실을 말한 것이라고 보기 어렵다.

〈한양가〉를 간행한 '석동'이라는 지명은 조선후기 서울의 지도에서 확인할 수는 없는데, 동 이름의 첫글자만 따서 말하는 예가 있는 것으로 보아 석정동(石井洞)이나 석교(石橋) 같은 곳일 가능성이 크다. 『남훈태평가』에도 '癸亥石洞新刊'이라는 간기가 있는 것으로 보아 〈한양가〉와 『남훈태평가』는 같은 방각소에서 출판된 것으로 보인다. 『남훈태평가』와 〈한양가〉는 이제까지 알려진 한글 방각본 가운데 단 두 개의 노래책이다. 한글소설 방각본은 19세기 초에 이미 나타나는데, 『남훈태평가』는 1863년, 〈한양가〉는 1880년에 간행되었다는 사실은 노래책의 출판이 소설보다 늦었음을 보여준다. 그러나 방각본 업자들이 노래책을 출판했다는 사실은, 노래책 간행을 통해서도 이익을 얻을 수 있었다는 당시 상황을 알려준다. 소설 위주였던 한글방각본에 노래책이 더해졌다는 것은 한글방각본의 영역이 확대되고 있음을 보여주는 증거이기도 하다. 서민의 오락물인 한글방각본에 노래책이 들어간 것은 상업적 성격을 갖는 서민의 오락이 다양한 방면으로 뻗어나가고 있음을 아울러 보여준다.

〈한양가〉는 1949년 송신용의 주해본 이래 많은 주석본이 나왔고, 몇 편의 논문도 있으나 그렇게 크게 주목을 받은 작품은 아니다. 〈한양가〉는 작품 자체에 대한 관심보다는 서울에 관한 글을 쓸 때 작품 속의 내용이 자주 인용되는 자료로서의 의미가 컸다. 게다가 〈한양오백년가〉라고 알려진 다른 내용의 〈한양가〉와 혼동이 되어 잘못 알려지기까지도 했다.

〈한양가〉에 대한 기존 연구자들의 작품 해석은, 물산이 넘쳐흐르고 활기찬 시정의 상황을 잘 그렸고, 수도인 한양에 대한 자부심이 넘쳐나는 작품이라는 평이 대부분이다. 그리고 영정조 시대 사대부들이 한양에 대해 갖고 있던 시각의 연장선상에서 〈한양가〉를 이해하려고 했다. 그러나 〈한양가〉는 방각본으로 간행된 노래책이다. 그러므로 〈한양가〉의 성격을 파악하기 위해서는 〈한양가〉가 방각본으로 출판되었다는 사실에 주목하지 않으면 안 된다. 한글방각본은 서민의 오락물로 방각본업자의 이익을 위해서 만들어진 것이므로, 여기에서 양반 사대부들의 생각이나 취미를 읽어내려고 할 필요는 없다. 〈한양가〉는 통속 오락물로 심오한 사상이나 특별한 의미가 들어 있는 것이 아니다. 가벼운 표현으로 동시대 사람들이 잘 알고 있는 당대 한양의 실상을 다수의 기호에 맞춰서 그려낸 것이 바로 방각본 〈한양가〉이다.

Ⅱ. 〈한양가〉의 내용

〈한양가〉의 내용은 크게 다음과 같이 일곱 단락으로 나눠볼 수 있다.

1. 서사(序詞), 2. 궁궐과 관청, 3. 시장, 4. 놀이처와 승전놀음, 5. 능행(陵幸), 6. 과거(科擧), 7. 결사(結詞)

각 단락의 내용을 살펴보기로 한다.

1. 서사(序詞) : 서울의 풍수지리적 위치

〈한양가〉는 한양의 시간적·공간적 위치를 설명하는 것으로 시작한다. 조선의 수도인 한양의 시간적 위치는 고려와 삼국시대로 거슬러 올라가는 역사를 통해서 설명할 수 있을 텐데, 작자는 "천지개벽하니 일월이 생겼어라"라고 시작해서 단군과 기자를 언급하는 것으로 한양의 시간적 위치에 대한 설명을 끝낸다. 그러나 한양의 공간적 위치에 대해서는 장황하게 설명했는데, 거론한 지명을 보면 "곤륜산(崑崙山)→ 백두산→ 함경도→ 강원도→ 경기→ 도봉산→ 삼각산" 등으로 세계의 중심으로 연결되는 한 끝에 한양이 위치하는 것으로 그렸다. 이와 같은 지리적 설명은, 이중환의 『택리지』「팔도총론」에 있는 "곤륜산의 한 가지가 큰 사막의 동남으로 뻗혀서 의무려산이 된다. 여기서 크게 끊어지면서 요동의 벌판이 되고, 그 벌판을 넘어서면 백두산이 솟아오르는데, 바로 『산해경』에서 말하는 불함산이 이것이다.(崑崙山一枝行大漠之南東 爲醫巫閭山. 自此大斷是爲遼東之野 渡野起爲白頭山 卽山海經所謂不咸山是也.)"라는 서술과 같은 맥락이다. 19세기에 나오는 많은 지도 가운데 하나인 「대동여지전도」에도 이와 같은 내용이 들어 있다.

〈산경〉에서 말하기를, 곤륜산의 한 가지가 큰 사막의 동남으로 뻗쳐서 의무려산이 된다. 여기서 크게 끊어지면서 요동의 벌판이 되고, 그 벌판을 넘어서 일어나 백두산이 되어 조선 산맥의 으뜸이 된다. 산은 삼층인데, 높이가 이백리, 가로로 천리에 걸쳐 있다. 그 꼭대기에 달문이라는 호수가 있는데 주위가 팔십리이다. 남쪽으로 흘러 압록강이 되고, 동쪽으로 나뉘어 두만강이 된다. 분수령에서부터 남북으로 꾸불꾸불 계속 되어 연지봉, 소백산, 설한 등의 봉우리가 된다. 철령의 한 가지가 동남으로 달리다 일어나 도봉 삼각(일명 화산)이 되고, 한강은 그 가운데를 지난다.(山經云 崑崙一枝行大漠之南東 爲醫巫閭山. 自此大斷爲遼東之野 渡野起爲白頭山 爲朝鮮山脉之祖. 山有三層 高二百里 橫亘千里. 其嶺有潭名爲闥門 周八十里 南流爲鴨綠 東分爲豆滿江. 自分水嶺 南北逶迤 爲燕脂峰 小白山 雪寒等嶺. 鐵嶺一支東南走起爲道峰三角(一名華山) 而漢水經其中.)

이 글은 19세기 지도 제작자의 국토 인식을 잘 보여주는데, 〈한양가〉의 서두는 이와 같은 당대의 지리적 인식을 그대로 반영하고 있는 작품이다. 그런데 〈한양가〉는 여기에 더해 한양의 풍수지리적 위치를 다음과 같이 자세히 설명하고 있다.

북악(北岳)이 입수(入首) 되고 종남산(終南山)이 안산(案山)일다
청룡(靑龍)은 타락(駱駝)뫼요 백호(白虎)는 길마재라
강원도 금강산(金剛山)은 외청룡(外靑龍) 되어 있고
황해도(黃海道) 구월산(九月山)은 외백호(外白虎) 되어 있고
제주(濟州)의 한라산(漢拏山)은 외안(外案)이 되어 있고
적성(積城)의 감악산(紺嶽山)은 후장(後墻)이 되어 있고

조선후기 지리에 대한 인식은 풍수사상과 합쳐져서 독특한 양상을 띠는데, 〈한양가〉의 서두도 당대의 통속적인 지리인식을 잘 나타내고 있다. 이와 같이 한양의 풍수지리적 위치에 대한 서술을 먼저 한 다음에 한양의 볼거리를 차례로 나열했다.

2. **궁궐과 관청** : 대궐의 묘사와 각 관청의 업무

이 대목에는 경복궁, 창덕궁, 창경궁 등의 대궐 세 곳의 이름이 등장하나 이 가운데 창덕궁의 건물에 대한 설명이 많은 것으로 보아, 경복궁 중건 이전에 임금이 거처하던 창덕궁을 중심으로 대궐의 모습을 설명한 것임을 알 수 있다. 궁궐의 모습을 설명하는 시각은, 대궐에서 일하는 하층신분 인물의 시각이다. 그렇기 때문에 내시, 군사, 별감, 나인, 무수리, 하인 등 대궐 안에서 잡일을 맡은 사람들에 대한 묘사가 많다. 관청의 업무에 대한 설명에서도 장관에 대한 설명보다는 장관을 모시는 아랫사람에 대한 설명이 많다. 그리고 관리들이 맡은 업무에 대한 설명보다 그들의 의상이나 거동에 대한 묘사가 더 많다.

이·호·예·병·형·공(吏·戶·禮·兵·刑·工)은 육경(六卿)이 되었어라
호기(豪氣) 있는 대사마(大司馬)는 백보 밖에 인배(引陪) 세우고
건장한 뇌자(牢子) 기수(旗手) 원앙진(鴛鴦陣) 작대(作隊)하여
쌍쌍이 벽제(辟除)소리 날래고도 영렬(英烈)하다
외바퀴 높은 초헌(軺軒) 키 큰 구종(驅從)들이
손을 들어 밀어갈 제 좌우(左右)의 색구(色驅) 견배(牽陪)
호한(豪悍)한 별배(別陪)들이 날개로 벌여 서서
세 층 벽제소리 기구(器具)도 엄위(嚴威)할사

이 내용은 육조에 대한 설명인데, 육조의 판서를 묘사하는 대목에서 판서보다는 판서의 행차를 모시는 하인들의 묘사를 자세하게 했다. 우리는 현재 뇌자, 기수, 구종, 색구, 견배, 별배 등을 하인이나 종이라는 일반적인 명칭으로 뭉뚱그려 이해하고 있지만, 당대에는 이들 각각의 역할을 모두 잘 알고 있었으므로 이들에 대해서 자세하게 설명했다. 이 작품의 작자가 판서에 대한 묘사보다 판서를 모시는 하인들에 대해서 훨씬 더 자세히 설명했다는 사실을 통해서 이 작품의 작자가 어떤 신분의 인물이었나 하는 것을 추정할 수 있다. 방각본이라는 출판물의 성격이 대중적이라는 점을 생각한다면, 〈한양가〉에서 묘사할 수 있는 궁궐의 모습이나 관청에 대한 설명은 대중작자의 시각을 넘어설 수는 없다. 그러므로 방각본의 작자가 관청과 궁궐을 묘사할 때, 장관보다는 자신이 잘 알고 있는 장관의 하인 묘사에 힘을 쓸 수밖에 없었을 것이다.

3. **시장** : 시민 생활의 중심지

한양에 살고 있던 사람들은 물론이고, 지방에서 온 여행객에게도 〈한양가〉의 내용은 흥미 있었을 것이다. 그러나 〈한양가〉는 단지 흥미 위주의 노래가 아니라, 흥미를 바탕으로 상당한 양의 정보를 얻을 수 있었다고 보인다. 〈한양가〉를 통해 얻을 수 있는 정보는, 서울에 사는 사람이 아니면 잘 알 수 없는 한양의 지리나 문물에 대한 정보에서부터 일상생활에 필요한 여러 가지 지식까지 다양하다. 그 중에 하나가 시장이다.

시장을 노래한 대목에는 각 시전(市廛)에서 취급하는 상품을 나열했는데, 여기에는 생선(生鮮廛), 과일(毛廛), 곡식(上米廛), 잡화(床廛) 등의 물건과 무명(白木廛), 종이(紙廛), 삼베(布廛), 중국물건(青布廛), 비단(縇廛), 어물(魚物廛) 등 육의전(六矣廛)에서 취급하는 물건, 그리고 패물(刀子廛), 그림, 약재(藥材) 등이 들어 있다. 육의전처럼 큰 상점에서 파는 물건에 대해서는 누구나 어느 정도 알 수 있으나, 그림가게에서 어떤 그림을 팔고 있었는지는 이 노래를 통해서나 알 수 있다. 약방에서 파는 약재를 나열한 대목이나, 그림이나 비단을 나열한 것은 〈춘향전〉 같은 소설이나 잡가에도 나오는 것으로 보아, 시장의 물건을 나열하는 노래가 있었던 것으로 보인다. 예를 들면,

> 인삼(人蔘) 사삼(沙蔘) 현삼(玄蔘)이며 황련(黃連) 황금(黃芩) 황백(黃柏)이며
> 진피(陳皮) 청피(青皮) 대복피(大腹皮)며 감초(甘草) 자초(紫草) 하고초(夏枯草)며
> 우황(牛黃) 타황(駝黃) 구황(狗黃)이며 웅담(熊膽) 구담(狗膽) 사담(蛇膽)이며
> 침향(沈香) 정향(丁香) 당사향(唐麝香)과 용뇌(龍腦) 용안(龍眼) 용골(龍骨)

등의 약재를 나열한 것은 약효를 위주로 한 것이 아니라 각 약재의 운(韻)을 맞춰 나열한 것이다. 세책 〈춘향전〉에, 곤장 맞고 옥에 갇힌 춘향에게 약을 지어주는 대목에서 각종 약재를 나열하는데, 위의 〈한양가〉와 마찬가지로 약재의 운에 맞춰 아래와 같이 나열했다.

> 감초(甘草) 통초(通草) 하고초(夏枯草)요 파초(芭蕉) 자초(紫草) 익모초(益母草)라
> 진피(秦皮) 청피(青皮) 해동피(海桐皮)요 귤피(橘皮) 상피(桑皮) 대복피(大腹皮)라
> 갈근(葛根) 연근(蓮根) 고련근(苦楝根)과 저근(紵根) 모근(茅根) 호장근(虎杖根)에
> 소엽(蘇葉) 하엽(荷葉) 택란엽(澤蘭葉)과 죽엽(竹葉) 애엽(艾葉) 측백엽(側柏葉)에
> 대황(大黃) 포황(蒲黃) 석웅황(石雄黃)과 강황(薑黃) 마황(麻黃) 숙지황(熟地黃)에
> 회향(茴香) 정향(丁香) 영릉향(零陵香)과 침향(沈香) 곽향(藿香) 감송향(甘松香)에

이와 같이 약재의 이름을 외우기 쉽게 운을 맞춰 나열하면서 여기에 가락을 붙이면 자연스럽게 노래가 될 수 있다. 〈한양가〉와 〈춘향전〉에서 약재를 나열하는 내용이 비슷한 것은 아마도 기존에 있는 노래를 차용해서 썼기 때문일 것이다.

4. **놀이처와 승전놀음** : 사치와 화려한 놀이

"사람은 서울로 망아지는 제주로 보내라"는 속담에서 알 수 있듯이, 조선시대 모든 문물의 중심은 서울이었다. 이 대목에서는 문물의 중심 한양의 명소와 놀이에 대해서 기술했다. 그리고 대표적인 놀이로 승전놀음을 들고, 이 놀음을 길게 묘사했다. 한양의 경치 좋은 곳과 이런 데에 있는 정자나 누각은 서울사람들의 놀이터였다. 한양에는 이런 곳이 많아서 각계각층의 사람들이 각기 놀이를 즐겼다. 여러 가지 놀이 가운데 승전놀음이 가장 화려하기 때문에 작자는 이 승전놀음을 자세히 그린 것으로 보인다.

승전놀음은 현재 사직동 근처에 있던 북일영(北一營)의 군자정(君子亭)에서 벌어졌다. 북일영은 훈련도감의 분영(分營)인데, 김홍도가 그렸다는 「북일영도(北一營圖)」가 남아 있어서 그 모습을 알 수 있다. 이 그림을 보면, 군자정은 그리 크지 않으므로 이 정자에서 놀이를 벌인 것이 아니라, 군자정 앞에 있는 활터에서 승전놀음을 벌인 것으로 보인다. 이 승전놀음에 대해서는 다른 참고할만한 자료가 없으므로 〈한양가〉의 이 대목이 유일한 기록이다. 그러나 이 승전놀음에서 보이는 다양한 묘사는 조선후기 여러 문예물에서 흔히 볼 수 있는 익숙한 것이다. 아래는 〈한양가〉에서 별감의 치레를 묘사한 대목의 한 부분이다.

다홍 생초(生綃) 고운 홍의(紅衣) 숙초창의(熟綃氅衣) 받쳐 입고
보라 누비저고리에 외올뜨기 누비바지
양색단(兩色緞) 누비배자(褙子) 전배자(氈褙子) 받쳐 입고
금향수주(錦香水紬) 누비토수(吐手) 전토수(氈吐手) 받쳐 끼고
중동치레 볼작시면 우단(羽緞) 대단(大緞) 도류불수(桃榴佛手)
각색 줌치 묘(妙)히 접어 나비매듭 벌매듭에
파리매듭 도래매듭 색색이로 꿰어 차고
오색 비단 괴불줌치 약낭(藥囊) 향낭(香囊) 섞어 차고
이궁전 대방전과 금사향(金絲香) 자개향을
고름마다 걸어 차고 대모장도(玳瑁粧刀) 서장도(犀粧刀)며
밀화장도(蜜花粧刀) 백옥장도(白玉粧刀) 안팎으로 비껴 차고
삼승(三升)버선 수눅 파서 맵시 있게 하여 신고

화려한 빛깔의 비단옷에 각색 매듭과 향주머니 그리고 장도를 찬 별감의 차림새는 당대 최고의 멋쟁이 차림이다. 그런데 이런 묘사는 세책 〈춘향전〉에서 이도령을 그린 대목에서도 그대로 나타난다.

생면주(生綿紬) 겹바지에 당베 중의(中衣) 받쳐 입고
옥색(玉色) 항라(亢羅) 겹저고리 대방전에 약낭(藥囊)이요
당갑사(唐甲紗) 수향배자(褙子) 가화(假花)본에 옥단추며
당(唐)모시 중치막에 생초(生綃) 긴 옷 받쳐 입고
삼승(三升) 버선 통행전(筒行纏)에 회색 운혜(雲鞋) 맵시 있게 지어 신고
한포단(寒布緞) 허리띠에 모초단(毛綃緞) 두리줌치
주황당사(朱黃唐絲) 벌매듭을 보기좋게 꿰어 차고
자지갑사(紫地甲紗) 넓은 띠를 세류춘풍(細柳春風) 비껴 띠고,
분홍당지(粉紅唐紙) 승두선(僧頭扇)에 탐화봉접(探花蜂蝶) 그려 쥐고

김해간죽(金海簡竹) 백통대에 삼등초(三登草) 피워 물고

〈한양가〉와 〈춘향전〉에서 그린 내용은 비슷하다. 같은 시기 남성의 옷치레를 묘사한 것은 비슷할 수밖에 없기 때문에 두 작품에서 젊은 남자가 한껏 멋을 낸 옷차림이란 결국 이런 묘사 이상은 할 수 없다. 이렇게 두 작품에서 묘사하는 내용이 비슷하다는 것은 〈한양가〉가 당대의 통속적인 모습을 충실히 보여주고 있음을 증명하는 것이다.

5. 능행(陵幸) : 건릉(健陵)과 현륭원(顯隆園)에 임금이 가서 제사지냄.

정조는 임금이 된 후, 아버지 사도세자의 무덤을 양주에서 수원으로 옮기고 이름을 현륭원(顯隆園, 고종 때 사도세자가 장조(莊祖)로 높여짐에 따라 융릉(隆陵)으로 격상되었다.)이라고 바꾸고 매해 직접 가서 제사를 지냈다. 1790년부터는 주교사(舟橋司)를 설치하여 배를 연결한 위에 널빤지를 깐 부교(浮橋)를 가설하여 임금의 가마가 한강을 건너가도록 했다. 정조의 수원 행차에는 상당한 인원이 동원되었는데, 특히 1795년 아버지와 어머니의 환갑을 맞이하는 해의 능행은 매우 규모가 컸다. 정조는 자신이 죽으면 현륭원 옆에 묻으라고 유언을 해서, 정조의 능인 건릉(健陵)은 현륭원 곁에 만들었다. 건릉과 현륭원에는 순조, 헌종, 철종, 고종 등이 모두 직접 가서 제사를 지냈다. 능행에 관한 자료는 여러 가지가 남아 있는데, 의궤(儀軌)나 능행도(陵行圖) 같은 것이 그것이다.

이 대목은 임금의 능행을 자세히 묘사한 것인데, 특정한 때의 능행이 아니라 일반적인 임금의 능행을 묘사한 것으로 보는 편이 좋을 것 같다. 임금이 친히 능에 가서 제사를 지내는 일은 봄과 가을에 행하는

데, 〈한양가〉에서는 봄에 행하는 춘전알(春展謁)을 묘사했다. 능행에서 중요한 일은 한강에 배다리[舟橋]를 설치하는 일인데, 〈한양가〉에서도 이 일부터 그렸다. 다음으로 능행 전날부터 떠나는 날 새벽까지의 준비하는 모습을 묘사했고, 이어서 행렬의 순서와 모습을 그렸다. 근래에 한영우의 『정조의 화성행차』 같은 책이나, 청계천의 〈반차도(班次圖)〉 등으로 능행에 대한 관심이 높아졌는데, 〈한양가〉를 통해서 볼 수 있듯이, 조선시대에도 임금의 행차는 도성 사람들의 큰 구경거리였다.

능행에서 흥미 있는 대목은 깃발을 묘사한 부분이다.

어전(御前) 기치(旗幟) 늘어섰다 청도(淸道) 일쌍(一雙) 앞선 후에
좌청룡(左靑龍) 우백호(右白虎)며 남주작(南朱雀) 북현무(北玄武)며
동남각(東南角) 남동각과 동북각 북동각
서남각 남서각과 서북각 북서각과
홍신문(紅神門) 흑신문과 청신문 백신문과
황신문 황신기(黃神旗)며 홍고초(紅高招) 청고초며
백고초 흑고초며 황고초 등사기(螣蛇旗)며
남신장(南神將) 북신장과 동신장 서신장과
칠성기(七星旗) 표미기(豹尾旗)며 초요기(招搖旗) 금고기(金鼓旗)라

이 대목은 『병학지남(兵學指南)』에 들어 있는 「대장청도도(大將淸道圖)」에서 온 것인데, 「대장청도도」는 행군할 때 깃발과 악기 등의 정렬 순서를 그려놓은 것이다. 병학지남의 「대장청도도」는 다음과 같다.

淸道一雙. 紅門一雙, 朱雀, 南東角, 南西角, 紅招. 藍門一雙, 靑龍, 東南角, 西南角, 藍招. 黃門一雙, 螣蛇, 巡視一雙, 黃招. 白門一雙, 白虎, 東北角, 西北角, 白招. 黑門一雙, 玄武, 北東角, 北西角, 黑招. 紅神, 藍神, 黃神, 白神, 黑神. 豹尾. 金鼓一雙, 號銃一雙, 鑼一雙, 鉦一雙, 喇叭一雙, 哱囉一雙, 細樂二雙, 鼓二雙, 鈸一雙, 笛一雙. 巡視一雙, 令旗二雙, 中司命, 左貫耳, 右令箭. 執事一雙, 旗牌二雙, 軍牢直列二雙. 坐馬. 纛. 攔後親兵教師塘報各二雙.

무과 시험을 보는 사람들은 『병학지남』의 내용을 모두 외워야하므로, 당연히 이 「대장청도도」도 외워야했다. 그렇기 때문에 이 「대장청도도」 대목은 사람들에게 잘 알려진 내용이다. 「대장청도도」 대목은 〈춘향전〉의 여러 이본에도 들어 있다. 세책 〈춘향전〉에는 다음과 같이 실려 있다.

대장청도도라. 청도 한 쌍. 홍문 한 쌍, 주작, 남동각 남서각, 홍초. 남문 한 쌍, 청룡, 동남각 서남각, 남초. 황문한 쌍, 등사, 순시 한 쌍, 황초. 백문 한 쌍, 백호, 동북각 서북각, 백초. 흑문 한 쌍, 현무, 북동각 북서각, 흑초. 관원수, 마원수, 왕령관, 온원수, 조현단. 표미, 금고 한 쌍. 호총 한 쌍, 나 한 쌍, 정 한 쌍, 나발 한 쌍, 바라 한 쌍, 세악 두 쌍, 고 두 쌍, 발 한 쌍, 적 한 쌍, 순시 한 쌍, 영기 두 쌍, 중사명, 좌관이, 우영전, 집사 한 쌍, 기패관 두 쌍, 군노 직렬 두 쌍, 주라, 나발, 호적, 행고, 태평소 천아성 소리 천지 진동한데

〈춘향전〉에 들어 있는 「대장청도도」는 『병학지남』의 내용과 완전히 일치한다. 이를 통해 「대장청도도」가 널리 알려졌음을 알 수 있다. 임금의 능행을 그린 대목에 등장하는 군대의 깃발은 능행의 실제 모습을 그린 것이라기보다는, 작자가 알고 있는 『병학지남』의 「대장청도도」 대목을 바탕으로 쓴 것이라고 보아야한다. 〈한양가〉 작자는 이 깃발 묘사처럼 잘 알려진 내용은 그대로 옮겼다.

6. **과거(科擧)** : 과거 시험장의 생생한 기록

이 대목은 임금이 능행에서 돌아와 과거를 실시하라는 명령을 내리는 것으로 시작한다. 여기서 묘사한 과거는 춘당대(春塘臺)에서 실시한 알성시(謁聖試)이다. 임금이 자리한 가운데 치르는 이 과거시험의 전 과정이 상당히 자세히 그려져 있어서, 조선후기 과거의 실상을 알 수 있는 좋은 자료이다.

조선시대에는 과거제도를 통해 벼슬할 인물을 뽑았으므로, 과거를 보지 않고서는 출세할 수가 없었다. 조선 초기의 엄격했던 과거 시험은 후기에 와서는 그 기강이 매우 해이해져서 많은 사람들이 과거의 폐해를 얘기할 정도가 된다. 〈한양가〉에서 언급하고 있는 과거는 바로 이러한 과거 시험장의 모습이다. 그러나 〈한양가〉의 작자는 자신이 그리고 있는 과거시험장의 풍경이 타락한 과거제도의 모습이라는 것은 모르고 있다. 아마도 작자는 과거시험이란 이렇게 치르는 것으로 알고 있었는지도 모른다.

과장(科場)에서 하인들이 먼저 자리를 잡기 때문에, 하인을 데려오지 못하는 가난한 선비나 힘이 약한 사람은 좋은 자리를 차지할 수 없었다. 그리고 문장을 대신 지어주거나, 글씨를 대신 써주는 일이 공공연하게 일어난다.

글하는 거벽(巨擘)들은 구구(句句)이 읊어내고
글씨 쓰는 사수(寫手)들은 시각을 못 머문다
글 글씨 없는 선비 수종(隨從)꾼 모양으로
공석(空石)에도 못 앉고도 글 한 장을 애걸한다
부모 선생 권학(勸學)할 제 이런 토심(吐心) 모르던가 위에서 거벽과 사수는 대작(代作)과 대필(代筆)하는 사람을 말하는데, 과거장에서 일어나는 이런 일이 당시에는 특별히 이상한 일이 아니었음을 〈한양가〉는 보여준다. 〈한양가〉의 기본적인 태도는 한양을 비판적으로 바라보는 것이 아니라, 사실적으로 묘사하면서 가능하면 긍정적으로 평가하는 것이다. 그러므로 이 대목도 당대 과거제도에 대한 비판이 아니라 과거시험장의 모습을 잘 그려서 사실적으로 독자에게 그 내용을 전달하려는 것이고, 또 과거제도에 대한 찬양이 목적이다. 작자가 거벽과 사수를 언급한 것은 비판하기 위한 것이 아니라 있는 사실을 그대로 그린 것뿐이다. 이미 관행으로 굳어진 이상한 형태의 과거제도에 대해서 작자는 무엇이 잘못된 것인지 알지 못하고, 다만 사실적으로 과거시험장의 모습을 하나하나 상세히 묘사하고 있다. 양반 지식인들이 과거시험장의 문란함을 통탄한 것과는 대조적이다. 과거를 묘사한 이 대목은 방각본이 어떤 성격의 출판물인가를 잘 보여준다.

7. 결사(結詞) : 한양의 거룩함

첫머리에서 한양의 풍수지리적 위치를 말했는데, 마지막에는 역대 중국의 수도가 어떻게 바뀌었나를 기술했다. 먼저 요순(堯舜)시대부터 주(周), 한(漢), 당(唐), 송(宋) 등 중요한 나라의 국도(國都)를 든 다음, 조선의 단군과 기자가 평양에 도읍했음을 얘기했다. 첫머리에서와 마찬가지로 결사에서도 삼국과 고려는 언급하지 않고, 명(明)나라가 '조선'이라는 국호를 내려준 것을 기술했다. 이러한 시각은 조선후기의 소중화적 사고와 관련이 있는 것이다. 만주족이 세운 청(淸)나라가 중원의 주인이 된 후에 조선 지식인 사이에서는 중화의 전통이 조선으로 왔다는 생각을 갖게 되는데, 이러한 상층 지식인의 생각이 〈한양가〉까지 영향을 미친 것으로 보인다. 조선의 시작을 단군과 기자에서 찾고, 중국의 한(漢), 당(唐), 송(宋), 명(明)의 맥락을 조선이 잇고 있는 것으로 파악하는 〈한양가〉의 시각은, 상층부의 이념이 서울에 살고 있던 사람들의 일상까지 미치고 있음을 보여준다. 〈한양가〉에서 원(元)나라와 청(淸)나라는 언급하지 않는다.

이와 같은 결사의 내용은 당시의 사람들에게는 잘 알려진 초보적인 역사 지식이라고 할 수 있다. 한양에 도읍한 것을 말한,

> 대명(大明) 홍무(洪武) 임신년(壬申年)에 사개국호조선(賜改國號朝鮮)하사
> 정정한양(定鼎漢陽) 하셨으니 중희누흡(重熙累洽) 하였어라

라는 대목은,『동몽선습』의 아래 구절을 적당히 줄인 것이다.

> 천명(天命)이 귀우진주(歸于眞主)하니 대명태조고황제(大明太祖高皇帝)
> 사개국호왈조선(賜改國號曰朝鮮)이어시늘 정정우한양(定鼎于漢陽)하사
> 성자신손(聖子神孫)이 계계승승(繼繼繩繩)하사 중희누흡(重熙累洽)하사
> 식지우금(式至于今)하시니 실만세무강지휴(實萬世無疆之休)샷다

결사에서도 앞의 내용과 마찬가지로 방각본 독자들에게 잘 알려진 내용을 반복해서 노래함으로써 흥미를 끌 수 있도록 만들었는데, 이것은 통속문예물 작가로서 〈한양가〉 작자의 역량이 여기까지임을 보여주는 것이기도 하다.

Ⅲ. 〈한양가〉 이본과 연구

방각본으로 간행된 〈한양가〉의 마지막에는 "갑진 계춘 한산거사 저"라는 기록이 있어서 〈한양가〉는 1844년 한산거사가 창작한 것으로 알려져 왔다. 그러나 부록으로 붙은 「신증동요」 다음에는 "경진 국추 석동 신간"이라는 간기가 있어서 〈한양가〉가 방각본으로 간행된 때는 한산거사가 지은 지 약 40년이 지난 1880년이라는 사실을 알 수 있다. 그런데 '석동'이라는 방각본 간행소에서 찍어낼 때까지 40년 가까운 시간 동안 〈한양가〉가 어떻게 전승되었는지 확인할 수 있는 자료는 거의 없다. 만약 1844년에 한산거사가 지었다는 기록을 그대로 믿는다면, 〈한양가〉는 구전이나 필사본으로 전승되다가 1880년에 방각본으로 간행된 것이다. 그러나 1844년에 창작한 것 그대로 1880년에 간행되었을 가능성은 크지 않다. 앞부분의 대궐 묘사에서 1867년에 새로 지은 경복궁 근정전에 대한 언급이 있으면서도 궁궐 생활은 주로 창덕궁에서 이루어지는 내용을 썼다. 이를 통해 알 수 있는 것은, 〈한양가〉가 1844년에 한산거사가 지은 것이 있었다 하더라도, 1880년에 방각본으로 간행될 때는 어느 정도 내용상의 변화가 있었을 것이라는 점이다. 그리고 1844년에 지었다는 〈한양가〉가 사람들에게 잘 알려지지는 않았던 것으로 보인다. 왜냐하면 방각본이 나오기 이전의 〈한양가〉는 알려진 것이 없고, 현재 남아 있는 필사본들은 방각본과 거의 같은 내용이기 때문이다. 즉, 현재의 〈한양가〉 이본은 방각본을 모본으로 한 것일 가능성이 크다.

〈한양가〉의 주목할 만한 이본은 『악부(樂府)』 등에 들어 있는 〈한양풍물가(漢陽風物歌)〉이다. 본문의 내용은 방각본과 거의 일치하는데, 마지막에 방각본에는 없는 한시를 실어놓았다. 이 한시에는 한자가 없이 한글로 음과 번역을 실어놓았는데, 그 내용은 아래와 같다.

북래일맥진청구하니 : 북으로 온 한 맥이 청구를 지정하니
선리장춘영세휴를 : 선리의 긴 봄이 영세에 아름다웠더라
왕기천년삼각입이요 : 왕기는 천년에 삼각산이 섰음이요
인풍만리오호류를 : 인풍은 만리에 오호수가 흘렀더라
지금예악방추로요 : 이제에 이르러 예악은 나라가 추와 노요
종고의관속은주를 : 예로좇은 의관은 풍속이 은과 쥬러라
주상성명동일월하니 : 주상의 성명이 일월과 같으시니
가등팔역태평구를 : 노래가 팔역에 오르매 태평에 나릴러라

번역을 바탕으로 한자를 붙여보면, 아래와 같이 될 것이다.

北來一脈鎭靑丘 仙李長春永世休
王氣千年三角立 仁風萬里五湖流
只今禮樂倣鄒魯 從古衣冠續殷周
主上聖明同日月 歌登八域太平久

이렇게 한시의 음을 한글로 쓰고 번역을 붙이는 형식은 통속문예물에 많이 나타나는데, 이것은 〈한양가〉가 실제로 노래로 불렸음을 보여주는 증거이다. 그리고 『악부』 등에 실린 〈한양풍물가〉는 〈한양가〉가 전문 창자의 레퍼토리 중 하나였음을 말하는 것이다.

〈한양가〉의 내용은 조선후기 서울을 설명하는 자료로 인용되는 경우가 많았다. 그렇게 된 데는 1949년에 나온 송신용의 주해본이 주요한 역할을 했다. 그리고 이후에도 〈한양가〉 주석본은 여러 가지가 나왔다. 그 목록을 보면 다음과 같다.

송신용, 『한양가』, 정음사, 1949

박성의, 『농가월령가, 한양가』, 민중서관, 1961

이석래, 『풍속가사집 한양가·농가월령가』, 신구문화사, 1974

정재호 외, 『주해 악부』, 고려대학교 민족문화연구소, 1992

강명관, 『한양가』, 신구문화사, 2008.

김지용, 『삼도부(三都賦)와 한양가 그리고 한양오백년가』, 명문당, 2011

이상의 여러 주석본은 각기 장단점이 있는데, 송신용의 주석서에서 해결하지 못했거나 간과한 것은 이후의 주석서에서도 마찬가지라는 점에서는 대체로 같다. 그런 예의 하나로 임금의 능행(陵幸)을 묘사한 대목에서 행진하는 군사가 들고 있는 의장(儀仗)인, "좌우의 슈정 졀월 은즁ᄌ 금즁ᄌ며 은몽동이 금몽동이"에 대한 주석을 보기로 한다. 이 대목을 현대어로 옮기면, "좌우에 수정(水晶) 절월(節鉞) 은등자(銀鐙子) 금등자(金鐙子)며 은 몽둥이 금 몽둥이"라고 될 것이다. 그리고 각 단어의 뜻은 다음과 같다.

수정(水晶) : 수정장(水晶杖)으로 의장의 일종이다.

절월(節鉞) : 금월부(金鉞斧)로 도끼의 형상을 한 의장.

은등자(銀鐙子) : 붉은 칠을 한 장대에 은칠을 한 등자를 거꾸로 매단 의장의 일종이다. 금칠한 것은 금등자(金鐙子)라 한다.

은 몽둥이 : 은립과(銀立瓜)와 은횡과(銀横瓜). 나무로 참외 모양을 만들어 은칠을 해서 붉은 칠을 한 장대에 세워 꽂는 의장의 일종. 금칠을 한 것은 금립과(金立瓜)와 금횡과(金横瓜)라 한다.

송신용은 '수정'은 주석하지 않고, '절월'을 "符節과 斧鉞이니 門關에는 符節을 쓰며 斧鉞은 形具의 한 가지로 監司, 留守, 大將, 兵使, 統制

使들이 갖고 다닌다."라고 주석했다. 이후에 나오는 주석서에서는 대체로 이와 같이 설명을 하면서 '수정'에 대해서는 수정으로 만든 부절과 부월이라고 했다. 송신용은 은등자나 은몽둥이는 주석을 하지 않고, 은등자는 '銀鐙子'라고 한자만 붙였다. 이후의 주석서에는 모두 송신용이 붙인 한자를 그대로 쓰면서, "은(銀)으로 만든 전립(戰笠) 따위에 꼭지 모양으로 만든 꾸밈새"라고 주석을 했다. 현재 〈반차도(班次圖)〉나 여러 가지 〈의궤(儀軌)〉가 많이 나와 있으므로, 그런 자료를 통해서 이 부분의 정확한 의미가 무엇인지 알 수 있다. 송신용 시대에는 이미 없어진 풍속이고, 참고할 자료도 없었으므로 이런 식으로 주석을 할 수밖에 없었을 것이다.

이번 우리의 작업은 기존의 주석서를 참고하면서 기존 주석서에서 설명하지 않은 대목을 주석하는 데에도 힘을 썼다. 예를 들면,

> 길마재 한 봉화(烽火)에 남산(南山) 봉화 응(應)하여서
> 일제히 네 자루가 변방무사(邊方無事) 보(報)하였다

라는 대목에 대해서 기존 주석서에서는 봉화에 대한 사전적 설명 이외에는 별다른 내용이 없다. 이 책에서는 아래와 같이 주석을 붙였다.

> 조선시대 전국의 다섯 방면에서 전달된 봉화는 최종적으로 남산으로 모인다. 서울 시내에서 볼 수 있는 봉화대는 현재 연세대학교 뒷산인 안산(길마재) 봉화와 남산 봉화인데, 길마재 봉화가 오른 다음 이 봉화를 받은 남산 봉화가 올라가게 된다. 대체로 이 시간은 성문을 닫을 무렵이다. 남산 정상에는 다섯 개의 봉화대가 설치되었는데, 원칙적으로는 다섯 방향에서 올라온 봉화 다섯 개를 올려야 되지만, 언제부터인지 그 가운데 네 개만을 올리게 되었다.

이와 같은 내용을 이해하지 못하면 〈한양가〉의 봉화 대목이 무엇을 말하고 있는지 그 의미를 알기 어렵다.

최근 몇 편의 〈한양가〉 관련 논문이 나왔는데, 이 논문의 저자들은 주로 주석본을 대본으로 작품 분석을 했다. 이러한 현상은 앞으로 더욱 심해질 것이다. 작품의 원문을 충실히 이해하고 논문을 쓰는 일은 반드시 필요하지만, 연구자에게 무조건 원문을 보라고만 하기도 어려운 실정이다. 고전 작품의 좋은 주석서가 필요한 이유이다. 앞으로 〈한양가〉 연구는 점점 많아질 것이다. 1949년에 나온 송신용의 주석서는 그동안 〈한양가〉 연구에서 유용하게 쓰였다. 이제 나온 지 60년이 넘은 송신용의 〈한양가〉 주석서는 그 역할을 충실히 다했다고 생각한다. 60년 전보다 참고할 수 있는 자료가 훨씬 많아졌기 때문에, 이제 송신용의 주석서를 넘어서는 〈한양가〉의 주석이 가능하다. 우리의 이 작업이 그 첫걸음이 될 수 있으리라고 생각한다.

제1장 현대어 표주

남훈태평가

한양가

남훈태평가南薰太平歌 권지단卷之單

낙시조(樂時調)

롱(弄)

편(編)

송

소용(騷聳)

우조(羽調)

후정화(後庭花)

계면(界面)

만수대엽(蔓數大葉)

원사청

잡가(雜歌)

가사(歌詞)

낙시조

1.

간밤에 불던 바람 만정도화(滿庭桃花)[1] 다 지거다

아이는 비를 들고 쓸으려 하는구나

낙환(落花ㄴ)들 꽃이 아니랴 쓸어 무삼

2.

적무인엄중문(寂無人掩重門)[2]한데 만정화락월명시(滿庭花落月明時)[3]라

독의사창(獨倚紗窓)[4]하여 장탄식(長歎息)만 하던 차에

원촌(遠村)에 일계명(一鷄鳴)하니[5] 애끊는 듯

3.

아이는 약 캐러 가고 죽정(竹亭)은 휑뎅그렁히[6] 비었는데

흩어진 바둑 장기를 어느 아이가 쓸어 담아주리

술 취해 송정(松亭)에 누웠으니 절(節)[7] 가는 줄

---

1) 만정도화(滿庭桃花): 뜰에 가득한 복숭아꽃.

2) 적무인엄중문(寂無人掩重門): 올 사람 없어 쓸쓸히 중문을 닫고 있음.

3) 만정화락월명시(滿庭花落月明時): 뜰에 떨어진 꽃잎이 가득하고, 달이 밝은 때.

4) 독의사창(獨倚紗窓): 홀로 창에 기댐. 사창은 비단으로 바른 창문이라는 뜻으로 창을 아름답게 표현한 말.

5) 원촌(遠村)에 일계명(一鷄鳴)하니: 멀리 마을에서 한 마디의 닭울음소리가 들리니.

6) 휑뎅그렁하다: 텅 비어 매우 허전한 모습.

7) 절(節): 세월, 시절.

4.

왕상(王祥)[8]의 잉어 낚고 맹종(孟宗)[9]의 죽순(竹筍) 꺾어
검던 머리 백발(白髮)토록 노래자(老萊子)[10]의 옷을 입고
일생에 양지성효(養志誠孝)[11]를 증자(曾子)[12]같이

5.

일각(一刻)이 삼추(三秋)라 하니 열흘이면 몇 삼추요
내 마음[13] 즐겁거니 남의 시름 생각는지
가뜩에[14] 다 썩은 간장(肝腸)이 봄눈 슬듯[15]

6.

이러니저러니 해도 나에겔랑 말을 마소
나 죽은 무덤 위에 논을 풀지[16] 밭 갈는지
주부도유령분상토(酒不到劉伶墳上土)[17]니 아니 놀고

---

8) 왕상(王祥): 중국 진(晉)나라의 효자. 어머니가 겨울에 잉어를 먹고 싶다고 하자, 얼음을 깨 잉어를 잡으려고 했는데, 이 때 잉어가 강에서 튀어나왔다고 함.

9) 맹종(孟宗): 중국 삼국시대 오(吳)나라의 효자. 어머니가 겨울에 죽순(竹筍)이 먹고 싶다고 하자 대나무 숲에서 슬피 울었는데, 이때 죽순이 솟아나왔다고 함.

10) 노래자(老萊子): 중국 춘추시대의 효자. 나이가 70이 되어서도 부모를 기쁘게 해 드리기 위해 색동옷을 입고 춤을 추었다고 함.

11) 양지성효(養志誠孝): 부모의 뜻을 헤아려 봉양하는 효성. 부모의 몸만을 봉양하는 양체지효(養體之孝)와 대비됨.

12) 증자(曾子): 공자(孔子)의 제자. 이름은 삼(參). 효성이 뛰어났음.

13) 내 마음: 화자가 그리는 상대의 마음을 지칭함. 이 부분이 다른 가집들에서는 '제 마음'으로 되어 있는 경우도 있음.

14) 가뜩에: 가뜩이나. 그러지 않아도 매우.

15) 슬다: 차차 희미해져 없어지다.

16) 논을 풀지: 논으로 만들 것인지. '풀다'는 생땅이나 밭을 논으로 만드는 것.

17) 주부도유령분상토(酒不到劉伶墳上土): 죽은 뒤에는 술을 좋아하던 유령이라도 술

7.

인생이 둘인가 셋인가 이 몸이 네다섯인가

빌어 온 인생이 꿈의 몸 가지고서

일생에 살풀일[18]만 하고 언제 놀려

8.

산촌(山村)에 밤이 드니 먼 데 개 지저권다

시비(柴扉)[19]를 열고 보니 하늘이 차고 달이로다[20]

저 개야 공산(空山) 잠긴 달[21] 보고 짖어 무삼

9.

저 건너 일편석(一片石)이 강태공(姜太公)[22]의 조대(釣臺)[23]로다

문왕(文王)[24]은 어디 가고 빈 대(臺) 홀로 매였는고

석양(夕陽)에 물 찬 제비만 오락가락

을 마실 수 없음을 이르는 말. 당(唐)나라 때 이하(李賀)의 시 〈장진주(將進酒)〉의 한 구절임. 유령(劉伶)은 죽림칠현(竹林七賢)의 한 사람으로 매우 술을 즐긴 인물.

18) 살풀일: 미상. 다른 가집들에는 '사롤일', '사올일' '살올일'로 되어 있음. 이 경우, '살 일', '생계(生計)'의 의미로 풀이됨. 2권본에서는 '싀로올일'로 되어 있음.

19) 시비(柴扉): 나뭇가지를 엮어서 만든 문.

20) 하늘이 차고 달이로다: 차가운 하늘에 달이 떠 있음. 차가운 하늘은 가을·겨울의 하늘을 말함.

21) 잠긴 달: 지는 달을 말함.

22) 강태공(姜太公): 태공망(太公望). 좋은 세월을 기다리며 위수(渭水)가에서 낚시질을 하다가, 사냥 나온 문왕(文王)을 만나 그의 스승이 되었으며, 문왕의 아들 무왕을 도와 은(殷)을 멸하고 주(周)나라를 건국하였음. 뒷날 그의 고사를 바탕으로 하여 낚시질하는 사람을 강태공 혹은 태공이라 하는 속어가 생겼음.

23) 조대(釣臺): 낚시터.

24) 문왕(文王): 주(周)나라 시조. 그의 아들 무왕(武王)이 은(殷)을 멸망시키고 주나라를 건국하였음.

10.

오추마(烏騅馬)[25] 우는 곳에 칠척장검(七尺長劒) 빛나거다
자방(子房)은 결승천리(決勝千里)[26]하고 한신(韓信)은 전필승공필취(戰必勝攻必取)[27]라
항우(項羽)는 일범증불능용(一范增不能用)[28]하니 애끊는 듯

11.

초강(楚江) 어부(漁父)들아 고기 낚아 삶지 마라
굴삼려(屈三閭)[29] 충혼(忠魂)이 어복리(魚腹裡)[30]에 들었느니 2
아무리 정확(鼎鑊)[31]에 삶은들 익을소냐

12.

새벽 서리 찬바람에 울고 가는 기러기

---

25) 오추마(烏騅馬): 검은 털과 흰 털이 섞인 준마(駿馬). 항우(項羽)가 탔다는 준마의 이름.

26) 자방(子房)은 결승천리(決勝千里): 자방은 천 리 밖에서 승부를 결정함. 자방은 한고조(漢高祖) 유방(劉邦)의 충신인 장량(張良)의 자(字).

27) 한신(韓信)은 전필승공필취(戰必勝攻必取): 한신은 싸우면 반드시 승리하고 공격하면 반드시 점령함. 한신은 한고조(漢高祖) 유방(劉邦)의 신하.

28) 항우(項羽)는 일범증불능용(一范增不能用): 항우는 범증 한 사람을 제대로 쓰지 못함. 항우는 진(秦)나라 말기에 초패왕(楚霸王)이 되어 유방(劉邦)과 천하를 다투던 인물. 범증은 항우의 책사(策士)로서 항우에게 유방을 죽일 것을 권했으나 항우는 듣지 않고 오히려 그를 의심해, 항우를 떠났음.

29) 굴삼려(屈三閭): 전국시대(戰國時代) 초(楚)나라 시인 굴원(屈原). 삼려는 벼슬 이름.

30) 어복리(魚腹裡): 물고기 뱃속.

31) 정확(鼎鑊): 솥.

32) 소상(瀟湘): 소상강(瀟湘江). 중국의 소수(瀟水)와 상수(湘水). 상수는 호남성(湖南省)의 동정호(洞庭湖)로 흐르고, 소수는 그 지류임. 이 근처에는 경치가 매우 좋아서 소상팔경(瀟湘八景)이라는 이름이 있음.

소상(瀟湘)[32]으로 향하느냐 동정(洞庭)[33]으로 향하느냐
밤중만[34] 네 울음소리 잠 못 이뤄

13.

청명시절(淸明時節) 우분분(雨紛紛)할 제 노상행인(路上行人)이 욕단혼(欲斷魂)이로다
묻노라 목동(牧童)들아 술파는 집 어디메뇨[35]
저 건너 청렴주기풍(靑帘酒旗風)[36]이니 게 가서나 묻소

14.

남훈전(南薰殿)[37] 달 밝은 밤에[38] 팔원팔개(八元八愷)[39] 거느리시고
오현금(五絃琴)[40] 탄일성(彈一聲)에 해오민지온혜(解吾民之慍兮)[41]로다

---

33) 동정(洞庭): 동정호(洞庭湖). 중국 호남성(湖南省) 북부에 있는 중국에서 가장 큰 호수.

34) 밤중만: 바로 밤중, 한밤중.

35) 초장과 중장은 당나라 때 시인 두목(杜牧)의 〈청명(淸明)〉을 원용한 것임. 이 시 전문은 다음과 같음.
청명시절우분분(淸明時節雨紛紛) 청명 무렵 비 흩날리니,
노상행인욕단혼(路上行人欲斷魂) 행인의 슬픔 간절하네.
차문주가하처재(借問酒家何處在) 묻건대 술집은 어디메뇨,
목동요지행화촌(牧童遙指杏花村) 목동이 멀리 행화촌을 가리키네.

36) 청렴주기풍(靑帘酒旗風): 술집을 표시하는 깃발이 바람에 펄럭임. 청렴과 주기 모두 술집의 표시로 거는 깃발을 말함.

37) 남훈전(南薰殿): 중국 고대의 성군(聖君) 순(舜)임금의 궁전.

38) 2권본에는 '달밝은데'로 되어 있음.

39) 팔원팔개(八元八愷): 여덟 명의 선량한 사람과 여덟 명의 온화한 사람이라는 뜻으로 어진 신하를 이르는 말.

40) 오현금(五絃琴): 순(舜) 임금이 만든 악기.

41) 해오민지온혜(解吾民之慍兮): 내 백성의 불평한 마음을 풀도다. 순임금의 〈남풍가(南風歌)〉에 나오는 구절.

강구(康衢)에 문동요(聞童謠)[42]하니 절(節) 가는 줄[43]

15.

옥(玉)에는 티나 있지요 말곧[44] 하면 다 남편 되나[45]
내 안 뒤집어[46] 남 못 뵈고 요런 답답한 일도 또 어디 있나
열 놈 백 말을 하여도 들을 이 짐작

16.

반(半)나마[47] 늙었으니 다시 젊진 못하리라
일후(日後)는 늙지 말고 매양 이만하였고자
백발(白髮)이 제 짐작하여 더디 늙게

17.

녹양(綠楊) 삼월절(三月節)[48]에 연근(蓮根) 캐는 저 목동(牧童)아
잔 연근 캘지라도 굵은 연근 다칠세라
꽃 속에 백한(白鷴)[49]이 잠들었으니 선잠 깰라[50]

---

42) 강구(康衢)에 문동요(聞童謠): 큰길에서 아이들의 노랫소리가 들린다는 뜻으로, 태평시절을 가리키는 말.

43) 절(節) 가는 줄: 세월 가는 줄. 2권본에는 종장이 '우리도 셩쥬을 뫼시고 동낙틱평'으로 되어 있다.

44) 말곧: 말만.

45) 앞 구절에서는 질 좋은 옥이라도 자세히 찾아보면 티가 있지만 자신은 아무런 허물도 없음을 말하였고, 뒷 구절에서는 어떤 남자와 말을 주고받는다고 해서 그가 자신의 남편이 되는 것이 아니라고 하여 자신의 허물없음을 주장하고 있음.

46) 안 뒤집어: 마음을 다 드러내어.

47) 반(半)나마: 반 조금 지나게.

48) 녹양(綠楊) 삼월절(三月節): 버드나무 잎이 우거진 음력 3월 무렵.

49) 연근 캐는 아이에게 조심스럽고 조용하게 하라는 당부.

18.

달 밝고 서리 치는[51] 밤에 울고 가는 기러기야
소상동정(瀟湘洞庭)[52] 어디 두고 여관한등(旅館寒燈)[53]에 잠든 나를 깨우느냐
밤중만 네 울음소리 잠 못 이뤄

19.

서새산전백로비(西塞山前白鷺飛)하고 도화유수궐어비(桃花流水鱖魚肥)라
청약립(靑蒻笠)[54] 녹사의(綠蓑衣)[55]로 사풍세우불수귀(斜風細雨不須歸)라
지금에 장지화(張志和)[56] 없기로 그를 설워

20.

삼월삼일 이백도홍(李白桃紅)[57] 구월구일 황국단풍(黃菊丹楓)[58]

---

50) 백한(白鷴): 모양이 꿩과 비슷한 새. 선비들이 관상용으로 즐겨 길렀음.

51) 서리 치다: 서리가 몹시 차갑게 내리다. 2권본에는 '셜이찬'으로 되어 있음.

52) 소상동정(瀟湘洞庭): 소수(瀟水)와 상수(湘水) 그리고 동정호(洞庭湖). 경치가 좋은 곳을 말함.

53) 여관한등(旅館寒燈): 여관의 쓸쓸한 등불.

54) 청약립(靑蒻笠): 푸른 갈대로 만든 삿갓.

55) 녹사의(綠蓑衣): 도롱이. 띠 따위로 엮어 허리나 어깨에 걸쳐 두르는 비옷.

56) 장지화(張志和): 당(唐)나라 때의 시인(詩人). 초장과 중장 전체가 장지화의 〈어부사(漁父詞)〉 5수 중 1수를 원용한 것임.
서새산전백로비(西塞山前白鷺飛) 서쪽 변방 산 아래로 백로 날고,
도화유수궐어비(桃花流水鱖魚肥) 복숭아꽃잎 흐르는 물에 쏘가리 살졌네.
청약립녹사의(靑蒻笠綠蓑衣) 청약립 쓰고 녹사의 입고,
사풍세우불수귀(斜風細雨不須歸) 비낀 바람 가랑비에 돌아갈 곳 없어라.

57) 이백도홍(李白桃紅): 오얏꽃은 희고, 복사꽃은 붉음.

금준(金樽)에 술이 있고 동정호(洞庭湖)에 달이로다
아이야 잔 가득 부어라 완월장취(玩月長醉)[59]

21.

초경(初更)[60]에 비취(翡翠)[61] 울고 이경야(二更夜)에 두견이 운다
삼경(三更) 사오경(四五更)에 슬피 우는 저 홍안(鴻雁)[62]아
야야(夜夜)에 네 울음소리에 잠 못 이뤄

22.

사랑인들 임마다 하며 이별인들 다 서러우랴
평생 처음이요 다시 못 볼 임이로다
일후(日後)에 다시 만나면 연분(緣分)인가

23.

설월(雪月)이 만정(滿庭)[63]한데 바람아 부들 마라
예리성(曳履聲)[64] 아닌 줄을 번연히 알건마는
아쉽고 그리운 마음에 행여 긘가[65]

---

58) 황국단풍(黃菊丹楓): 누른 국화와 붉은 단풍.
59) 완월장취(玩月長醉): 달을 보고 즐기며 오래도록 취함.
60) 초경(初更): 초저녁. 저녁 7시부터 9시까지.
61) 비취(翡翠): 물총새.
62) 홍안(鴻雁): 기러기. 큰 기러기와 작은 기러기를 아울러 이르는 말.
63) 설월(雪月)이 만정(滿庭): 눈에 비친 달빛이 뜰에 가득함.
64) 예리성(曳履聲): 신이 끌리는 소리. 사람이 오가는 소리.
65) 긘가: 그 사람인가.

24.

3 만경창파지수(萬頃蒼波之水)[66]에 둥둥 떴는 기러기야
구월구일 망향대(望鄕臺)에 홍나종북지래(鴻那從北地來)[67]냐
너희도 이별을 말자 하고 저리 둥둥

25.

청산(靑山)아 물어보자 고금사(古今事)를 네 알리라
영웅준걸(英雄俊傑)들이 몇몇이나 지나더냐
이 뒤에 묻는 이 있거든 나도 함께[68]

26.

백구(白鷗)야 한가하다 너야 무슨 일 있으리
강호(江湖)로 떠다닐 제 어디어디 경(景) 좋더냐
우리도 공명(功名)을 하직하고 너를 좇아

27.

기러기떼 떼 많이 앉은 곳에 포수(砲手)야 총을 함부로 놓지[69] 마라

---

66) 만경창파지수(萬頃蒼波之水): 한없이 넓고 넓은 바닷물.

67) 홍나종북지래(鴻那從北地來): 기러기는 어찌하여 북녘 땅에서 오는가. 중장은 당(唐)나라 때 시인 왕발(王勃)의 〈촉중구일(蜀中九日; 촉 땅에서 중양절을 맞이함)〉의 제1, 4구를 따온 것인데, 2권본에는 '홍안나죵북지릐'로 되어 있음. 시 전편은 다음과 같음.
구월구일망향대(九月九日望鄕臺) 구월 구일에 망향대에 올라,
타석타향송객배(他席他鄕送客杯) 타향 다른 자리에서 나그네 보내는 술잔을 기울이네.
인정이염남중고(人情已厭南中苦) 인정은 이미 남쪽 지방 괴로움에 싫증났는데,
홍안나종북지래(鴻雁那從北地來) 기러기는 어찌하여 북녘 땅에서 오나?

68) 역대의 영웅 준걸 중에 자신까지 넣으라는 말.

69) 놓다: (총이나 대포를) 쏘다.

새북강남(塞北江南)[70] 오고가는 길에 임의 소식을 뉘 전하리
우리도 그런 줄 알기로 아니 놓습네

28.

초산(楚山)[71] 목동들아 나무 베다 대 다칠라
그 대를 고이 길러 하오리라 낚싯대를
우리도 그런 줄 알기로 나무만 베오

29.

글 하면 등용문(登龍門)[72]하며 활 쏜다고 만인적(萬人敵)[73]하랴
왕발(王勃)[74]도 조사(早死)하고 염파(廉頗)[75]라도 늙었느니
우릴랑 글도 활도 말고 밭 갈기를

30.

아이야 연수(硯水) 쳐라[76] 그린 임께 편지 하자
검은 먹 흰 종이는 정든 임을 보련만은
저 붓대 나와 같이 그릴 줄만[77]

---

70) 새북강남(塞北江南): 북쪽 변방과 양자강 남쪽. 먼 북쪽과 먼 남쪽.

71) 초산(楚山): 여기서는 산을 뜻함.

72) 등용문(登龍門): 용문을 오름. 과거에 급제함. 중국 황하(黃河) 상류에 물살이 빠른 용문(龍門)이라는 곳이 있는데, 잉어가 이곳을 뛰어오르면 용이 된다는 이야기에서 유래함.

73) 만인적(萬人敵): 혼자서 만 명을 대적할 능력을 지닌 뛰어난 사람.

74) 왕발(王勃): 당(唐) 나라 때 시인. 자는 자안(子安). 재주를 인정받아 박사(博師)가 되었으나 27세에 죽었음. 〈등왕각서(騰王閣序)〉를 지었음.

75) 염파(廉頗): 전국시대 조(趙)나라 혜문왕(惠文王) 때의 장수.

76) 연수(硯水) 치다: 벼루에 물을 붓다. 연수는 먹을 갈려고 벼루에 붓는 물.

77) 여기서 '그리다'는 그림을 그리다와 사람을 그리워하다는 두 가지 의미임.

31.

바람 불어 누운 나무 비 온다고 일어나며
임 그려 누운 병에 약 쓴다고 일어나랴
저 임아 너로 난 병이니 날 살려주렴

32.

녹초(綠草) 장제상(長堤上)[78]에 도기황독(倒騎黃犢)[79] 저 목동(牧童)아
세상(世上) 시비사(是非事)를 네 아느냐 모르느냐
그 아이 단적(短笛)만 불면서 소이부답(笑而不答)

33.

나 탄 말은 청총마(靑驄馬)[80]요 임 탄 말은 오추마(烏騅馬)[81]라
내 앞에 청삽살개요 임의 팔에 보라매라
저 개야 공산에 깊이 든 꿩을 자주 뒤져 튀겨라[82] 매 띄워보게

34.

군불견(君不見) 황하지수천상래(黃河之水天上來)한다 분류도해불부회(奔流到海不復回)라
우불견(又不見) 고당명경비백발(高堂明鏡悲白髮)한다 조여청사모성설(朝如靑絲暮成雪)을

78) 녹초(綠草) 장제상(長堤上): 푸른 풀이 자란 긴 둑 위.

79) 도기황독(倒騎黃犢): 누런 송아지를 거꾸로 탐.

80) 청총마(靑驄馬): 갈기와 꼬리는 파르스름하고 나머지는 흰 빛인 준마(駿馬).

81) 오추마(烏騅馬): 검은 털과 흰 털이 섞인 준마(駿馬).

82) 튀기다: 짐승 따위를 건드려서 갑자기 튀어 달아나게 함. 개가 숨어 있는 꿩을 튀기면, 매를 날려 이 꿩을 잡는 것임.

인생(人生)이 득의수진환(得意須盡歡)이라 막사금준공대월(莫使金樽空對月)하소[83]

35.

우연히 지면(知面)한 정(情)이 심입골수(深入骨髓)[84] 병이 들어
일미심월미구(日未深月未久)[85]에 분수상별(分手相別)[86]이 웬 말이냐
아이야 꾀꼬리 날려라 꿈결 같게[87]

36.

만경창파지수(萬頃滄波之水)에 둥둥 떴는 부략금이 게오리들아
비솔금성 징경이 둥둥 강성 너시 두루미[88]들아 너 떴는 물 깊이를 4
알고 둥 떴느냐 모르고 둥실 떠 있느냐

---

83) 한 편 전체가 이백(李白)의 〈장진주(將進酒)〉 서두를 그대로 원용하였음.
군불견황하지수천상래(君不見黃河之水天上來) 그대는 보지 못하는가? 황하 물이 하늘에서 내려와
분류도해부부회(奔流到海不復回) 바다로 세차게 흘러가면 다시 돌아오지 못함을!
우불견고당명경비백발(又不見高堂明鏡悲白髮) 또 보지 못하는가? 화려한 저택에서 거울에 백발 비춰보며 슬퍼하는 것을!
조여청사모성설(朝如靑絲暮成雪) 아침에 검던 머리칼이 저녁에 백발 된다네.
인생득의수진환(人生得意須盡歡) 인생이란 뜻대로 될 때 즐겨야 하나니,
막사금준공대월(莫使金樽空對月) 술 단지를 달 아래 그냥 두지 마시오.

84) 심입골수(深入骨髓): 뼛속 깊이까지 깊숙이 스며듦.

85) 일미심월미구(日未深月未久): 세월이 얼마 되지 않아.

86) 분수상별(分手相別): 작별. 분수와 상별 모두 작별을 뜻하는 말.

87) 꾀꼬리 날려라 꿈결 같게: 꾀꼬리 울음소리에 내 꿈이 깨지 않도록, 꾀꼬리를 날려 보내라는 의미. 당(唐)나라 때 시인 김창서(金昌緖)의 〈춘원(春怨)〉의 시상을 따 온 것으로 볼 수 있음. 〈춘원〉의 전문은 다음과 같음.
타기황앵아(打起黃鶯兒) 꾀꼬리를 쫓아버려
막교지상제(莫敎枝上啼) 가지에서 울게 하지 말아요.
제시경첩몽(啼時驚妾夢) 우는 때 내 꿈을 깨워
부득도요서(不得到遼西) (남편이 있는) 요서에 이르지 못하게 하니.

88) 부략금이, 게오리, 비솔금성, 징경이, 너시, 두루미: 여러 종류의 물새 이름.

우리도 남의 임 걸어두고 깊이를 몰라

37.

청석령(靑石嶺)[89] 지나다가 옥하관(玉河館)[90]이 어디메뇨

호풍(胡風)[91]도 참도 찰사 궂은비는 무슨 일고

뉘라서 내 형상(形相) 그려다가 임 계신 데

38.

청산리(靑山裡) 벽계수(碧溪水)야 쉬이 감을 자랑마라

일도창해(一到滄海)하면 다시 오기 어려워라

명월(明月)이 만공산(滿空山)하니 쉬어 갈까

39.

새벽달 서리 치고[92] 지새는 밤에 짝을 잃고 울고 가는 기러기야

너 가는 길에 정든 임 이별하고 차마 그리워 못 사네 라고 전하여주렴

떠다니다 마음 나는 대로 전하여줌세

40.

청초(靑草) 우거진 곳에 쟁기[93] 벗겨 소를 매고

길 아래 정자(亭子)나무 밑에 도롱이[94] 베고 잠을 드니

---

89) 청석령(靑石嶺): 중국 만주 지역의 고개 이름. 조선에서 연경까지의 경로에 있음.

90) 옥하관(玉河館): 중국 심양(瀋陽)으로 가는 길에 있던 건물. 중국에 가는 사신들의 숙소로 사용되었음.

91) 호풍(胡風): 북쪽 오랑캐 땅에서 불어오는 바람이라는 뜻으로, 차가운 북풍을 말함.

92) 서리 치다: 서리가 몹시 많이 내리다.

93) 쟁기: 마소에 끌려 논밭을 가는 농구의 하나.

청풍(淸風)이 세우(細雨)를 몰아다가 잠든 나를

41.

오려논[95]에 물 실어 놓고[96] 고소대(姑蘇臺)[97]에 올라보니
나 심은 올조밭[98]에 새 앉았으니 아이야 네 날려주렴
아무리 우여[99]라 날려도 감돌아듬네[100]

42.

가노라 가노라 임아 언양(彦陽) 단천(端川)[101]에 풍월강산(風月江山)으로 가노라 임아
가다가 심양강(潯陽江)[102]에 비파성(琵琶聲)을 어이하리
밤중만 지국총[103] 닻 감는 소리에 잠 못 이뤄

43.

목 붉은 산상치(山上雉)[104]와 줄에 앉은 백송골(白松骨)[105]이

---

94) 도롱이: 짚으로 만든 비옷.

95) 오려논: 올벼를 심은 논.

96) 물 실어 놓다: (논에) 물을 대 놓다.

97) 고소대(姑蘇臺): 중국 춘추시대(春秋時代)에, 오(吳)나라의 왕 부차(夫差)가 고소산(姑蘇山) 위에 쌓아 놓고 서시(西施) 등의 미녀를 살게 하였음.

98) 올조밭: 제철보다 일찍 여무는 조를 심은 밭.

99) 우여: 새 쫓는 소리.

100) 감돌아들다: 어떤 둘레를 여러 번 빙빙 돌다.

101) 언양(彦陽) 단천(端川): 언양은 울산시 울주군의 옛 이름. 단천은 함경남도 단천시. 서울에서 멀리 떨어진 곳을 말함.

102) 심양강(潯陽江): 중국 강서성에 있는 강 이름. 당(唐)나라 때 시인 백낙천(白樂天)의 〈비파행(琵琶行)〉의 배경이 됨. 다음 어구인 비파성과 연관됨.

103) 지국총: 배에서 노를 젓는 소리. 한자를 빌려 '至匊悤' 등으로 적기도 함.

104) 산상치(山上雉): 산 꿩.

내 앞 논 어살[106] 밑에 고기 어르는[107] 저 백로(白鷺)야
초당(草堂)에 너희곧 없으면 소일(消日) 적어[108]

44.
전원(田園)에 봄이 드니 나 할 일이 전혀[109] 많다
약밭은 누가 매며 화초 모종 뉘 옮기리
아이야 대나 먼저 베어오너라 사립 겯게[110]

45.
학(鶴) 타고 저[笛] 불고 호로병(葫蘆瓶)[111] 차고 불로초(不老草) 메고 쌍상투 짜고 색(色)등거리[112] 입고 가는 아이야 게 좀 섰거라 네 어디로 가느냐 말 물어보자
요지연(瑤池宴) 선관(仙官)[113]들이 누구누구 모여 계시더냐

---

105) 백송골(白松骨): 매의 일종. 매 중에 가장 뛰어나고 털빛이 흼.

106) 어살: 싸리 따위를 개울이나 강에 둘러 꽂아 그 안에 물고기가 들어가서 잡히도록 하는 장치.

107) 어르다: (우월적 위치에서) 상대를 데리고 놀다.

108) 소일(消日) 적어: 소일거리가 적다. 살아가는 재미가 없다. 맛 좋게 생긴 꿩과 꿩을 잡으려고 기회를 노리는 사내운 매, 어살 안에 든 고기와 잡힌 고기를 이리저리 어르는 백로는 잡히는 자와 잡는 자의 관계를 나타냄.

109) 전혀: 매우, 아주.

110) 겯다: 대, 갈대, 싸리 따위로 엮어 짜다.

111) 호로병(葫蘆瓶): 호리병.

112) 색(色)등거리: 물감을 들인 등거리. 등거리는 소매가 짧거나 없는, 걸쳐 입는 홑옷.

113) 요지연(瑤池宴) 선관(仙官): 서왕모가 요지(瑤池)에서 연 잔치에 참석한 신선들. 요지는 중국 신화에 나오는 신녀(神女)인 서왕모(西王母)가 산다고 하는, 곤륜산(崑崙山)에 있다는 전설상의 못. 선관은 신선.

114) 이적선(李謫仙): 당(唐)나라 때 시인 이백(李白). 본래 천상의 신선인데 인간 세상에 귀양 왔다는 뜻으로 부른 이름.

그곳에 이적선(李謫仙)[114] 소동파(蘇東坡)[115] 두목지(杜牧之)[116] 장건(張騫)[117]이 다 모여 계시더라

46.

소상하사등한회(瀟湘何事等閑回)오 수벽사명양안태(水碧沙明兩岸苔)라

이십오현(二十五絃)을 탄야월(彈夜月)하니 불승청원각비래(不勝淸怨却飛來)라[118]

아마도 이 글 지은 자는 당(唐) 전기(錢起)[119]라

47.

청산(靑山) 자부송(自仆松)[120]아 너는 어이 누웠느냐

풍상(風霜)을 못 이기어 꺾어져서 누웠노라

가다가 양공(良工)[121]을 만나거든 예 있더라 하소

---

115) 소동파(蘇東坡): 송(宋)나라 때 시인 소식(蘇軾). 동파는 호(號).

116) 두목지(杜牧之): 당(唐)나라 때 시인 두목(杜牧). 목지는 자(字).

117) 장건(張騫): 한(漢)나라 때 장수. 뗏목을 타고 하늘로 올라가 견우와 직녀를 만나고 왔다는 전설이 있음.

118) 초장과 중장은 당(唐)나라 때 시인 전기(錢起)의 〈귀안(歸雁)〉의 전문임.
소상하사등한회(瀟湘何事等閑回) 무슨 일로 한가히 소상강에 돌아왔나?
수벽사명양안태(水碧沙明兩岸苔) 물 파랗고 모래 깨끗하며 양안엔 이끼 낀 곳으로.
이십오현탄야월(二十五絃彈夜月) 달밤에 스물다섯 줄 거문고 타는 소리에,
불승청원각비래(不勝淸怨却飛來) 맑은 원망 못 이겨 문득 돌아왔네.

119) 전기(錢起): 당(唐)나라 때 시인.

120) 자부송(自仆松): 저절로 쓰러진 소나무.

121) 양공(良工): 기술이 뛰어난 목수.

122) 검어 우뚝한: 검고 우뚝 솟은.

123) 들여: 들이대어. '(가까이) 대다'의 뜻.

48.

저 건너 검어 우뚝한[122] 바위, 정(釘)을 들여[123] 때려내어

털 새겨 뿔 쪼아 네 발 모아 경성드뭇이[124] 걸어가는 듯이 새기리라, 뿔 곱은 검은 암소

두었다 임 이별하면 타고나 갈까

49.

만근(萬斤) 쇠를 늘여내어 길게길게 노[125]를 꼬아

구만장천(九萬長天)[126] 가는 해를 매우리라[127] 쉬이쉬이

북당(北堂)[128]에 학발쌍친(鶴髮雙親)[129]이 더디 늙게

50.

무릉도원(武陵桃源) 홍도화(紅桃花)도 삼월이면 모춘(暮春)[130]이요

동정호(洞庭湖) 밝은 달도 그믐이면 무광(無光)이라

어찌타 설부화용(雪膚花容)[131]을 아껴 무삼

---

124) 경성드뭇이: 많은 수효가 듬성듬성 흩어져 있는 모양.

125) 노: 실이나 종이 따위를 꼬아 만든 줄.

126) 구만장천(九萬長天): 아득히 높고 먼 하늘. 구만리장천(九萬里長天).

127) 매우리라: 매리라.

128) 북당(北堂): 부모님이 거처하시는 곳.

129) 학발쌍친(鶴髮雙親): 늙으신 부모님. 학발은 두루미의 깃털처럼 하얗게 센 머리.

130) 모춘(暮春): 늦봄.

131) 설부화용(雪膚花容): 눈처럼 흰 살결과 꽃처럼 아름다운 얼굴이라는 뜻으로 젊은 미인의 모습을 말함.

132) 육모얼레: 모서리가 여섯인 얼레. 얼레는 연줄을 감고 푸는 데 쓰는 기구.

133) 당사(唐絲): 중국에서 들여온 명주실.

51.

띄우리라 띄우리라 세백사(細白絲) 육모얼레[132] 당사(唐絲)[133]줄 감아 띄우리라

반공(半空) 운무(雲霧)[134]중에 싸였구나 귀머리장군[135]에 홍능화(紅綾花)긴코[136]

그중에 짓거리 있고[137] 말 잘 듣고 퇴김 톡 잘 받는[138] 연은 내 연인가[139]

52.

꿈에 항우(項羽)를 만나 천하사(天下事)를 의논하니

중동(重瞳)[140]에 눈물이요 큰 칼 짚고 이른 말이

지금에 부도오강(不渡烏江)[141]을 못내 설워

53.

오호대장(五虎大將)[142] 날랜 장사(壯士) 전무후무(前無後無) 제갈량

---

134) 반공(半空) 운무(雲霧): 하늘의 구름과 안개.

135) 귀머리장군: 윗머리 양쪽 귀퉁이에 검은 부등변 삼각형을 그린 연.

136) 홍능화(紅綾花)긴코: 연의 일종. 마름꽃 모양의 붉은 쪽지를 길게 붙인 연. 또는 능화지를 길게 붙인 연. 능화지는 마름꽃 무늬가 있는 종이.

137) 짓거리 있다: 볼만한 거리가 있다.

138) 퇴김 톡 잘 받다: 퇴김이 잘 되다. 톡은 시늉말. 퇴김은 연날리기에서, 상대편의 연을 억누르기 위하여 줄을 팽팽하게 하였다가 갑자기 통줄을 주어서 연 머리를 아래쪽으로 돌려 내려가게 하는 일.

139) 초·중장에서는 하늘에 띄우는 연만을 말하였으나, 종장에서는 그 연과 함께, 여성의 낮춤 표현인 '년'으로도 볼 수 있도록 하였음. 종장은 연날리기와 성교의 중의법을 사용한 것임.

140) 중동(重瞳): 눈동자가 둘인 눈. 항우의 눈이 중동이었다고 함.

141) 부도오강(不渡烏江): 항우가 오강을 건너지 않은 일. 오강은 중국 안휘성(安徽省) 화현(和縣) 에 있는 강. 항우가 해하(垓下)에서 패한 뒤 오강에 이르러, 고향으로 돌아갈 면목이 없다고 자결하였음.

142) 오호대장(五虎大將): 범처럼 용감한 다섯 장수. 촉한(蜀漢)의 관우(關羽)·장비(張

(諸葛亮)[143]과
그 장사 그 모사(謀士)면 통일천하(統一天下) 하련마는
아마도 삼분천하(三分天下)는 천의(天意)신가

54.
솔 아래 굽은 길에 중 셋 가는 중 중(中)에 말말째 중놈아 게 좀 섰거라 네 어디로 가느냐 말 물어보자
인간이별 만사(萬事) 중에 독숙공방(獨宿空房) 만드신 부처 어느 절 법당(法堂) 탁자 위에 감중련(坎中連)[144]하고 눈 내리깔고 공양(供養) 받아 자시던 양(樣) 보았느냐 못 보았느냐
소승(小僧)은 상좌(上佐) 중이니 스승 중더러

55.
사랑 삽세[145] 사랑을 삽세 한들 사랑 팔 이가 뉘 있으며
이별 삽쇼[146] 이별을 삽쇼 한들 이별 살 이가 뉘 있으리
지금에 팔고 살 이 없으니 장(長)사랑에 장이별(長離別)인가

56.
꽃이야 곱다마는 가지 높아 못 꺾겠다
꺾지는 못하나마 이름이나 짓고 가자

飛)·조운(趙雲)·마초(馬超)·황충(黃忠)을 듦.

143) 제갈량(諸葛亮): 촉한(蜀漢)의 충신. 자(字)는 공명(孔明), 시호(諡號)는 충무(忠武). 유비(劉備)의 삼고초려(三顧草廬)로 출사(出仕)하여 유비를 도왔음. 유비 사후에 수차례 북벌을 감행했으나 성공하지 못하고, 오장원(五丈原)에서 병사함.

144) 감중련(坎中連): 주역 팔괘(八卦)의 하나인 감괘(坎卦)의 모양.

145) 삽세: 삽니다, 사겠소.

146) 삽쇼: 사십시오.

아마도 그 꽃 이름은 단장환(斷腸花ㄴ)[147]가

57.

용(龍) 같이 설설 기는[148] 말에 반부담(半負擔)[149]하여

내 사랑 태우고 산 넘어 구름 밖에 꿩 사냥 하러갈 제 채치며[150] 돌아보니 떼구름 속에 반달이로구나 6

언제나 저 구름 다 보내고 온달[151] 볼까

58.

창힐(蒼頡)이 작자시(作字時)에 차생(此生) 원수(怨讐) 이별 두 자

진시황(秦始皇) 분서시(焚書時)에 어느 틈에 싸였다가[152]

지금에 재인간(在人間)하여[153] 남의 애를

59.

한 자 쓰고 눈물짓고 두 자 쓰고 한숨지으며

글씨는 아니 되고 수묵산수(水墨山水)만 되는구나[154]

저 임아 울면서 쓴 글씨니 눌러 보소[155]

---

147) 단장화(斷腸花): 매우 아름다우나 얻을 수 없기에 사람의 애를 끊게 하는 꽃.

148) 용(龍) 같이 설설 기는: 시원스럽게 매우 잘 가는 모양.

149) 반부담(半負擔): 말 위에 자그마한 짐 궤짝을 싣고 사람도 탐.

150) 채치다: 채찍질하다.

151) 온달: 보름달.

152) 싸였다가: 둘러싸여 있다가. 숨겨졌다가.

153) 지금에 재인간(在人間)하여: 지금껏 인간 세상에 있어서.

154) 눈물이 흘러 먹이 번져 글자가 제대로 이루어지지 않는 모습.

155) 눌러 보다: 이러저런 사정을 헤아려서 봄. 감안하여 봄.

60.

아이야 말안장(鞍裝) 지어라[156] 타고서 천렵(川獵) 가자

술병 걸 제 행여나 잔(盞) 잊을세라 백수(白鬚)를 흩날리며 여흘여흘[157] 건너가니

아이야 이 뒤에 묻는 이 있거든 뒷 여울로

61.

이별이 불이 되어 태우느니[158] 간장(肝腸)이라

눈물이 비가 되면 붙는 불을 끄련마는

한숨이 바람 되어 점점(漸漸) 붙네

62.

꿈이 정녕 허사(虛事)로다 임이 왔다갔단 말인가

제 정녕 왔었으면 흔적(痕迹)이나 뵈련마는

지금에 제 아니 오고 남의 애를

63.

태백(太白)[159]이 언제 사람 당국(唐國) 시절 한림학사(翰林學士)[160]

---

156) 안장(鞍裝) 짓다: 말 등에 안장을 얹다.

157) 여흘여흘: 부드럽고 느릿하게 움직이는 모습. 너울너울.

158) 태우느니: 태우는 것이.

159) 태백(太白): 당(唐)나라 때 시인 이백(李白). 태백은 자(字), 호(號)는 청련거사(靑蓮居士).

160) 한림힉사(翰林學士): 임금을 위헤 글을 짓던 한림인(翰林院)의 간리. 주로 글 솜씨가 뛰어난 문인이 맡았음.

161) 풍월지선생(風月之先生): 시를 짓고 흥취를 즐기는 사람 가운데 뛰어난 인물.

162) 완월(玩月)하던 호사(豪士): 달을 즐기는 호방한 선비.

풍월지선생(風月之先生)[161]이요 완월(玩月)하던 호사(豪士)[162]로다
아마도 시간천자(詩間天子)[163] 주중선(酒中仙)[164]은 이적선(李謫仙)인가

64.
간밤에 꿈 좋더니 임에게서 편지 왔네
그 편지 받아 백 번이나 보고 가슴 위에 얹고 잠을 드니
구태여 무겁지 아니해도 가슴 답답

65.
해 지면 장탄식(長歎息)이요 촉백성(蜀魄聲)이 단장회(斷腸回)라[165]
잊자 하여도 궂은비는 무슨 일로
원촌(遠村)에 일계명(一鷄鳴)[166]하니 애 끊는 듯

66.
꿈아 열없는[167] 꿈아 오는 임을 보냈구나
꿈아 오는 임 보내들 말고 잠든 나를 깨우려무나
내게는 꿈조차 야속하니 그를 설워

67.
창오산붕상수절(蒼梧山崩湘水絶)[168]이라야 이 내 시름 없을 것을

---

163) 시간천자(詩間天子): 시로는 황제. 최고의 시인.

164) 주중선(酒中仙): 술로는 신선. 술을 즐긴 인물을 뜻함.

165) 촉백성(蜀魄聲)이 단장회(斷腸回)라: 두견새 울음소리가 애끊는 슬픔을 다시 일으킴.

166) 원촌(遠村)에 일계명(一鷄鳴): 먼 데서 닭 울음소리가 들림.

167) 열없다: 어설프고 짜임새가 없다.

168) 창오산붕상수절(蒼梧山崩湘水絶): 창오산(蒼梧山)이 무너지고 상수(湘水)가 말

구의봉(九疑峰)[169] 구름 일어 갈수록 새로워라
밤중만 월출어동령(月出於東嶺)[170]하니 임 뵌 듯이

68.

청산(靑山)도 절로절로 녹수(綠水)라도 절로절로
산 절로 수 절로 하니 산수 간에 나도 절로
세상에 절로 자란 몸이 늙기도 절로

69.

각시님 예쁘던 얼굴 저 건너 냇가에 홀로 우뚝 섰는 수양버드나무
고목(枯木) 다 되어 썩어 스러진[171] 광대등걸[172]이 다 됐단 말가
젊었고자[173] 젊었고자 세다섯[174]만 젊었고자
열하고 다섯만 젊을 양이면 내 원대로

70.

7 적설(積雪)이 다 진(盡)토록 봄소식을 모르더니
귀홍득의천공활(歸鴻得意天空闊)이요 와류생심수동요(臥柳生心水動搖)라[175]

라 끊어짐. 이백(李白)의 〈원별리(遠別離)〉의 한 구절. 창오산은 순임금이 죽은 곳이며, 상수는 순임금의 두 비(妃) 아황(娥皇)과 여영(女英)이 빠져 죽은 곳임.

169) 구의봉(九疑峰): 구의산(九疑山). 중국 호남성(湖南省)에 있는 산으로 순임금의 무덤이 있음. 아홉 봉우리가 서로 비슷하여 분별할 수 없이 의심스러우므로 이와 같이 이름이 붙여졌다고 하며, 사람의 마음이 헤아리기 어려움을 이에 비유함.

170) 월출어동령(月出於東嶺): 달이 동쪽 봉우리에 떠오름.

171) 스러진: 쓰러진. 쓰러져있는.

172) 광대등걸: 거칠고 흉하게 남은 나무 밑동. 몹시 파리해져 뼈만 남은 얼굴.

173) 젊었고자: 젊고 싶다. 여기서 '고자'는 욕망을 나타내는 종결어미로 쓰임.

174) 세다섯: 삼오(三五). 십오(十五). 여기서는 15년을 말함.

아이야 빚은 술 걸러라 새봄 맞게

71.

아미산월반륜추(峨眉山月半輪秋)와 적벽강산무한경(赤壁江山無限景)을[176]

이적선(李謫仙) 소동파(蘇東坡)가 놀고 남겨 두온[177] 뜻은

일후(日後)에 영웅준걸(英雄俊傑)들이 이어 놀게

72.

태공(太公)[178]의 낚대 빌고 엄자릉(嚴子陵)[179]의 줄[180]을 달아

범려(范蠡)[181]의 배를 타고 장한(張翰)[182]의 강동(江東) 찾아가니

---

175) 귀홍득의천공활(歸鴻得意天空闊) 와류생심수동요(臥柳生心水動搖): (봄이 되어 북녘으로) 돌아가는 기러기가 뜻을 얻으니 하늘이 넓고, 쓰러졌던 버들이 마음을 먹으니 물결이 일렁이네. 홍세태(洪世泰)의 〈소보(小步)〉의 한 구절.

176) 아미산월반륜추(峨眉山月半輪秋)와 적벽강산무한경(赤壁江山無限景)을: 아미산에 반달이 뜬 가을 경치와 적벽(赤壁)의 그지없이 아름다운 정경을. 중국의 시인 문장가인 이백(李白)과 소동파(蘇東坡)가 즐긴 경치를 아울러 이르는 것임. 아미산월반륜추는 이백의 〈아미산월가(峨眉山月歌)〉의 첫 연임.

177) 남겨 두온: 남겨 둔.

178) 태공(太公): 강태공(姜太公).

179) 엄자릉(嚴子陵): 엄광(嚴光). 자릉은 자. 한(漢)나라 광무제(光武帝) 때의 은사(隱士). 어릴 때 광무제와 함께 공부했음. 광무제가 벼슬을 주었으나 거절하고 부춘산(富春山)의 칠리탄(七里灘)에 은거하여 밭 갈고 낚시하며 지냈음.

180) 줄: 낚싯줄.

181) 범려(范蠡): 중국 춘추시대(春秋時代) 월(越)나라 사람. 월나라 왕 구천(句踐)을 도와 오(吳)나라를 쳐 원수를 갚게 한 뒤 작은 배를 타고 강호(江湖)를 떠다니며 도(陶) 땅으로 가 주공(朱公)이라 하고 교역을 하여 큰 부자가 되었음.

182) 장한(張翰): 중국 진(晉) 나라 때 사람. 낙양(洛陽)에서 벼슬하다가 가을바람이 불어오자 고향의 순채국과 농어회가 생각나서 벼슬을 버리고 고향 강동(江東)으로 돌아갔음.

183) 알라: 알까 두렵다.

백구(白鷗)야 날 본 체 마라 속인(俗人) 알라[183]

73.

동산(東山)[184] 작일우(昨日雨)에 노사(老謝)[185] 만나 바둑 두고

초당(草堂) 금야월(今夜月)에 적선(謫仙)[186] 만나 주일두(酒一斗) 시백편(詩百篇)[187]이라

내일은 두릉호(杜陵豪) 한단창(邯鄲娼)[188]과 뒷모꼬지[189]

74.

공산(空山)이 적막(寂寞)한데 슬피 우는 저 두견(杜鵑)[190]아

촉국(蜀國) 흥망(興亡)[191]이 어제 오늘 아니거든

지금에 피 나게 울어서 잠든 나를[192]

---

184) 동산(東山): 사안(謝安)이 일찍이 벼슬을 마다하고 기생과 더불어 은거한 회계(會稽)의 동산. 단순히 동쪽 산으로 볼 수도 있으나 뒷 구 노사와의 관련으로 이와 같이 볼 수 있음.

185) 노사(老謝): 동진(東晋)의 재상(宰相) 사안(謝安). 젊은 시절부터 명망이 있었으나 조정의 부름을 거부하고 회계(會稽)의 동산(東山)에 숨어 살다가, 뒤에 환온(桓溫)의 부름을 받고 벼슬에 나가 큰 공을 세우고 뒤에 태부(太傅)로 추증되었음.

186) 적선(謫仙): 인간계로 귀양 온 신선이라는 뜻으로 이백(李白)을 가리킴.

187) 주일두(酒一斗) 시백편(詩百篇): 한 말의 술을 마시고 시 백 편을 지음.

188) 두릉호(杜陵豪) 한단창(邯鄲娼): 두릉의 호걸과 한단의 기생. 두릉은 서안(西安) 동남쪽의 지명이며, 한단은 전국시대(戰國時代) 조(趙)나라의 도읍.

189) 뒷모꼬지: 모꼬지는 놀이나 잔치 또는 그 밖의 일로 여러 사람이 모이는 일. 뒷모꼬지는 뒤풀이로 풀 수 있겠음. 2권본에는 이 부분이 '…한단창으로 못고지ᄒᆞ게'로 되어 있음.

190) 두견(杜鵑): 두견새. 두견새는 억울하게 나라를 빼앗긴 중국 촉 땅의 왕 망제(望帝)가 죽어 환생한 새라는 속설이 있음.

191) 촉국(蜀國) 흥망(興亡): 촉나라가 망한 일을 말함.

192) 2권본에는 '잠든 나를'이 '남의 ᄋᆡ을'로 되어 있음.

75.

백구(白鷗)는 편편(翩翩) 대동강상비(大同江上飛)하고 장송(長松)은 낙락(落落) 청류벽상취(清流壁上翠)[193]라
대야동두점점산(大野東頭點點山)에 석양(夕陽)은 비쳐 있고 장성일면용용수(長城一面溶溶水)[194]에 일엽어선(一葉漁船) 흘리저어[195]
대취(大醉)코 재기수파(載妓隨波)[196]하여 금수능라도(錦繡綾羅島)[197]로 임거류(任去留)[198]하세

76.

자규(子規)[199]야 울지 마라 네 울어도 속절없다
울거든 너나 울지 잠든 나를 깨우느냐
밤중만 네 울음소리에 잠 못 이뤄

77.

비오는 날 들에 가랴 사립 걸고[200] 소 먹여라

---

193) 청류벽상취(清流壁上翠): 청류벽 위에서 푸르다. 청류벽은 대동강 부벽루(浮碧樓) 아래쪽 강가에 있는 절벽. 이 곳 바위에 '청류벽(清流壁)' 이라 새겨져 있다고 함.

194) 장성일면용용수(長城一面溶溶水) 대야동두점점산(大野東頭點點山): 긴 성 한편에는 넘쳐흐르는 물이요 넓은 들 동쪽에는 흩어져 있는 산이로다. 고려시대 문인 김황원(金黃元)이 평양 부벽루(浮碧樓)에 올라 종일토록 다만 이 두 구를 얻었다고 함.

195) 흘리저어: 물의 흐름에 따라 노를 저어.

196) 재기수파(載妓隨波): 기생을 배에 태우고 물결의 흐름에 따름. 이백(李白) 〈강상음(江上吟)〉의 "기생을 태우고 물결을 따라 가기도 하고 머물기도 하네(載妓隨波任去留)"라는 구절을 인용하였음.

197) 금수능라도(錦繡綾羅島): 대동강에 있는 섬 능라도를 아름답게 표현한 말.

198) 임거류(任去留): 떠나고 머무는 것을 그대로 맡겨둠.

199) 자규(子規): 두견새.

마이[201] 매양(每樣)이랴 쟁기 연장 다스려라
오다가 개는 날 있거든 긴 밭 맬까[202]

78.

춘풍(春風)에 화만산(花滿山)이요 추야(秋夜)에 월만대(月滿臺)라
사시(四時) 가흥(佳興)은 사람과 한가지라
하물며 어약연비(魚躍鳶飛)[203] 운영천광(雲影天光)[204]이야 일러 무삼

79.

인생이 죽어 갈 제 값을 주고 살 양이면[205]
안연(顔淵)[206]이도 조사(早死)할 제 공자(孔子) 어이 못 살렸노
값 주고 못 살 인생이 아니 놀고

80.

물[207] 없는 강산(江山)에 올라 나무도 꺾어 다리도 놓고 돌도 발로 툭 차 데굴데굴 궁굴려다 수렁도 메고[208]

---

200) 사립 걸고: 사립문을 닫고.

201) 마이: 장마가. '마'는 장마의 옛말.

202) 매다: 논밭에 난 잡초를 뽑다.

203) 어약연비(魚躍鳶飛): 못에서 뛰노는 고기와 하늘을 나는 솔개라는 말로, 자연 만물의 자연스러운 원리를 뜻함. 『시경(詩經)』「대아(大雅)」〈한록(旱麓)〉의 한 구절.

204) 운영천광(雲影天光): 구름 그림자와 하늘빛이라는 말로, 자연의 원리를 뜻함.

205) 값을 주고 살 양이면: 대가를 지불하고 살아날 수 있다면.

206) 안연(顔淵): 공자(孔子)의 제자 안회(顔回). 연(淵)은 자(字). 매우 뛰어난 성품으로 공자에게 인정받았으나 요절하였음.

207) 물: 무리. 군중(群衆).

208) 궁굴려다 수렁도 메고: 이리저리 굴려 수렁을 메우고. 바로 위에서 나무를 꺾어

만첩청산(萬疊靑山) 내리고 내린 물결 휘어잡아 타고 에릉렝 꽐꽐
더지 둥덩실[209] 임 찾아가니
석양(夕陽)에 물 찬 제비는 오락가락

81.

군자고향래(君自故鄕來)하니 알리로다 고향사(故鄕事)를
오던 날 기창전(綺窓前)에 한매화(寒梅花) 피었더냐 안 피었더냐[210]
매화(梅花)가 피기는 피었더라마는 임자 그려[211] 8

82.

장생술(長生術) 거짓말이 불사약(不死藥)을 뉘라 본고
진황총(秦皇塚) 한무릉(漢武陵)[212]도 모연추초(暮煙秋草)[213]뿐이로다
인생이 일장춘몽(一場春夢)이니 아니 놀고

83.

버들은 실이 되고 꾀꼬리는 북[214]이 되어

다리를 놓는 것과 마찬가지로, 돌을 굴려 진창길을 메워 임을 찾아가는 과정을 말함.

209) 에릉렝 꽐꽐 더지 둥덩실: 허겁지겁 임을 찾아 가는 모습을 나타낸 말.

210) 초장·중장은 왕유(王維)의 〈잡시(雜詩)〉를 옮긴 것임.
군자고향래(君自故鄕來) 그대 고향에서 왔으니
응지고향사(應知故鄕事) 응당 고향 일 알리라.
내일기창전(來日綺窓前) 그대 오던 날 창 앞에
한매착화미(寒梅着花未) 매화는 피었던가?

211) 임자 그려: 당신을 그리워하더라.

212) 진황총(秦皇塚) 한무릉(漢武陵): 진(秦)나라 시황제(始皇帝)나 한(漢)나라 무제(武帝)의 무덤. 살았을 때 대단한 위세를 지닌 이의 무덤을 비유함.

213) 모연추초(暮煙秋草): 저녁연기와 가을 풀. 곧 스러지거나 시드는 것을 비유함.

214) 북: 옷감을 짤 때, 날실의 틈으로 왔다 갔다 하면서 씨실을 푸는 기구.

구십삼춘(九十三春)[215]에 짜내느니 나의 시름
뉘라서 녹음방초(綠陰芳草)를 승화시(勝花時)라더냐[216]

84.

창밖에 가는 솥막이 장수[217]야 이별 나는 구멍도 네 잘 막을소냐
그 장수 대답하되 초한(楚漢) 적 항우(項羽)라도 역발산(力拔山)하고 기개세(氣蓋世)[218]로되 힘으로 능히 못 막았고 삼국(三國) 적 제갈량(諸葛亮)도 상통천문(上通天文)에 하달지리(下達地理)[219]로되 재주로 능히 못 막았거든
하물며 나 같은 소장부(小丈夫)야 일러 무삼

85.

백사장(白沙場) 홍료변(紅蓼邊)[220]에 굼닐어[221] 먹는 저 백로(白鷺)야

---

215) 구십삼춘(九十三春): 석 달 동안의 봄. 음력으로는 일 년 열두 달을 사계절에 각각 석 달씩 배분하여, 1, 2, 3월이 봄에 해당함. 이 90일 동안의 봄을 말함. 2권본에는 '구십춘광'으로 되어 있음.

216) 녹음방초(綠陰芳草)를 승화시(勝花時)라더냐: 우거진 나뭇잎과 향기로운 풀의 계절인 여름을 꽃피는 봄보다 낫다고 하더냐. 송(宋)나라 때 왕안석(王安石)의 〈초하즉사(初夏卽事)〉의 한 구절. '녹음유초승화시(綠陰幽草勝花時)'에서 따온 것임.

217) 솥막이 장수: 솥에 난 구멍을 때우는 장수.

218) 역발산기개세(力拔山氣蓋世): 항우가 해하(垓下)에서 유방에게 진 뒤에 부른 〈해하가(垓下歌)〉의 한 부분. 〈해하가〉 전문은 다음과 같음.
역발산혜기개세(力拔山兮氣蓋世) 힘은 산을 뽑고 기운은 세상을 덮을 만하지만,
시불이혜추불서(時不利兮騅不逝) 때가 불리하니 오추마가 나아가지 않는구나!
추불서혜가내하(騅不逝兮可奈何) 오추마가 나아가지 않으니 어찌하면 좋을까?
우혜우혜내약하(虞兮虞兮奈若何) 우미인아! 우미인아! 그대를 어찌할거나?

219) 상통천문(上通天文) 하달지리(下達地理): 천체의 모습을 보고 앞일을 예측하며 지리에도 능통한 제갈량(諸葛亮)의 능력을 말함.

220) 홍료변(紅蓼邊): 붉은 여뀌가 자란 물가. '여뀌'는 풀.

221) 굼닐다: 몸을 움직임. 몸을 굽혔다 폈다 함.

한 입에 두셋 물고 무엇 나빠[222] 굼니느냐
우리도 구복(口腹)[223]이 원수라 굼닐어 먹네

86.
아이야 네 어디 사노 내 말씀이요 강변 사오
강변서 무엇 하노 고기 잡아 생애(生涯)[224]하오
네 생애 좀도 좋구나[225] 나도 함께

87.
댁(宅)들에[226] 동난젓[227] 삽소 외느니[228] 장수야 네 무엇이니
그 장수 대답하되 대족(大足)은 이족(二足) 소족(小足)은 팔족(八足) 양목(兩目)이 향천(向天) 외골내육(外骨內肉) 청장(淸醬) 흑장(黑醬)[229] 앞도 절벽(絶壁) 뒤도 절벽 전행(前行)하고 후거(後去)도 하고 썰썰 기는[230] 동난젓 삽소
장수야 폐(弊)롭게 외지 말고[231] 그저 방게젓 삽소

222) 나빠: 부족하게 여겨. 만족하지 않아.
223) 구복(口腹): 입과 배라는 뜻으로, 먹고사는 일을 말함.
224) 생애(生涯): 생계(生計). 살아가는 방도.
225) 좀도 좋구나: 좋기도 좋구나.
226) 댁(宅)들에: '여러분' 또는 '손님들' 정도의 뜻을 가진 말.
227) 동난젓: 민물에서 나는 방게로 담근 젓. 방게젓.
228) 외느니: 외치니. 2권본에는 '외는'으로 되어 있음.
229) 청장(淸醬) 흑장(黑醬): 게젓의 간장. 맑은 간장, 진한 간장.
230) 전행(前行)~: 게젓이 아니라, 게의 모습을 묘사한 내용.
231) 폐(弊)롭게 외지 말고: 힘들게 외치지 말고.
232) 일소백미생(一笑百媚生): 한번 웃을 때마다 백 가지 교태가 나타남. 당(唐) 현종(玄宗)과 그의 총비 양귀비(楊貴妃)의 사랑을 그린 백거이(白居易)의 〈장한가(長恨歌)〉 중 한 구절.

88.

일소백미생(一笑百媚生)[232]이 태진(太眞)[233]의 여질(麗質)[234]이라
명황(明皇)[235]도 이러므로 만리행촉(萬里幸蜀)[236] 하였느니
지금에 마외방혼(馬嵬芳魂)[237]을 못내 설워

89.

청조(靑鳥)[238]야 오는구나 반갑도다 임의 소식
약수(弱水) 삼천리(三千里)[239]를 네 어이 건너온다
우리 임 만단정회(萬端情懷)[240]를 네 알리라

90.

간밤에 울던 여울[241] 슬피 울어 지났도다
이제야 생각하니 임이 울어 보내도다
저 물이 거슬러 흐를 양이면 나도 울게

---

233) 태진(太眞): 양귀비(楊貴妃)의 이름.

234) 여질(麗質): 아름다운 모습.

235) 명황(明皇): 당 현종. 초기에 선정을 베풀었으나 말년에 양귀비에게 빠져 지내 국정이 혼란하였음.

236) 만리행촉(萬里幸蜀): 멀고 먼 촉 땅으로 피신한 것을 이름. 행(幸)은 임금의 거둥을 말함.

237) 마외방혼(馬嵬芳魂): 마외역(馬嵬驛)에서 죽은 양귀비의 꽃다운 혼. 안사(安史)의 난을 만나 당 현종과 함께 촉(蜀)땅으로 피신할 때, 마외역에 이르러 성난 군사의 요구로 양귀비는 죽임을 당함.

238) 청조(靑鳥): 신선의 심부름꾼 또는 소식을 전하는 심부름꾼을 뜻함.

239) 약수(弱水) 삼천리(三千里): 약수는 중국 서쪽의 전설 속의 강으로 길이가 3,000리나 되며 부력이 매우 약하여 기러기의 털도 가라앉는다고 함. 신선이 사는 곳이라고 함. 여기서는 매우 멀리 떨어진 곳이라는 의미로 쓰였음.

240) 만단정회(萬端情懷): 가슴속에 서리고 얽힌 온갖 정과 회포.

241) 여울: 강바닥이 얕거나 폭이 좁아 물살이 세게 흐르는 곳.

91.

벽해갈류후(碧海竭流後)[242]에 모래 모여 섬이 되어
무정방초(無情芳草)는 해마다 푸르르되
어찌타 우리 왕손(王孫)은 귀불귀(歸不歸)[243]냐

92.

내 정녕 술에 섞여 임의 속에 흘러들어
구회간장(九廻肝腸)[244]을 촌촌(寸寸)이[245] 찾아가서
날 잊고 남 사랑한 마음을 다 슬혀볼까[246]

93.

사마천(司馬遷)[247]의 명만고문장(鳴萬古文章)[248] 왕일소(王逸少)[249]의 소천인필법(掃千人筆法)[250] 유령(劉伶)[251]의 기주(嗜酒)와 두목지 9

242) 벽해갈류후(碧海竭流後): 짙푸른 바닷물이 다 마른 뒤.

243) 왕손(王孫)은 귀불귀(歸不歸): 귀한 분은 한 번 가서 돌아오지를 않는가? 왕손은 임금의 후손 또는 귀한 집 자제(子弟)를 뜻함. 중장과 종장은 당나라 때 시인 왕유(王維)의 〈송별(送別)〉 중 '봄풀은 해마다 푸른데, 왕손은 한 번 간 뒤 돌아오려나 못 오려나?(春草年年綠 王孫歸不歸)'를 원용한 것임.

244) 구회간장(九廻肝腸): 굽이굽이 서린 창자라는 뜻으로 깊은 마음속을 가리킴. 구곡간장(九曲肝腸).

245) 촌촌(寸寸)이: 마디마디.

246) 슬히다: 스러지게 하다. '스러지다'의 옛말인 '슬다'의 사동형. 『대동풍아』에는 '다 씨스려 ᄒᆞ노라'라고 했음.

247) 사마천(司馬遷): 전한(前漢) 때의 역사가. 무제(武帝)때 흉노에 항복한 이릉(李陵)을 변호하다 궁형(宮刑)을 당한 뒤 『사기(史記)』를 완성하였음.

248) 명만고문장(鳴萬古文章): 오랜 세월 감동을 줄 만한 뛰어난 문장.

249) 왕일소(王逸少): 진(晉)나라 때의 서예가 왕희지(王羲之). 일소는 자(字).

250) 소천인필법(掃千人筆法): 천 사람이 대적할 수 없는 필법.

251) 유령(劉伶): 죽림칠현(竹林七賢)의 한 사람으로, 세속에 구애되지 않고 술을 매우 즐겼음. 마음껏 술을 마시는 사람의 전형으로 일컬어짐.

(杜牧之)[252]의 호색(好色)을
일신겸비(一身兼備)하여 백년을 종사(從事)하려니와
쌍전(雙全)[253]키 어려울손 대순(大舜) 증자(曾子)[254] 효(孝)와 용봉(龍逢) 비간(比干)[255] 충(忠)이야

94.
독상악양루(獨上岳陽樓)[256]하야 동정호(洞庭湖) 칠백리라
낙하(落霞)는 여고목제비(與孤鶩齊飛)하고 추수(秋水)는 공장천일색(共長天一色)을[257]
한없는 오초동남경(吳楚東南景)[258]이 안전(眼前)에 어렸으니 낙무궁(樂無窮)[259]인가

---

252) 두목지(杜牧之): 당나라 때 시인 두목(杜牧). 목지는 자(字).

253) 겸전(雙全): (충과 효) 둘 다 온전하게 함.

254) 대순(大舜) 증자(曾子): 대순은 순(舜)임금을 달리 이르는 말. 순임금과 증자는 효성이 지극하였음.

255) 용봉(龍逢) 비간(比干): 용봉은 하(夏)나라 걸왕(桀王)의 신하인 관용봉(關龍逢). 비간은 은(殷)나라 주왕(紂王)의 신하. 두 사람 모두 무도한 왕에게 충성스럽게 간언하다가 죽은 충신.

256) 독상악양루(獨上岳陽樓): 홀로 악양루에 올라. 악양루는 중국 호남성 동정호에 있는 누각.

257) 낙하여고목제비(落霞與孤鶩齊飛) 추수공장천일색(秋水共長天一色): 낮게 드리운 저녁놀에 외로운 들오리가 나란히 날고, 맑은 가을 물빛과 긴 하늘빛이 한가지로 푸름. 당(唐)나라 때 시인 왕발(王勃)의 〈등왕각서(滕王閣序)〉의 한 구절.

258) 오초동남경(吳楚東南景): 악양루에 올라 동정호를 바라본 경치. 오(吳)나라가 있던 동쪽과 초(楚)나라가 있던 남쪽이 탁 트인 모습을 말함. 두보(杜甫)의 〈등악양루(登岳陽樓)〉에는 '오초동남탁(吳楚東南坼)'이라 하였음.

259) 낙무궁(樂無窮): 즐거움이 그지없음.

260) 왕발(王勃)의 등왕각서(騰王閣序): 왕발은 당나라 때 시인. 강서성(江西省) 남창(南昌)의 등왕각이 완성되었을 때 쓴 〈등왕각서〉가 천하의 명문임.

261) 삼척미명(三尺微命): 작은 키에 하찮은 생명이라는 뜻으로 왕발이 〈등왕각서〉에서 자신을 표현한 말.

95.

왕발(王勃)의 등왕각서(騰王閣序)[260] 천하명작(天下名作)이라 하건마는
삼척미명(三尺微命)[261] 네 글자가 처량할손 단명구(短命句)[262]라 일일수경(一日須傾)[263]하던 이적선(李謫仙)도 채석강(采石江)[264]에 완월(玩月)[265]하고 두목지(杜牧之)는 취과양주귤만거(醉過楊州橘滿車)[266]라소
아마도 글하고 호화롭기는 이두문장(李杜文章)[267]

96.

바람이 불려는지 나무 끝이 흔들린다
밀물은 동(東)으로 가고 썰물은 서(西)로 돈다
사공아 넌 그물 걷어 사리 담고[268] 닻 들고 돛을 높이

97.

등잔(燈盞)불 그무러질 제[269] 창(窓)전[270] 짚고 드는[271] 임과
오경종(五更鍾) 내리 울 제[272] 다시 안고 눕는 임을

262) 단명구(短命句): 자신의 단명함을 예상한 구절. 왕발이 요절했음을 뜻하는 말.

263) 일일수경(一日須傾): 하루에도 모름지기 술 삼백 잔을 마신다는 이백(李白)의 〈양양가(襄陽歌)〉의 한구절 '일일수경삼백배(一日須傾三白杯)'를 뜻하는 것임.

264) 채석강(采石江): 이백(李白)이 술에 취해 강에 비친 달을 잡으려다 빠져 죽었다는 강.

265) 완월(玩月): 달을 구경하며 즐김.

266) 취과양주귤만거(醉過楊州橘滿車): 두목이 술에 취하여 양주를 지나갈 때, 그의 풍채를 사모한 기생들이 귤을 던져 수레에 가득해졌다고 함.

267) 이두문장(李杜文章): 여기서는 이백과 두목의 문장을 뜻함.

268) 넌 그물 걷어 사리 담고: 널어놓은 그물을 걷어 헝클어지지 않게 포개어 감아 담고.

269) 그무러질 제: 꺼져 어두워질 때.

270) 창(窓)전: 창턱.

271) 드는: 들어오는.

아무리 백골(白骨)이 진토(塵土)토록 잊을소냐

98.

십년(十年)을 경영(經營)하여 초당일간(草堂一間) 지어내니

반간(半間)은 청풍(淸風)이요 또 반간은 명월(明月)이라

아마도 청풍명월이 내 벗인가

99.

초방석(草方席)[273] 내들[274] 마라 낙엽인들 못 앉으랴

솔불[275]을 켜들[276] 마라 어제 진 달 돋아온다

박주산챌(薄酒山菜ㄹ)[277]망정 없다 말고

100.

공명(孔明)이 갈건야복(葛巾野服)[278]으로 남병산(南屛山)[279] 상봉(上峯)에 올라

칠성단(七星壇)[280] 모고[281] 동남풍(東南風) 빈 연후(然後)에 단하(壇

---

272) 오경종(五更鍾) 내리 울 제: 새벽을 알리는 종이 울릴 때. 오경은 새벽 4시 무렵.

273) 초방석(草方席): 짚이나 풀로 엮어 만든 방석.

274) 내들: 내지를.

275) 솔불: 관솔불. 관솔은 소나무 옹이를 말하는데, 송진이 많아 오랫동안 밝게 타므로 초 대용으로 씀.

276) 켜들: 켜지를.

277) 박주산채(薄酒山菜): 맛이 좋지 못한 술과 산나물.

278) 갈건야복(葛巾野服): 갈포(칡의 섬유로 짠 베)로 만든 두건과 베옷. 처사(處士)나 은사(隱士)의 옷차림.

279) 남병산(南屛山): 중국 절강성(浙江省) 서남에 있는 산.

280) 칠성단(七星壇): 북두칠성을 모신 단. 북두칠성에 제사를 지내기 위하여 쌓은 단.

281) 모고: 만들고

下)로 내려가니
해중(海中)에 일엽소선(一葉小船) 타고 앉아 기다리는 장사(壯士)는 조자룡(趙子龍)인가[282]

101.
소상강(瀟湘江)[283] 긴 대 베어 낚시 매어 둘러메고
불고공명(不顧功名)[284]하고 벽파(碧波)로 내려가니
백구(白鷗)야 날 본 체 말라 성상(聖上) 알라

102.
천하(天下) 비수검(匕首劍)을 한데 모아 비[285]를 매어
남만북적(南蠻北狄)[286]을 다 쓸어버린 후에
그 쇠로 호미를 만들어 강상전(江上田)[287]을 매우리라[288]

---

282) 『삼국지연의(三國志演義)』의 내용. 조조(曹操)가 동오(東吳)로 쳐들어갔을 때, 주유(周瑜)는 서북쪽에 자리 잡은 조조의 선단(船團)을 동남풍을 타 화공(火攻)으로 무찌르려 했으나, 동남풍이 불지 않는 한겨울이라 고민하다 제갈량(諸葛亮)이 기도로써 동남풍이 불게 하자, 그의 능력을 두려워한 나머지 제갈량을 죽이려 한다. 그러나 제갈량은 조자룡(趙子龍)을 미리 대기시켜 놓아 빠져나간다.

283) 소상강(瀟湘江): 중국의 소수(瀟水)와 상수(湘水). 상수는 호남성(湖南省)의 동정호(洞庭湖)로 흐르고, 소수는 그 지류임. 이 근처는 경치가 매우 좋아서 소상팔경(瀟湘八景)이라는 이름이 있음.

284) 불고공명(不顧功名): 공적(功績)과 명성(名聲)을 돌아보지 않음.

285) 비: 빗자루.

286) 남만북적(南蠻北狄): 남북의 오랑캐를 뜻함.

287) 강상전(江上田): 강가의 논밭.

288) 매우리라: 김을 매리라.

289) 초한건곤(楚漢乾坤): 초한시절. 항우(項羽)와 유방(劉邦)이 겨루던 세상.

290) 후려내니: 그물을 당겨내니.

103.

인의(仁義)로 그물 맺어 초한건곤(楚漢乾坤)[289] 후려내니[290]
하나는 장량(張良)[291]이요 또 하나는 한신(韓信)이라
아마도 부절양도(不絶糧道)[292]는 소하(蕭何)런가

104.

청계상(淸溪上)[293] 초당전(草堂前)에 봄은 어이 늦었느냐
이화백설향(梨花白雪香)에 유색황금눈(柳色黃金嫩)[294]이로다
만학운(萬壑雲) 촉백성중(蜀魄聲中)[295]에 춘사망연(春思茫然)[296]

105.

소상강(瀟湘江) 세우중(細雨中)에 사립(簑笠)[297] 쓴 저 노옹(老翁)아
일엽주(一葉舟) 흘리저어 어드메로 향하느냐
이백(李白)이 기경비상천(騎鯨飛上天)[298]하니 풍월(風月) 실러[299]

---

291) 장량(張良): 한(漢) 고조(高祖)의 충신. 소하(蕭何)·한신(韓信)과 함께 한흥삼걸(漢興三傑)임.

292) 부절양도(不絶糧道): 군량을 운반하는 길이 끊어지지 않음.

293) 2권본에는 '청게산'으로 되어 있음.

294) 이화백설향(梨花白雪香) 유색황금눈(柳色黃金嫩): 흰 눈 같은 배꽃의 향기와 새로 돋은 버들잎의 노르스름한 빛깔. 이 두 구는 이백(李白)의 〈궁중행락사(宮中行樂詞)〉의 한 구절로 순서는 바뀌었음.

295) 만학운촉백성중(萬壑雲蜀魄聲中): 많은 골짜기에 구름이 끼고 두견새 울음소리가 들리는 가운데.

296) 춘사망연(春思茫然): 봄에 느끼는 뒤숭숭한 마음에 멍하니 있음.

297) 사립(簑笠): 도롱이와 삿갓.

298) 기경비상천(騎鯨飛上天): 고래를 타고 하늘에 오름. 이백(李白)이 채석강(采石江)에서 뱃놀이를 하다가 달을 잡으러 물에 뛰어들어 고래를 타고 하늘로 올라갔다는 전설이 있음.

299) 풍월(風月) 실러: 맑은 바람과 밝은 달을 (배에) 싣기 위해.

106.

자각봉하(紫閣峰下)[300] 청계상(淸溪上)에 청풍(淸風)으로 노인정(老人亭) 짓고

달 아래 수어각(水魚閣) 있고 구름 밖에 오송정(五松亭)이로다

동자(童子)야 소년루(少年樓)[301] 어디메뇨 취벽문(翠碧門)[302] 안[內]이오

107.

황산곡리당춘절(黃山谷裡當春節)하고 이백화지수절장(李白花枝手折將)을

오류촌심도령택(五柳村尋陶令宅)하니 갈건녹주우낭랑(葛巾漉酒雨琅琅)을

아마도 이 글 지은 자는 자하(紫霞)[303]런가

108.

산중(山中)에 무역일(無曆日)[304]하야 절(節) 가는 줄 모르더니

---

300) 자각봉하(紫閣峰下): 자각봉 아래.

301) 소년루(少年樓): 노인정과 대비하여 붙인 이름.

302) 취벽문(翠碧門): 짙푸른 빛깔의 문.

303) 자하(紫霞): 조선 후기의 시인 신위(申緯). 자하는 그의 호. 이 시조는 신위(申緯)의 소악부(小樂府) 〈야춘(冶春)〉을 변용한 것임. 〈야춘〉의 전문은 다음과 같음.
황산곡리탕춘광(黃山谷裡蕩春光) 황산곡에 봄빛이 화창하니,
이백화지수절장(李白花枝手折將) 오얏꽃 가지 꺾어 들고.
오류촌심도령택(五柳村尋陶令宅) 오류촌 도연명을 찾아가니,
갈건녹주우낭랑(葛巾漉酒雨琅琅) 갈건에 술 거르는 소리 빗소리인 듯 낭낭하네.
황산곡은 누런 산골짜기라는 공간을 뜻하면서, 중국 북송의 시인 황정견(黃庭堅)을 말하기도 하며, 오얏꽃은 이태백을 뜻하기도 한다. 또한 오류촌은 다섯 버드나무가 있는 곳이라는 뜻과 도연명(陶淵明)이 은거하던 곳을 뜻하기도 하며, 갈건은 머리에 쓰는 두건이면서 술 거르는 도구가 되기도 함. 실제로 도연명은 술이 익으면 갈건으로 술을 거르고 다시 머리에 썼다 함.

꽃 피면 춘절(春節)이요 잎 피면 하절(夏節)이요 단풍(丹楓) 들면 추절(秋節)이라
지금(只今)에 청송녹죽(靑松綠竹)이 백설(白雪)에 젖었으니 동절(冬節)인가

109.
닫는 말도 오왕 하면 서고[305] 누운 소도 이랴 탁 치면 가느니라
심산(深山)에 모진 범도 경계(警戒)하면 가느니라
각시네 웬 놈 딸이관데[306] 남의 애를

110.
내 집이 깊은 양하여 두견(杜鵑)이 낮에 운다
만학천봉(萬壑千峰) 위에 외사립[307] 닫혔구나
개조차 짖을 이 없어서 고단하여 조니 그를 민망

111.
현덕(玄德)이 단계(檀溪)로 갈 제[308] 적로마(的盧馬)[309]야 달려라
앞에는 장강(長江)이요 따르느니 채모(蔡瑁)[310]로다

---

304) 무역일(無曆日): 책력(冊曆)이 없음. 역일(曆日)은 책력.

305) 닫는 말도 오왕 하면 서고: 빠르게 내달리는 말도 멈추라고 소리를 하면 서고. '오왕'은 멈추라는 지시의 의성어.

306) 웬 놈 딸이관데: 누구의 딸이기에.

307) 외사립: 한 짝의 사립문을 말하는 듯. 매우 빈약한 문이라는 뜻으로 보임.

308) 현덕(玄德)이 단계(檀溪)로 갈 제: 유표(劉表)의 성에 머물던 유비(劉備)가 위험에 빠져 달아날 때 적로마를 타고 단계를 건넌 일을 말함. 현덕은 유비의 자(字). 단계는 지금 호북성(湖北省) 양양현(襄陽縣) 서남쪽에 있음.

309) 적로마(的盧馬): 적로마(的顱馬)라고도 함. 유비가 타던 말.

310) 채모(蔡瑁): 당시 형주자사 유표의 처남으로 유비를 쫓고 있었음.

아마도 상산(常山) 조자룡(趙子龍)[311]이 날 못 찾아

112.
내가 죽어 잊어야 옳으냐 네가 살아 평생에 그리워야 옳다 하랴
죽어 잊기도 어렵거니와 살아 생이별 더욱 섧다
차라리 내 먼저 죽어 돌아갈게 네 날 그리워라

113.
어찌하여 가려느냐 무슨 일로 가려느냐
무단(無斷)히[312] 싫다느냐 남의 말을 들었느냐
저 임아 애닯고 애달파라 가는 뜻을

114.
촉(蜀)에서 우는 새는 한(漢)나라를 그려 울고
봄비에 웃는 꽃은 시절(時節) 만난 탓이로다
두어라 각유소회(各有所懷)[313]니 웃고 울고

115.
한창(恨唱)하니 가성열(歌聲咽)이오 수번(愁繁)하니 무수지(舞袖遲)라
가성열 무수지는 임 그리는 탓이로다 11
서릉(西陵)에 일욕몰(日欲沒)하니 단장시(斷腸時)를[314]

311) 상산(常山) 조자룡(趙子龍): 조운(趙雲). 자룡(子龍)은 자. 조자룡은 상산군(常山郡) 출신임.

312) 무단(無斷)히: 까닭 없이.

313) 각유소회(各有所懷): 각자 속마음이 있으니.

116.

보거든 슬믜거나[315] 못 보거든 잊히거나
네가 나지 말거나 내가 너를 모르거나
차라리 내 먼저 스러져서 그리게 할 만

117.

창외삼경(窓外三更) 세우시(細雨時)에 양인심사(兩人心事)를 양인지(兩人知)라
신정미흡(新情未洽)하여 날이 장차 밝았구나
다시금 나삼(羅衫)을 부여잡고 후기약(後期約)을[316]

118.

달아 두렷한[317] 달아 임의 동창(東窓) 비친 달아
임 홀로 누웠더냐 어느 낭자 품었더냐
저 달아 본 대로 일러라 사생결단(死生決斷)

---

314) 전체에서 당(唐)나라 때 시인 주방(朱放)의 〈동작기(銅雀妓)〉를 원용하였음.
한창가성열(恨唱歌聲咽) 한스럽게 부르는 노랫소리 목이 메고,
수번무수지(愁翻舞袖遲) 근심스레 춤추는 소맷자락 더디게 나부끼네.
서릉일욕모(西陵日欲暮) 서릉에 해 지려하니
시첩단장시(是妾斷腸時) 이때는 저의 애끊는 때랍니다.

315) 슬믜다: 싫어하고 미워하다.

316) 전편이 조선시대 시인 김명원(金命元)의 작품라고 전해지는 시를 원용한 것인데, 중장에서는 신정미흡(新情未洽)이라 하여, 새로 사귄 정이 흡족하지 못한 것으로 표현하였음. 나삼(羅衫)은 얇고 가벼운 비단으로 만든 저고리.
창외삼경세우시(窓外三更細雨時) 창 밖에 가랑비 내리는 한밤중에,
양인심사양인지(兩人心事兩人知) 두 사람의 마음은 두 사람만 알리라.
환정미흡천장효(歡情未洽天將曉) 즐거움이 흡족하지 않은데 날이 밝으려하니,
갱파나삼문후기(更把羅衫問後期) 다시 나삼 부여잡고 뒷기약을 묻네.

317) 두렷하다: 둥글다.

119.

임 이별하던 날 밤에 나는 어이 못 죽었노
한강수(漢江水) 깊은 물에 풍덩실 빠지련만
지금에 살아 있기는 임 보려고

120.

달 뜨자 배 떠나가니 인제 가면 언제나 오랴
만경창파지수(萬頃蒼波之水)에 나는 듯이 다녀옴세
밤중만 지국총 돛 감는 소리에 잠 못 이뤄

121.

각설(却說)[318] 현덕(玄德)이 관공(關公)[319] 장비(張飛) 거느리시고 제갈량(諸葛亮) 보려고 와룡강(臥龍江) 건너 와룡산(臥龍山) 넘어 남양(南陽)[320]땅에 다다라서 시문(柴門)[321]을 두드리니
동자(童子) 나와 여쭙는 말이 선생님이 뒤 초당(草堂)에 잠들어 계시오
동자야 네 선생 깨시거든 유·관·장(劉·關·張) 삼인(三人)이 왔더라고 여쭈어라

---

318) 각설(却說): 화제를 돌릴 때 지금까지의 말을 물린다는 뜻으로 그 첫머리에 쓰는 말로 흔히 고소설에서 쓰임.

319) 관공(關公): 관우(關羽).

320) 남양(南陽): 제갈량의 집이 있던 곳.

321) 시문(柴門): 사립문.

322) 삼월동풍(三月東風): 삼월에 부는 동풍이라는 말로 봄을 뜻함. 동풍은 봄에 부는 바람.

323) 낙목한천(落木寒天): 나뭇잎이 다 진, 추운 겨울.

324) 능상고절(凌霜高節): 서리에도 굴복하지 않는 높은 절개.

122.

국화(菊花)야 너는 어이 삼월동풍(三月東風)[322] 다 보내고
낙목한천(落木寒天)[323]한데 너만 홀로 피었느냐
아마도 능상고절(凌霜高節)[324]은 너뿐인가

123.

매화(梅花) 사랑타가 난양(蘭陽)으로 내려가니
무명초(無名草) 부평초(浮萍草)[325]와 피었구나 담도화(淡桃花)[326]라
색장(色掌)[327]아 연연(鳶鳶)·앵앵(鶯鶯)·추월(秋月)이·월중매(月中梅)·화선(花仙)이[328] 불러라 완월장취(玩月長醉)[329]

124.

시상(柴桑) 오류촌(五柳村)[330]에 도처사(陶處士)[331]의 몸이 되어
줄 없는 거문고를 소리 없이 짓누르니
백한(白鷴)[332]이 제 지음(知音)하여 우줄우줄

---

325) 매화(梅花), 난양(蘭陽), 무명초(無名草), 부평초(浮萍草): 모두 기생 이름.

326) 피었구나 담도화(淡桃花): 담도화라는 기생의 얼굴이 활짝 핀 꽃처럼 아름답다는 말.

327) 색장(色掌): 부서의 담당자. 여기서는 기생을 부르는 일을 맡은 사람을 말함.

328) 연연(鳶鳶)·앵앵(鶯鶯)·추월(秋月)이·월중매(月中梅)·화선(花仙)이: 모두 기생 이름을 나열한 것.

329) 완월장취(玩月長醉): 달을 즐기며 오랫동안 술에 취함.

330) 시상(柴桑) 오류촌(五柳村): 동진(東晋)시대 시인 도연명(陶淵明)이 버드나무 다섯 그루를 심고 은거하던 곳. 시상은 마을 이름.

331) 도처사(陶處士): 도연명(陶淵明).

332) 백한(白鷴): 선비들이 관상용으로 기르던 새로 모양은 꿩과 비슷함.

125.

청천(靑天)에 뜬 기러기야 너 어디로 향하느냐 이리로 저리로 갈 제 내 한 말 들어다 한양성내(漢陽城內) 임 계신 데 잠간 들러 이른 말이

월황혼(月黃昏) 겨워갈 제[333] 임 그려 차마 못살네라고 부디 한 말만 전하여 주렴

우리도 상하(上下)에 일이 많아 바삐 가는 길이므로 전할동말동[334]

126.

순(舜)이 남순수(南巡狩)[335]하사 창오야(蒼梧野)[336]에 붕(崩)하시니

오현금(五絃琴)[337] 남풍시(南風詩)[338]를 뉘게 전코 붕하시노 12

지금에 정호용비(鼎湖龍飛)[339]를 못내 설워

127.

적토마(赤兎馬)[340] 살지게 먹여 두만강수(豆滿江水)[341]에 굽 씻겨 세우고

---

333) 월황혼(月黃昏) 겨워갈 제: 밤이 깊어갈 때. '겹다'는 어떠한 동안이나 철이 기울거나, 늦음을 말함.

334) 전할동말동: 전할지 말지. 전할 수 있을지 없을지.

335) 남순수(南巡狩): 백성들의 실정을 살피기 위해 남쪽으로 순행함.

336) 창오야(蒼梧野): 순임금이 순수하던 중 사망하여 장사지낸 곳.

337) 오현금(五絃琴): 다섯줄로 된 옛날 거문고의 하나. 중국의 순임금이 만들었다고 함.

338) 남풍시(南風詩): 순임금이 지은 노래. 오현금을 타면서 불렀다고 함.

339) 정호용비(鼎湖龍飛): 제왕의 죽음을 뜻함. 중국 전설상의 제왕 황제(黃帝)가 이곳에서 큰 솥을 완성한 뒤에 용을 타고 하늘로 올라갔다는 데서 유래함.

340) 적토마(赤兎馬): 관우(關羽)가 탔다는 준마(駿馬).

341) 두만강수(豆滿江水): 두만강의 물.

용천검(龍泉劒)[342] 드는 칼을 다시 갈아 둘러메고
언제나 성주(聖主)를 뵈옵고 태평성대(太平聖代)

128.
월정명(月正明)[343] 월정명하니 배를 타고 금릉(金陵)[344]에 내려
물 아래 하늘이요 하늘 가운데 명월(明月)이라
선동(船童)[345]아 잠긴 달 건져라 완월장취(玩月長醉)[346]

129.
오늘밤도 혼자 곱송그려[347] 공방(空房) 새우잠 자고 지난밤도 혼자 곱송그려 공방 새우잠 자니
어인 놈의 팔자(八字)는 주야장상(晝夜長常)[348]에 혼자 곱송그려 공방 새우잠만 자노
언제나 정든 임 데리고 홰홰 친친 가물치잠[349] 잘까

130.
오늘도 저물어지거니 저물면 새리로다

---

342) 용천검(龍泉劒): 보검(寶劍)의 이름.

343) 월정명(月正明): 달빛이 매우 밝고 환함.

344) 금릉(金陵): 중국 남경(南京)의 옛 이름.

345) 선동(船童): 배에서 심부름하는 아이. 선동(仙童)으로 볼 수도 있음. 육당본 『청구영언』에는 사공(沙工)으로 되어 있음.

346) 완월장취(玩月長醉): 달을 감상하며 오랫동안 술에 취함.

347) 곱송그리다: 몸을 잔뜩 움츠리다.

348) 주야장상(晝夜長常): 밤낮으로 늘. 언제나.

349) 홰홰 친친 가물치잠: 둘이 얽혀서 자는 잠. '홰홰' '친친' 모두 단단히 감는 모습. 2권본에는 '가물치'가 '가물쳐'로 되어 있음. 가물쳐는 '휘감아 붙들어 매다'라는 뜻의 '감치다'의 변형으로 볼 수 있다.

새면 임이 가리로다 임 가면 못 보려니 못 보면 그리려니 그리면 응당 병들려니 병(病)곧[350] 들면 못 살리라
병들어 죽을 줄 알 양이면 놀고 갈까

131.
어이하여 못 오더냐 무슨 일로 못 오더냐
잠총급어부(蠶叢及漁鳧)에 촉도지난(蜀道之難)이 가리었더냐[351] 무슨 일로 못 오더냐
아마도 백난지중(百難之中)에 대인난(待人難)[352]이 어려워라

132.
바람도 쉬어 넘고 구름이라도 다 쉬어 넘어가네
산지니 수진매 해동청 보라매[353]라도 다 쉬어 넘는 고봉(高峯) 장성령(長城嶺)[354] 고개
우리는 임이 왔다면 한 번도 아니 쉬어 넘어가네

---

350) 병(病)곧: 병을 강조한 말.

351) 잠총급어부(蠶叢及漁鳧)에 촉도지난(蜀道之難)이 가리었더냐: 중국 중심부에서 서쪽인 촉 땅으로 통하는 길이 매우 험한 것처럼 오는 길이 막혔느냐는 말. 잠총(蠶叢)과 어부(魚鳧)는 전설상의 촉나라 왕.

352) 대인난(待人難): (오지 않는) 사람을 기다리는 괴로움.

353) 산지니, 수진매, 해동청, 보라매: 모두 매의 종류. 산지니는 산에서 자라서 해를 묵은 매. 수진매는 수지니를 말함. 곧, 사람의 손으로 길들인 매. 해동청은 대가리는 검고 부리는 검푸른 몸집이 큰 매의 한 가지. 보라매는 난 지 1년이 안 된 새끼를 잡아 길들여서 사냥에 쓰는 매.

354) 장성령(長城嶺): 성곽으로 길게 둘러싸인 고개.

355) 창오산(蒼梧山): 순임금이 순행 중에 죽어 묻힌 곳.

356) 성제혼(聖帝魂): 순임금의 혼을 말함.

357) 2권본에는 '구름갓치'로 되어 있음.

358) 소상(瀟湘): 순임금의 뒤를 따라 그의 두 비(妃) 아황(娥皇)·여영(女英)이 목숨을 버린 곳.

133.

창오산(蒼梧山)[355] 성제혼(聖帝魂)[356]이 구름 좇아[357] 소상(瀟湘)[358]에 내려
야반(夜半)에 흘러들어 죽간우(竹間雨)[359] 되온 뜻은
이비(二妃)의 천년누흔(千年淚痕)[360]을 못내 씻겨

134.

누운들 잠이 오며 기다린들 임이 오랴
이제 누웠은들 어느 잠이 하마[361] 오리
차라리 앉은 곳에서 긴 밤 샐까

135.

일생(一生)에 한(恨)하기를 희황시절(羲皇時節)[362] 못 난 줄[363]을
초의(草衣)를 무릅쓰고[364] 식목실(食木實)[365] 하올망정
인심(人心)이 순후(淳厚)하던 줄을 못내 불워

136.

한 손에 막대 들고 또 한 손에 가시 쥐고

---

359) 죽간우(竹間雨): 대숲에 내리는 비.

360) 이비(二妃)의 천년누흔(千年淚痕): 순임금의 두 비(妃)인 아황(娥皇)·여영(女英)의 아주 오래 된 눈물자국. 이비는 남편을 찾아 소상강(瀟湘江) 가에 이르러 피눈물을 흘리며 슬피 울다가 죽었는데, 그들의 눈물이 대나무에 물들어 무늬가 생겨 반죽(斑竹)이 되었다 함.

361) 하마: 벌써.

362) 희황시절(羲皇時節): 고대의 태평시절을 말함.

363) 못 난 줄: 태어나지 못한 것.

364) 초의(草衣)를 무릅쓰다: 풀로 만든 옷을 입음.

365) 식목실(食木實): 나무열매를 먹음.

늙는 길 가시로 막고 오는 백발 막대로 치렸더니
백발이 제 먼저 알고 지름길로

137.
까마귀 싸우는 곳에 백로(白鷺)야 가지 마라
성낸 까마귀 흰빛을 새올세라[366] 13
청강(淸江)에 희도록 씻은 몸을 더럽힐까

138.
말없는 청산(靑山)이오 태(態)없는[367] 유수(流水)로다
값없는 청풍(淸風)이요 임자 없는 명월(明月)이라
이 중에 일 없는 몸이 분별[368] 없이

139.
주공(周公)[369]도 성인(聖人)이샷다 세상사람 들어스라[370]
문왕지자(文王之子)요 무왕지제(武王之弟)요 금왕(今王)의 숙부(叔父)[371]로되
평생에 일호교기(一毫驕氣)[372]를 낸 일 없어

---

366) 새오다: 새우다(妬). 시기하다.

367) 태(態)없는: 고정된 모양이 없는.

368) 분별: 시름.

369) 주공(周公): 중국 주(周)나라 초기의 정치가. 무왕(武王)의 동생.

370) 들어스라: 들어라.

371) 문왕지자(文王之子)요 무왕지제(武王之弟)요 금왕(今王)의 숙부(叔父): 주공을 말함. 주공은 주나라 시조 문왕의 아들로서 제1대 왕인 무왕의 동생이며, 제2대 성왕(成王)의 숙부임.

372) 일호교기(一毫驕氣): 털끝만큼의 교만한 기운.

140.

감장새[373] 작다하고 대붕(大鵬)[374]아 웃지 마라
구만리장공(九萬里長空)[375]에 너도 날고 나도 난다
두어라 일반비조(一般飛鳥)[376]를 일러 무삼

141.

까마귀 검다 하고 백로(白鷺)야 웃지 마라
겉이 검을지언정 속살조차 검을소냐
겉 희고 속 검은 이는 너뿐인가

142.

댁들에[377] 나무들 삽소 네 나무 한 동[378]에 값이 얼마니
싸리나무 한 동에 쌀 한 말 받고 검부저기[379] 한 동에 쌀 닷 되 받고 합하면 말 닷 되올세[380] 사 때어 봅소[381] 불 잘 붙습나니
진실로 그럴 양이면 골단이나 합세[382]

---

373) 감장새: 굴뚝새. 몸의 길이가 6~7cm임.

374) 대붕(大鵬): 하루에 구만 리(里)를 간다는, 매우 큰 상상의 새. 북해(北海)에 살던 곤(鯤)이라는 물고기가 변해서 되었다고 함.

375) 구만리장공(九萬里長空): 높고 먼 하늘.

376) 일반비조(一般飛鳥): 보통의 새.

377) 댁(宅)들에: 행상(行商)하는 장사치들이 외치는 소리.

378) 동: 땔감으로 쓸 나무 등을 묶어서 한 덩이로 만든 묶음.

379) 검부저기: 검불. 가느다란 마른 나뭇가지, 마른 풀, 낙엽 따위를 통틀어 이르는 말.

380) 말 닷 되올세: '한 말 다섯 되'일세.

381) 사 때어 봅소: 사다가 불 때 보시오.

382) 골단이나 합세: 나무를 사겠다는 말인데, '골단'은 미상.

383) 군산(君山): 동정호에 있는 섬.

384) 삭평(削平): 깎아 평평하게 하다.

143.

군산(君山)[383]을 삭평(削平)[384]턴들 동정호(洞庭湖)[385]가 널릷으며[386]
계수(桂樹)[387]를 베었던들 달이 더욱 밝으련만
뜻 두고 이루지 못하니 그를 설워[388]

144.

벼슬을 저마다 하면 농부 될 이 뉘 있으며
의원이 병 고치면 북망산(北邙山)[389]이 저러하랴
아이야 잔(盞) 가득 부어라 내 뜻대로

145.

이화우(梨花雨)[390] 흩뿌릴 제 울며 잡고 이별(離別)한 임
추풍낙엽(秋風落葉)에 저도 나를 생각는지
천리(千里)에 외로운 꿈만 오락가락

146.

창파(滄波)[391]에 낚시 넣고 편주(片舟)에 실렸으니[392]
낙조청강(落照淸江)[393]에 빗소리 더욱 좋다

---

385) 동정호(洞庭湖): 호남성 북부에 있는 중국에서 제일 큰 호수. 호숫가에 악양루 등 명승고적이 있음.

386) 널릷으며: 넓었으며. 넓어졌을 것이며.

387) 계수(桂樹): 달에 있다는 상상의 나무.

388) 동정호 안의 작은 섬을 깎아 없앴더라면 동정호가 더욱 넓어고, 달 속의 계수나무를 베어 없앴더라면 달이 더욱 밝을 것이라고 하여, 원대한 뜻을 가졌으나 실행하지 못함을 안타까워함.

389) 북망산(北邙山): 무덤이 많은 곳.

390) 이화우(梨花雨): 배꽃이 필 무렵에 내리는 비 또는 배꽃이 바람에 날려 비처럼 내리는 모습을 표현한 말.

유지(柳枝)에 금린(錦鱗)을 꿰어 들고[394] 행화촌(杏花村)[395]으로

147.

화촉동방(花燭洞房)[396] 사창(紗窓)[397] 밖에 벽오동(碧梧桐)[398] 성긴[399] 빗소리 잠 놀라 깨니

만뢰(萬籟)는 고적(孤寂)[400]하고 사벽충성(四壁蟲聲) 즉즉(喞喞)[401]한데 관성(關城) 청조(靑鳥)[402]는 설워라 울고 새벽달 서리치고 지새는 밤에 두 날개 둥덩 치고 울고 가는 기러기야

야야(夜夜)에 네 울음소리에 잠 못 이뤄

---

391) 창파(滄波): 맑고 푸른 물결.

392) 편주(片舟)에 실렸으니: 작은 배에 몸이 실렸으니. 작은 배를 타고 있으니.

393) 낙조청강(落照淸江): 저녁 해의 붉은빛이 비치는 맑은 강물.

394) 유지(柳枝)에 금린(錦鱗)을 꿰어 들고: 잡은 고기를 버드나무 가지에 꿰어 들고. 금린은 비단 같은 고기비늘이라는 뜻으로 물고기를 아름답게 이른 말.

395) 행화촌(杏花村): 살구꽃이 피어 있는 마을이라는 뜻으로 술집을 말함. 당(唐)나라 때 시인 두목(杜牧)의 〈청명(淸明)〉에, "묻노니 술집은 어디쯤 있는가? 목동은 멀리 살구꽃 핀 마을 가리키네(借問酒家何處有 牧童遙指杏花村)"에서 유래한다.

396) 화촉동방(花燭洞房): 본래 혼인날 신랑신부가 자는 방을 말하나, 여기서는 아름다운 방을 말함.

397) 사창(紗窓): 비단으로 바른 창이라는 뜻으로 창을 아름답게 이르는 말.

398) 벽오동(碧梧桐): 벽오동과에 속하는 낙엽 활엽 교목으로 잎이 크기 때문에 오동잎에 떨어지는 빗소리가 특히 운치가 있음.

399) 성기다: 간격이나 사이가 촘촘하지 않고 벌어지다. 성글다. '성긴 비'란 약한 빗줄기를 말함.

400) 만뢰(萬籟)는 고적(孤寂): 아무 소리도 없이 고요함. 만뢰는 세상의 온갖 소리를 말함.

401) 사벽충성(四壁蟲聲) 즉즉(喞喞): 사방 벽에서 벌레 우는 소리가 남. '즉즉'은 의성어.

402) 관성(關城) 청조(靑鳥): 국경에 쌓은 성의 파랑새. 청조는 촉조(蜀鳥)로도 볼 수 있음. 촉조는 두견새.

148.

태산(泰山)[403]이 높다 하되 하늘 아래 뫼이로다
오르고 또 오르면 못 오를 리 없건마는
사람이 제 아니 오르고 뫼만 높다

149.

신농씨(神農氏) 상백초(嘗百草)[404]하사 일만병(一萬病)을 다 고치되
임 그려 상사병(相思病)에 백약무효(百藥無效)로다 14
저 임아 너로 난 병이니 날 살려주렴

150.

풍파(風波)에 놀란 사공(沙工) 배를 팔아 말을 사니
구절양장(九折羊腸)[405]이 물도곤[406] 어려워라
이 후는 배도 말도 말고 밭 갈기만

151.

귀거래(歸去來)[407] 귀거래 하되 말 뿐이오 갈 이 없네
전원(田園)이 장무(將蕪)[408]하니 아니 가고 어이하리

---

403) 태산(泰山): 중국 산동성(山東省)에 있는 산. 실제로는 그다지 높지 않으나, 매우 높은 산을 비유함.

404) 신농씨(神農氏) 상백초(嘗百草): 신농씨가 온갖 풀을 다 맛봄. 중국 고대 전설상의 제왕인 신농씨는 인간에게 약초를 가르쳐 주었다고 함.

405) 구절양장(九折羊腸): 아홉 번 구부러진 양의 창자라는 뜻으로, 구불구불하여 험한 산길을 말함.

406) 물도곤: 물보다.

407) 귀거래(歸去來): 돌아가리라. 래(來)는 무의미한 조사.

408) 전원(田園)이 장무(將蕪): 채소를 심을 밭과 나무를 심을 동산이 거칠어 감. 도연명(陶淵明)이 쓴 〈귀거래사(歸去來辭)〉의 한 구절임.

초당(草堂)에 청풍명월(淸風明月)이 기다린가[409]

152.

한 잔을 부어라 가득이 부어 편포전(片脯煎)[410] 왜반(倭盤)[411]에 담아 유리잔(琉璃盞)에 가득 부어 아무도 몰래 뒤 초당 문갑(文匣)[412] 위에 얹었더니 어느 겨를에 유령(劉伶)이 내려와 반이나 다 따라 먹고 갔나보다 반잔(半盞)이로구나

벽공(碧空)에 둥두렷한[413] 달이 반이나 이지러지고 반이 남았으니 태백(太白)[414]이 갱생(更生)하여 내려와서 짚었던 주령막대[415]로 어화[416] 지끈 뚜드려서 반이나 이지러지고 반이나 남았나보다 반달이로구나

이제는 할 일이 없고 할 일이 없으니 남은 달 남은 술 가지고 정든 임 데리고 부지꾼[417] 똑따닥 따버리고[418] 완월장취(玩月長醉)[419]

153.

밤은 깊어 삼경(三更)에 이르렀고 궂은비는 오동(梧桐)에 흩날릴

409) 기다린가: 기다리는가. 육당본 『청구영언』에는 '나며들며 기다린다'로 되어 있음.

410) 편포전(片脯煎): 편포로 만든 전. 편포는 말린 고기.

411) 왜반(倭盤): 일본산 또는 일본식 쟁반.

412) 문갑(文匣): 문구 따위를 넣어 두는 야트막한 장.

413) 둥두렷한: 매우 둥그런.

414) 태백(太白): 당(唐)나라 때 시인 이백(李白).

415) 주령막대: 지팡막대. 지팡이 삼아 짚는 막대기. 주령은 지팡이를 말함.

416) 어화: 노랫가락 따위에서 기쁜 마음을 나타내어 주의를 불러일으키는 소리.

417) 부지꾼: 실없이 심술궂은 짓을 하는 사람.

418) 따버리다: (달라붙거나 미행하는 사람을) 떼어버림.

419) 완월장취(玩月長醉): 달을 즐기며 오랫동안 술에 취함.

제 이리 궁글 저리 궁글 두루 생각다가 잠 못 이루어라
동방(洞房)[420]에 실솔성(蟋蟀聲)[421]과 청천(青天)에 뜬 기러기 소리
사람의 무궁한 심회를 짝지어 울고 가는 저 기럭아
가뜩에[422] 다 썩어 스러진 굽이 간장(肝腸)이 이 밤 새우기 어려워라

154.
기러기 산 이로[423] 잡아 정 들이고 길들여서
임의 집 가는 길을 역력히 가르쳤다가
밤중만 임 생각나거들랑 소식 전케

155.
동방(東方)에 별이 났다 하니 삼척동자(三尺童子)야 네 나가 보아라
삼태육성(三台六星)[424]에 북두칠성(北斗七星) 조무상이[425]도 아니요
임에게서 기별이 왔나 보다[426]
진실로 임에게서 기별이 왔으면 네 나가 보들 말고 내 나가 보마

420) 동방(洞房): 잠자는 방. 깊숙한 방.

421) 실솔성(蟋蟀聲): 귀뚜라미 울음소리.

422) 가뜩에: 가뜩이나. 그렇지 않아도 매우.

423) 산 이로: 산 채로.

424) 삼태육성(三台六星): 삼태성(三台星). 대웅성좌(大熊星座, 큰곰자리)에 있는 별로 자미성(紫微星)을 지킨다고 하는 세 쌍의 별. 상태성(上台星)、중태성(中台星)、하태성(下台星)이 각각 두 개임. 인간들이 잘 살도록 도와주는 별, 특히 나라가 어지러울 때 나라를 구할 장군을 태어나게 해주는 별자리라고 인식되었음.

425) 조무상이: 좀생이, 좀생이별, 묘성(昴星). 이십팔수(二十八宿)의 열여덟째 별자리의 별들로, 음력 2월 6일 저녁에 이 별들의 빛깔과 자리를 보아 그해 농사의 풍흉을 점치기도 하였음.

426) '별'과 '기별'을 이용한 언어유희.

427) 식불감(食不甘) 침불안(寢不安): 음식을 먹어도 맛이 없고 잠을 자도 편하지 않음.

156.

식불감(食不甘) 침불안(寢不安)[427]하니 이 어인 모진 병고
상사일념(相思一念)에 임 그린 탓이로다
저 임아 너로 난 병이니 날 살려 주렴

157.

대장부(大丈夫) 생겨나서 입신양명(立身揚名) 못할지면[428]
차라리 다 떨치고 일없이 늙으리라
이 밖에 녹록(碌碌)한 영위(營爲)에 걸릴 줄을[429]

158.

청춘소년들아 백발노인 웃지 마라
공번된[430] 하늘 아래 넨들[431] 매양 젊었으랴
우리도 소년행락(少年行樂)[432]이 어제런 듯

159.

술 먹고 노는 일을 나도 왼[433] 줄 알지만은
신릉군(信陵君)[434] 무덤 위에 밭가는 줄 못 보신가

---

428) 못할지면: 못한다면.

429) 녹록(碌碌)한 영위(營爲)에 걸릴 줄을: 평범하고 보잘것없는, 단지 먹고 사는 일상생활에 구애될 것을.

430) 공번되다: 공변되다. 공평하다.

431) 넨들: 너흰들.

432) 소년행락(少年行樂): 젊은 시절을 즐겁게 지냄.

433) 왼: 그른. 잘못된.

434) 신릉군(信陵君): 전국시대 위(魏)나라의 정치가. 벼슬에서 물러난 뒤 여러 식객들과 함께 연회를 베풀며 생을 즐겼음.

백년이 역초초(亦草草)[435]하니 아니 놀고

160.
내 집이 백하산중(白下山中)[436]이라 날 찾을 이 뉘 있으리
입오실자청풍(入吾室者淸風)이오 대아음자명월(對我飮者明月)[437]이라
정반(庭畔)[438]에 학(鶴) 배회(徘徊)하니 내 벗인가

161.
술을 대취(大醉)하고 두렷이[439] 앉았으니
억만(億萬) 시름이 가노라고 하직한다
아이야 잔 자주 부어라 시름 전송(餞送)

162.
옥(玉) 같은 한(漢) 궁녀(宮女)도 호지(胡地)에 진토(塵土) 되고[440]
해어화(解語花)[441] 양귀비(楊貴妃)도 역로(驛路)에 버렸으니[442]

---

435) 역초초(亦草草): 또한 보잘것없음. 또한 길지 않음.

436) 백하산중(白下山中): 지세가 험하여 외부인이 쉽게 찾아올 수 없는 곳을 말함. 백하(白下)는 이 작품을 지었다는 윤순(尹淳; 1680-1741)의 호(號)이기도 함.

437) 입오실자청풍(入吾室者淸風) 대아음자명월(對我飮者明月): 내 방에 들어오는 것은 맑은 바람이며 나와 마주하여 술을 마시는 건 밝은 달임. 남조(南朝) 시대 양(梁)나라의 사혜(謝譓)가 아무하고나 사귀지 않으면서 잡된 손님은 일절 집에 들이지 않은 채, 이따금씩 홀로 술을 마시고 취하면 "내 방에 들어오는 건 오직 맑은 바람이요, 나와 마주하여 술을 마시는 건 오직 밝은 달이다(入吾室者 但有淸風 對我飮者 唯當明月)."라고 말했다는 고사가 있음.

438) 정반(庭畔): 뜰 가장자리.

439) 두렷이: 분명히. 또렷이.

440) 옥(玉) 같은 한(漢) 궁녀(宮女)도 호지(胡地)에 진토(塵土) 되고: '옥 같은 한 궁녀'는 전한(前漢) 원제(元帝)의 후궁 왕소군(王昭君)을 말함. 절세의 미인이었으면서도 화친을 위해 흉노국으로 가 일생을 마쳤음. 호지는 중국 북방, 곧 흉노국을 말함.

각시네 일시화용(一時花容)[443]을 아껴 무삼

163.
삿갓에 도롱이 입고 세우중(細雨中)에 호미 들고
산전(山田)을 김매다가 녹음중(綠陰中)에 누웠으니
목동(牧童)이 우양(牛羊)을 몰아다가 잠든 나를

164.
달이 두렷하여[444] 벽공(碧空)에 걸렸으니
만고풍상(萬古風霜)[445]에 떨어짐 직하다마는[446]
지금에 취객(醉客)을 위하여 장조금준(長照金樽)[447]

165.
뉘라서 나 자는 창[448] 밖에 벽오동(碧梧桐)을 심었던고
월명정반(月明庭畔)[449]에 영파사(影婆娑)[450]도 좋거니와

441) 해어화(解語花): 말을 이해하는 꽃이란 뜻으로, 여기서는 당(唐) 현종(玄宗)의 총비(寵妃)인 양귀비(楊貴妃)를 가리킴. 현종이 양귀비를 이렇게 불렀음.

442) 양귀비(楊貴妃)도 역로(驛路)에 버렸으니: 안사(安史)의 난이 일어나 당 현종과 함께 촉(蜀)땅으로 피신할 때, 마외역(馬嵬驛)에 이르러 성난 군사의 요구로 죽임을 당한 일을 말함.

443) 일시화용(一時花容): 한 때에 불과한 아름다운 용모.

444) 두렷하다: 둥글다.

445) 만고풍상(萬古風霜): 오랜 세월 동안의 바람과 서리.

446) 떨어짐 직하다마는: 떨어질 만도 하건마는.

447) 장조금준(長照金樽): 오래도록 술동이를 비춤. 금준은 술동이를 아름답게 표현한 것.

448) 2권본에는 '방'으로 되어 있음.

449) 월명정반(月明庭畔): 달 밝은 뜰.

450) 영파사(影婆娑): 그림자가 춤을 춤. 바람에 너울대는 벽오동 가지와 잎이 달빛에

밤중만 굵은 빗소리에 잠 못 들어

166.

강변(江邊)에 총 멘 사람 기러길랑 죄 놓아라[451]

낚시 그물 가진 사람 이어(鯉魚)거든 다 잡아라

이어와 기러기[452] 있어도 소식 몰라

167.

수요장단(壽夭長短)[453] 뉘 아더냐 죽은 후면 거짓 것이[454]

천황씨(天皇氏) 일만팔천세(一萬八千歲)[455]도 죽은 후면 거짓 것이

아마도 먹고 노는 것이 기(其) 옳은가

168.

천지(天地)는 만물지역려(萬物之逆旅)요 광음(光陰)은 백대지과객(百代之過客)이라[456]

인생을 헤아리니 묘창해지일속(渺滄海之一粟)[457]이라

비친 모습을 말함.

451) 죄 놓아라: 모두 총으로 쏘라. '놓다'는 총을 쏜다는 의미.

452) 이어(鯉魚)와 기러기: 잉어 뱃속에서 편지가 나오고 기러기 발목에 편지를 묶어 보낸 고사에서, 잉어와 기러기는 소식을 전한다는 의미로 쓰임. 이어는 잉어.

453) 수요장단(壽夭長短): 오래 살거나 일찍 죽음.

454) 거짓 것이: 거짓인 것이다. 거짓이다.

455) 천황씨(天皇氏) 일만팔천세(一萬八千歲): 중국의 전설적인 제왕. 12 형제가 각각 18,000년씩 왕 노릇을 하였다고 함.

456) 천지(天地)는 만물지역려(萬物之逆旅)요 광음(光陰)은 백대지과객(百代之過客)이라: 이 세상이란 만물이 잠깐 깃드는 여관과 같고, 시간이란 오랜 세월 동안 여행하는 여행객과 같음. 이백(李白)의 〈춘야연도리원서(春夜宴桃李園序)〉의 첫머리에서 따왔음.

457) 묘창해지일속(渺蒼海之一粟): 넓고 푸른 바다에 한 알의 좁쌀. 인간의 보잘것없

두어라 약몽부생(若夢浮生)[458]이 아니 놀고

169.

역발산개세기(力拔山蓋世氣)는 초패왕(楚霸王)[459]의 버금이오

추상절열일충(秋霜節烈日忠)[460]은 오자서(伍子胥)[461]의 위로다

아마도 늠름한 장부(丈夫)는 수정후(壽亭侯)[462]를

170.

뉘라서 장사(壯士)라던고 이별에도 장사 있노

명황(明皇)도 눈물지고[463] 초패왕(楚霸王)도 울었거든[464]

하물며 여남은[465] 장부야 일러 무삼

171.

사람이 죽어가서 나올지 못 나올지

음을 이르는 말. 소식(蘇軾)의 〈적벽부(赤壁賦)〉의 한 구절임.

458) 약몽부생(若夢浮生): 꿈같이 덧없는 인생. 이백(李白)의 〈춘야연도리원서(春夜宴桃李園序)〉에서는 초장의 구절에 이어, '부생약몽 위환기하(浮生若夢 爲歡幾何) 부평초 같은 인생이 꿈과 같으니, 즐거움이 얼마나 되나?'라고 하였음.

459) 초패왕(楚霸王): 항우(項羽)를 달리 부르는 이름.

460) 추상절열일충(秋霜節烈日忠): 가을서리 같이 굳은 절개와 해와 같이 강렬한 충성.

461) 오자서(吳子胥): 춘추시대(春秋時代)에 오(吳)나라의 재상이 되어 충성을 다하였으나 오나라 왕은 월(越)나라 를 경계하라는 오자서의 충언을 듣지 않고 오자서에게 촉루검(屬鏤劍)을 주어 자결하게 하였음.

462) 수정후(壽亭侯): 중국 삼국시대 촉한(蜀漢)의 장수 관우(關羽). 수정후는 관우가 조조(曹操) 밑에 있을 때 조조가 봉해준 작위임.

463) 명황(明皇)도 눈물지고: 당(唐) 현종(玄宗)이 양귀비의 죽음 앞에 눈물지은 일을 말함.

464) 초패왕(楚霸王)도 울었거든: 항우(項羽)가 해하(垓下)에서 패전하였을 때, 우미인(虞美人)과의 사별에 앞서 눈물을 흘린 일을 말함.

465) 여남은: 그 밖의 다른 나머지.

들어가 본 이 없고 나오다 본 이 없네
유령(劉伶)이 이러하므로 장취불성(長醉不醒)

172.

백 년을 가사인인수(假使人人壽)라도[466] 우락중분미백년(憂樂中分未百年)[467]을 16

황시백년(況是百年)을 난가필(難可必)이니[468] 불여장취백년전(不如長醉百年前)[469]이라

진실로 백 년을 살지라도 주야장취(晝夜長醉)

173.

임술지추칠월기망일(壬戌之秋七月旣望日)[470]에 배를 타고 금릉(金陵)[471]에 내려

손수 고기 낚아 고기 주고[472] 술을 사니

그 곳에 소동파(蘇東坡) 없기로 놂이 적어

---

466) 백년(百年)을 가사인인수(假使人人壽)라도: 만약 모든 사람들이 백 년을 산다고 하더라도.

467) 우락중분미백년(憂樂中分未百年): 인생에는 근심과 즐거움이 반반이나 백 년을 다 살지도 못함.

468) 황시백년(況是百年)을 난가필(難可必)이니: 하물며 모든 사람들이 백 년을 살 수는 없으니.

469) 불여장취백년전(不如長醉百年前): 사는 동안 술에 취해 지내는 것이 더 좋음. 백 년 전이란 살아 있을 동안을 뜻함.

470) 임술지추칠월기망일(壬戌之秋七月旣望日): 임술년 7월 16일. 음력으로 7월은 가을에 해당하므로 추칠월이라 하였으며, 보름 다음날이라는 뜻으로 16일을 기망이라 함. 소식(蘇軾)의 〈적벽부(赤壁賦)〉의 서두임.

471) 금릉(金陵): 중국 남경(南京). 도읍지 또는 번화한 곳을 뜻하기도 함.

472) 고기 주고: 잡은 물고기를 팔아.

174.
우레 같은 임을 만나 번개같이 번뜩 만나
비같이 오락가락 구름같이 헤어지니
흉중(胸中)에 바람 같은 한숨이 안개 피듯

175.
우리 둘이 후생(後生)하야[473] 네 나 되고 내 너 되어
내 너 그려서 끊던 애[474] 를 너도 나를 그려보렴
평생에 내 설워하던 줄을 네 알리라

176.
고인무부낙성동(古人無復洛城東)이요 금인환대낙화풍(今人還對落花風)을
연년세세화상사(年年歲歲花相似)요 세세연년인부동(歲歲年年人不同)[475]을
화상사인부동(花相似人不同)하니 그를 설워

177.
준주상봉십재전(樽酒相逢十載前)에 군위장부아소년(君爲丈夫我少年)을

473) 후생(後生)하여: 다시 태어나.

474) 끊던 애: 슬퍼서 창자가 끊어질 것 같음. 2권본에는 '긋던'이 '그리던'으로 되어 있음.

475) 초·중장은 당(唐)나라 시인 유희이(劉希夷)의 〈대비백두옹(代悲白頭翁)〉의 일부임.
고인무부낙성동(古人無復洛城東) 옛사람은 낙양성 동쪽으로 다시 오지 못하는데,
금인환대낙화풍(今人還對落花風) 지금 사람만 오히려 꽃 떨구는 바람을 대하네.
연년세세화상사(年年歲歲花相似) 해가 가도 꽃은 피어 비슷하지만,
세세연년인부동(歲歲年年人不同) 해가 가면 사람들은 바뀐다네.

준주상봉십재후(樽酒相逢十載後)에 아위장부군백수(我爲丈夫君白首)로다[476]

아장부군백수(我丈夫君白首)하니 그를 설워

178.

박랑사중(博浪沙中) 쓰고 남은 철퇴(鐵槌)[477] 천하장사 항우(項羽) 주어

힘껏 둘러메어 깨치리라 이별 두 자

그제야 우리 임 데리고 백년동락(百年同樂)

179.

연롱한수월롱사(煙籠寒水月籠沙)하니 야박진회근주가(夜泊秦淮近酒家)를

상녀(商女)는 부지망국한(不知亡國恨)하고 격강유창후정화(隔江猶唱後庭花)를[478]

---

476) 초장과 중장이 당(唐)나라 때 시인 한유(韓愈)의 〈증정병조(贈鄭兵曹)〉 전체임. 준주는 한 통의 술을 말함.
준주상봉십재전(樽酒相逢十載前) 십 년 전 만나 술 마셨을 땐,
군위장부아소년(君爲丈夫我少年) 그대는 장년, 나는 소년이었지.
준주상봉십재후(樽酒相逢十載後) 십 년 후 다시 만나 술 마시는데,
아위장부군백수(我爲丈夫君白首) 나는 장년이나 그대는 백발이네.

477) 박랑사중(博浪沙中) 쓰고 남은 철퇴(鐵槌): 박랑사는 장량(張良)이 역사(力士)를 시켜 진시황(秦始皇)을 철퇴로 쳐 암살하려던 곳.

478) 초·중장은 당(唐)나라 때 시인 두목(杜牧)의 〈박진회(泊秦淮)〉의 전문임. 〈후정화〉는 진(陳) 후주(後主)가 지었다는 악곡 옥수후정화(玉樹後庭花)를 말함. 매우 음탕한 노래로, 이 노래를 부르며 즐기다 수(隋) 양제(煬帝)에게 멸망당했다고 함.
연롱한수월롱사(煙籠寒水月籠沙) 연기는 찬 강을 에워싸고 달빛은 모래톱을 에워쌌는데,
야박진회근주가(夜泊秦淮近酒家) 밤에 진회의 술집 가까운 곳에 배를 대네.
상녀부지망국한(商女不知亡國恨) 노래하는 여자는 망국의 한을 알지 못하고,

아이야 오화마천금구(五花馬千金裘)로 환미주(換美酒)[479]하여 여군동취(與君同醉)

180.

초당(草堂) 뒤에 앉아 우는 솥적다새[480]야 암솥적다새냐 숫솥적다우는새[481]냐

공산(空山)이 어디 없어 객창(客窓)[482]에 와 우는 솥적다새냐

공산이 하고 많아도 울 데 달라[483]

181.

자네가 술을 잘 먹는다 하니 수수 소주[484] 석 되와 소 혀[485] 세 접시를 먹을까본가

수수 소주 석 되와 소 혀 세 접시를 먹을 양이면 내 물리라 값을랑은[486]

옛날에 이태백(李太白)도 일일수경삼백배(一日須傾三百杯)[487]라 해

격강유창후정화(隔江猶唱後庭花) 강 건너에서는 아직도 〈후정화〉를 부르고 있네.

479) 오화마(五花馬) 천금구(千金裘)로 환미주(換美酒): 좋은 말과 값비싼 가죽옷을 맛좋은 술과 바꿈. 이백(李白)의 〈장진주(將進酒)〉에 '五花馬千金裘 呼兒將出換美酒'라 하였음.

480) 솥적다새: 소쩍새. 소쩍새의 울음소리가 '솥적다(솥이 작다)'고 들리면 풍년이 든다고 함.

481) 숫솥적다우는새: '솥적다'고 우는 수컷 새. 2권본에는 '우는'이 빠져 '슈솟쪅다신다'로 되어 있음.

482) 객창(客窓): 나그네가 객지에서 묵고 있는 방 또는 그 방의 창.

483) 울 데 달라: 울 곳이 각각 다름.

484) 수수 소주: 수수로 만든 소주.

485) 소 혀: 소의 혀. 쇠고기의 한 부위.

486) 내 물리라 값을랑은: 술값과 안주 값은 내가 지불하겠다.

487) 일일수경삼백배(一日須傾三百杯): 하루에 술 삼백 잔을 마심. 이백(李白)의 〈양양가(襄陽歌)〉의 한 구절.

도 이 술 한잔 못 다 먹었습네

182.

태백(太白)이 술 실러 가더니 어제 진 달이 돋아 져서 도로 돋아 다 지도록 아니 온다
오는 배 그 배만 여겼더니 고기 낚는 어선(漁船)이라
동자야 달빛만 살피여라 하마 올 때

183.

십재(十載)를 경영옥수연(經營屋數椽)하니 금강지상(錦江之上)이요 17
월봉전(月峯前)이로다
도화읍로홍부수(桃花浥露紅浮水)요 유서표풍백만선(柳絮飄風白滿船)을 석경귀승산영외(石逕歸僧山影外)요 연사면로우성변(煙沙眠鷺雨聲邊)이로다
약령마힐(若令摩詰)로 유어차(遊於此)런들 불필당년(不必當年)에 화망천(畵輞川)이러냐[488]

---

488) 전편이 작자 미상의 다음 시를 원용한 것임.
십재경영옥수연(十載經營屋數椽) 십 년 동안 계획하여 몇 칸 집을 마련하니,
금강지상월봉전(錦江之上月峯前) 금강 가 월봉 앞이라네.
도화읍로홍부수(桃花浥露紅浮水) 복숭아꽃은 이슬 젖어 빨갛게 물에 뜨고,
유서표풍백만강(柳絮飄風白滿舡) 버들 꽃은 바람에 날려 하얗게 배를 덮네.
석경귀승산영외(石逕歸僧山影外) 산 그림자 밖 돌길에는 스님 돌아가는데,
연사면로우성변(煙沙眠鷺雨聲邊) 빗소리 속 안개 낀 모래톱에는 백로 졸고 있네.
약령마힐유어차(若令摩詰遊於此) 왕유가 이곳을 유람했다면,
불필당년화망천(不必當年畵輞川) 당시에 망천도 그리지 않았으리.
이유원(李裕元)은 『임하필기(林下筆記)』에서 이 시가 향악(鄕樂)에 올려졌는데 고저(高低)와 청탁(淸濁)이 음률에 부합하니 반드시 음조를 잘 아는 사람이 지었을 것이라고 하였음. 월봉은 금강 부근. 왕유(王維)는 망천(輞川)에 별장을 짓고 망천도를 그렸다고 함.

184.

항우(項羽) 작한[489] 천하장사랴마는 우미인(虞美人)[490] 이별에 한숨 섞어 눈물지고
명황(明皇)이 작한 제세영주(濟世英主)[491]랴마는 양귀비(楊貴妃) 이별에 마외역(馬嵬驛)[492]에 울었거든
하물며 여남은[493] 장부야 일러 무삼

185.

눈썹은 수나비 앉은 듯하고[494] 잇바디[495]는 이화(梨花)로다
날보고 당싯[496] 웃는 양(樣)은 삼색도화미개봉(三色桃花未開封)[497]이 하룻밤 비에 반만 핀 형상이로다
춘풍(春風)에 호접(胡蝶)이 되어 간데 족족[498]

186.

왜 왔습나[499] 왜 왔습나 나 홀로 자는 방에 왜 왔습나
오기는 왔거니와 자취 없이 잘 다녀가오

---

489) 작한: 얼마나 대단한.

490) 우미인(虞美人): 항우의 애첩. 항우가 해하(垓下)에서 포위되었을 때 자살하였음.

491) 제세영주(濟世英主): 세상을 구제할 만한 뛰어난 임금.

492) 마외역(馬嵬驛): 지금의 섬서성(陝西省) 흥평(興平).

493) 여남은: 그 밖의 다른 나머지.

494) 눈썹은 수나비 앉은 듯하고: 아름다운 눈썹을 형용한 말.

495) 잇바디: 이가 죽 박힌 줄의 생김새. 치열(齒列).

496) 당싯: 방긋. 2권본에는 '상긋'으로 되어 있는데, 비슷한 의미임.

497) 삼색도화미개봉(三色桃花未開封): 여러 빛깔의 복사꽃의 아직 피지 않은 봉오리.

498) 족족: 마다. 어떤 일을 하는 하나하나 마다.

499) 왜 왔습나: 왜 왔소. '습나'는 높임이 섞인 반말 정도로 수수하게 물어보는 예스러운 표현임.

가뜩에[500] 말 많고 탈 많은 집안에 모다기령[501] 날까

187.

울며불며 잡은 소매 떨뜨리고[502] 가들[503] 마오
그대는 장부라 돌아가면 잊건만은
소첩은 아녀자라 못 내 잊습네[504]

188.

장삼(長衫)[505] 뜯어 치마 적삼[506] 짓고 염주(念珠) 끌러 당나귀 밀치[507] 하세
석왕세계(釋王世界) 극락세계(極樂世界)[508] 관세음보살(觀世音菩薩)[509] 나무아미타불[南無阿彌陀佛][510] 십 년 공부도 너 갈대로 니거라[511]

---

500) 가뜩에: 그렇지 않아도. 어려운 데다가 그 위에 또.
501) 모다기령: 뭇사람의 공격.
502) 떨뜨리다: 거침없이 떨치다.
503) 가들: 가지를.
504) 못 내 잊습네: 나는 못 잊겠다는 뜻.
505) 장삼(長衫): 검은 베로 길이가 길고 소매를 넓게 만든 중의 웃옷.
506) 적삼: 윗도리에 입는 홑옷. 모양은 저고리와 같음.
507) 밀치: 소나 말의 안장이 앞으로 밀려가지 않도록 마소의 꼬리 밑을 걸어서 안장 좌우에 매는 끈. 꼬리 밑에 매끈매끈한 나무 따위를 매어서 댄다.
508) 석왕세계(釋王世界) 극락세계(極樂世界): 불교의 이상적 세계. 극락세계는 아미타부처가 살고 있는 극락정토를 말함. 2권본에는 '셕왕'이 '셔양'으로 되어 있음.
509) 관세음보살(觀世音菩薩): 매우 자비롭다는 보살. 중생이 그의 이름을 정성으로 외우면 중생을 구제한다고 함.
510) 나무아미타불[南無阿彌陀佛]: 염불하는 소리의 하나. 아미타부처에게 귀의한다는 뜻.
511) 니다: 가다.

밤중만 암거사(居士)[512] 품에 드니 염불경(念佛景)이 없어라[513]

189.

창 내고자 창 내고자 이 내 가슴에 창 내고자

고미장지 세(細)살장지 모란장지 만(卍)살장지 열장지 들장지 겹장지 여닫이[514]에 암톨쩌귀 수톨쩌귀[515] 배목걸쇠[516] 곁들여서 크나큰 장도리로 땅따땅따 땅땅 박아 이 내 가슴에 창 내고자

이따금 하 답답하면 여닫아나 보게

190.

푸른 산중(山中) 백발옹(白髮翁)이 고요 독좌(獨坐) 향남봉(向南峰)[517]을

바람 불어 송생슬(松生瑟)[518]이요 안개 피어 학성홍(壑成虹)[519]이라 주각제금(住刻啼禽)은 천한(千恨)[520]이요 적다 정조(鼎鳥)는 일년풍(一年豊)[521]이라

---

512) 암거사(居士): 여자. 2권본에는 '임의사'로 되어 있음.

513) 염불경(念佛景)이 없어라: 염불할 여가가 없음.

514) 고미장지 세(細)살장지 모란장지 만(卍)살장지 열장지 들장지 겹장지 여닫이: 여러 가지 장지문의 종류.

515) 암톨쩌귀 수톨쩌귀: 문짝을 여닫는 데 쓰는 두 개의 쇠붙이. 암짝은 문설주에, 수짝은 문짝에 박아 맞추어 꽂음. 2권본에는 '겹장자'가 빠져 있음.

516) 배목걸쇠: 문고리를 걸거나 자물쇠를 채우기 위하여 둥글게 구부려 만든 고리.

517) 고요 독좌(獨坐) 향남봉(向南峰): 고요히 홀로 앉아 남쪽 봉우리를 향하고 있음.

518) 송생슬(松生瑟): 바람에 흔들리는 소나무에서 거문고 타는 소리가 남.

519) 학성홍(壑成虹): 골짜기에 무지개가 어림.

520) 주각제금(住刻啼禽)은 천한(千恨): 두견새의 울음소리는 오랜 세월의 한(恨)임. 주각제금은 두견새를 일컫는 말로, '주각'은 두견새 소리의 의성어. 2권본에는 '쳔고한'으로 되어 있음.

521) 적다 정조(鼎鳥)는 일년풍(一年豊): 솥[鼎]이 작다고 우는 소쩍새는 한 해의 풍년

뉘라서 산 적막(寂寞)타던고 나만 홀로 낙무궁(樂無窮)인가

191.

주렴(珠簾)에 달 비치었다 멀리서 난다 옥저[522] 소리 들리는구나

벗님네 오자 해금(奚琴) 저 피리 생황(笙簧)[523] 양금(洋琴)[524] 죽(竹) 장구[525] 거문고 가지고 달 뜨거든 오마더니

동자(童子)야 달빛만 살피어라 하마[526] 올 때

192.

까마귀를 누가 물들여 검다 하며 백로(白鷺)를 누가 마전[527]하여 희 다더냐 18

황새 다리를 누가 이어 길다 하며 오리 다리를 누가 분질러 짧다 하랴

아마도 검고 희고 길고 짧고 흑백장단(黑白長短)이야 일러 무삼

193.

태백(太白)이 자넬랑은 호아장출환미주(呼兒將出換美酒)[528]하고 엄

을 말함.

522) 옥저: 옥으로 만든 피리.

523) 해금(奚琴) 저 피리 생황(笙簧): 여러 가지 관악기.

524) 양금(洋琴): 현악기의 하나.

525) 죽(竹)장구: 대나무로 만든 타악기.

526) 하마: 벌써, 이미.

527) 마전: 자르지 않은 옷감을 삶거나 빨아서 볕에 바래 희게 만드는 일.

528) 호아장출환미주(呼兒將出換美酒): 아이에게 맛난 술을 사오게 함. 이백(李白)의 〈장진주(將進酒)〉의 한 구절.

자릉(嚴子陵) 자네는 동강칠리탄(桐江七里灘)[529]에 은린옥척(銀鱗玉尺)[530] 낚아 안주 담당하소
도연명(陶淵明) 자네는 오현금(五絃琴)을 둥지더라 둥실 타고 장자방(張子房)[531] 자네는 계명산(鷄鳴山)[532] 추야월(秋夜月)에 옥퉁소만 슬피 부소
그 남은 글 짓고 춤추고 노래 부르길랑 내 다 담당함세

194.
이선(李仙)[533]이 반하여 제 집을 반(反)[534]하고
나귀 등에 순금안장(純金鞍裝)을 지어 금전(金錢)을 걸고 천태산(天台山)[535] 층암(層巖)은 절벽(絶壁) 방울새 새끼 친 곳에 앵무(鸚鵡) 공작(孔雀)[536] 넘노는데 초부(樵夫) 불러 묻는 말이 천태산 마고선녀(麻姑仙女)[537] 수양(修養)딸[538] 숙향(淑香)의 집이 게 어디메뇨
저 건너 대사립 안에 청(靑)삽사리가 누웠으니 겐 줄 알아봅소[539]

529) 동강(桐江) 칠리탄(七里灘): 엄자릉이 낚시하던 곳.
530) 은린옥척(銀鱗玉尺): 물고기를 아름답게 이르는 말.
531) 장자방(張子房): 초한(楚漢) 시절 한(漢) 고조(高祖)의 책략가인 장량(張良). 자방은 자(字).
532) 계명산(鷄鳴山): 촉주(蜀州) 진원현(晉原縣)에 있는 산. 장량(張良)이 이곳에서 구슬프게 퉁소를 불어 항우(項羽)의 군대가 전의를 잃고 한군(漢軍)에게 투항하게 하였음.
533) 이선(李仙): 『숙향전(淑香傳)』의 남자 주인공. 숙향에게 반하여 가연을 맺게 됨.
534) 반(反): 배반(背反). 2권본에는 '비반'으로 되었음.
535) 천태산(天台山): 『숙향전』에 나오는 마고할미가 사는 산.
536) 앵무(鸚鵡) 공작(孔雀): 앵무새와 공작새.
537) 마고선녀(麻姑仙女): 전설에 나오는 늙은 신선 할미. 『숙향전』의 등장인물.
538) 수양(收養)딸: 친딸이 아닌 데려다 기른 딸.
539) 겐 줄 알아봅소: 거기 가서 알아보라는 의미.

195.

저 건너 푸른 산중하(山中下)에 두릉다리[540] 쓰고 저 총대 둘러메고 살랑살랑 내려오는 저 포수야

네 저 총대로 날버러지 길짐승 길버러지 날짐승 황새 촉새 두루미 너새기[541] 징경이 범 사슴 노루 토끼를 저 총대로 놓아[542] 잡을지라도 새벽달 서리 치고 지새는 밤에 동녘 동다히[543]로 짝을 잃고 홀로 에이울 에이울 울고 울고 가는 기러길랑 놓지를 마라

우리도 그런 줄 알기로 아니 놓습네

196.

생매[544] 잡아 길 잘 들여 두메로 꿩 사냥 보내고

센 말[545] 구불굽통[546] 솔질 솰솰 하여 뒤 송정(松亭) 잔디 잔디 금잔디 난 데 말뚝 땅땅 박아 바[547] 늘여 매고 앞내 여울 고기 뒷내 여울 고기 자나 굵으나 굵으나 자나 주어주섬[548] 낚아내어 움버들가지[549] 주루룩 훑어 아가미 꿰어 시내 잔잔 흐르는 물에 청석(靑石)바바둑돌[550]을 얼른 냉큼 수수이[551] 집어 자장단[552] 맞추어 지질러놓고[553]

540) 두릉다리: 털가죽으로 만든 방한용 모자.

541) 너새기: 느시. 겨울새의 일종.

542) 놓아: (총을) 쏘아.

543) 동다히: 동쪽.

544) 생매: 길들이지 않은 매.

545) 센 말: 흰 말.

546) 구불굽통: 말의 다리를 말하는 것으로 보임.

547) 바: 밧줄.

548) 주어주섬: 주섬주섬.

549) 움버들가지: 밑동을 베어 낸 자리에서 새로운 싹이 돋아난 버들가지.

동자야 이 뒤에 외뿔 가진 청(靑)소[554] 타고 그 소가 위에가 부풀어 치질(痔疾)이 성할까[555] 하여 남의 소를 얻어 타고 급히 내려와 묻거들랑 너도 조금도 지체 말고 뒷여울로

197.

19 저 건너 신진사(進士) 집 시렁 위에 얹힌 것이 쓿은[556] 청청둥 청정미(靑精米) 청차좁쌀[557]이냐 아니 쓿은 청청둥 청정미 청차좁쌀이냐

웃대 맹꽁이 다섯 아랫대 맹꽁이 다섯 문 안 맹꽁이 다섯 문 밖 맹꽁이 다섯 사오 이십 스무 맹꽁이 모화관(慕華館)[558] 숨버들구멍[559]에서 밑에 맹꽁이는 무겁다고 맹꽁 웃맹꽁이는 무에 무거우냐 잣깝스럽다고[560] 맹꽁 어느 맹꽁이 수맹꽁이냐

---

550) 청석(靑石)바바둑돌: 푸른빛을 띠는 작고 둥그스름한 돌. '바둑돌' 앞에 '바'를 반복하여 '바바둑돌'로 표현한 것은 바로 다음에서, '장단 맞추다'를 '자장단 맞추다'로 표현한 것과 같이 음률의 효과를 노린 것.

551) 수수이: 많이.

552) 자장단: 장단. '자'는 음률을 맞추기 위해 첨가한 듯.

553) 지질러놓다: 무거운 물건으로 내리눌러놓다.

554) 청(靑)소: 푸른 소. 털빛이 검푸른 소. 『열선전(列仙傳)』에 따르면, 함곡관령(函谷關令) 윤희(尹喜)가 함곡관 위에 자기(紫氣)가 서려 있는 것을 관측했는데, 이윽고 노자가 푸른 소를 타고 그곳을 지나가므로 윤희가 그에게 부탁하여 오천언(五千言)을 받아 남겨진 책이 『노자』라 함.

555) 성하다: 심해지다.

556) 쓿다: 곡식의 껍질을 벗기는 것. 도정(搗精).

557) 청청둥 청정미(靑精米) 청차좁쌀: 청정미는 차조의 하나인 생동찰의 알맹이. 청차좁쌀이란 푸른빛을 띤 좁쌀을 말함. 차좁쌀은 차조의 열매. 차조란 조의 일종으로 찰진 것. 좁쌀은 매우 잘기 때문에 쓿은 것인지 아닌지 구분하기가 어려움. 청청둥은 미상.

558) 모화관(慕華館): 지금의 독립문 근처에 있던 건물. 조선 시대에 명(明)·청(淸)의 사신(使臣)을 맞이하던 곳.

559) 숨버들구멍: 맹꽁이가 주로 서식하는 곳인 듯.

560) 잣깝스럽다: 수다스럽다.

아마도 숭례문(崇禮門) 밖 썩 내달아 청패 팔패 칠패 배다리 이문동(里門洞) 도적골 쪽다리[561] 건너 첫째 둘째 셋째 넷째 다섯 여섯 일곱 여덟 아홉 열째 미나리 논에서 코를 줄줄 흘리고 머리 풀어 산발(散髮)하고 눈을 희번덕이며 다리 꼬아 내밀면서 용 올리는[562] 맹꽁이 수맹꽁이냐

198.

까마귀가 까마귀를 좇아 석양사로(夕陽斜路)[563]에 날아든다 떠 든다[564] 임의 집 송정(松亭) 뒤로

오르며 골각 내리며 길곡 갈곡 길곡 하는 중에 어느 까마귀 수까마귀냐

그 중에 먼저 날아 앉았다가 나중 날아가는 그 까마귀 긴가

199.

징경은 쌍쌍옥담중(雙雙玉潭中)이요[565] 호월(皓月)은 단단영창외(團團映窓外)라[566]

처량(凄凉) 야유원(冶遊園)[567]에 실솔성(蟋蟀聲) 슬피 울고 인적적

561) 청패 팔패 칠패 배다리 이문동(里門洞) 도적골 쪽다리: 숭례문에서 남영동(南營洞)에 이르는 곳의 지명.

562) 용 올리는: 용쓰는. 한꺼번에 기운을 몰아 쓰는. 성적(性的) 표현임.

563) 석양사로(夕陽斜路): 석양빛이 비끼는 길에.

564) 떠 든다: 떠서 들어온다.

565) 징경은 쌍쌍옥담중(雙雙玉潭中)이요: 징경이는 옥 같이 맑은 물에 쌍쌍이 있고. 징경이는 물수리.

566) 호월(皓月)은 단단영창외(團團映窓外)라: 밝은 달은 둥글게 창밖에 떠 있네.

567) 야유원(冶遊園): 야유원은 방탕하게 노는 곳을 말함. 자신의 적막한 시공간을 말하는 대목이므로 어색함. 『청구영언』 등에는 '凄凉흔 羅幃안헤…'로 되었음.

(人寂寂) 야심(夜深)한데 촛불만 돋워[568] 켜고 옥수잔잔(玉水潺潺)[569] 금로향진(金爐香盡)[570] 삼경(三更) 월락(月落)토록 어디가 밤새도록 뉘게 잡혀 뉘 사랑만 괴우느라[571] 못 오시노
임이야 나를 그다지 그리랴마는 나는 임뿐이매 그를 설워

200.

들입다 바드득 안으니 세(細)허리지[572] 자늑자늑[573]
홍상(紅裳)[574]을 거두치니[575] 옥설부지풍비(玉雪膚之豊肥)[576]하고 거각준좌(擧脚蹲坐)[577]하니 반개(半開)한 홍모란(紅牡丹)[578]이 혜발어지춘풍(蕙發於之春風)[579]이로다
진진(進進)코 우퇴퇴(又退退)[580]하니 무림산중(茂林山中)[581]에 수용성(水舂聲)[582]인가

568) 돋워: (촛불의 심지를) 돋우어.

569) 옥수잔잔(玉漏潺潺): 물시계의 물이 다 떨어져 잔잔해졌다는 뜻으로, 시간이 흘렀음을 말함. 옥루란 옥으로 만든 물시계란 뜻으로, 물시계를 아름답게 표현한 것.

570) 금로향진(金爐香盡): 향로에 피워놓은 향이 다 꺼짐.

571) 괴우느라: 사랑하느라.

572) 세(細)허리지: 가는 허리를 말함.

573) 자늑자늑: 동작이 가볍고 부드러운 모양. 2권본에는 '셰허리지자낙〃〃'이 '셰허리치마자락'으로 되어 있음. 『청구영언』(진본)에는 단권본과 같음.

574) 홍상(紅裳): 다홍치마. 젊은 여자의 옷차림.

575) 거두치니: 걷어올리니.

576) 옥설부지풍비(玉雪膚之豊肥): 피부가 백옥 같고 살이 쪄 풍만함.

577) 거각준좌(擧脚蹲坐): 다리를 들고 주저앉음.

578) 반개(半開)한 홍모란(紅牡丹): 여성의 성기(性器)를 묘사한 말.

579) 혜발어지춘풍(蕙發於之春風) 향기로운 풀이 봄바람에 피어남.

580) 진진(進進)코 우퇴퇴(又退退): 성교하는 모양을 묘사한 말.

581) 무림산중(茂林山中): 숲이 우거진 산속. 여성의 국부를 상징함.

582) 수용성(水舂聲): 물방아소리. 성교할 때의 소리를 상징함.

201.

대장부 천지간(天地間)에 하올 일이 바이없네[583]

글 하자니 인생식자우환시(人生識字憂患始)[584]요 칼 쓰자니 내지병자시흉기(乃知兵者是凶器)[585]로다

차라리 서검(書劍)을 다 떨치고 청루주사(靑樓酒肆)[586]에 오락가락

202.

댁들에 단저 단술[587] 사오 외나니[588] 장수 네 무엇이니

그 장수 대답하되 아랫등경(燈檠) 웃등경 걸등경 놀등경 걸쇠등경[589] 기루이[590] 퉁노구[591] 절로 뚫어져 물 뽕뽕 졸졸 내리는 귀때부리[592] 20

봉막이 장수[593]

장수야 막힐 제 막힐지라도 뒷말 없이

---

583) 바이없네: 전혀 없네.

584) 인생식자우환시(人生識字憂患始): 인생은 글자를 알 때부터 걱정이 시작됨. 송(宋)나라 때 시인 소식(蘇軾)의 〈석창서취묵당(石蒼舒醉墨堂)〉의 첫 구임.

585) 내지병자시흉기(乃知兵者是凶器): 이에 무기는 흉기임을 알게 됨. 당(唐)나라 때 시인 이백(李白)의 〈전성남(戰城南)〉의 끝 부분 구절임.

586) 청루주사(靑樓酒肆): 기생집과 술집.

587) 단저 단술: 단으로 묶은 젓가락과 숟가락.

588) 외나니: 장수에게 무엇을 외치느냐고 묻는 말.

589) 아랫등경(燈檠) 웃등경 걸등경 놀등경 걸쇠등경: 여러 가지의 등잔걸이. 등경은 등잔을 얹어놓는 기구.

590) 기루이: 미상.

591) 퉁노구: 퉁으로 만든 작은 솥. 퉁은 품질이 낮은 놋쇠. 노구는 쇠로 만든 작은 솥.

592) 귀때부리: 주전자 주둥이 같은 것의 통칭.

593) 봉막이 장수: 구멍 뚫린 솥 등을 때우는 장수.

594) 왼 담: 온 담.

595) 아방궁(阿房宮): 중국 진(秦)나라 때 세운 궁전. 화려한 집을 비유적으로 이르는 말.

596) 옥야천리(沃野千里): 끝없이 넓은 기름진 들판.

203.

만리장성(萬里長城) 왼 담[594] 안에 아방궁(阿房宮)[595] 지어 사랑(舍廊) 삼고 옥야천리(沃野千里)[596] 고래논[597]에 수천궁녀(數千宮女) 시위(侍衛)하고 옥새(玉璽)를 드던질 제

유정장(劉亭長)[598] 항도령(項都令)[599]이 우러러나 보리

평생에 이목지소호(耳目之所好)[600]와 심지지소락(心志之所樂)[601]은 이 뿐인가

204.

어촌에 낙조(落照)하니 강천(江天)이 한 빛이라

소정(小艇)[602]에 그물 싣고 십리사장(十里沙場) 내려가니 만강노적(萬江蘆荻)[603]에 하목(霞鶩)[604]도 날고 도화유수(桃花流水)에 궐어(鱖魚)[605]는 살졌는데 유교변(柳橋邊)[606]에 배를 매고 고기 주고 술을 사서 슬커장[607] 취한 후에 관내성(欸乃聲)[608] 부르면서 달을 띄

597) 고래논: 고래실논. 바닥이 깊고 물길이 좋아 기름진 논.

598) 유정장(劉亭長): 한고조(漢高祖) 유방(劉邦)을 말함. 한나라를 세우기 전 사수정장(泗水亭長)을 지냈음.

599) 항도령(項都令): 항우(項羽)를 말함.

600) 이목지소호(耳目之所好): 보고 듣기에 좋은 것. 눈과 귀로 즐기기 좋은 것.

601) 심지지소락(心志之所樂): 마음으로 즐기기 좋은 것.

602) 소정(小艇): 작은 배.

603) 만강노적(萬江蘆荻): 온 강가의 갈대와 물억새.

604) 하목(霞鶩): 저녁놀 진 하늘을 나는 오리.

605) 궐어(鱖魚): 쏘가리.

606) 유교변(柳橋邊): 버드나무가 있는 다리 근처.

607) 슬커장: 실컷.

608) 관내성(欵乃聲): 뱃노래. 애내성(欸乃聲)의 잘못. '애내(欸乃)'란 노 저을 때 나는 소리 또는 노 저을 때 부르는 노랫소리의 의성어인데, 애(欸)의 글자 형태가 관(欵)과 비슷하기 때문에 관내성이라 잘못 쓴 경우가 많았음.

어[609] 돌아오니
아마도 강호지락(江湖之樂)은 이 뿐인가

205.
대장부 되어나서 공맹안증(孔孟顏曾)[610] 못할 양이면
차라리 다 떨치고 태공(太公)의 병법(兵法)[611] 외워 말만한 대장인(大將印)[612]을 허리아래 비껴 차고 금단(金壇)[613]에 높이 앉아 만마천병(萬馬千兵)을 지휘간(指揮間)[614]에 좌작진퇴(坐作進退)[615]함이 긔 아니 쾌(快)할소냐
아마도 심장적구(尋章摘句)[616]하는 선비는 나 몰라라

206.
간밤에 대취(大醉)하고 취한 잠에 꿈을 꾸니
칠척검(七尺劍)[617] 천리마(千里馬)로 요해(遼海)[618]를 날아 건너 천교

609) 달을 띄다: 달빛을 띄다. 달빛을 받다.

610) 공맹안증(孔孟顏曾): 유학에서 칭송하는 네 성현(聖賢)인 공자(孔子) · 맹자(孟子) · 안회(顏回) · 증삼(曾參).

611) 태공(太公)의 병법(兵法): 강태공(姜太公)의 병법. 강태공은 병법에 뛰어나 병서『육도(六韜)』를 지었다고 함.

612) 말만한 대장인(大將印): 크기가 말[斗]만큼 큰 발병부(發兵符). 발병부는 병부 주머니에 넣어 장수가 허리에 찼음.

613) 금단(金壇): 단을 아름답게 높여 표현한 말. 여기서 단이란 장수가 올라 지휘하는 약간 높은 대를 말함.

614) 지휘간(指揮間): 지휘하는 사이. 지휘할 때. '지휘간에' 다음에 '넣어두고'가 빠진 듯.

615) 좌작진퇴(坐作進退): 장수의 지휘에 따라 군대가 앉고 서고 나아가고 물러섬을 정연하게 함.

616) 심장적구(尋章摘句): 다른 사람의 글귀를 적절히 따서 글을 짓는 것.

617) 칠척검(七尺劍): 길이가 칠 척이 되는 칼. 명검(名劍).

618) 요해(遼海): 요동(遼東)의 바다.

(天驕)[619]를 항복받고 북궐(北闕)[620]에 돌아와서 고궐성공(告厥成功)[621]하여 뵈네

장부의 강개(慷慨)한 마음이 흉중(胸中)에 울울(鬱鬱)[622]하여 꿈 가운데 시험한가

207.

만고역대(萬古歷代) 인신지중(人臣之中)에 명철보신(明哲保身)[623] 누구누구

범려(范蠡)의 오호주(五湖舟)[624]와 장량(張良)의 사병벽곡(謝病辟穀)[625] 소광(疏廣)의 산천금(散千金)[626]과 계응(季鷹)의 추풍강동(秋風江東)[627] 도연명(陶淵明)의 귀거래사(歸去來辭)[628]를

아마도 탐관오리지배(貪官汚吏之輩)야 일러 무삼

---

619) 천교(天驕): 흉노(匈奴). 흉노족은 스스로를 하늘이 특별히 총애하는 자식이라는 뜻으로 이와 같이 불렀음.

620) 북궐(北闕): 임금님이 계신 궁궐.

621) 고궐성공(告厥成功): 임금에게 성공을 아룀.

622) 울울(鬱鬱): 마음이 답답함.

623) 명철보신(明哲保身): 총명하고 사리에 밝아 자신의 몸을 잘 보전함. 화를 입지 않음을 뜻함.

624) 범려(范蠡)의 오호주(五湖舟): 범려는 춘추 시대 월(越)나라 왕 구천(句踐)을 도와 공을 이룬 뒤에 물러나 오호에 배를 띄워 도(陶)로 가서 도주공(陶朱公)이라고 자칭하고 큰 부자가 되었음.

625) 장량(張良)의 사병벽곡(謝病辟穀): 장량이 한고조를 도와 천하를 통일한 뒤에 병을 이유로 벼슬에서 물러나 신선술을 닦은 일. 벽곡은 시선술의 하나로 곡식을 먹지 않는 일.

626) 소광(疏廣)의 산천금(散千金): 소광은 한(漢)나라 때 학자. 벼슬에서 물러나 고향으로 돌아가 친지들을 청하여 주연을 베풀어 하사받은 재산을 다 써버렸음.

627) 계응(季鷹)의 추풍강동(秋風江東): 계응은 한(漢)나라 때 학자 장한(張翰)의 자(字). 벼슬에 있을 때 가을바람이 불자 고향의 나물국과 농어회를 그리워하여 벼슬을 그만 두고 고향인 강동으로 돌아갔음.

628) 도연명(陶淵明)의 귀거래사(歸去來辭): 도연명이 팽택(彭澤)의 관리를 그만두고 고향으로 돌아가고자 하는 마음을 〈귀거래사〉로 읊었음.

208.

이태백(李太白)의 주량(酒量)은 그 어떠하여 일일수경삼백배(一日須傾三百杯)[629]하고

두목지(杜牧之) 풍채(風采)는 그 어떠하여 취과양주귤만거(醉過楊州橘滿車)[630]런고

아마도 이 둘의 풍류(風流)를 못내 불워

209.

한무제(漢武帝)의 북척서격(北斥西擊)[631]과 제갈량(諸葛亮)의 칠종칠금(七縱七擒)[632]

진(晉)나라 사도독(謝都督)의 팔공산위엄(八公山威嚴)[633]으로 남만북적(南蠻北狄)을 다 쓸어버린 후에

진실로 그러할 짝이면 주시예악(周時禮樂)과 한대의관(漢代衣冠)[634]을 다시 본 듯

629) 일일수경삼백배(一日須傾三百杯): 하루에도 모름지기 술 삼백 잔을 마심. 이백(李白)이 〈양양가(襄陽歌)〉에서 이와 같이 읊었음.

630) 취과양주귤만거(醉過楊州橘滿車): 당(唐)나라 때 시인 두목이 술에 취하여 양주를 지날 때 기생들이 그의 풍채에 혹하여 귤을 던져 수레에 가득해졌다고 함. 목지는 두목의 자(字).

631) 한무제(漢武帝)의 북척서격(北斥西擊): 한무제가 북쪽과 서쪽을 공격하여 정복한 일.

632) 제갈량(諸葛亮)의 칠종칠금(七縱七擒): 제갈량(諸葛亮)이 맹획(孟獲)을 일곱 번 놓아 주었다가 일곱 번 잡은 일.

633) 진(晉)나라 사도독(謝都督)의 팔공산위엄(八公山威嚴): 동진(東晉)의 장수 사석(謝石)과 사현(謝玄)이 전진(前秦)의 왕 부견(苻堅)의 공격을 막았는데, 부견이 팔공산(八公山)을 바라보니 풀과 나무들이 모두 동진의 군사로 보여 겁을 먹었다고 함. 도독은 지방 장관.

634) 주시예악(周時禮樂)과 한대의관(漢代衣冠): 주나라 때의 예법과 음악 그리고 한나라 때의 옷차림. 곧, 문명이 잘 이루어짐을 말함.

210.

21 월일편(月一片) 등삼경(燈三更)[635]한데 나간 임을 헤여 보니

청루주사(靑樓酒肆)[636]에 새 임 걸어두고 불승탕정(不勝蕩情)[637]하여 화간맥상춘장만(花間陌上春將晩)이요 주마투계유미반(走馬鬪鷄猶未返)이로다

지금에 삼시출망무소식(三時出望無消息)[638]하니 진일난두(盡日欄頭)에 공단장(空斷腸)[639]이로다

211.

어떤 나무는 대명전(大明殿)[640] 대들보 되고 또 어떤 나무는 열 소경의 도(導)막대[641] 된고

난번[642] 소경 다섯 든번[643] 소경 다섯 장무공사원(掌務公司員)[644] 합하여 열두 소경 도막대 되고

---

635) 월일편(月一片) 등삼경(燈三更): 하늘엔 한 조각 달이 떠 있고 방안엔 등불을 밝혀놓은 한밤중.

636) 청루주사(靑樓酒肆): 술집.

637) 불승탕정(不勝蕩情): 방탕한 마음을 이기지 못함.

638) 화간맥상춘장만(花間陌上春將晩) 주마투계유미반(走馬鬪鷄猶未返) 삼시출망무소식(三時出望無消息): 꽃 핀 길가에 봄은 깊어가는데 말 달리고 닭싸움하느라 돌아올 줄 모르네 하루 세 때 문에 나가 기다리지만 소식도 없네. 당(唐)나라 때 시인 최호(崔顥)의 〈대규인답경박소년(代閨人答輕薄少年)〉의 일부.

639) 진일난두(盡日欄頭)에 공단장(空斷腸): 온종일 난간에 서서 헛되이 애만 태움.

640) 대명전(大明殿): 여기서는 큰 궁궐을 말함.

641) 열 소경의 도(導)막대: 열 소경에게 한 지팡이라는 뜻으로, 매우 긴요하고 소중한 물건을 이르는 말.

642) 난번(番): 정해진 순서에 따라 맡은 책임을 마치고 쉬는 차례.

643) 든번(番): 정해진 순서에 따라 맡은 일을 쉬었다가 차례가 되어 다시 들어가는 번(番).

644) 장무공사원(掌務公司員): 공무를 담당하는 사람으로, 인원은 두 명이었음. 여기서는 두 명이라는 의미로 썼음.

차라리 거문고 술대[645] 되어 임의 손에

212.

병풍(屛風)에 앞니 자끈동[646] 부러진 괴[647] 그리고 그 괴 앞에 조그만 새앙쥐를 그려두니

애고 조 괴 삿브론 양하여[648] 그림의 쥐를 잡으려 좇니는구나[649]

우리도 남의 임 그려두고 좇니러볼가[650]

213.

저 건너 광창(廣窓) 높은 집의 머리 좋은[651] 각시네야

초생(初生)[652]에 반달같이 비치지나 말려무나

어찌타 장부(丈夫)의 간장을 굽이굽이

214.

북두칠성(北斗七星) 하나 둘 셋 넷 다섯 여섯 일곱 분께 민망한 소지(所志) 발괄[白活][653] 한 장 드리나니다

그리던 임을 만나 만단정회(萬端情懷)[654] 채 못하여 날이 쉬이 밝아

---

645) 술대: 거문고를 타는 데 쓰는 나무 채.

646) 자끈동: 작고 단단한 물건이 갑자기 세게 부러져 도막이 나는 모양.

647) 괴: 고양이.

648) 삿브론 양하다: 약삭빠른 체하다.

649) 좇니다: 따라다니다.

650) 이 작품은 2권본에는 없음.

651) 머리 좋은: 머리 모양이 아름다운.

652) 초생(初生): 초승. 매달 초 며칠 동안. 이때는 반달이 뜰 때가 아니라 초승달이 뜰 때임.

653) 소지(所志) 발괄[白活]: 소지는 청원이 있을 때에 관청에 내는 글이고, 발괄은 억울한 사연을 관청에 말이나 글로 하소연하는 것.

오니 그로 민망 설움이외다
밤중만 삼태차사(三台差使)[655] 놓아 샛별[656] 없이

215.
술 먹어 병 없을 약(藥)과 색(色)하여 장생술(長生術)을
값 주고 살작시면 아무려나 관계하랴[657]
값 주고 못 살 약이니 소로소로[658]

216.
풍동죽엽(風動竹葉)은 십만장부지훤화(十萬丈夫之喧嘩)요 우쇄연화(雨灑蓮花)는 삼천궁녀지목욕(三千宮女之沐浴)[659]이라
오경루하(五更樓下)에 석양홍(夕陽紅)이요 구월산중(九月山中)에 춘초록(春草綠)이로다[660]
아마도 이 글 지은 자는 양국재사(兩國才士)[661]

---

654) 만단정회(萬端情懷): 가슴속에 서리고 얽힌 온갖 정과 회포.

655) 삼태차사(三台差使): 삼태성 심부름꾼. 삼태는 삼태성(三台星)으로 한밤중에 하늘 한 복판에서 밝게 빛나는 별을 말하며, 차사는 임금이나 고을에서 특별한 임무를 띠워 보내는 관리.

656) 샛별: 새벽에 동쪽하늘에 뜨는 별. 날이 샐 때가 되었음을 알려주는 별.

657) 아무려나 관계하랴: 아무리 값이 비싸도 상관없다.

658) 소로소로: 살살. 심하지 않게.

659) 풍동죽엽(風動竹葉)은 십만장부지훤화(十萬丈夫之喧嘩)요 우쇄연화(雨灑蓮花)는 삼천궁녀지목욕(三千宮女之沐浴)이라: 바람에 흔들리는 댓잎소리는 십만 장부가 내는 시끄러운 소리와 같고 비에 씻긴 연꽃은 삼천 궁녀가 목욕한 것과 같음.

660) 오경루하(五更樓下)에 석양홍(夕陽紅)이요 구월산중(九月山中)에 춘초록(春草綠)이로다: 오경루 누대 아래 석양이 붉고, 구월산 산중에는 봄풀이 푸르다. 누대 이름이면서 새벽 5경의 의미를 지니는 오경루와 산 이름이면서 가을 9월의 의미를 지니는 구월산으로 언어유희를 한 것임.

661) 양국재사(兩國才士): 두 나라에 이름이 날 정도로 재주 있는 선비.

217.

시문(柴門)에 개 짖으니 임만 여겨 창 열고 보니
임은 아니 오고 구월단풍(九月丹楓)에 낙엽성(落葉聲)이로다
저 개야 추풍낙엽성(秋風落葉聲) 무단히 짖어 잠든 나를 깨우느냐

218.

죽장망혜(竹杖芒鞋) 단표자(單瓢子)[662]로 천리강산(千里江山) 들어가니 그곳이 골이 깊어 두견 접동이 낮에 운다
구름은 뭉게뭉게 피어 낙락장송(落落長松)에 봉둘러[663] 있고 바람은 솰솰 불어 시내 암상(巖上)에 꽃가지만 떨뜨리는구나[664]
그곳이 별유천지별건곤(別有天地別乾坤)[665]이니 아니 놀고

219.

아마도 호방(豪放)할손[666] 선리건곤(仙李乾坤)[667] 청련거사(靑蓮居士)[668] 22
옥황향안전(玉皇香案前)[669]에 황정경(黃庭經) 일자(一字) 오독(誤讀)한 죄[670]로 인간에 적하(謫下)하여 장명주사(藏名酒肆)[671]하고 천금준마환소첩(千金駿馬換小妾)[672]하여 농월채석(弄月採石)타가 기

662) 죽장망혜(竹杖芒鞋) 단표자(單瓢子): 대지팡이 짚고 짚신 신고 표주박 하나를 참. 단출한 복장.

663) 봉둘러: 빙 둘러. 2권본에는 '봉둘너'가 '둘너'로 되어 있음.

664) 떨뜨리다: 떨어뜨리다.

665) 별유천지별건곤(別有天地別乾坤): 속세와는 다른 세상. 이상적인 세상을 뜻함.

666) 호방(豪放)할손: 호방한 것은. 호방한 사람은.

667) 선리건곤(仙李乾坤): 당(唐)나라 시절을 말함. 당나라 왕실의 성씨는 이씨이고 노자는 오얏[李]나무 아래서 태어나 자신의 성을 이씨로 삼았는데, 당나라 종실에서는 자신들을 노자의 자손이라고 했음.

668) 청련거사(靑蓮居士): 당(唐)나라 때 시인 이백(李白)의 호.

669) 옥황향안전(玉皇香案前): 옥황상제 앞. 향안은 향로나 책을 올려놓는 작은 상.

경비상천(騎鯨飛上天)[673]하니
아마도 강남풍(江南風)이 임자 없어[674]

220.

모란은 화중왕(花中王)이요 향일화(向日花)[675]는 충신(忠臣)이라
박꽃은 노인(老人)이요 석죽화(石竹花)[676] 소년(少年)이라 연화(蓮花) 군자(君子)요 행화(杏花) 소인(小人) 국화(菊花)는 은일사(隱逸士)요 매화(梅花) 한사(寒士)[677]로다 규화(葵花)[678] 무당(巫堂) 해당화(海棠花)는 창기(娼妓)로다
그중에 이화(梨花) 시객(詩客) 홍도벽도삼색도화(紅桃碧桃三色桃花)[679]는 풍류랑(風流郞)[680]인가

---

670) 황정경(黃庭經) 일자(一字) 오독(誤讀)한 죄: 신선이던 이백이 옥황상제 앞에서 『황정경』을 읽을 때 한 글자를 잘못 읽어 인간계로 귀양 왔다는 이야기가 있음. 황정경은 도가의 경전.

671) 장명주사(藏名酒肆): 술집에 이름을 숨김. 술집에 은거함.

672) 천금준마환소첩(千金駿馬換小妾): 귀한 말을 어린 첩과 바꿈. 이백(李白)의 〈양양가(襄陽歌)〉의 한 구절.

673) 농월채석(弄月採石) 기경비상천(騎鯨飛上天): 이백은 채석강(采石江)에서 뱃놀이를 하다가 술이 취해 물속의 달을 잡으려다 익사했다고 함. 이에 대해 후대 시인 마존(馬存)은 〈연사정(燕思亭)〉에서 '응당 굶주린 교룡의 입에 떨어지지 않고 고래를 타고 푸른 하늘로 올라갔으리[不應暴落飢蛟涎 便當騎鯨上靑天]'라 하였음.

674) 강남풍(江南風)이 임자 없다: 강남땅의 풍월이 한산해짐. 송(宋)나라 때 시인 매성유(梅聖兪)는 〈채석강증곽공보(采石江贈郭公甫)〉에서 이백의 죽음에 대해 '이백이 고래를 타고 하늘로 날아오르니, 강남의 풍월은 오랜 세월 한산해졌네[李白騎鯨飛上天 江南風月閑多年]'라 하였음. 2권본에는 '강남풍'이 '강남풍경'으로 되어 있음.

675) 향일화(向日花): 해바라기.

676) 석죽화(石竹花): 패랭이꽃.

677) 한사(寒士): 가난한 선비.

678) 규화(葵花): 접시꽃.

679) 홍도벽도삼색도화(紅桃碧桃三色桃花): 여러 종류의 복숭아나무.

221.

문독춘추좌씨전(文讀春秋左氏傳)[681]하고 무사청룡언월도(武事靑龍偃月刀)[682]라

독행천리(獨行千里)하여 오관(五關)[683]을 지나실 제 따르는 저 장사야 한[684] 북소리 들었느냐 못 들었느냐

아마도 늠름한 장부는 한수정후(漢壽亭侯)[685]

222.

월황혼(月黃昏) 겨워갈 때[686] 정처 없이 나간 임이

백마금편(白馬金鞭)[687]으로 어디 가 다니다가 뉘 손에 잡히어 돌아올 줄 모르는고

지금에 독숙공방(獨宿空房)하여 장상사루여우(長相思淚如雨)[688]할 제 전전불매(輾轉不寐)[689]

---

680) 풍류랑(風流郞): 풍치(風致)가 있고 멋진 젊은 남자.

681) 문독춘추좌씨전(文讀春秋左氏傳): 문(文)으로는『춘추좌씨전』을 읽음.

682) 무사청룡언월도(武事靑龍偃月刀): 무(武)로는 청룡언월도를 일삼음. '청룡언월도'는 관우가 썼다는 큰 칼.

683) 오관(五關): 동령관(東嶺關), 낙양관(洛陽關), 사수관(汜水關), 형양관(滎陽關), 활주황하도구(滑州黃河渡口). 관우가 조조를 떠나 유비에게 갈 때 다섯 관문을 지나며 여섯 장수를 베었다고 함.

684) 한: 큰.

685) 한수정후(漢壽亭侯): 관우(關羽)를 말함. 관우가 조조(曹操) 밑에 있을 때 조조가 준 벼슬이 수정후임.

686) 월황혼(月黃昏) 겨워갈 때: 어슴푸레한 달빛이 비친 밤이 늦어갈 때.

687) 백마금편(白馬金鞭): 좋은 말과 좋은 채찍.

688) 장상사루여우(長相思淚如雨): 길이 그리워하며 비 오듯 눈물 흘림.

689) 전전불매(輾轉不寐): 이리저리 뒤척이며 잠을 이루지 못함.

690) 영천수(潁川水): 강 이름. 허유(許由)가 요(堯)임금에게서 양위(讓位)하겠다는 이야기를 듣고 귀를 씻었다는 강.

223.

옥(玉)으로 말을 새겨 영천수(潁川水)[690]에 흘리 씻어
녹초장제상(綠草長堤上)[691]에 바[692] 늘여 매어두고
그 말이 그 풀을 다 먹도록[693] 이별 없이

224.

봉황대상봉황유(鳳凰臺上鳳凰遊)하니 봉거대공강자류(鳳去臺空江自流)를
오궁화초(吳宮花草)는 매유경(埋幽逕)이요 진대의관성고구(晉代衣冠成古丘)를 삼산반락청천외(三山半落靑天外)요 이수중분백로주(二水中分白鷺洲)를
총위부운(總爲浮雲)이 능폐일(能蔽日)하니 장안불견(長安不見)코 사인수(使人愁)[694]를

---

691) 녹초장제상(綠草長堤上): 파랗게 풀이 자란 긴 둑 위.

692) 바: 굵은 줄.

693) 그 말이 그 풀을 다 먹도록: 영원히.

694) 전편이 이백(李白)의 〈등금릉봉황대(登金陵鳳凰臺)〉 전문임.
봉황대상봉황유(鳳凰臺上鳳凰遊) 봉황대 위에 봉황 놀더니,
봉거대공강자류(鳳去臺空江自流) 봉황은 가고 빈 대 앞에 강물만 흐르네.
오궁화초매유경(吳宮花草埋幽逕) 오나라 궁전의 화초는 오솔길에 묻혀 있고,
진대의관성고구(晉代衣冠成古丘) 진나라 때 귀인들은 옛 무덤을 이루었네.
삼산반락청천외(三山半落靑天外) 삼산은 푸른 하늘 밖으로 반쯤 떨어져 있고,
이수중분백로주(二水中分白鷺洲) 강물은 백로주에서 둘로 나뉘었네.
총위부운능폐일(總爲浮雲能蔽日) 이 모두 뜬구름이 해 가린 때문이라,
장안불견사인수(長安不見使人愁) 장안을 볼 수 없어 사람을 시름하게 하네.

잡가편

1. 소춘향가(小春香歌)

춘향(春香)의 거동(擧動) 보아라

오른손으로 일광(日光)을 가리고 왼손 높이 들어 저 건너 죽림(竹林) 뷘다[695]

대 심어 울하고 솔 심어 정자(亭子)라

동편(東便)에 연당(蓮塘)[696]이요 서편(西便)에 우물이라

노방시매고후과(路傍時賣故侯瓜)요 문전학종선생류(門前學種先生柳)[697]

긴 버들 휘늘어진 늙은 장송(長松) 광풍(狂風)에 흥을 겨워 우줄우줄 춤을 추니

저 건너 사립문 안에 삽사리 앉아 먼 산만 바라보며 꼬리치는 저 집이오니

황혼(黃昏)에 정녕(丁寧)히 돌아오소[698]

---

695) 뷘다: 가리킨다.

696) 연당(蓮塘): 못. 연못.

697) 노방시매고후과(路傍時賣故侯瓜)요 문전학종선생류(門前學種先生柳): 중국 당(唐)나라 때 시인 왕유(王維)의 〈노장행(老將行)〉의 한 구절로, "때로는 길가에서 동릉후(東陵侯)의 오이를 팔고, 문 앞에 버드나무 심는 것은 도연명(陶淵明)에게 배운다."는 뜻임. 중국 진(秦)나라의 소평(召平)이 동릉후에 봉해졌으나 나라가 망하자 오이를 팔아 생계를 이었고, 동진(東晋)의 도연명은 벼슬을 그만두고 집 앞에 버드나무 다섯 그루를 심고 스스로 오류선생(五柳先生)이라고 했다는 고사에서 왔음.

698) 이 대목은 춘향이 이도령에게 자기 집 위치를 알려주는 모습('죽림 뷘다'까지)과 집 주변의 정경 묘사 그리고 저녁에 찾아오라는 당부로 구성됨.

떨치고 가는 형상(形狀) 사람 뼈다귀 다 녹인다

23 너는 웬한[699] 계집애관데 나를 종종 속이느냐

너는 웬한 계집애관데 장부(丈夫)의 간장(肝臟)을 다 녹이나

녹음방초승화시(綠陰芳草勝花時)[700]에 해는 어이 더디 가고

오동야월(梧桐夜月)[701] 밝은 달밤은 어이 수이 간고

일월무정(日月無情) 덧없도다 옥빈홍안(玉鬢紅顔)이 공로(空老)로다[702]

우는 눈물 받아 내면 배도 타고 가련마는

지척동방(咫尺洞房) 천리(千里)[703]완대 어이 그리 못 오던가[704]

2. 매화가(梅花歌)[705]

매화야[706] 옛 등걸[707]에 봄절(節)이 돌아온다

춘설(春雪)이 하[708] 분분(紛紛)하니 필지 말지도 하다마는

---

699) 웬한: 어떠한. 웬.

700) 녹음방초승화시(綠陰芳草勝花時): 우거진 나무 그늘과 향기로운 풀이 꽃피는 시절보다 낫다는 뜻으로, 녹음이 짙은 때를 말함.

701) 오동야월(梧桐夜月): 오동나무 사이로 보이는 달. 매우 운치 있는 정경.

702) 옥빈홍안(玉鬢紅顔)이 공로(空老)로다: 옥같이 아름다운 머리와 발그레한 얼굴이 헛되이 늙는다.

703) 지척동방(咫尺洞房) 천리(千里): 가까운 곳에 있는 침실이 천리나 멀리 떨어진 것 같다.

704) 이 대목은 이도령과 헤어진 뒤 이도령을 기다리는 춘향의 심정을 그려냈다.

705) 이 책에는 잡가편에 수록되어 있지만 현재는 12가사의 하나임.

706) 매화야: '야'는 호격조사가 아니라 강세조사.

707) 옛 등걸: 오래된 나무의, 줄기가 잘린 밑동.

708) 하: 매우, 대단히.

옛 피었던 가지마다 피엄 직도 하다마는[709]

북경(北京) 사신(使臣) 역관(驛官)들아 오색당사(五色唐絲)를 붙임[710]을 하세

매세 매세 그물을 매세 오색당사로 그물을 매세

치세 치세 그물을 치세 부벽루(浮碧樓)[711] 하에 그물을 치세

걸리소서 걸리소서 정든 사랑만 걸리소서[712]

물 아래 그림자 졌다 다리 위에 중놈이 간다

중아 중아 거기 잠깐 섰거라 너 가는 인편에 말 물어보자

그 중놈이 백운(白雲)을 가리키며 돈담무심(頓淡無心)[713]만 하는구나[714]

---

709) 옛 피었던 가지마다 피엄 직도 하다마는: 예전에 꽃이 피던 가지에 올해도 꽃이 필 만도 하지만. 이상 첫 석 줄은 평양 기생 매화(梅花)가 지은 것으로 전해지는 다음 시조를 원용한 것임.
매화 옛 등걸에 춘절이 돌아오니
옛 피던 가지에 피엄 직도 하다마는
춘설이 난분분(亂紛紛)하니 필동말동하여라

710) 오색당사(五色唐絲)를 붙임: 화려한 의복치레를 말함. 청(淸)나라 수도 북경으로 가는 사신 행차 가운데 특히 통역을 맡은 역관을 지칭하여 의복치레를 말한 것은 당시 유흥 계층 사이에서 역관의 인기가 높았음을 말하는 것으로 볼 수 있음.

711) 부벽루(浮碧樓): 평양(平壤) 대동강(大同江) 가에 있는 아름다운 누각.

712) 제목과는 달리 매화와 관련한 내용은 앞 석 줄뿐이고 동떨어진 네댓 시상이 이어짐. 기녀 매화의 시조에 이어지는 다음 넉 줄은 북경 가는 역관의 오색당사 장식에서부터 오색당사로 엮은 그물과 그물로 사랑을 건지고 싶다는 소망으로 연결하였음. 오색당사 장식 → 오색당사 그물 → 부벽루 아래의 그물 → 그물로 사랑을 건짐.

713) 돈담무심(頓淡無心): 어떤 일에 대하여 전혀 관심이 없고 탐탁찮게 여김.

714) 다리 위를 지나는 중을 불러 무엇인가를 묻는데, 중이 무관심하다고 하였음. 누군가를 불러 어떤 부탁을 하지만 상대가 이런저런 구체적인 이유로 거절한다는 구성은 사설시조 또는 휘몰이잡가들에서 흔히 보이지만 이 대목에서는 물어보는 내용도, 거절하는 이유도 나타나지 않음. 중에게 무엇인가를 물으니, 중이 백운을 가리킨다는 점이 송강의 시조(물 아래 그림자 지니 다리 위에 중이 간다 / 저 중아 게 섰거라 너 가는 데 물어보자 / 손으로 흰구름 가리키고 말 아니코 가더라)와 같음.

성천(成川)이라 통의주[715]를 이리로 접첨 저리로 접첨[716] 저부럼접첨[717]
개어다 놓고
한 손에는 박달 방추[718] 또 한 손에 물박[719] 들고
흐르는 천수(泉水) 들입다 덤썩[720] 이리로 솰솰 저리로 솰솰 출렁 축
쳐[721]
안 남산 밖 남산에 개암[722]을 개암을 심어 심어라[723]
못 다 먹는 저 다람의 안[724]이야

3. 백구사(白鷗詞)[725]

나지 마라[726] 너 잡을 내 아니로다
성상(聖上)이 버리시니 너를 좇아 예 왔노라[727]

---

715) 성천(成川)이라 통의주(紬): 평안남도 성천에서 나는 질 좋은 비단. 『신증동국여지승람』에 따르면 성천의 특산물에 비단이 있음.

716) 이리로 접첨 저리로 접첨: 종이나 헝겊 같은 넓적한 것을 이리저리 접어 개키는 모양.

717) 저부럼접첨: 여러 번 접어서 포개는 모양을 표현한 말.

718) 박달 방추: 박달나무로 만든 빨래방망이.

719) 물박: 물바가지. 물을 푸거나 뜨는 용도의 바가지.

720) 덤썩: 왈칵 달려들어 냉큼 잡는 모양. 덥석.

721) 이 석 줄은 빨래터에서 빨래하는 모습을 나타냈는데, 마지막 줄의 '이리로 솰솰 저리로 솰솰' 부분은 12잡가의 하나인 〈유산가(遊山歌)〉의 '이 골 물이 수루루 루룩 저 골 물이 솰솰…'과도 느낌이 유사함.

722) 개암: 개암나무. 열매는 도토리와 비슷함.

723) 심어 심어라: 심고 심어라. 심거라는 '심다'의 옛말인 '심그다'의 활용형.

724) 다람의 안: 다람쥐의 마음.

725) 잡가편에 수록되었지만 12가사의 하나임.

726) 나지 마라: 날지 마라.

오류춘광(五柳春光)[728] 경(景) 좋은데 백마금편(白馬金鞭)[729] 화류(花遊)가자

운침벽계(雲沈碧溪)[730] 화홍(花紅)도 유록(柳綠)[731]한데 만학천봉비천사(萬壑千峰飛泉瀉)[732]라

호중천지(壺中天地)에 별건곤(別乾坤)[733]이 여기로다

고봉만장청기울(高峰萬丈淸氣鬱)[734]하니 녹죽청송(綠竹靑松)이 늙기를 다투어[735]

바위 암상(岩上)에 다람쥐 기고 시내 계변(溪邊)에 금자라[736] 긴다

조팝나무에 피죽새[737] 소리며, 함박꽃에 벌이 나서

몸은 둥글고 발은 작으니, 제 몸을 못 이기어

---

727) 이 두 줄은 시조(백구야 놀라지 마라 너 접을 내 아니로다 / 성상이 버리시니 갈 곳 없어 예 왔노라 / 이제는 찾을 이 없으니 너를 좇아 놀리라)를 변용한 것임. 백구사도 매화가와 마찬가지로 노랫말의 긴밀성이 약함. 백구를 불러 말 걸며, 벼슬을 버리고 자연을 찾아온 상황을 설정하였는데 이후로는 놀기 좋은 경치를 묘사함.

728) 오류춘광(五柳春光): 버드나무가 새잎을 내는 봄 경치. 오류는 버드나무를 뜻하는 말로 사용되었음.

729) 백마금편(白馬金鞭): 희고 좋은 말에 좋은 채찍.

730) 운침벽계(雲沈碧溪): 구름은 푸른 시내에 가라앉음. 높은 산골짜기의 모습을 형용.

731) 화홍(花紅)도 유록(柳綠): 화홍하고 유록함. 꽃은 붉고 버들잎은 푸름. 붉은 꽃과 푸른 잎을 대조시켰음.

732) 만학천봉비천사(萬壑千峰飛泉瀉): 깊은 산속 높은 봉우리에서 폭포가 쏟아져 내림.

733) 호중천지(壺中天地)에 별건곤(別乾坤): 둘 다 별천지 별세계라는 뜻. 호중천지는 항아리 속에 있는 신기한 세상이라는 뜻으로 신선이 사는 아름다운 곳을 이르는 말.

734) 고봉만장청기울(高峰萬丈淸氣鬱): 높이가 만 길이나 되는 높은 산의 맑은 기운이 그득하다.

735) '늙기를'이 다른 이본에는 '玉溪를'로 되어 있음.

736) 금자라: 누런 자라.

737) 피죽새: 지빠귓과 밤뀌꼬리의 하나. 밤에 잘 운다.

24 동풍(東風)이 건듯 불 적마다 이리로 접두적 저리로 접두적
너울너울 춤을 추니 근들 아니 경(景)일러냐
황금(黃金) 같은 꾀꼬리는 양류간(楊柳間)[738]에 왕래하고
백설(白雪) 같은 흰 나비는 꽃을 보고 반기어서 날아든다 떠든다[739]
두 나래 펼치고 까맣게 별같이 동그랗게 달같이
아주 펄펄 날아드니 근들 아니 경(景)일러냐

738) 양류간(楊柳間): 버드나무 사이.

739) 떠든다: 떠서 든다. 공중에 떠서 들어온다.

가사편

1. 춘면곡(春眠曲)

춘면(春眠)을 느지[740] 깨어 죽창(竹窓)을 반개(半開)하고
정화(庭花)는 작작(灼灼)한데[741] 가는 나비 머무는 듯
안류(岸柳)는 의의(依依)하여[742] 성긴 내를 띠었세라[743]
창전(窓前)에 덜 괸 술[744]을 일 이 삼 배(杯) 먹은 후에
호탕(豪宕)하여 미친 흥(興)을 부질없이 자아내어
백마금편(白馬金鞭)으로 야유원(冶遊園)[745] 찾아가니
화향(花香)은 습의(襲衣)[746]하고 월색(月色)은 만정(滿庭)한데
광객(狂客)인 듯 취객(醉客)인 듯 흥(興)을 겨워 머무는 듯
배회고면(徘徊顧眄)[747]하여 유정(有情)히 섰노라니
취와주란(翠瓦朱欄)[748] 높은 집에 녹의홍상(綠衣紅裳) 일미인(一美人)이
사창(紗窓)을 반개(半開)하고 옥안(玉顔)을 잠깐 들어
웃는 듯 찡기는 듯 교태(驕態)하고 맞아들어

740) 느지: 늦게.

741) 정화(庭花)는 작작(灼灼)한데: 정원의 꽃은 화려하고 찬란한데.

742) 안류(岸柳)는 의의(依依)하여: 강둑의 버드나무 잎이 무성하여.

743) 성긴 내를 띠었세라: 이내가 성글게 끼었어라. 이내는 해 질 무렵 멀리 보이는 푸르스름하고 흐릿한 기운.

744) 덜 괸 술: 덜 익은 술.

745) 야유원(冶遊園): 주색에 빠져 방탕하게 놀 수 있는 술집과 기생집.

746) 습의(襲衣): 옷에 스며듦.

747) 배회고면(徘徊顧眄): 이리저리 왔다 갔다 하며 여기 저기 둘러봄.

748) 취와주란(翠瓦朱欄): 푸른 기와와 붉은 난간이란 뜻으로 화려한 집. 술집과 기생집.

추파(秋波)를 암주(暗注)[749]하고 녹기금(綠綺琴)[750] 비껴 안고
청가일곡(淸歌一曲)으로 춘의(春意)[751]를 자아내니
운우양대상(雲雨陽臺上)에 초몽(楚夢)[752]이 다정(多情)하다
사랑도 그지없고 연분(緣分)도 그지없다
이 사랑 이 연분(緣分) 비길 데 전혀 없다
너는 죽어 꽃이 되고 나는 죽어 나비가 되어
삼춘(三春)[753]이 다 진(盡)토록 떠나 살지 마자더니
인간에 말이 많고 조물(造物)조차 새암[754]하여
신정(新情)이 미흡하여 애달플손 이별이라
청강(淸江)에 놀던 원앙(鴛鴦) 울어 예고[755] 떠나는 듯
광풍(狂風)에 놀란 봉접(蜂蝶) 가다가 돌치는[756] 듯
석양(夕陽)은 다 져가고 정마(征馬)[757]는 자주 울 제
나삼(羅衫)을 부여잡고 암연(黯然)[758]히 여읜 후에
슬픈 노래 긴 한숨을 벗을 삼아 돌아오니
어져[759] 이 임이야 생각하니 원수로다

---

749) 추파(秋波)를 암주(暗注): 추파를 그윽히 건넴.

750) 녹기금(綠綺琴): 현악기의 하나.

751) 춘의(春意): 남녀 사이의 애정이나 정욕.

752) 운우양대상(雲雨陽臺上)에 초몽(楚夢): 남녀간의 육체적인 사랑에 대한 꿈. 초회왕(楚懷王)이 양대에서 무산선녀(巫山仙女)와 운우(雲雨)의 즐거움을 누렸다는 꿈 이야기.

753) 삼춘(三春): 석 달 동안의 봄이라는 뜻으로, 봄을 말함.

754) 새암: 샘. 질투.

755) 울어 예고: 울며 가고.

756) 돌치다: 방향을 바꾸어 돌아서거나 되돌리다.

757) 정마(征馬): 먼 길을 갈 때에 타는 말.

758) 암연(黯然): 슬프고 침울함.

759) 어져: 아아!

간장(肝腸)이 다 썩으니 목숨인들 보전하랴
일신(一身)에 병이 되니 만사(萬事)에 무심(無心)하여
서창(書窓)[760]을 굳이 닫고 섬서히[761] 누웠으니
화용월태(花容月態)[762]는 안중(眼中)에 삼연하고[763]
분벽사창(粉壁紗窓)[764]은 침변(枕邊)이 여기로다[765]
하엽(荷葉)에 노적(露滴)[766]하니 별루(別淚)[767]를 뿌리는 듯
유막(柳幕)에 연롱(煙濃)[768]하니 유한(遺恨)을 머금은 듯
공산야월(空山夜月)에 두견이 슬피 울 제
슬프다 저 새소리 내 말 같이 불여귀(不如歸)라[769]
삼경(三更)에 못 든 잠을 사경말(四更末)에 빌어[770] 드니
상사(相思)하던 우리 임을 꿈 가운데 잠깐 보고
천수만한(千愁萬恨) 못 다 일러[771] 일장호접(一場蝴蝶) 흩어지니[772]

---

760) 서창(書窓): 글 읽는 방의 창.

761) 섬서히: 서먹서먹하게. 데면데면하게. 무심하게.

762) 화용월태(花容月態): 꽃다운 얼굴과 달 같은 자태라는 뜻으로 아름다운 여인의 모습을 이르는 말.

763) 삼연하다: 잊히지 않고 또렷하다는 뜻의 '삼삼하다'와 같은 의미로 보임.

764) 분벽사창(粉壁紗窓): 흰 칠을 한 벽과 비단으로 바른 창이라는 뜻으로, 여자가 거처하며 아름답게 꾸민 방을 이르는 말.

765) 침변(枕邊)이 여기로다: 이 부분이 『고금가곡』에는 '枕邊의 의의ᄒᆞ다'로, 활자본 잡가집들에는 '침석에 어리었다'로 나타남.

766) 하엽(荷葉)에 노적(露滴): 연잎에 이슬이 방울져 맺힘.

767) 별루(別淚): 이별 눈물. 이별을 슬퍼하여 흘리는 눈물.

768) 유막(柳幕)에 연롱(煙濃): 수양버들의 가지에 이내가 진하게 낌. 유막은 휘늘어진 수양버들 가지를 비유적으로 이르는 말.

769) 내 말 같이 불여귀(不如歸)라: 내가 '돌아가지 못한다'는 뜻으로 '불여귀'라고 말하는 것처럼, 저 새도 '불여귀'라고 운다. 이후의 잡가집들에는 '날과 같이 불여귀라'로 되어 있음.

770) 빌어: 빌려서.

771) 못 다 일러: 다 말하지 못하여. 다 말할 새도 없이.

아리따운 옥빈홍안(玉鬢紅顔) 곁에 얼핏 앉았는 듯
어화 황홀하다 꿈을 생시(生時) 삼고지고[773]
무침허희(撫枕歔欷)[774]하여 바삐 일어[775] 바라보니
운산(雲山)은 첩첩(疊疊)하여 천리안(千里眼)을 가리었고
호월(皓月)은 창창(蒼蒼)[776]하여 양향심(兩鄕心)[777]에 비치었다
어져 내 일이야 나도 모를 일이로다
이리저리 그리면서 어이 그리 못 보는고
약수(弱水) 삼천리(三千里)[778] 멀단 말을 이런 데를 이르도다
가약(佳約)은 묘연(杳然)하고 세월은 여류(如流)하여
엊그제 이월(二月) 꽃[779]이 녹안변(綠岸邊) 붉었더니
그덧에[780] 훌훌(欻忽)[781]하여 낙엽(落葉)이 추성(秋聲)일다[782]
새벽달 지샐 적에 외기러기 울어 옐 제
반가운 임의 소식 행여 올까 바라보니
창망(蒼茫)한 구름 밖에 빗소리뿐이로다

---

772) 일장호접(一場蝴蝶) 흩어지니: 꿈이 허무하게 깨고 마니. 호접은 호접몽(胡蝶夢)을 말함. 이후의 잡가집들에는 이 부분이 '일성어적(一聲漁笛) 날 깨운다'로 되었고, '호월(皓月)은 단단하여 양인심정(兩人心情) 빗최건만'으로 이어짐.

773) 꿈을 생시(生時) 삼고지고: 꿈을 현실로 실현시키고 싶다.

774) 무침허희(撫枕歔欷): 베개를 어루만지며 탄식함.

775) 일어: 일어나.

776) 호월(皓月)은 창창(蒼蒼): 달이 매우 밝음.

777) 양향심(兩鄕心): 두 곳의 마음. 서로 떨어져 있는 두 사람의 마음을 말함.

778) 약수(弱水) 삼천리(三千里): 약수는 중국 서쪽의 전설 속의 강으로 길이가 3,000리나 되며 부력이 매우 약하여 기러기의 털도 가라앉는다고 함. 신선이 사는 곳이라고 함. 여기서는 매우 멀리 떨어진 곳이라는 의미로 쓰였음.

779) 이월(二月) 꽃: 봄꽃. 음력 2월은 봄에 해당함.

780) 그덧에: 그동안에, 그 사이에.

781) 훌훌(欻忽): 시간이 빨리 흐르는 모습.

782) 추성(秋聲)일다: 가을 소리로다. 가을 소리를 내는구나.

지리(支離)하다 이 이별을 언제 만나 다시 볼까
산두(山頭)에 편월(片月) 되어 임의 낯에 비치고저
석상(石上)에 오동(梧桐) 되어 임의 무릎 베어보랴[783]
옥상(屋上) 조량(雕樑)[784]에 제비 되어 날고지고
옥창(玉窓) 앵도화(櫻桃花)에 나비 되어 날고지고
태산(泰山)이 평지(平地) 되고 금강(錦江)이 다 마르나
평생(平生) 슬픈 회포(懷抱) 어디를 가알하리[785]
서중유옥안(書中有玉顔)[786]은 나도 잠깐 들었더니
마음을 고쳐먹고 강개(慷慨)를 다시 내어
장부(丈夫)의 공명(功名)을 이로 좇아 알리로다[787]

2. 상사별곡(相思別曲)

인간이별(人間離別) 만사중(萬事中)에 독숙공방(獨宿空房) 더욱 섧다
상사불견(相思不見) 이 내 진정(眞情)을 제 뉘라서 알리
맺힌 시름 이렁저렁이라 흐트러진 근심 다 후리쳐 던져두고
자나깨나 깨나자나 임 못 보니 가슴이 답답 26

783) 석상(石上)에 오동(梧桐)되어 임의 무릎 베어보랴: 돌 위의 오동나무가 되었다가 말라죽은 후에 거문고로 만들어져 임의 무릎에 놓이고 싶다는 말. 바위에서 간신히 자라다 말라죽은 오동나무가 최상의 거문고 재료라고 함.

784) 조량(雕樑): 무늬를 새긴 대들보.

785) 어디를 가알하리: 어디에 비하겠나? 또는 어찌 끝이 있겠나?

786) 서중유옥안(書中有玉顔): 글공부를 열심히 하면 아름다운 아내를 얻을 수 있다. 진종황제(眞宗皇帝)의 〈권학문(勸學文)〉 가운데 서중유녀안여옥(書中有女顔如玉)을 변형한 말.

787) 이 한 행은 문맥이 어색한데, 『고금가곡(古今歌曲)』에는 '丈夫의 공업을 긋긋치 일운 후의 그제야 님을다시 만나 百年 살려 ᄒᆞ노라'로 되어 있어 참고할 수 있음.

어린 양자(樣子) 고운 소리 눈에 암암 귀에 쟁쟁
보고지고[788] 임의 얼굴 듣고지고 임의 소리
비나이다 하나님께 임 생기라 하고 비나이다[789]
전생(前生) 차생(此生) 무삼 죄로 우리 둘이 생겨나서
죽지마자하고 백년기약(百年期約)
만첩청산(萬疊靑山)을 들어간들 어느 우리 낭군이 날 찾으리
산은 첩첩(疊疊)하여 고개 되고 물은 충충(衝衝)[790] 흘러 소(沼)가 된다
오동추야(梧桐秋夜) 밝은 달에 임 생각이 새로 난다
한 번 이별하고 돌아가면 다시 오기 어려워라[791]
천금주옥(千金珠玉) 귀 밖이요 세사(世事) 일분(一分) 관계(關係)하랴[792]
근원(根源) 흘러 물이 되어 깊고 깊고 다시 깊고
사랑 맺어 뫼가 되어 높고 높고 다시 높아
무너질 줄 모르더니 끊어질 줄 어이 알리
조물(造物)이 새우는지[793] 귀신이 희짓는지[794]
일조(一朝) 낭군(郎君) 이별 후에 소식(消息)조차 영절(永絶)하니[795]
오늘이나 들어올까 내일이나 기별(寄別)올까

---

788) 보고지고: 보고 싶다는 뜻. '-고지고'는 …하고 싶다는 뜻.

789) 이 부분은 사랑하는 사람이 생기기 전의 소망을 말하지만, 이 부분 이외에서는 모두 사랑하는 사람과 이별한 후 다시 만날 수 없는 안타까움을 노래하였음.

790) 충충(衝衝): 물이 많은 모양.

791) 『대동풍아』, 육당본 『청구영언』 등의 〈상사별곡〉은 약간의 어구 출입이 있으나, 대부분 이 부분까지임.

792) 세사(世事) 일분(一分) 관계(關係)하랴: 세상일에 조금이라도 관계하랴.

793) 새우다: 시기하다.

794) 희짓다: 방해하다.

795) 영절(永絶): 아주 끊어져 없어짐.

일월무정(日月無情) 절로 가니 옥안운빈(玉顔雲鬢) 공로(空老)로다
오동야우(梧桐夜雨) 성긴 비[796]에 밤은 어이 더디 가고
녹양방초(綠楊芳草) 저문 날에 해는 어이 수이 가노
이 내 상사(相思) 아르시면 임도 나를 그리리라
적막심야(寂寞深夜) 혼자 앉아 다만 한숨 내 벗이라
일촌간장(一寸肝腸) 구비 썩어 피어나니 가슴 답답[797]
우는 눈물 받아내면 배도 타고 아니가랴[798]
피는 불이 일어나면 임의 옷에 당기리라[799]
사랑 겨워 울던 울음 생각하니 목이 메고
교태(嬌態) 겨워 웃던 웃음 헤아리니 더욱 섧다
지척(咫尺) 동서(東西) 천리(千里)되어 바라보니 눈이 시고[800]
만첩상사(萬疊相思) 그려낸들 한 붓으로 다 그리랴
날개 돋친 학이 되어 날아가다 아니가랴[801]
산은 어이 고개 있고 물은 어이 사이 진고[802]
천지인간 이별 중에 나 같은 이 또 있는가
해는 돋아 저문 날에 꽃은 피어 절로 지니
이슬 같은 이 인생이 무삼 일로 생겨난고
바람 불어 궂은비와 구름 끼어 저문 날에

---

796) 오동야우(梧桐夜雨) 성긴 비: 한밤중에 성글게 오는 비가 오동잎에 떨어짐. 오동잎은 매우 넓어서 여기에 떨어지는 빗소리가 운치 있게 들림.

797) 피어나니 가슴 답답: 답답함이 심해 불길처럼 피어남을 말함.

798) 우는~: 임 그리며 눈물을 많이 흘림을 과장한 표현.

799) 피는~: 답답함을 불길로 표현하여 답답함이 불길처럼 강하게 일어남을 표현.

800) 지척(咫尺)~: 임과의 물리적 거리는 매우 가깝지만 만날 수 없기에 매우 멀게 느껴지며 바라보자니 눈이 실 정도임.

801) 날개 돋친: 학이 되어서라도 님에게 날아가겠다는 표현.

802) 물은 어이 사이 진고: 물은 어째서 물의 이쪽과 저쪽을 갈라놓는가.

나며들며 빈방으로 오락가락 혼자 서서
기다리고 바라보니 이 내 상사(相思) 허사(虛事)로다
27 공방미인(空房美人) 독상사(獨相思)[803]는 예로부터 이러한가
나 혼자 이러한가 남도 아니 이러한가
나 사랑 하던 끝에 남 사랑 하시는가
무정(無情)하여 그러한가 유정(有情)하여 이러한가
산계야목(山鷄野鶩)[804] 길을 들여 놓을 줄을 모르는가
노류장화(路柳墻花) 꺾어 쥐고 춘색(春色)[805]으로 다니는가
가는 꿈이 자취되면 오는 길이 무되리라[806]
한번 죽어 돌아가면 다시 보기 어려우니
아마도 옛 정(情)이 있거든 다시 보게 삼기소서[807]

3. 처사가(處士歌)

평생(平生) 아재(我才)[808] 쓸데없어 세상공명(世上功名)을 하직(下直)하고
양한수명(養閒守命)[809]하여 운림처사(雲林處士) 되오리라

---

803) 공방미인(空房美人) 독상사(獨相思): 미인이 빈 방에서 홀로 임을 그리워함.
804) 산계야목(山鷄野鶩): 산꿩과 들오리.
805) 춘색(春色): 아름다운 얼굴, 기뻐하는 모습.
806) 무되다: 미상.
807) 삼기다: 만들다.
808) 평생(平生) 아재(我才) 쓸데없어: 평생 동안 갈고 닦은 나의 재주가 쓸데없어.
809) 양한수명(養閒守命): 몸과 마음을 한가로이 지내면서 타고난 명을 지킴.
810) 구승갈포(九升葛布): 굵은 베옷. '승'은 옷감 짜인 날을 세는 단위. 갈포는 칡의 섬유로 만든 베.

구승갈포(九升葛布)[810]를 몸에 걸고 삼절죽장(三節竹杖)[811] 손에 쥐고
낙조강호(落照江湖)[812] 경(景) 좋은데 망혜완보(芒鞋緩步)[813]로 내려가니
적적송관(寂寂松館)[814] 닫았는데 요요행원(寥寥杏園)[815] 개 짖는다
경개무궁(景概無窮) 좋을씨고 산림초목(山林草木) 푸르렀다
층암병풍(層巖屛風) 둘렀는데 백운심처(白雲深處) 되었어라
강호(江湖)에 어부(漁父) 같이 하여 죽간사립(竹竿簑笠)[816] 젖혀 쓰고
십리사정(十里沙汀) 내려가니 백구비거(白鷗飛去) 뿐이로다
일위편범(一葦片帆)[817] 높이 달고 만경창파(萬頃蒼波)로 흘리저어
수척은어(數尺銀魚) 낚아내니 송강노어(松江鱸魚)[818] 비길레라
일락창강(日落滄江) 저문 날에 백주포저(白洲浦渚)[819]로 돌아드니
남북고촌(南北孤村) 두세 집은 낙하모연(落霞暮煙)[820] 잠겼어라[821]

---

811) 삼절죽장(三節竹杖): 세 마디로 된 대지팡이.

812) 낙조강호(落照江湖): 해질 무렵의 산천.

813) 망혜완보(芒鞋緩步): 미투리 신고 천천히 걸어. 미투리는 삼 껍질로 만든 신발.

814) 적적송관(寂寂松館): 쓸쓸한 소나무 우거진 집.

815) 요요행원(寥寥杏園): 그윽한 살구꽃 동산.

816) 죽간사립(竹竿簑笠): 낚싯대에 도롱이와 삿갓. 도롱이는 짚이나 띠풀로 엮은 우장.

817) 일위편범(一葦片帆): 작은 돛단배.

818) 송강노어(松江鱸魚): 중국 강소성(江蘇省) 오송강(吳松江)에서 나는 농어. 소동파(蘇東坡)의 〈후적벽부(後赤壁賦)〉에 나오는 말.

819) 백주포저(白洲浦渚): 흰모래사장이 있는 포구(浦口).

820) 낙하모연(落霞暮煙): 저녁노을과 저녁연기. 해 저물 무렵에 낮게 드리운 노을과 저녁밥 짓는 연기.

821) 『남원고사』에도 〈처사가〉가 삽입되어 있는데, 여기까지임.

822) 기산영수(箕山潁水): 속세를 벗어난 곳. 요(堯)임금이 허유(許由)에게 왕위를 물려주려 하자, 허유가 자신의 귀가 더러워졌다고 하여 영수(潁水)에 귀를 씻고 기산(箕山)에 들어가 은거하였다고 함.

기산영수(箕山潁水)[822] 예 아니냐 별유천지(別有天地) 여기로다[823]
연명오류(淵明五柳) 심으신 데 천사유지(千絲柳枝) 늘어졌다
아마도 차강산(此江山) 임자는 나뿐인가 하노라

4. 어부사(漁父詞)

설빈어옹(雪鬢漁翁)이 주포간(住浦間)하니 자언거수승거산(自言居水勝居山)을
배 띄워라 배 띄워라 조조재락만조래(早潮纔落晚潮來)라
지국총 지국총 어사와[824] 하니 의선어부일견고(倚船漁父一肩高)[825]라

청고엽상(靑菰葉上)에 양풍기(凉風起)하고 홍료화변(紅蓼花邊)에 백로한(白鷺閑)을
닻 들어라 닻 들어라 동정호리가귀풍(洞庭湖裏駕歸風)을
28 지국총 지국총 어사와 하니 범급전산홀후산(帆急前山忽後山)을[826]

---

823) 육당본『청구영언』의 〈처사가〉는 여기까지임.

824) 지국총 지국총 어사와: 배 젓는 소리.

825) 설비어옹주포간(雪鬢漁翁住浦間) 머리 센 늙은 어부 갯가에 살며,
자언거수승거산(自言居水勝居山) 물가에 사는 것이 산에 사는 것보다 낫다고 말한다.
조조재락만조래(早潮纔落晚潮來) 이른 썰물이 겨우 나갔는데 벌써 저녁 밀물이 들어와,
의선어부일견고(倚船漁父一肩高) 배 젓는 어부의 한 어깨가 높아졌다.

826) 청고엽상양풍기(靑菰葉上凉風起) 푸른 줄풀 잎 위에 서늘한 바람 일고,
홍료화변백로한(紅蓼花邊白鷺閑) 붉은 여뀌꽃 가에 해오라기 한가롭다.
동정호리가귀풍(洞庭湖裏駕歸風) 동정호에서는 돌아오는 바람을 타니,
범급전산홀후산(帆急前山忽後山) 돛단배 빨라서 앞산이 문득 뒷산이 된다.

진일범주연리거(盡日泛舟烟裏去)하니 유시요도월중환(有時搖棹月中還)을
이어라[827] 이어라 아심수처자망기(我心隨處自忘機)라
지국총 지국총 어사와 하니 고예승류무정기(鼓枻乘流無定期)라[828]

만사무심일조간(萬事無心一釣竿)하니 삼공불환차강산(三公不換此江山)을
돛 걸어라 돛 걸어라 산우계풍권조사(山雨溪風捲釣絲)라
지국총 지국총 어사와 하니 일생종적재창랑(一生蹤跡在滄浪)을[829]

동풍서일초강심(東風西日楚江深)하니 일편태기만류음(一片苔磯萬柳陰)을
어으라[830] 어으라 녹평신세백구심(綠萍身世白鷗心)을
지국총 지국총 어사와 하니 격안어촌삼양가(隔岸漁村三兩家)라[831]

---

827) 이어라: 흔들어라, 저어라.

828) 진일범주연리거(盡日泛舟烟裏去) 하루 종일 배를 띄워 이내 속으로 가다,
유시요도월중환(有時搖棹月中還) 때로 노 저어 달빛 아래 돌아온다.
아심수처자망기(我心隨處自忘機) 어디서든 내 마음은 세상 욕심 잊으니
고예승류무정기(鼓枻乘流無定期) 노 두드리며 물결 타고 정한 기약 없네.

829) 만사무심일조간(萬事無心一釣竿) 모든 일에 뜻이 없어, 가진 것은 낚싯대 하나 뿐이니,
삼공불환차강산(三公不換此江山) 삼공의 높은 벼슬도 이 자연과 바꾸지는 않으리.
산우계풍권조사(山雨溪風捲釣絲) 비 오고 바람 불어 낚싯줄 거두니,
일생종적재창랑(一生蹤跡在滄浪) 일생의 발자취는 푸른 물결에 있네.
제1, 2구는 한(漢)나라 광무제(光武帝) 때의 은사(隱士) 엄광(嚴光)의 〈조대(釣臺)〉의 1, 2구이며, 제3구는 당(唐)나라 때 시인 두순학(杜荀鶴)의 〈계흥(溪興)〉의 1구임.

830) 어으라: '어으다'는 '이어라' 같은 뜻으로 보임.

831) 동풍서일초강심(東風西日楚江深) 봄바람 지는 해에 초강은 깊고,
일편태기만류음(一片苔磯萬柳陰) 이끼 낀 자갈밭에 버들가지 그늘졌다.
녹평신세백구심(綠萍身世白鷗心) 부평초 같은 신세는 외로운 기러기 마음,

탁영가파정주정(濯纓歌罷汀洲靜)하니 죽경시문유미관(竹徑柴門猶未關)을

배 띄워라[832] 배 띄워라 야박진회근주가(夜泊秦淮近酒家)를

지국총 지국총 어사와 하니 와구봉저독짐시(瓦甌篷底獨斟時)[833]라

취래수착무인환(醉來睡着無人喚)하니 유하전탄야부지(流下前灘也不知)라

배 매어라 배 매어라 도화유수궐어비(桃花流水鱖魚肥)라

지국총 지국총 어사와 하니 만강풍월속어선(滿江風月屬漁船)을[834]

야정수한어불식(夜靜水寒魚不食)하니 만선공재월명귀(滿船空載月明

격안어촌삼량가(隔岸漁村三兩家) 언덕 건너에는 어촌 두세 집.
'일편태기만류음'의 원문은 '일편총기만류음'임. 그러나 이는 전승상의 오류이므로, 『농암집』 3권 「雜著」 「歌詞」에 실린 이현보의 〈어부가(漁父歌)〉에 의거하였음. 6장의 '탁영가파정주정', 7장의 '취래수착무인환', '만강풍월속어선', 9장의 '일자지간상조주'도 마찬가지로 원문에 오류가 있음.

832) 배 띄워라: 이미 배를 띄워 항해 중이므로 '배 저어라'가 맞겠음. 어부사 전체9연은 배를 띄워 물에 나갔다가 돌아와 배를 대는 일까지 순차적으로 연결되어 있다.

833) 탁영가파정주정(濯纓歌罷汀洲靜) 탁영가 마치니 물가는 고요한데,
죽경시문유미관(竹徑柴門猶未關) 대숲길 사립문은 아직 닫지 않았네.
야박진회근주가(夜泊秦淮近酒家) 밤에 진회에 배를 대니 술집이 가까운데,
와구봉저독짐시(瓦甌篷底獨斟時) 초라한 선창 아래서 홀로 술을 마시네.
탁영가(濯纓歌)는 갓끈을 씻는 노래라는 의미로 굴원(屈原)의 〈어부사(漁父詞)〉에서 어부가 굴원에게 들려준 노래 곧, 〈창랑가(滄浪歌)〉를 말함. "창랑수(滄浪水)가 맑으면 갓 끈을 씻으며, 흐리면 발을 씻겠다"는 내용. 제3구는 두목(杜牧)의 시 〈박진회(泊秦淮)〉의 2구이며, 제4구는 두순학(杜荀鶴)의 〈계흥(溪興)〉의 2구임.

834) 취래수착무인환(醉來睡着無人喚) 취해 잠드니 부르는 이 없어,
유하전탄야부지(流下前灘也不知) 앞 여울로 흘러가도 알지 못하노라.
도화유수궐어비(桃花流水鱖魚肥) 복사꽃 흐르는 물에 쏘가리 살져 있고,
만강풍월속어선(滿江風月屬漁船) 강물에 가득한 경치는 고깃배를 뒤따르네.
제1, 2구는 두순학(杜荀鶴)의 〈계흥(溪興)〉의 3, 4구임. 제3구는 당(唐)나라 때의 시인 장지화(張志和)의 〈어부사(漁父詞)〉 제1수의 2구임.

歸)라

닻 지어라[835] 닻 지어라 파조귀래계단봉(罷釣歸來繫短篷)을

지국총 지국총 어사와 하니 풍류미필재서시(風流未必載西施)라[836]

일자지간상조주(一自持竿上釣舟)하니 세간명리진유유(世間名利盡悠悠)라

배 붙여라 배 붙여라 계주유유거년흔(繫舟猶有去年痕)을

지국총 지국총 어사와 하니 애내일곡산수록(欸乃一曲山水綠)[837]이라

계해(癸亥) 석동(石洞) 신간(新刊)

*2권본에는 시조 212번 작품이 빠지고 다음 작품들이 더 들어 있음.

225.

서상(西廂)[838]에 달 비쳤다 단장두(短墻頭)에 화영(花影)[839]이라

엊그제 가시던 임이 월상시(月上時)로[840] 오마 하시더니 금로향진(金爐香盡)하고 오경종(五更鍾)이 거의로되 삼오야(三五夜)[841] 지

835) 닻 지어라: 닻을 내려라.

836) 야정수한어불식(夜靜水寒魚不食) 밤은 고요하고 물은 차니 고기도 입질하지 않아,
만선공재월명귀(滿船空載月明歸) 빈 배 가득 달빛만 싣고 돌아오도다.
파조귀래계단봉(罷釣歸來繫短篷) 낚시 끝내고 돌아와 작은 배를 매어 두니,
풍류미필재서시(風流未必載西施) 미인과 함께여야 풍류라고 할 것 있는가?

837) 일자지간상조주(一自持竿上釣舟) 낚싯대 매고 한 번 낚싯배에 오르니,
세간명리진유유(世間名利盡悠悠) 세상의 명예 이익 모두 아득하네.
계주유유거년흔(繫舟猶有去年痕) 배를 매고 보니 작년 흔적 아직 있는데,
애내일곡산수록(欸乃一曲山水綠) 뱃노래 한 곡조에 산수가 푸르네.

838) 서상(西廂): 집의 서쪽에 있는 곁채.

839) 단장두(短墻頭)에 화영(花影): 낮은 담장 위에 어리는 꽃 그림자.

새도록 독의난간(獨倚欄干)하여 임 보려 여태 안자더라고 그린 낭군께 전해 주렴
아마도 유신(有信)하기는 명월(明月)인가

226.
초당(草堂)에 오신 손님 무엇으로 대접하리
오렵쌀[842]로 점심 짓고 산에 올라 도라지 캐며 들에 내려 미나리 캐 봉상시(奉常寺)[843] 편포(片脯) 맏물 낙지[844] 찌고 낚은 고기로 어채(魚菜)[845]를 하세
동자야 잔대로[846] 술 부어라 손[847] 접대하게

5. 황계사(黃鷄詞)

못 오더냐 어찌 굴어서 아니 오더냐
지화자 좋을씨고 좋을씨고
좋은 경(景)에 어디를 가고서 날 아니 와 찾노

---

840) 월상시(月上時)로: 달 뜰 무렵에. 달 뜰 때에 맞추어.
841) 삼오야(三五夜): 음력 보름날 밤. 달 밝은 밤을 뜻함.
842) 오렵쌀: 오례쌀. 올벼의 쌀.
843) 봉상시(奉常寺): 나라의 제향(祭享)에 쓰이는 곡식과 희생(犧牲) 등에 관한 일을 맡아보는 관아. 여기서는 질 좋은 식재료가 있는 곳을 뜻함.
844) 맏물 낙지: 햇낙지. 맏물은 푸성귀, 과일, 곡식, 해산물 따위에서 그해 들어 제일 먼저 거두어들인 것을 말한다.
845) 어채(魚菜): 생선살에 해삼이나 전복 등을 잘게 썰어 실파, 표고, 석이 따위와 함께 섞어 녹말에 무친 다음 끓는 물에 데쳐서 깻국에 넣어 먹는 음식.
846) 잔대로: 잔마다. 다른 이본에는 '잔 씨져(씻어)'로 되어 있음.
847) 손: 손님.

지화자 말 듣소

달은 밝고 바람 찬데 밤은 길고 잠 없어라

지화자 말 듣소

저 달아 보느냐 임 계신데 명기(明氣)를 빌리어라 나도 보자

지화자 좋을씨고

춘수(春水)가 만사택(滿四澤)[848]하니 물이 깊어서 못 오더냐 어찌 그리 아니 오나

지화자 좋을씨고

하운(夏雲)이 다기봉(多奇峰)[849]하니 산이 높아서 못 오더냐

지화자 좋을씨고

병풍(屛風)에 그린 황계(黃鷄) 두 나래를 둥덩 치며 사오경(四五更) 일점(一點)[850]에 날 새오라고 꼬끼오 울거든 오려시나

지화자 좋을씨고

황혼(黃昏)에 기약(期約)을 두고 어디를 가고서 네 그리 아니 오느냐

지화자 좋을씨고

산이거든 말을 타고 물이거든 배를 타소

지화자 좋을씨고

강촌(江村) 어부(漁父) 같이 하여 죽간사립(竹竿簑笠) 접어 쓰고 십리사장(十里沙場) 내려간다

---

848) 춘수(春水)가 만사택(滿四澤): 봄 물이 사택에 가득하고. 봄에 물이 늘어 사방의 못에 가득한 모습을 형용한 구절로, 도잠(陶潛)의 〈사시(四時)〉의 첫 구.

849) 하운(夏雲)이 다기봉(多奇峰): 여름 구름은 기이한 봉우리가 많도다. 여름날, 구름 사이로 모습을 드러낸 기기묘묘한 산봉우리의 모습을 형용한 구절로, 도잠(陶潛)의 〈사시(四時)〉의 둘째 구.

850) 사오경(四五更) 일점(一點): 한밤중. 사경은 새벽 1시부터 3시까지를 말하고, 오경은 새벽 3시부터 5시까지를 말한다. 점이란 저녁 7시에서 새벽 5시까지를 다섯 경(更)으로 나누고, 다시 한 경을 다섯 점(點)으로 나눈 단위로 24분 정도이다.

지화자 좋을씨고

너는 죽어 황해수(黃海水) 되고 나는 죽어 돛대선 되어 광풍(狂風)이 건듯 불 제마다 어화 둥덩실 떠나 놀세

어야자 좋을씨고

한 곳을 바라보니 육관대사(六觀大師)[851] 성진(性眞)[852]이는 팔선녀(八仙女)를 데리고 희롱(戱弄)한다

어야자 좋을씨고

851) 육관대사(六觀大師): 『구운몽(九雲夢)』에 나오는 스님. 주인공 성진(性眞)의 스승.

852) 성진(性眞): 『구운몽(九雲夢)』의 주인공. 팔선녀를 희롱한 죄로 인간 세상에 태어나 양소유(楊小游)로 살다가 불법을 듣고 깨달음을 얻는다.

한양가

1. 서사(序詞)

2. 궁궐과 관청

3. 시장

4. 놀이처와 승전놀음

5. 능행(陵幸)

6. 과거(科擧)

7. 결사(結詞)

한양가

1. 서사(序詞)

천개지벽(天開地闢)하니 일월(日月)이 생겼어라
성신(星辰)이 광휘(光輝)하니 오행(五行)[1]이 되었어라
초목 곤충 생겨날 제 인물이 번성하다
오악(五嶽)이 용발(聳拔)[2]하고 사독(四瀆)[3]이 광활한데
곤륜산(崑崙山) 일지맥(一支脈)[4]이 동해로 들어올 제
행룡(行龍)[5]은 기만리(幾萬里)며 굽이는 몇 굽인고
백두산(白頭山) 기봉(起峰)하여 함경도(咸鏡道) 넘어서서
강원도(江原道) 내달아서 경기(京畿)로 돌아들 제
북극(北極)을 받쳤는 듯[6] 부용(芙蓉)을 깎았는 듯[7]

---

1) 오행(五行): 우주 만물의 기원이며 변화의 근원이라고 여겨지는 다섯 가지 원기. 수(水)·화(火)·목(木)·금(金)·토(土).

2) 오악(五嶽)이 용발(聳拔): 중국의 이름난 다섯 산이 빼어나게 우뚝 솟음. 오악은 보통 동악(東嶽) 태산(泰山), 남악(南嶽) 형산(衡山), 서악(西嶽) 화산(華山), 북악(北嶽) 항산(恒山), 중악(中嶽) 숭산(嵩山)을 말함.

3) 사독(四瀆): 중국의 큰 강인 양자강(揚子江), 황하(黃河), 회수(淮水), 제수(濟水)를 통틀어 이르는 말.

4) 곤륜산(崑崙山) 일지맥(一支脈): 곤륜산의 줄기 하나. 곤륜산은 고대 중국의 신화적 인물인 황제(黃帝)가 놀던 곳이며, 서왕모(西王母)가 살던 요지(瑤池)가 있었다고 하는 전설상의 산.

5) 행룡(行龍): 풍수지리에서, 뻗어나간 산맥의 형세를 가리키는 말.

6) 북극(北極)을 받쳤는 듯: 도봉산의 모습이 북극을 괴어 놓은 것 같이 높고 우뚝함을 말했음.

7) 부용(芙蓉)을 깎았는 듯: 연꽃을 깎아 놓은 것처럼 뾰족함. 이백(李白)의 시 〈여산 오로봉(廬山五老峰)〉에 청천삭출금부용(靑天削出金芙蓉, 푸른 하늘에 깎아 세운

도봉산(道峯山)에 머물러서 층층(層層)이 오는 기세
군선(群仙)이 모였는 듯 아홀(牙笏)[8]이 벌였는 듯
삼각산(三角山) 일떠설[9] 제 천년을 경영(經營)인가
만년을 경영인가 호거용반(虎踞龍蟠)[10] 기이하다
북악(北岳)이 입수(入首)[11] 되고 종남산(終南山)이 안산(案山)[12]일다
청룡(靑龍)은 타락(駱駝)뫼[13]요 백호(白虎)는 길마재[14]라
강원도 금강산(金剛山)은 외청룡(外靑龍)[15] 되어 있고
황해도(黃海道) 구월산(九月山)은 외백호(外白虎)[16] 되어 있고
제주(濟州)의 한라산(漢拏山)은 외안(外案)[17]이 되어 있고

금으로 만든 부용 같네)이라는 구절에서 따왔음.

8) 아홀(牙笏): 상아로 만든 패. 조정의 조회 때 4품 이상의 벼슬아치가 손에 지님.

9) 삼각산(三角山) 일떠설: 북한산(北漢山)이 기운차게 일어설. 삼각산은 북한산의 다른 이름.

10) 호거용반(虎踞龍蟠): 범이 걸터앉고 용이 서린 듯하다는 뜻으로, 산세가 웅장함을 이르는 말.

11) 북악(北岳)이 입수(入首): 북악산이 산의 정기가 모인 혈로 이어진 곳이 됨. 북악산은 경복궁 북쪽에 있는 산으로 백악산(白岳山)이라고도 함. 입수는 산줄기의 정기가 모인 혈(穴)로 이어지는 곳을 말함.

12) 종남산(終南山)이 안산(案山): 남산(南山)이 안산이 됨. 종남산은 남산을 달리 이르는 말이며, 안산은 집터나 묏자리의 맞은편에 있는 산을 말함.

13) 청룡(靑龍)은 타락(駱駝)뫼: 한양의 지형에서 좌청룡(左靑龍)이 되는 것은 낙산(駱山)임. 낙산은 한양 도성의 동산(東山)에 해당하는데 산 모양이 낙타 등과 같아 낙타산이라고도 함.

14) 백호(白虎)는 길마재: 우백호(右白虎)가 되는 것은 길마재임. 길마재는 지금의 서대문에서 홍제동으로 넘어가는 고개로, 무악(毋岳)재라고도 하며 말의 안장처럼 생겼다고 해서 길마재 또는 안현(鞍峴)이라고도 하였음.

15) 외청룡(外靑龍): 뒷산에서 왼쪽으로 뻗어 나간 산줄기 가운데 가장 바깥쪽에 있는 산.

16) 외백호(外白虎): 뒷산에서 오른쪽으로 뻗어 나간 산줄기 가운데 가장 바깥쪽에 있는 산.

17) 외안(外案): 바깥의 안산(案山)을 뜻하는 말.

18) 감악산(紺嶽山)은 후장(後墻): 파주시 적성면의 감악산은 뒤 울타리가 됨. 후장은 뒤를 막아주는 울타리를 뜻함.

적성(積城)의 감악산(紺嶽山)은 후장(後墻)[18]이 되어 있고
두미(斗尾) 월계(月溪)[19] 내린 물이 용산(龍山) 삼개[20] 한강(漢江) 되고
그 물줄기 내리흘러 오두(烏頭)재 합금(合襟)[21]하여
강화(江華)의 마니산(摩尼山)이 도수구(都水口)[22] 되었어라
하늘이 내신 왕도(王都) 해동(海東)에 으뜸이라
국호(國號)는 조선(朝鮮)이요 도읍은 한양(漢陽)일다
단군(檀君)의 구속(舊俗)이요 기자(箕子)의 유풍(遺風)[23]이라
의관(衣冠)도 화려하고 문물(文物)도 거룩하다
여염(閭閻)은 억만가(億萬家)요 성첩(城堞)[24]은 사십 리라
동편은 종묘(宗廟) 되고 서편은 사직(社稷)[25]일다
경복궁(景福宮) 창덕궁(昌德宮)과 창경궁(昌慶宮) 큰 전각(殿閣)이
반공(半空)에 솟았으니 만호천문(萬戶千門)[26] 깊을세라

---

19) 두미(斗尾) 월계(月溪): 현재 팔당댐 부근의 한강을 부르던 이름들임.

20) 삼개: 마포(麻浦). 한강의 북안에 있던 포구.

21) 오두(烏頭)재 합금(合襟): 오두재에서 한데 모임. 오두재는 경기도 파주시의 오두산(烏頭山) 옆의 고개를 말함. 합금은 합해짐을 뜻하는 말.

22) 도수구(都水口): 한 곳의 물이 모두 빠져나가는 곳. 수구는 풍수지리에서 득(得)이 흘러간 곳을 말함. 득이란 풍수지리에서, 땅의 정기가 모여 묏자리나 집터로서 가장 좋은 자리에 흐르는 물을 말함.

23) 기자(箕子)의 유풍(遺風): 기자가 남긴 풍속. 기자는 중국 은(殷)나라 말의 현인으로 기자조선(箕子朝鮮)을 세우고 팔조금법(八條禁法)을 전했다고 함.

24) 성첩(城堞): 성가퀴. 성 위에 낮게 쌓은 담. 서울을 둘러싼 성의 길이가 약 40리임.

25) 동편은~: 경복궁의 동쪽에는 종묘가 있고 서쪽에는 사직단이 있음.

26) 만호천문(萬戶千門): 많은 건물의 모습을 형용한 말.

2. 궁궐과 관청

인정전(仁政殿) 근정전(勤政殿)은 치민(治民)하는 정전(正殿)이요[27] 2
희정당(熙政堂) 대조전(大造殿)[28]은 지밀처소(至密處所)[29] 되었어라
영화당(映花堂) 석거각(石渠閣)은 춘당대(春塘臺)[30] 임하였고
옥류천(玉流泉)[31] 깊은 곳은 별유천지(別有天地)[32] 되었어라
주(周)나라 영대(靈臺) 영소(靈沼)[33] 못 보아도 여기로다
금원(禁苑)의 기화이초(奇花異草) 구중(九重)에 봄 늦었다[34]
백조(白鳥)는 학학(翯翯)하고 우록(麀鹿)은 유복(攸伏)이라[35]

---

27) 인정전(仁政殿)~: 창덕궁의 인정전과 경복궁의 근정전은 백성을 다스리는 정전임. 정전은 임금이 신하들과 조회(朝會)를 하고 사신을 맞이하는 곳.

28) 희정당(熙政堂) 대조전(大造殿): 창덕궁의 전각. 희정당은 왕이 평상시에 거처하던 곳이고 대조전은 왕비가 거처하던 곳.

29) 지밀처소(至密處所): 임금이 지내는 곳. 지밀이란 지극히 은밀하고 비밀스럽다는 뜻에서, 임금과 왕비가 생활하는 곳을 말함.

30) 영화당(映花堂) 석거각(石渠閣) 춘당대(春塘臺): 창덕궁의 전각들.

31) 옥류천(玉流泉): 창덕궁 후원 북쪽 깊은 곳에 있는 시내.

32) 별유천지(別有天地): 우리가 살고 있는 이 세상 밖의 다른 세상이라는 뜻으로, 특별히 경치가 좋은 곳을 이르는 말. 이백의 시 〈산중문답(山中問答)〉의 한 구절인 '別有天地非人間'에서 따왔음.

33) 영대(靈臺) 영소(靈沼): 주(周)나라 문왕(文王)이 쌓았다는 대와 그 앞의 못. 임금의 덕화에 감동한 백성이 임금의 즐김을 함께 즐긴다는 의미를 지님.

34) 금원(禁苑)의~: 대궐의 뒷동산에 핀 진귀한 꽃과 풀, 대궐에 봄이 깊었다. 금원은 일반인의 출입을 금한다는 뜻으로 대궐의 뒷동산을 이르는 말이며, 구중은 아홉 겹 문이라는 뜻으로 임금이 있는 대궐을 이르는 말.

35) 백조(白鳥)는~: 백조의 깃털이 광택 나고 깨끗하며 고라니와 사슴이 엎드려 있다는 뜻으로 임금의 덕화로 만물이 생기를 이룬 모습. 『시경(詩經)』「대아(大雅)」〈영대(靈臺)〉에, "왕이 영유에 계시니, 암사슴과 사슴이 엎드려 있도다. 고라니와 사슴이 번드르르 살지거늘 백조는 깨끗하고도 희도다.[王在靈囿 麀鹿攸伏 麀鹿濯濯 白鳥翯翯]"라고 한 것에서 따 왔음.

36) 어수당(魚水堂): 창덕궁 뒤뜰에 있는 건물. 영화당(映花堂) 북쪽에 있는데 동서에는 못이 있고 문이 있어 영소(靈沼)라 하며, 남쪽에 석거문(石渠門)이 있음.

어수당(魚水堂)[36] 맑은 연못 오인어약(於牣魚躍)[37] 하는구나

난전봉루(鸞殿鳳樓)[38] 첩첩(疊疊)하고 학관인각(鶴館麟閣)[39] 층층(層層)하다

아로새긴 들보들과 푸른 부연(附椽) 붉은 기둥

춘첩시(春帖詩)[40]를 붙였으니 그 글에 하였으되

태평태평우태평(太平太平又太平)에 여시여시부여시(如是如是復如是)[41]라

설미살창(窓) 새긴 문과 좁고 좁은 세살분합(細-分閤)[42]

벽방금전(璧房錦殿) 영롱하고 주란수렴(朱欄繡簾)[43] 번화하다

금천교(錦川橋)[44] 석난간(石欄干)은 부용 모란 새겨 있고

장춘각(藏春閣)[45] 나무다리 무지개 모양으로

---

37) 오인어약(於牣魚躍): 아! 연못 가득히 물고기들 뛰놀도다. 위에 인용한 『시경(詩經)』 구절에 이어지는 "왕이 영소에 계시니, 아! 연못 가득히 물고기들 뛰놀도다.[王在靈沼 於牣魚躍]"에서 따 왔음.

38) 난전봉루(鸞殿鳳樓): 매우 아름다운 건물들. 난과 봉은 난새와 봉새로, 새들 가운데 으뜸으로 여겨짐.

39) 학관인각(鶴館麟閣): 매우 아름다운 건물들. 학과 기린처럼 고고하고 아름답다는 비유.

40) 춘첩시(春帖詩): 입춘(立春)에 건물의 기둥이나 문짝 등에 써 붙이는 시.

41) 태평태평우태평(太平太平又太平)에 여시여시부여시(如是如是復如是): 태평함을 뜻함. 이와 같다[如是]는 것은 이와 같이 태평하다는 뜻으로 한 말.

42) 설미살창(窓) 세살분합(細-分閤): 설미살창은 살미살창으로, 촛가지를 짜서 살을 박아 만든 창. 세살분합은 문짝에 가는 살을 가로세로로 대어 짠 분합문. 분합문은 대청마루 앞면에 다는 미닫이 문. '설미살'이나 '세살'은 살의 모양에 따라 붙인 이름인데, 살이란 창이나 미닫이 따위에 가로 세로로 지른 가는 나뭇조각으로, 문짝에 종이를 바르거나 유리를 끼우는 데에 뼈대가 됨.

43) 벽방금전(璧房錦殿) 주란수렴(朱欄繡簾): 화려한 건물의 아름다운 난간과 발. 벽방금전은 옥 같은 방과 비단 같은 집이라는 뜻이고, 주란수렴은 붉은 칠을 한 난간과 수놓은 발이라는 뜻.

44) 금천교(錦川橋): 창덕궁의 정문인 돈화문(敦化門)의 안쪽에 있는 돌다리.

45) 장춘각(藏春閣): 창경궁의 통명전(通明殿) 서쪽에 있던 건물.

은하(銀河)를 걸쳤는 듯 옥경(玉京)을 통하는 듯[46]

첩첩한 익각(翼閣) 복도(複道)[47] 위이굴곡(逶迤屈曲) 기백간(幾百間)고[48]

낮고 높은 층층 화계(華階) 빙문(氷紋)[49]이 기이하다

어로(御路) 한가운데 쌍봉공작(雙鳳孔雀) 새겼어라

전각(殿閣)마다 한가운데 세 층 보탑(寶榻) 높이 무고[50]

중앙에 닫집[51] 무어 아로새겨 단청(丹靑)하고

오봉산일월병풍(五峯山日月屛風) 해도(海道)[52]는 몇 만린(萬里ㄴ)고

오봉(五峯)이 솟았으니 해가 돋고 달 돋는다

한편에 보불병풍(黼黻屛風) 엄위(嚴威)한 그린 도끼[53]

제간거흉(除奸去凶)[54] 하는 기상 제왕(帝王)의 위엄이요

한편 병풍(屛風) 그렸으되 칠월편(七月篇) 경직도(耕織圖)[55]를

---

46) 은하(銀河)~: 은하수에 걸쳐 있는 듯하며, 다리를 건너면 옥황상제가 사는 곳에 통할 듯하다는 표현.

47) 익각(翼閣) 복도(複道): 궁중의 정궁(正宮) 좌우에 딸린 긴 행랑채 건물 사이에 지붕을 씌워 만든 통로.

48) 위이굴곡(逶迤屈曲) 기백간(幾百間)고: 구불구불하게 이어져 있는 모양이 몇 백 칸이나 되는가.

49) 화계(華階) 빙문(氷紋): 본전(本殿)으로 올라가는 계단의 얼음무늬.

50) 세 층 보탑(寶榻) 높이 무고: 임금이 앉는 의자를 삼층으로 높이 쌓아 세우고.

51) 닫집: 임금이 앉는 의자 위에 집 모양으로 꾸민 것.

52) 오봉산일월병풍(五峯山日月屛風): 오봉일월도 병풍. 오봉일월도는 임금이 정사를 볼 때 앉는 자리의 뒤를 장식하는 그림. 다섯 명산(名山)을 상징하는 다섯 봉우리가 있으며, 해와 달, 폭포와 물, 그리고 소나무가 있음.

53) 보불병풍(黼黻屛風) 엄위(嚴威)한 그린 도끼: 보불 무늬를 수놓은 병풍의 도끼 모양. 보불병풍은 임금이 정사를 볼 때 앉는 자리 뒤를 장식함. 보(黼)는 검정과 흰색으로 손잡이 없는 도끼 모양을, 불(黻)은 검정과 푸른색으로 '亞'자 모양을 수놓은 것.

54) 제간거흉(除奸去凶): 간사하고 흉악한 사람을 제거함.

55) 칠월편(七月篇) 경직도(耕織圖): 칠월편의 내용에 따라 그린 그림. 칠월편은 『시경(詩經)』 「빈풍(豳風)」의 편명으로, 백성들이 계절에 따라 농사짓고 누에치는 것을

자세히 그렸으니 시민여상(視民如傷)[56] 하는 덕택
구중궁궐(九重宮闕) 깊은 곳에 어이 알아 그리셨노
기둥마다 명두(明斗)[57] 붙여 달사총(達四聰)[58] 하시는고
상방검(尙方劍) 태아검(太阿劍)은 백일뇌정(白日雷霆) 위엄이라[59]
사지(事知)한 내시(內侍)들은 승전차지(承傳次知) 장번(長番)이라[60]
3 건장한 무예청(武藝廳)[61]은 자지군복(紫地軍服) 남전대(藍戰帶)[62]에
십팔기예(十八技藝)[63] 주장하니 기상이 효용(驍勇)하다
밤이면 호피두건(虎皮頭巾) 호피군복(虎皮軍服) 삼모장(杖)[64]에
파수(把守)[65]마다 앉았으니 호분군(虎賁軍)[66] 되어 있고
맵시 있는 전별감(殿別監)[67]은 이팔청춘(二八靑春) 아이로다

읊은 시. 경직도는 농사짓는 일과 누에 치고 비단 짜는 일을 그린 그림.

56) 시민여상(視民如傷): 백성을 대하기를, 다칠까봐 두려워하거나 또는 다친 사람을 대하듯 한다는 뜻. 백성을 사랑하는 임금의 마음을 말함.

57) 명두(明斗): 거울.

58) 달사총(達四聰): 귀를 열어 사방의 소리를 잘 듣는다는 뜻으로, 신하의 간언을 잘 받아들임을 뜻함. 『서경(書經)』「순전(舜典)」에 "사방의 문을 여시고, 사방으로 눈을 밝히시고, 사방으로부터 잘 들리도록 하셨다.[闢四門 明四目 達四聰]"는 내용이 있음.

59) 상방검(尙方劍)~: 상방검 태아검은 맑은 날에 천둥 번개 치듯 매우 위엄이 있음. 상방검은 임금이 신하에게 전권을 위임하는 표시로 내려주는 칼이며, 태아검은 명검의 하나로서 임금의 칼을 뜻함.

60) 사지(事知)한~: 맡은 일에 매우 익숙한 내시는 왕의 말씀을 전달하는 책임을 맡아 교대하지 않고 오랫동안 근무함.

61) 무예청(武藝廳): 임금을 호위하는 무관의 관청. 여기서는 무예청에 소속된 무관을 말함.

62) 자지군복(紫地軍服) 남전대(藍戰帶): 자주색 군복에 남색 띠. 전대는 군복에 띠는 띠.

63) 십팔기예(十八技藝): 열여덟 가지 무예.

64) 삼모장(杖): 죄인을 때리는 데 쓰는 세모진 몽둥이. 삼릉장(三稜杖).

65) 파수(把守): 여기서는 파수 보는 곳을 말함.

66) 호분군(虎賁軍): 임금을 호위하는 군대. 호분은 매우 날래다는 뜻.

67) 전별감(殿別監): 대전별감(大殿別監), 중궁전별감(中宮殿別監) 등을 아울러 하는

당당홍의(堂堂紅衣) 자지두건(紫地頭巾) 남광다위[68] 넓은 띠를
가슴에 눌러 띠고 빛 좋은 순금 동곳[69]
큰 대(大) 자 새겨내어 모양 좋게 꽂아 있고
모대(帽帶)한 사알(司謁) 사약(司鑰)[70] 융복(戎服)한 무감통장(武監統將)[71]
별감(別監) 무감(武監) 영통(領統)하여 합문(閤門)에 등대(等待)하고[72]
각 처소(處所) 나인[內人]들은 안일을 감았는데[73]
지밀(至密) 침방(針房) 수방(繡房)이며 생것방 소주방(燒廚房)[74]이
백각사(百各事)[75] 각각 맡아 아침저녁 문안(問安)이며

말. 액정서(掖庭署)에 속하여 궁중의 각종 행사 및 차비(差備)에 참여하고 임금이나 세자가 행차할 때 호위하는 일을 맡음.

68) 남광다위[藍廣多繪]: 남색 띠. 광다위는 군복 허리에 두르는 넓은 띠로, 광다회(廣多繪)라고도 함.

69) 동곳: 상투가 풀어지지 않도록 머리에 꽂는 물건.

70) 모대(帽帶)한 사알(司謁) 사약(司鑰): 사모(紗帽)와 관대(冠帶) 곧, 벼슬아치들이 관복을 갖추어 입은 사알과 사약. 사알은 임금의 명령을 전달하는 일을 맡아보는 정6품 잡직이며, 사약은 대전(大殿) 및 각 문의 열쇠를 보관하는 일을 맡아보는 정6품 잡직.

71) 융복(戎服)한 무감통장(武監統將): 군복을 갖추어 입은 무예별감(武藝別監)의 우두머리.

72) 별감(別監)~: (무감통장이) 별감과 무감을 통솔하여 거느리고 임금이 평상시에 거처하는 편전(便殿)의 앞문에 대기함. 별감은 궁중의 각종 행사에 참여하고 임금이나 세자의 행차 때 호위하는 일 등을 맡은, 액정서(掖庭署)에 소속된 구실아치. 무감은 여기서는 무예별감(武藝別監)에 소속된 사람을 말함.

73) 각 처소(處所)~: 궁중 각 곳의 궁녀(宮女)들은 안살림을 맡았는데. 각 처소의 나인이란 궁중의 안일을 맡은 육처소에 속한 사람을 통틀어 이르는 말.

74) 침방(針房)~: 바느질을 맡은 침방, 수놓는 일을 맡은 수방, 생과(生果), 전과(煎果), 다식(茶食), 죽 등 별식을 맡은 생과방(生果房), 음식을 맡은 소주방. 육처소에는 이외에 왕과 왕비의 세수와 목욕을 맡은 세수간(洗水間), 빨래와 다림질을 맡은 세답방(洗踏房)이 있음.

75) 백각사(百各事): 온갖 종류의 일.

의대(衣襨) 수문(繡紋) 침선(針線)[76]이며 수라 진찬(進饌)[77] 직분(職分)일다

윤주라(潤州羅) 모단(毛緞) 너울[78] 두록(豆綠) 대단(大緞) 드림[79]이며

홍융사(紅絨絲) 유소(流蘇) 매듭[80] 빛 좋게 늘어지고

남수화주(藍水禾紬)[81] 긴 너울은 누른 화판(花瓣) 조밀하다[82]

설한단(雪漢緞) 남(藍)치마[83]와 불빛 모단 족두리[84]며

어여머리 늦은 낭자 오두잠(烏頭簪) 금죽절(金竹節)과[85]

긴 원삼(圓衫) 짧은 당의(唐衣) 요지연(瑤池宴) 뫼셨는듯[86]

---

76) 의대(衣襨) 수문(繡紋) 침선(針線): 임금이 입을 옷감에 수를 놓고 바느질을 함. 의대는 임금의 옷, 수문은 수놓기, 침선은 바느질.

77) 수라 진찬(進饌): 임금에게 음식을 올림. 수라[水剌]는 임금이 먹는 음식을 높여 이르는 말.

78) 윤주라(潤州羅) 모단(毛緞) 너울: 중국에서 수입한 비단으로 만든 너울. 너울은 여성이 외출할 때 얼굴을 가리는 물건.

79) 두록(豆綠) 대단(大緞) 드림: 중국에서 수입한 녹두색 비단으로 만든 드림. 드림은 장식으로 다는 여러 가닥의 실.

80) 홍융사(紅絨絲) 유소(流蘇) 매듭: 붉은 비단실로 만든 유소 매듭. 유소는 화려하게 꾸밀 목적으로, 끄트머리에 여러 가닥의 실을 매다는 것.

81) 남수화주(藍水禾紬): 질 좋은 남색 비단. 수화주(水禾紬)는 수아주(紬)라고도 하는데, 품질이 좋은 비단의 하나.

82) 누른 화판(花瓣) 조밀하다: 촘촘하게 꽃잎을 찍은 것을 말함.

83) 설한단(雪漢緞) 남(藍)치마: 중국에서 나는 비단의 하나인 설한단으로 만든 남색 치마.

84) 족두리: 성인 여성이 예복을 입을 때에 머리에 얹는 관의 하나. 위는 대개 여섯 모가 지고 아래는 둥글며, 속에는 솜이 들어 있고 그 가운데를 비게 하여 머리 위에 올려놓음.

85) 어여머리~: 어여머리로 느슨하게 쪽진 머리에 오두잠과 금죽절을 꽂음. 어여머리는 궁중이나 양반 여성들이 예식(禮式)으로 하는 머리모양. 낭자는 여성의 쪽진 머리를 뜻하는 말. 오두잠은 꼭대기의 한편을 턱지게 만든 것이고, 금죽절은 비녀 끄트머리를 대 마디 모양으로 장식한 금비녀.

86) 긴 원삼(圓衫)~: 원삼과 당의를 입은 모습이 요지의 잔치에서 모시고 있는 듯. 원삼과 당의는 여성의 예복으로 원삼은 무릎을 덮어 내리며, 당의는 무릎까지 오는 짧은 옷임. 요지연은 중국 고대 전설상의 선녀 서왕모(西王母)가 곤륜산의 요지에

분대(粉黛)도 절등(絶等)하고 주취(朱翠)도 화려하다[87]

항아(姮娥)가 적강(謫降)[88]한가 속태(俗態)도 전혀 없네

나 많은 무수리[89]는 작은 머리 긴 저고리

아청(鴉靑)[90] 무명 넓은 띠에 문패(門牌)[91]를 비껴 차고

각궁(各宮) 노자(奴子) 모양들은 벙거지 넓은 갓끈

두루마기 반물 들여[92] 소매 길게 하여 입고

내병조(內兵曹) 금장군사(禁仗軍士)[93] 문문(門門)이 지켜 있어

금잡인(禁雜人) 총찰(總察)[94]하니 가죽 등채 손에 들고

이리 뛰며 저리 뛰니 기상이 호륵(豪勒)하다

정원(政院)의 육승지(六承旨)는 후설지신(喉舌之臣) 되어 있어[95]

서 베푼 잔치.

87) 분대(粉黛)도~: 화장한 모습도 매우 뛰어나며 붉고 푸른 빛깔도 화려함. 분대는 분을 바르고 눈썹을 그린 모습.

88) 항아(姮娥)가 적강(謫降)한가: 선녀가 신선 세계에서 내려왔나. 항아는 달에 살고 있다는 선녀. 적강은 본디 신선이었으나 죄를 지어 인간 세상으로 유배되었다는 뜻으로, 전생에 신선이었음을 가리키는 말.

89) 나 많은 무수리: 나이 많은 무수리. 무수리는 궁중에서 청소 따위의 잔심부름을 하는 여자 종.

90) 아청(鴉靑): 검푸른 색.

91) 문패(門牌): 대궐에 출입할 때 보이는 패.

92) 두루마기 반물 들여: 두루마기에 반물색을 들여. 두루마기는 옷자락이 무릎까지 내려오는 웃옷이며, 반물색은 검은빛을 띤 짙은 남색.

93) 내병조(內兵曹) 금장군사(禁仗軍士): 내병조에 속하여 궁궐을 경비하고 문에서 보초를 서는 군사. 내병조는 각 궁궐 내에 설치한 병조의 지부(支部). 궁궐내의 시위(侍衛)·의장(儀仗) 등 군사사무를 보기 위한 병조 관리들의 출장소. 경복궁에는 근정문(勤政門) 밖에, 창덕궁에는 호위청 서쪽에, 경희궁에는 건명문(建明門) 밖 동편에 각각 설치하였음.

94) 금잡인(禁雜人) 총찰(總察): 정당한 용무가 없는 사람이 출입하지 못하도록 모든 일을 맡아 총괄하여 살피고 감시함.

95) 정원(政院)의~: 승정원(承政院)의 여섯 승지는 임금의 명령과 조정의 언론을 맡은 신하임. 승정원은 왕명의 출납을 맡아보는 관아로, 도승지(都承旨)·좌승지(左承旨)·우승지(右承旨)·좌부승지(左副承旨)·우부승지(右副承旨)·동부승지(同副承旨)

궐내(闕內)의 대소사(大小事)와 백각사(百各司) 모든 일을

내외공사(內外公事) 한데 하여 계청계파(啓請啓罷) 일삼으니[96]

4 영귀(榮貴)도 갸륵하고 소임(所任)도 중대하다

옥당(玉堂) 각신(閣臣) 한주(翰注)네는 주경야대(晝經夜對) 일이로다[97]

연소(年少)한 어린 명사(名士) 공명(功名)이 명환(名宦)일다

별군직(別軍職) 선전관(宣傳官)[98]은 보기 좋은 비단 군복

다홍 대단(大緞) 홍수(紅袖) 달고[99] 순금 밀화(蜜花)[100] 쌍 단추며

그 위에 갑사(甲紗) 관대(冠帶)[101] 수박빛이 고울씨고

등 여섯 명의 승지가 있었음. 후설지신이란 목구멍과 혀를 맡은 신하라는 뜻으로, 승지(承旨)를 달리 이르는 말.

96) 내외공사(內外公事)~: 안팎의 공적(公的)인 일을 승정원 한곳에서 임금에게 아뢰어 청하기도 하고 파직하기도 함. 안팎이란 한양 안팎이기도 하고, 궁궐 안팎이기도 함.

97) 옥당(玉堂)~: 홍문관(弘文館)·규장각(奎章閣)·예문관(藝文館)·승정원(承政院)의 관리들은 밤낮으로 임금의 부르심과 질문에 응하는 것이 맡은 일임. 옥당은 궁중의 경서(經書) 등 문서를 관리하고 임금의 자문에 응하는 기관인 홍문관의 별칭이자 홍문관의 관리를 뜻하며, 각신은 정조 때 설치한 왕실 도서관인 규장각의 관리를 말함. 한주는 한림(翰林)과 주서(注書)를 함께 이르는 말인데, 한림은 예문관 검열(檢閱)을 말하고, 주서는 승정원의 벼슬임. 경은 경연(經筵), 대는 소대(召對)를 말함. 경연은 임금이 학식과 덕망이 높은 신하를 불러 경서(經書)를 강론하게 하여 문답하는 행사이며, 소대는 임금의 부름에 응하여 의견을 올리는 일.

98) 별군직(別軍職) 선전관(宣傳官): 별군직과 선전관. 모두 무관 가운데 청요직(清要職). 국왕의 소수 정예 친위조직. 국왕의 신변보호뿐 아니라, 부정이 있나 살피는 일을 맡았음. 선전관은 선전관청(宣傳官廳) 소속으로 형명(形名: 기와 북으로 군대의 행동을 호령하는 신호법)·계라(啓螺: 임금의 거둥 때 북·나팔 등을 치거나 부는 일)·시위(侍衛)·전명(傳命) 및 부신(符信)의 출납을 맡았음.

99) 다홍 대단(大緞) 홍수(紅袖) 달고: 다홍색 대단으로 홍수를 달고. 홍수는 군복의 붉은 소매.

100) 밀화(蜜花): 장식품으로 쓰는 호박(瑚珀)의 한 가지. 밀랍(蜜蠟) 같은 누런빛이 나고 무늬가 있음.

101) 갑사(甲紗) 관대(冠帶): 질 좋은 비단으로 만든 관대. 갑사는 생사(生紗)로 발을 살핏하게 짠 비단. 관대는 관(冠)과 띠라는 말로, 관리들이 입는 의복을 이르는 말.

오위장(五衛將) 충익장(忠翊將)과 문부장(門部將) 수문장(守門將)은[102]
호반(虎班)의 벼슬이라 관대 속에 군복 입고
육백 금군(禁軍) 호위군관(扈衛軍官) 내삼청(內三廳)에 번(番)을 들어[103]
무예(武藝)도 갸륵하고 치마(馳馬)도 날쌔도다
의정부(議政府) 삼상(三相)네는 애민하사(愛民下士)하는 모양[104]
평교자(平轎子) 늦은 줄[105]에 낮은 키 별구종(別驅從)[106]이
고이 메어 가오실 제 호피(虎皮) 꼬리 땅을 쓴다[107]
대로 결은 파초선(芭蕉扇)은[108] 햇빛을 반쯤 가려
벽제(辟除)[109]도 크지 않고 행보(行步)도 완완(緩緩)하다

102) 오위장(五衛將)~: 오위장은 오위(五衛)를 거느리는 장수. 충익장은 공신의 자손이 소속된 군대인 충익위(忠翊衛)를 거느리는 장수. 문부장은 도성(都城) 문을 지키는 장수. 수문장은 수문장청(守門將廳)에 소속되어 궁궐의 대문이나 성문을 지키는 일을 맡은 무관.

103) 육백 금군(禁軍)~: 국왕의 친위군(親衛軍) 6백 명과 호위청(扈衛廳)에 속하여 궁궐을 지키던 호위군관은 내삼청에 교대할 차례가 되어 임무에 나아감. 내삼청은 금군청(禁軍廳) 또는 용호영(龍虎營)의 별칭인데, 조선 전기에는 국왕의 친위군인 금군(禁軍)이 내금위(內禁衛)·겸사복(兼司僕)·우림위(羽林衛)의 3위로 이루어졌기에 이와 같이 불렀음.

104) 의정부(議政府)~: 의정부의 삼정승(三政丞) 곧, 영의정·좌의정·우의정은 백성을 사랑으로 돌봄. 의정부는 조선시대 최고의 행정기관으로, 이 아래에 육조(六曹)를 두었음.

105) 평교자(平轎子) 늦은 줄: 평교자의 낮게 멘 줄. 평교자는 종1품 이상의 벼슬아치가 타던 가마로 줄을 드리워 앞뒤로 두 사람씩 네 사람의 가마꾼이 낮게 어깨에 메었음.

106) 별구종(別驅從): 벼슬아치를 모시고 따라다니는 하인. 여기서는 가마를 메고 가는 하인을 말함.

107) 호피(虎皮) 꼬리 땅을 쓴다: 평교자에 탄 관리가 깔고 앉은 호랑이 가죽의 꼬리가 땅에 끌림. 평교자는 가마꾼의 어깨에 멘 끈을 아래로 늘어뜨려 가마의 위치가 낮으므로 호피가 땅에 끌린 것임.

108) 대로 결은 파초선(芭蕉扇)은: 대나무로 엮은 파초선은. 파초선은 높은 관리가 외출할 때 머리 위를 가리는 파초 모양의 가리개인데, 파초 잎을 본떠 부채 모양으로 만들었음. 원문은 '파쵸션을'이나, '파초선은'의 오류로 봄.

거룩타 서불장개(暑不張蓋) 상위(上位)의 도리[110]로다
이·호·예·병·형·공(吏·戶·禮·兵·刑·工)은 육경(六卿)이 되었어라
호기(豪氣) 있는 대사마(大司馬)[111]는 백보 밖에 인배(引陪) 세고[112]
건장한 뇌자(牢子)[113] 기수(旗手) 원앙진(鴛鴦陣)[114] 작대(作隊)하여
쌍쌍이 벽제(辟除)소리 날래고도 영렬(英烈)[115]하다
외바퀴 높은 초헌(軺軒)[116] 키 큰 구종(驅從)[117]들이
손을 들어 밀어갈 제 좌우(左右)의 색구(色驅) 견배(牽陪)[118]
호한(豪悍)한 별배(別陪)들이 날개로 벌여 서서[119]
세 층 벽제소리[120] 기구(器具)도 엄위(嚴威)[121]할사
무장(武將)네 모양들은 은안준마(銀鞍駿馬)[122] 고운 말에

---

109) 벽제(辟除): 여기서는 벽제소리. 지위가 높은 사람이 행차할 때, 잡인의 통행을 금하기 위해 '에라 게 들어섰어라', '물렀어라' 따위로 외침.

110) 서불장개(暑不張蓋) 상위(上位)의 도리: 더워도 일산을 쓰지 않는 것이 높은 지위에 있는 사람의 도리임. 중국의 어진 재상으로 이름 높은 백리해(百里奚)는 피곤해도 가마를 타지 않고 더워도 일산을 쓰지 않았다고 함.

111) 대사마(大司馬): 병조판서(兵曹判書)의 별칭.

112) 인배(引陪) 세고: 인배를 세우고. 인배는 높은 벼슬아치 앞에서 길을 인도하는 하인.

113) 뇌자(牢子): 죄인을 다루는 일을 맡아보는 병졸. 군뢰(軍牢).

114) 원앙진(鴛鴦陣): 진법(陣法)의 하나. 두 사람씩 짝을 이룬 모습이 원앙새 같다고 하여 붙은 이름.

115) 영렬(英烈): 뛰어나고 용맹스러움.

116) 초헌(軺軒): 높은 벼슬아치가 타는 수레. 두 개의 긴 채가 달려 있으며, 밑에는 바퀴가 하나 달렸음. 평교자를 가마꾼이 끈을 달아 낮게 메는 것과는 달리, 초헌은 높은 의자에 앉게 되어 있었음.

117) 구종(驅從): 벼슬아치를 모시고 따라다니는 하인.

118) 색구(色驅) 견배(牽陪): 색구는 벼슬아치의 하인들 가운데 우두머리. 견배는 말을 타고 갈 때에 고삐를 잡고 앞에서 끌거나 뒤에서 따르는 하인.

119) 호한(豪悍)한~: 거리낌 없고 사나운 하인들이 날개를 펼친 듯 양쪽으로 벌여 서서. 별배는 벼슬아치의 집안에서 사사로이 부리는 하인.

120) 세 층 벽제소리: 세 하인의 벽제소리.

121) 기구(器具)도 엄위(嚴威): 벼슬아치의 행차 때 갖춘 도구들이 엄숙하고 위엄 있음.

빼그어 높이 앉아 흉허복실(胸虛腹實) 마상(馬上) 모양[123]
웅호(熊虎)의 기상이요 진변(鎭邊)[124]할 장수로다
도감(都監)은 오천 병마(兵馬) 수영문(首營門) 되어 있어[125]
대명(大明) 적[126] 복색(服色)으로 모단(毛緞) 전건(戰巾) 젖혀 쓰고
선기대(善騎隊)[127] 날랜 군사 일검증당백만사(一劍曾當百萬師)[128]라
전주작(前朱雀)[129] 되어 있어 몸 기(旗)[130]는 붉은 기(旗)요
금위영(禁衛營)[131] 삼천 병마(兵馬) 별무사(別武士)[132]가 건장하다
좌청룡(左青龍) 되어 있어 몸 기는 푸른 기요
어영청(御營廳)[133] 삼천 병마 가전별초(駕前別抄)[134] 되어 있고

---

122) 빼그어~: 뻐기며 가슴에 힘을 빼고 배에 힘을 준, 말에 탄 상체의 모습. 흉허복실이란 가슴을 비우고 배를 채운다는 뜻으로 활 쏠 때의 자세인데, 여기서는 말을 탄 상체에서 느껴지는 뻐기는 모습을 말함. '빼끄다'는 '뻐기다'의 사투리로 보임.

123) 은안준마(銀鞍駿馬): 좋은 말과 거기에 꾸민 좋은 말 장식.

124) 진변(鎭邊): 국경 지역을 진압하여 다스림.

125) 도감(都監)은~: 훈련도감(訓鍊都監)은 5천 병마 가운데 최고의 군대가 되어 있어. 여기서 도감은 임진왜란 이후 한양을 수비하던 훈련도감을 말함. 수영문이란 으뜸 영문 곧, 으뜸 군대를 말함.

126) 대명(大明) 적: 명(明)나라 시절.

127) 선기대(善騎隊): 정조(正祖) 때 신설한 왕실 친위부대인 장용영(壯勇營)에 소속된 부대. 세 부대가 있었음.

128) 일검증당백만사(一劍曾當百萬師): 칼 한 자루로 일찍이 백만 명의 군사를 대적함. 왕유(王維)의 〈노장행(老將行)〉의 한 구절.

129) 전주작(前朱雀): 선기대가 맡는 방향은 앞쪽임을 뜻함.

130) 몸 기(旗): 부대의 깃발.

131) 금위영(禁衛營): 국왕 호위와 수도 방어를 위해 중앙에 설치한 군영(軍營). 인조(仁祖) 때 기병(騎兵) 중에서 정병(精兵)을 선발하여 병조 산하에 둔 정초군(精抄軍)과 훈련도감의 별대(別隊)를 통합하여 숙종 때에 설치하였음.

132) 별무사(別武士): 훈련도감, 금위영, 어영청(御營廳) 등 3군문(軍門)에서 우수한 병사를 뽑아 진급시킨 군사. 이들은 이 세 부대에 각기 소속됨.

133) 어영청(御營廳): 임진왜란 뒤 5위(衛)에 대체되어 설치된 3군문의 하나.

134) 가전별초(駕前別抄): 어영청(御營廳)에 소속된 군사. 임금이 거둥할 때 행렬 앞에서 호위함. 가후금군(駕後禁軍)은 임금의 행렬 뒤에서 호위함.

우백호(右白虎) 되어 있어 몸 기는 흰 기로다
총융청(摠戎廳)[135] 삼천 병마 무예는 무적(無敵)일다
북현무(北玄武) 되었으니 몸 기는 검은 기요
용호영(龍虎營) 호위군관(扈衛軍官)[136] 백발백중(百發百中) 하는구나
중앙이 되었으니 몸 기는 누런 길(旗ㄹ)다
좌포장(左捕將) 우포장(右捕將)은 금란치적(禁亂治賊) 일을 삼고[137]
오부(五部)의 부관원(部官員)은 사송(詞訟)이 직분이요[138]
경조부(京兆府) 평시서(平市署)는 치민평시(治民平市) 하는구나[139]
의금부(義禁府) 삼당상(三堂上)과 도사(都事)는 열이로다[140]

---

135) 총융청(摠戎廳): 5군영(軍營) 가운데 경기 지역을 지키는 군영.

136) 용호영(龍虎營) 호위군관(扈衛軍官): 용호영에 소속된 군관. 용호영은 궁궐을 지키며 왕이 거둥할 때 호위하는 일을 맡은 관청. 금군(禁軍)이 소속된 금군청(禁軍廳)을 영조(英祖) 때 용호영(龍虎營)으로 개칭하였음.

137) 좌포장(左捕將)~: 포도청(捕盜廳)의 두 우두머리는 금란치적을 주 업무로 삼음. 포도청은 한양과 경기도를 좌우로 나누어 좌포도청과 우포도청을 두었는데 좌포도청은 한양 동부 ·남부 ·중부와 경기좌도(京畿左道) 일원을 관할하고 우포도청은 서부·북부와 경기우도(京畿右道)를 관할하였음. 금란치적은 법을 어기거나 사회를 혼란스럽게 하지 못하도록 금하며, 도적을 잡아들이는 일을 말함. 좌포도청은 현재 단성사 부근에 있었으며 우포도청은 지금의 동아일보사 부근에 있었음.

138) 오부(五部)~: 동·서·남·북·중부로 나눈 한양의 다섯 행정구역의 관원은 민간의 소송(訴訟)을 맡았음.

139) 경조부(京兆府)~: 한성부(漢城府) 가운데 시전(市廛)을 관리하는 부서는 백성들의 시장 거래를 다스림. 경조는 도읍을 뜻하는 말로, 경조부란 한양의 행정과 사법을 맡아보는 관서 한성부(漢城府)를 말함. 평시서는 한양의 상설시장인 시전(市廛)을 관리하는 부서.

140) 의금부(義禁府)~: 의금부에는 당상관(堂上官)이 3명이고 당하관(堂下官)이 10명임. 당상관이란 정3품 이상의 품계에 해당하는 벼슬을 말하는데 의금부의 종1품 판사(判事), 정2품 지사(知事), 종2품 동지사(同知事)를 말함. 여기서 도사는 의금부 당하관을 말하는데 『경국대전(經國大典)』에 따르면, 종4품 경력(經歷)과 종5품 도사를 각 5인씩 두었음. 영조 때에 편찬한 『속대전(續大典)』에서는 경력은 없어지고 품계를 종6품으로 낮춘 도사 5인과 종9품으로 낮춘 도사 5인을 둔다고 하였음.

141) 금고(禁錮) 찬배(竄配): 죄가 있는 사람에게 내리는 벌. 금고는 관직에 임용될 자

춘추필법(春秋筆法) 가지고서 금고(禁錮) 찬배(竄配)[141] 일삼으니
팔십 명 나장(羅將)이[142]는 알도[喝道][143]에 눈을 박아
상투 끝에 젖혀 쓰고 철릭 위에 아청(鴉靑) 작의[144]
흰 실로 줄을 놓아 임금 왕(王) 자 써서 입고
전옥(典獄)은 수도부(囚徒府)라 약법삼장(約法三章) 일을 삼고[145]
호조(戶曹)는 판탁지(判度支)[146]라 부세(賦稅) 전곡(錢穀) 맡아 있어
삼당상(三堂上) 육낭청(六郎廳)에 별례방(別例房)이 주장이요[147]
회계(會計)하는 계사(計士)들은 도필지리(刀筆之吏)[148] 되어 있고

격을 박탈하는 일이고, 찬배는 귀양 보내는 일.

142) 나장(羅將)이: 나장. 여기서 나장은 의금부의 나장 곧, 금부나장(禁府羅將)을 말함. 죄인을 매질하는 일과 귀양 가는 죄인을 압송하는 일을 맡았음.

143) 알도[喝道]: 깔때기전건(戰巾)을 말하는 듯. 깔때기전건은 금부나장이 쓰던 검정색 모자인데, 깔때기라고도 함. 두꺼운 종이로 만들어 검은 칠을 했는데, 이 모자에 눈 모양의 흰 동그라미 두 개가 박혀 있음.

144) 아청(鴉靑) 작의: 검푸른 작의. 작의는 검은 바탕에 흰 실로 바둑판 모양의 줄무늬를 놓은 웃옷으로 옆구리가 터져 앞이 두 자락, 뒤가 한 자락으로 되어 있으며 의금부의 나장들이 입었음.

145) 전옥(典獄)은~: 전옥서(典獄署)는 죄인을 가두는 일을 담당하는 부서로서 법을 집행하는 일을 맡았음. 전옥서는 조선시대 죄수를 관장하는 관서. 지금의 세종로 1가 부근 의금부 옆에 있었음. 약법삼장은 진(秦)나라 말기에 한(漢) 고조(高祖)가 함양(咸陽)에 입성했을 때, 지나치게 번잡하고 가혹한 진나라 법을 폐하고 세 조항만을 유지하기로 한 것을 말함. 사람을 죽인 자는 사형에 처하고, 사람을 다치게 하거나 남의 물건을 훔친 자는 처벌한다는 내용임.

146) 판탁지(判度支): 국가의 재정을 담당함.

147) 삼당상(三堂上)~: 호조에는 세 명의 당상관(堂上官)과 여섯 명의 당하관(堂下官)이 있는데 그중에 별례방이 가장 중요한 부서임. 별례방은 호조의 여섯 낭청 가운데 하나로, 종묘·사직 보수, 물품 개비(改備), 각 궁궐·묘(廟)·능·원(園)·묘(墓) 등의 보수·신축 등에 쓰이는 자재류와 왕의 행차 때의 의장(儀仗) 물품 조달, 일본과의 통신 및 중국사행의 정례적 구비 물품 등을 관장함.

148) 계사(計士) 도필지리(刀筆之吏): 계사는 호조의 종8품의 중인(中人) 관직으로 산사(算士)와 함께 회계를 담당함. 도필지리는 대나무에 칼로 글자를 새기는 관리라는 뜻으로, 말단행정직을 부르는 말.

공조(工曹)는 수형부(水衡府)[149]라 각색(各色) 장색(匠色) 총찰(總察)하여

응역(應役)하기 일삼으니 와서(瓦署) 선공(繕工) 매여 있고[150]

예조(禮曹)는 남궁(南宮)[151]이라 선왕제례(先王諸禮) 본받아서

군왕(君王)의 진퇴범절(進退凡節)[152] 종사(宗社) 산천(山川) 제향(祭享)[153]이며

제례작악(制禮作樂)[154] 일삼으니 통례원(通禮院)[155] 거느리고

병·이조(兵·吏曹) 동서편(東西便)은 택문택무(擇文擇武) 추려내어[156]

내직(內職)이며 외직(外職)[157]이며 정경(正卿) 아경(亞卿)[158] 도백(道伯) 유수(留守)[159]

---

149) 수형부(水衡府): 산림과 저수지 그리고 궁원을 관장하는 부서라는 말로 공조(工曹)를 달리 이른 말.

150) 각색(各色) 장색(匠色)~: 각종 장인(匠人)들을 총괄하여 역(役)에 응하기를 일삼으니, 와서나 선공감이 소속되어 있음. 역에 응한다고 한 것은 장인들이 물건을 제조하는 것이 신역(身役)에 따른 것이기 때문임. 와서는 왕실에서 쓰는 기와나 벽돌을 공급하는 관서. 선공은 선공감(繕工監)으로 토목과 건축과 수리에 관한 일을 맡은 관서.

151) 남궁(南宮): 예조의 별칭. 예조는 오행으로는 남쪽에 해당하므로 붙인 이름.

152) 진퇴범절(進退凡節): 예의범절. 일상생활에서 갖추어야 할 모든 예의와 절차. 진퇴란 앞으로 나아가고 뒤로 물러난다는 데서, 사소한 것을 포함한 모든 행동을 말함.

153) 종사(宗社) 산천(山川) 제향(祭享): 종묘(宗廟)와 사직(社稷) 명산대천(名山大川)에 제사함.

154) 제례작악(制禮作樂): 예법을 제정하고 음악을 지음. 예악을 제정함.

155) 통례원(通禮院): 예조의 한 관서. 조회(朝會)와 제사에 관한 의식을 담당.

156) 병·이조(兵·吏曹)~: 병조와 이조에서는 문관과 무관을 가려 뽑음. 이조에서는 문관의 선발과 평가를, 병조에서는 무관의 선발과 평가를 담당. 문관은 동반(東班), 무관은 서반(西班)이라 칭함.

157) 내직(內職) 외직(外職): 한양 안의 벼슬자리와 각 지방의 벼슬자리.

158) 정경(正卿) 아경(亞卿): 정2품과 종2품. 경(卿)은 정2품 이상의 벼슬에 붙이는 말로, 정경이란 정2품을 말함. 아경이란 버금가는 경이라는 뜻으로, 종2품 벼슬을 이르는 말.

주서(注書) 한림(翰林) 각신(閣臣)들과 옥당(玉堂) 승지(承旨) 대간(臺諫)[160]이며

묘사전궁(廟社殿宮) 관원(官員)이며 능참봉(陵參奉) 수봉관(守奉官)과[161]

봉사(奉事) 직장(直長) 감역(監役)[162] 동몽교관(童蒙教官) 부도사(部都事)[163]와

군자판사(軍資判事) 광흥수(廣興守)[164]와 능령(陵令)이며 선혜낭청(宣惠郎廳)[165]

---

159) 도백(道伯) 유수(留守): 둘 다 지방관. 도백은 각 도에 파견된 지방 행정의 최고 책임자이며, 유수는 개성·강화·광주·수원 등 한양 이외의 중요한 지역의 지방관(地方官).

160) 대간(臺諫): 대관(臺官)과 간관(諫官). 대관은 감찰을 맡은 사헌부(司憲府) 관리를, 간관은 간쟁(諫諍) 임무를 맡은 사간원(司諫院) 관리를 말함. 이들은 군왕과 관료의 과실을 간쟁, 탄핵하는 일을 맡았음.

161) 묘사전궁(廟社殿宮)~: 왕실의 사당이나 능 등을 관리하는 벼슬아치들. 묘사전궁은 종묘(宗廟), 사직(社稷), 영희전(永禧殿), 경모궁(景慕宮)을 말함. 영희전은 태조·세조·원종·숙종·영조·순조의 영정을 모신 곳이고, 경모궁은 사도세자와 그의 비의 신위를 모신 사당임. 능참봉은 왕릉을, 수봉관은 왕세자, 세자빈(世子嬪), 왕을 낳은 후궁 등의 무덤인 원소(園所)를 관리함.

162) 봉사(奉事) 직장(直長) 감역(監役): 7~9품 벼슬아치. 봉사는 돈령부(敦寧府)와 각 시(寺)·사(司)·서(署)·원(院)·감(監)·창(倉)·고(庫)·궁(宮)의 종8품 벼슬아치. 직장은 중앙부서의 종7품 벼슬아치. 감역은 토목과 건축 등을 맡아보는 선공감(繕工監)의 종9품 벼슬아치.

163) 동몽교관(童蒙教官) 부도사(部都事): 동몽교관은 양반의 자식들을 가르치기 위하여 각 고을에 둔 벼슬아치. 부도사는 한성부(漢城府)의 오부(五部)에 소속된 종9품 벼슬아치.

164) 군자판사(軍資判事) 광흥수(廣興守): 군자판사는 군자감(軍資監)의 판관(判官)으로 보임. 군자감은 군수품 출납을 담당하는 관서. 판사(判事)는 돈령부(敦寧府)·의금부(義禁府)·중추부(中樞府) 등에 둔 종1품 벼슬 이름인데, 군자감은 최고직의 품계가 정3품인 관서이므로 군자감에는 종1품인 판사를 두지 않음. 판관은 종5품. 광흥수는 광흥창(廣興倉)의 우두머리 관직으로 정4품. 광흥창은 관리의 봉급을 관리하는 관서.

165) 능령(陵令) 선혜낭청(宣惠郎廳): 능령은 왕이나 왕비의 무덤을 관리하는 종5품 벼슬아치. 선혜낭청은 선혜청(宣惠廳)에 속한 당하관. 선혜청은 대동미와 대동

각사(各司) 제조(提調) 부제조(副提調)[166]며 이조전랑(吏曹銓郎) 홍
문정자(弘文正字)[167]

병사(兵使) 수사(水使) 방어사(防禦使)[168]며 영장(營將) 중군(中軍)
통제사(統制使)[169]와

6 첨사(僉使) 만호(萬戶) 병우후(兵虞候)[170]며 사도참군(四都參軍) 권
관(權管)[171]이며

목, 대동포 따위의 출납을 맡아보는 관서.

166) 제조(提調) 부제조(副提調): 제조는 의정부나 육조의 장관이 등급이 낮은 중앙관청의 일을 위해 맡던 겸임직. 정승이 맡으면 도제조(都提調)라 하고, 정3품 당상이 맡으면 부제조라 함.

167) 이조전랑(吏曹銓郎) 홍문정자(弘文正字): 이조(吏曹)의 정랑(正郎)과 좌랑(佐郎) 그리고 홍문관(弘文館)의 정자(正字). 이조의 정랑은 정5품, 좌랑은 정6품이고 홍문관 정자는 정9품인데 품계는 낮아도 가장 우수한 인물이 천거되었음. 특히 이조의 정랑과 좌랑은 인사 추천권을 가진 요직으로 이 둘을 전랑이라 일컬었음.

168) 병사(兵使) 수사(水使) 방어사(防禦使): 모두 외직 무관. 병사는 병마절도사(兵馬節度使)로 각 지방의 군사를 지휘하는 종2품 벼슬. 수사는 수군절도사(水軍節度使)로 각 도(道)의 수군을 지휘하는 정3품 벼슬. 방어사는 군사 요지에 파견하는 종2품 벼슬인데, 대체로 그 고장의 큰 고을 원이 겸임함.

169) 영장(營將) 중군(中軍) 통제사(統制使): 모두 외직 무관 벼슬. 영장은 총융청(摠戎廳)·수어청(守禦廳)·진무영(鎭撫營)과 각 도의 병영(兵營) 및 수영(水營)에 소속된 정3품 벼슬로, 해당 고을의 부사(府使)나 목사(牧使)가 겸임함. 중군은 각 도의 순찰사(巡察使) 또는 수군절도사(水軍節度使)를 보좌하는 정3품 벼슬. 통제사는 수군의 으뜸 벼슬로, 경상·전라·충청 삼도(三道)의 수군을 통솔하는 종2품.

170) 첨사(僉使) 만호(萬戶) 병우후(兵虞候): 모두 외직 무관 벼슬. 첨사는 첨절제사(僉節制使)로 병마절도사(兵馬節度使)의 관할 하에 있는 큰 진(鎭)을 방비하는 일을 맡은 종3품 벼슬. 만호는 각 도의 진(鎭)에서 군사를 통솔하는 종4품. 병우후는 병마우후(兵馬虞候)로 각 도의 절도사(節度使) 밑에 둔 정3품.

171) 사도참군(四都叁軍) 권관(權管): 모두 지방의 무관 벼슬. 사도참군은 개성·광주·수원·강화에 둔 무관직. 사도는 한양 이외의 중요한 지역에 두는 지방 관아. 『대전회통』에 따르면, 사도에는 정2품 유수(留守) - 또는 부윤(府尹)으로 승격시키기도 함 - 외에 종5품 판관(判官)과 종9품 검률(檢律) 또는 종4품 경력(經歷)과 종9품 분교관(分敎官) 또는 종5품 도사(都事) 등을 두었음. 참군은 이들 가운데 하나의 다른 이름이거나, 별도로 둔 관직으로 보임. 권관은 변경지방 진관(鎭管)의 최하단위인 진보(鎭堡)에 둔 종9품 무관 벼슬.

선전관(宣傳官) 부장(部將)[172]들과 별군직(別軍職)[173] 수문장(守門將)과
훈련판사(訓鍊判事) 주부(主簿)[174]들과 도총(都摠) 도사(都事) 경력(經歷)[175]이며
내금장(內禁將)[176] 오위장(五衛將) 창검초관(槍劒哨官) 협련초관(挾輦哨官)[177]
문·음·무(文·蔭·武) 열읍수령(列邑守令) 비천(備薦)[178]이며 병리빗[兵吏色][179]을
택인비망(擇人備望)[180] 일삼으니 임대책중(任大責重) 하였어라

---

172) 부장(部將): 오위(五衛)의 종6품 무관 벼슬. 또는 좌·우 포도청(捕盜廳)의 포도부장(捕盜部將)·무료부장(無料部將)·가설부장(加設部長)을 말함.

173) 별군직(別軍職): 별군직청(別軍職廳)에 소속되어 왕을 호위하며 부정적인 현상을 적발하고 조사하는 일을 맡은 무관 벼슬. 별군직청은 효종(孝宗) 때에 설치된 무관 관서.

174) 훈련판사(訓鍊判事) 주부(主簿): 훈련판사는 훈련원(訓練院) 판관(判官)을 말하는 듯. 훈련원은 무과 시험을 관장하며 군사훈련과 병서 연구 등을 담당하는 관서로서, 판관은 종5품임. 주부는 중앙 각 부서에서 문서를 담당하는 종6품 벼슬.

175) 도총(都摠) 도사(都事) 경력(經歷): 오위도총부(五衛都摠府)의 도사와 경력. 도사는 종5품, 경력(經歷)은 종4품 벼슬. 도사와 경력은 충훈부(忠勳府)·중추부(中樞府)·의금부(義禁府) 등에도 있으나 여기서는 오위도총부의 도사와 경력을 말함.

176) 내금장(內禁將): 궁궐을 지키고 왕을 호위하는 군사인 금군(禁軍)에 관한 일을 맡은 내금위(內禁衛)의 우두머리 벼슬. 종2품이다가 정3품이 되었음.

177) 창검초관(槍劒哨官) 협련초관(挾輦哨官): 둘 다 종9품 무관벼슬. 창검초관은 금위영(禁衛營) 소속이고 협련초관은 훈련도감(訓鍊都監) 소속임.

178) 문음무(文蔭武) 열읍수령(列邑守令) 비천(備薦): 문과(文科) 무과(武科) 과거에 합격한 사람 또는 음서(蔭敍)로 고을 수령으로 보낼 사람을 추천하여 관직에 임명함. 음서란 공신이나 전 현직 고관의 자제를 과거에 의하지 않고 관리로 채용하는 일.

179) 병리빗[兵吏色]: 병조와 이조에서 여러 업무를 담당하던 구실아치.

180) 택인비망(擇人備望): 관직에 임명될 사람을 추천함. 비망이란 비삼망(備三望)으로, 한 사람의 관리를 임명하기 위하여 후보자로 세 사람을 최종 심사에 올리는 일.

181) 대사구(大司寇): 도둑을 맡은 우두머리라는 뜻으로, 형조판서(刑曹判書)를 이르는 말.

182) 포장(捕將): 포도대장(捕盜大將).

형조(刑曹)는 대사구(大司寇)[181]라 포장(捕將)[182]을 영통(領統)하여
각색 금란(禁亂) 조율(照律)[183]하니 기강(紀綱)이 거룩하다
사복(司僕)의 내승(內乘) 주부(主簿)[184] 도제조(都提調)며 부제조(副提調)라
거덜이며 견마부(牽馬夫)[185]는 초립(草笠)에 넓은 갓끈
누른 사(紗) 더그레[186]며 푸른 긴 옷 벙거지며
이마(理馬)와 마의(馬醫)들은 말에는 백락(伯樂)일다[187]
백총마(白驄馬) 청총마(靑驄馬)며 오추마(烏騅馬) 자류마(紫騮馬)며[188]
연사라 추마(騅馬)말과 돈점총이 어승마(御乘馬)다[189]

---

183) 각색 금란(禁亂) 조율(照律): 법을 어긴 사건의 경중에 따라 여러 가지로 법을 적용함.

184) 사복(司僕)의 내승(內乘) 주부(主簿): 왕이 쓰는 말과 가마를 담당하는 사복시(司僕寺)의 내승과 주부. 사복시는 내사복시(內司僕寺)와 외사복시(外司僕寺)로 구별됨. 내승은 내사복시의 벼슬인데, 정원 3명 가운데 한 명은 사복시 정(正-정3품)이 으레 겸하며 다른 두 명은 종2품으로부터 9품에 이르기까지의 벼슬아치가 겸임함. 주부는 종6품.

185) 거덜 견마부(牽馬夫): 둘 다 사복시(司僕寺)에 딸린 종. 거덜은 말을 돌보고 관리하는 종. 임금이 가교(駕轎)를 탈 때 그것을 모는 말의 채가 흔들리지 않게 양쪽에서 누르며 가는 일도 맡음. 임금의 능행 때에는 이들도 별감(別監)·안롱(鞍籠)·겸내취(兼內吹)들과 함께 초립(草笠)에 공작우(孔雀羽)를 꽂고 따름. 견마부는 임금이 타는 말의 고삐를 잡는 일을 맡았음

186) 누른 사(紗) 더그레: 누런 빛깔의 얇은 비단으로 만든 더그레. 더그레는 군사와 하인 등이 입는 세 자락으로 된 저고리.

187) 이마(理馬)와~: 사복시(司僕寺)에 속하여 말을 돌보는 이마와 마의들은 모두 실력이 좋아 말을 잘 알아 봄. 백락은 중국 춘추시대 진(秦)나라 사람으로 좋은 말을 잘 알아보는 능력이 뛰어났다고 함.

188) 백총마(白驄馬)~: 모두 말 종류. 백총마는 푸른 색깔에 흰색이 섞였고, 청총마는 몸은 흰데 갈기와 꼬리가 파르스름하며, 오추마는 검은 털에 흰 털이 섞였으며, 자류마는 밤색임.

189) 연사라~: 다양한 말을 이르는 말. 추마말은 흰 바탕에 검은색, 진한 갈색, 짙은 적색이 섞였고, 돈점총이는 돈점박이로, 몸에 돈짝만한 둥그런 점들이 박혔음. 어승마란 임금이 타는 말이라는 뜻. 연사라는 미상.

190) 계마천필(繫馬千匹): 천 마리의 말을 매어 놓음.

동서간(東西間) 너른 마구(馬廐) 계마천필(繫馬千匹)[190] 하였구나
문국부이마대(問國富以馬對)[191]라 천승지국(千乘之國) 장할씨고
하룻날 닷샛날[192]은 내외구마(內外廐馬)[193] 한데 모여
조마거동(調馬擧動)[194] 할 적이면 한편에는 명금(鳴金) 하고
한편에는 명고(鳴鼓)하며 말을 경계하여 갈 제
노량이며 나는 품[195]은 행운유수(行雲流水)[196] 모양일다
장악원(掌樂院) 협률랑(協律郞)[197]은 습악(習樂)하기 일삼으니
이원제자(梨園弟子)[198] 천여 명이 무동(舞童) 악공(樂工)[199] 되었어라
제악(祭樂)의 긴 곡조는 신명(神明)이 오시는 듯
여민락(與民樂) 보허사(步虛詞)[200]는 여민동락(與民同樂) 한(限)이 없다
포구락(抛毬樂) 북춤이며 학(鶴)춤이며 몽금척(夢金尺)과[201]

---

191) 문국부이마대(問國富以馬對): 나라의 부강한 정도를 물어보면 말의 숫자로 대답한다는 뜻으로, 말은 국가의 부강한 정도를 가늠하는 기준이 된다는 말.

192) 하룻날 닷샛날: 매달 1과 5가 들어가는 날. 1, 5, 11, 15, 21, 25일.

193) 내외구마(內外廐馬): 안팎 마구간의 말.

194) 조마거동(調馬擧動): 임금이 타는 말을 매달 몇 번씩 임금의 행차 순서대로 훈련시키는 일.

195) 노량이며 나는 품: 느리게 갔다 빠르게 갔다 하는 모양.

196) 행운유수(行雲流水): 떠가는 구름과 흐르는 물과 같이 자연스럽고 거침이 없음.

197) 장악원(掌樂院) 협률랑(協律郞): 궁중의 음악에 관한 일을 맡아보는 관아인 장악원에서 연주를 맡은 사람.

198) 이원제자(梨園弟子): 장악원에 소속된 기생(妓生)·무동(舞童)·악공(樂工). 이원(梨園)은 당(唐)나라 현종(玄宗)이 배우들을 가르치던 곳.

199) 무동(舞童) 악공(樂工): 둘 다 장악원에 소속되어 악기를 연주하는 사람.

200) 여민락(與民樂) 보허사(步虛詞): 모두 아악곡의 이름. 여민락은 〈용비어천가〉 1~4장과 125장을 아악 곡조에 얹어 부름. 보허사는 보허자(步虛子)라고도 함.

201) 포구락(抛毬樂)~: 모두 궁중 무용의 일종. 포구락은 12명의 기생과 무동이 두 편으로 갈라 노래하고 춤추며 가운데 설치한 포구문(抛毬門)에 차례로 공을 던져 공이 문 안으로 들어가면 꽃을 받고 넣지 못하면 얼굴에 먹을 찍는 놀이이자 무

쟁강춤 배따라기[202] 화려도 거룩하다
그 중에 처용무(處容舞)[203]는 경주(慶州)로서[204] 왔다 하네
오색 빛 운하의(雲霞衣)[205]에 복두(幞頭)[206]를 바로 쓰고
너른 소매 긴 한삼(汗衫)을 곡조(曲調)마다 나부낄 제
붉은 얼굴 봉(鳳)의 눈[207]은 반쯤 웃는 모양일다
천관(天官)[208]이 하림(下臨)한가 보기에 신기하다
선혜청(宣惠廳)은 전곡부(錢穀府)[209]라 춘추(春秋) 대동전세(大同田稅)[210]들과
7 조운(漕運) 배[211] 강에 대고 각읍(各邑) 색리(色吏)[212] 호위하여

용 공연. 북춤은 북을 치면서 추며, 학춤은 학의 탈을 쓰고 학의 몸짓을 흉내 내며 춤. 몽금척은 금척무(金尺舞)로 정도전(鄭道傳)이 태조(太祖)의 공덕을 칭송하기 위해 만든 악장(樂章)을 춤으로 꾸민 것.

202) 쟁강춤 배따라기: 둘 다 춤의 일종. 쟁강춤은 민속춤의 하나로, 손목에 '쟁강, 쟁강' 소리를 내는 쇠 팔찌를 걸고 흥겨운 리듬을 울리며 추는 춤. 배따라기는 선유락(船遊樂)이라고도 부르는 것으로, 중국으로 가는 사신들이 배를 타고 떠나는 광경을 묘사했음.

203) 처용무(處容舞): 처용 탈을 쓰고 추는 궁중 무용으로 신라시대에 시작된 춤. 궁중의 연희 때와 세모(歲暮)에 역귀를 쫓는 의식 뒤에 춤. 다섯 무동이 처용의 탈을 쓰고 다섯 방위로 벌여 서서 여러 장면으로 바꾸어 가며 춤을 추는데, 그 사이에 처용가와 봉황음을 부름.

204) 경주(慶州)로서: 경주에서. 처용무가 신라에서 비롯되었음을 말함.

205) 운하의(雲霞衣): 처용무를 추는 사람이 입은 옷.

206) 복두(幞頭): 모자의 하나. 모양이 사모(紗帽)와 비슷함.

207) 붉은 얼굴 봉(鳳)의 눈: 처용무를 추는 사람이 쓴 탈의 모습. 봉의 눈이란 봉황 수컷의 눈 같이 가늘고 길며 눈초리가 위로 째지고 붉은 기운이 있는 눈으로 귀상(貴相)으로 여김.

208) 천관(天官): 신선(神仙).

209) 전곡부(錢穀府): 국고(國庫)를 관리하는 관서.

210) 춘추(春秋) 대동전세(大同田稅): 봄가을로 나누어 세금으로 거둔 물품. 대동법에 따라 거둔 대동미와 대동목 그리고 논밭에 매기는 세금으로 거둔 물품.

211) 조운(漕運) 배: 세금으로 거둔 현물을 한양까지 운반하는 배.

212) 색리(色吏): 일정한 일이나 책임을 맡은 아전.

말에 싣고 소에 싣고 큰 수레에 잠뿍[213] 실어
선머리[214]는 들어오나 끝머리는 강에 있다
풍등대유(豐登大有)[215] 하였으니 국가의 복조(福祚)로다
십년지곡(十年之穀)[216] 저축하니 진진상인(陳陳相因)[217]하였어라
중추부(中樞府) 영판부(領判府)는 추밀사(樞密使) 되어 있고[218]
홍문관(弘文館) 대제학(大提學)은 문장제술(文章製述) 문형(文衡)이요[219]
성균관(成均館) 대사성(大司成)은 국자선생(國子先生) 되어 있고[220]
사간원(司諫院) 사헌부(司憲府)는 직언극간(直言極諫) 엄숙하다[221]
사시제향(四時祭享) 봉상시(奉常寺)[222]며 우양고시(牛羊羔豕) 전생서

213) 잠뿍: 넘칠 정도로 가득한 모양. 담뿍. 잔뜩.

214) 선머리: 줄지어 가는 행렬의 맨 앞.

215) 풍등대유(豐登大有): 풍년. 대유는 주역(周易) 64괘의 하나인 대유괘(大有卦)로 풍년을 상징함.

216) 십년지곡(十年之穀): 국가에서 십 년 동안 쓸 곡식.

217) 진진상인(陳陳相因): 곡식이 많아 창고에 오래 묵어 쌓임.

218) 중추부(中樞府)~: 중추부의 영중추부사(領中樞府事)와 판중추부사(判中樞府事)는 중추부를 책임지는 으뜸 관리임. 영판부는 영중추부사와 판중추부사. 추밀사는 중추부를 책임지는 으뜸 관리.

219) 홍문관(弘文館)~: 홍문관의 대제학은 글 짓는 일의 우두머리임. 홍문관의 정1품인 영사(領事)는 의정(議政)이 겸임하므로, 대제학은 홍문관의 실제적인 책임자. 문형이란 글의 저울대라는 뜻으로, 대제학(大提學)을 달리 이르는 말.

220) 성균관(成均館)~: 대사성은 성균관의 우두머리임. 국자감은 성균관을 말하며, 여기서 선생이란 우두머리를 말함. 대사성은 반장(泮長), 관당상(館堂上), 사유장(師儒長)이라고도 함.

221) 사간원(司諫院)~: 사간원과 사헌부에서는 임금의 잘못에 대해 기탄없이 말하여 끝까지 고치도록 함. 사간원은 왕에게 간언하며 사회·도덕적 문제들에 대하여 논의하고 건의하며, 사헌부는 문·무관의 비행을 조사함. 이 두 부서를 양사(兩司)라 함.

222) 사시제향(四時祭享) 봉상시(奉常寺): 나라에서 봄·여름·가을·겨울에 지내는 제사에 관한 일을 맡은 봉상시. 봉상시는 사시제향과 함께 높은 벼슬아치나 공신(功臣)이 죽은 뒤에 주는 칭호인 시호를 제정하는 일을 맡은 관서.

(典牲暑)[223]며

어보차지(御寶次知) 상서원(尙瑞院)[224]과 의대진배(衣襨進排) 상의원(尙衣院)[225]과

수라백미[水剌白米] 사도시(司䆃寺)[226]와 금은보패(金銀寶貝) 내탕고(內帑庫)[227]며

기용병장(器用屛帳) 내수사(內需司)[228]와 각색 지속(紙屬) 장흥고(長興庫)[229]와

채소공상(菜蔬供上) 사포서(司圃署)[230]며 해물공상(海物供上) 사재감(司宰監)[231]과

실과진배(實果進排) 장원서(掌苑署)[232]와 등유진배(燈油進排) 내섬시

223) 우양고시(牛羊羔豕) 전생서(典牲暑): 소·양·염소·돼지 등 나라 제사에 쓸 짐승을 기르는 일을 맡은 전생서.

224) 어보차지(御寶次知) 상서원(尙瑞院): 국새(國璽)에 관한 일을 맡은 상서원. 상서원은 국새와 절월(節鉞) 등을 담당하는 관서. 차지는 각 궁가(宮家)에 소속되어 사무를 담당하는 사람 또는 어떤 일을 책임지고 맡아본다는 말인데, 여기서는 후자를 말함.

225) 의대진배(衣襨進排) 상의원(尙衣院): 임금의 옷을 바치는 상의원. 상의원은 왕의 의복과 기타 장식물을 만들며 궁궐 안의 각종 재물과 보물을 담당하는 관서.

226) 사도시(司䆃寺): 궁궐 창고의 쌀과 궁 안에 공급되는 간장 등의 물품을 관장하는 관서.

227) 내탕고(內帑庫): 국왕의 개인 재산을 보관하는 창고. 내탕(內帑).

228) 기용병장(器用屛帳) 내수사(內需司): 내수사는 궁궐에서 사용하는 쌀과 옷감 및 잡화와 노비를 관장하는 관서. 기용병장이란 그릇, 병풍, 장막 등을 말함.

229) 장흥고(長興庫): 궁궐 안에서 쓰는 각종 돗자리, 기름종이나 기름먹인 천으로 만든 우장 및 여러 가지 종이 등을 보관하는 일을 맡은 관서.

230) 채소공상(菜蔬供上) 사포서(司圃署): 채소를 바치는 사포서. 사포서는 궁궐에서 관리하는 텃밭에서 채소를 가꾸는 일을 맡을 맡은 관서.

231) 사재감(司宰監): 궁궐 안에서 쓰는 각종 물고기, 고기, 소금, 숯이나 땔나무, 횃불을 담당하는 관서.

232) 실과진배(實果進排) 장원서(掌苑署): 과일을 바치는 장원서. 장원서는 궁궐 안의 정원에 꽃나무를 심고 과일나무를 가꾸는 일을 맡은 관서.

(內贍寺)[233]며

약물대령(藥物待令) 약방(藥房)[234]이며 각색 공상(供上) 공상청(供上廳)[235]과

재목(材木) 맡은 수어청(守禦廳)[236]과 군량(軍糧) 맡은 양향청(糧餉廳)[237]과

의장기명(儀仗器皿) 제용감(濟用監)[238]과 사기(沙器) 어선(御膳) 사옹원(司饔院)[239]과

백관반록(百官頒祿) 광흥창(廣興倉)[240]과 군병방료(軍兵放料) 군자감(軍資監)[241]과

제가시서(諸家詩書) 승문원(承文院)[242]과 척신공의(戚臣功議) 돈령부

---

233) 등유진배(燈油進排) 내섬시(內贍寺): 등을 밝힐 기름을 바치는 내섬시. 내섬시는 왕의 아들·딸 등이 거처하는 각 궁(宮)이나 전(殿)에 쓰일 물건과 2품 이상의 높은 벼슬아치들에게 공급하는 술 그리고 조선에 온 왜인과 여진인에게 주는 음식과 천 등의 일을 맡은 관서.

234) 약물대령(藥物待令) 약방(藥房): 약재를 준비해 놓은 약방. 약방이란 궁궐에서 왕이 쓰는 약을 담당하는 관서 곧, 내의원(內醫院).

235) 공상청(供上廳): 사옹원(司饔院)에 소속된 관서의 하나. 거두어들인 식재료를 관리함.

236) 수어청(守禦廳): 남한산성(南漢山城)을 지키는 일과 성곽 보수(補修)를 맡은 관서.

237) 양향청(糧餉廳): 훈련도감(訓鍊都監)에 소속된 관서의 하나. 군량 등 군수품 조달에 관한 일을 담당.

238) 의장기명(儀仗器皿) 제용감(濟用監): 나라의 의식이나 행사에 쓰는 여러 가지 무기와 기구를 비롯한 그릇 등을 담당하는 제용감.

239) 사기(沙器) 어선(御膳) 사옹원(司饔院): 사기그릇과 임금에게 올리는 음식에 관한 일을 맡은 사옹원. 사옹원은 임금이 먹는 음식과 대궐 안에서 쓰이는 각종 식료품을 담당하는 관서.

240) 백관반록(百官頒祿) 광흥창(廣興倉): 관리들에게 봉급을 나누어주는 광흥창. 광흥창은 벼슬아치들의 녹봉에 관한 일을 맡은 관청으로, 지금의 광흥창역 근처에 녹봉으로 줄 곡식과 직물을 보관하는 창고가 있었음.

241) 군병방료(軍兵放料) 군자감(軍資監): 군병에게 급료를 나누어주는 군자감. 군자감은 군수품을 보관 관리하는 일을 맡은 관서.

242) 제가시서(諸家詩書) 승문원(承文院): 시와 글씨를 맡은 승문원. 승문원은 중국,

(敦寧府)[243]며

시지(試紙) 자문(咨文) 조지서(造紙署)[244]며 칙사대접(勅使待接) 예빈시(禮賓寺)[245]며

천문택일(天文擇日) 관상감(觀象監)[246]과 민간질병(民間疾病) 활인서(活人署)[247]며

청학(淸學) 왜학(倭學) 사역원(司譯院)[248]과 의학주장(醫學主掌) 전의감(典醫監)[249]과

종실선파(宗室璿派) 종친부(宗親府)[250]와 도위첨위(都尉僉尉) 의빈부

일본 등 다른 나라들과의 외교관계에 관한 문서를 담당한 관서.

243) 척신공의(戚臣功議) 돈령부(敦寧府): 척신과 공의를 대우하는 일을 하는 돈령부. 돈령부는 종친부에 속하지 않은 종친(宗親) 및 왕비나 세자빈(世子嬪) 등의 친척들을 우대하는 일을 맡았음. 척신은 왕실의 외척(外戚)을 말하며, 공의는 의공(議功)과 의친(議親)을 말하는데, 의공은 국가에 큰 공훈을 세운 사람을, 의친은 왕실의 일정한 친척을 말함.

244) 시지(試紙) 자문(咨文) 조지서(造紙署): 시지와 자문지 등을 만드는 조지서. 조지서는 각종 국가문서 작성에 쓰이는 종이들과 그 밖의 종이류를 만드는 일을 맡은 관서. 시지는 과거시험 답안지로 쓸 종이이며, 자문지는 중국과 왕복하는 공문서(公文書)로 쓸 종이.

245) 칙사대접(勅使待接) 예빈시(禮賓寺): 칙사를 대접하는 예빈시. 예빈시는 외국 사신을 위한 연회 등을 맡은 관서. 칙사는 외국 사신, 특히 중국에서 온 사신.

246) 천문택일(天文擇日) 관상감(觀象監): 천문을 살펴 중요한 행사 일정을 정하는 관상감. 관상감은 천문과 기후를 관찰하며 지형과 지세를 보아 좋고 나쁨을 판단하며, 달력 및 시간 측정에 관한 일을 맡은 관서.

247) 활인서(活人署): 한양의 환자를 치료하고 가난한 사람을 구제하기 위해 설치된 관서.

248) 청학(淸學) 왜학(倭學) 사역원(司譯院): 청나라 말과 일본말 통역에 관한 일을 맡은 사역원. 사역원은 외국어의 번역 및 통역에 관한 일을 맡아보는 관아.

249) 의학주장(醫學主掌) 전의감(典醫監): 의학에 관한 일을 책임지고 있는 전의감. 전의감은 궁궐 안에서 쓰는 각종 의약품과 국왕이 벼슬아치들에게 주는 의약품을 담당하며 의원을 양성하는 일을 맡은 관서.

250) 종실선파(宗室璿派) 종친부(宗親府): 왕족의 각 계파를 관리하는 종친부. 종친부는 왕실의 족보를 작성하여 보관하며 역대 국왕의 초상을 간직하고 왕의 친척들을 돌보는 부서. 선파는 전주 이씨 가운데 태조 이성계에서 갈라져 나온 파.

(儀賓府)[251]며

불망공신(不忘功臣) 충훈부(忠勳府)[252]와 양로조신(養老朝臣) 기로서(耆老署)[253]라

설관분직(設官分職)[254] 하였으니 임현사능(任賢使能)[255] 거룩하다

사학(四學)[256]이 분배(分配)하여 유학(儒學)을 교훈하니

명륜당(明倫堂) 대성전(大成殿)[257]은 우리나라 반궁(泮宮)[258]이라

일백 명 태학사(太學士)[259]는 부자위패(夫子位牌)[260] 모셔 있고

---

251) 도위첨위(都尉僉尉) 의빈부(儀賓府): 도위와 첨위를 관리하는 의빈부. 의빈부는 왕실의 여자들과 결혼한 사람을 우대하는 일을 담당함. 의빈이란 왕가의 사위를 통틀어 이르는 말. 도위는 부마도위(駙馬都尉)로 공주(公主)나 옹주(翁主)의 남편에게 주는 칭호이며, 첨위는 왕세자의 후궁이 낳은 딸과 결혼한 사람에게 주는 칭호.

252) 불망공신(不忘功臣) 충훈부(忠勳府): 공신을 잊지 않는 충훈부. 충훈부는 공신과 그의 자손을 우대하는 일을 맡았음.

253) 양로조신(養老朝臣) 기로서(耆老署): 나이 많은 조정 신하를 대우하는 기로서. 기로서는 기로소(耆老所)라고도 하며, 정2품 이상을 지낸 70세 이상 문신들의 친목 및 예우를 위해 설치한 관서. '기(耆)'는 나이가 많고 덕이 높다는 뜻으로 70살 이상을 뜻하고, '노(老)'는 80살 이상을 뜻함.

254) 설관분직(設官分職): 여러 관직을 나누어 설치함.

255) 임현사능(任賢使能): 어질고 능력 있는 사람에게 직위를 주어 일을 하게 함.

256) 사학(四學): 한양의 양반 자제들을 가르치기 위하여 네 곳에 둔 교육기관. 곧 중학(中學)·동학(東學)·서학(西學)·남학(南學).

257) 명륜당(明倫堂) 대성전(大成殿): 둘 다 성균관(成均館) 안에 있는 건물. 명륜당은 유학(儒學)을 가르치고 배우는 곳이며, 대성전은 공자(孔子)의 위패(位牌)를 모셔놓은 곳.

258) 반궁(泮宮): 제후의 나라에 설치한 대학(大學). 성균관(成均館)을 달리 이르는 말.

259) 태학사(太學士): 태학생(太學生). 성균관(成均館)에서 기거하며 공부하는 생원(生員)·진사(進士)를 일컫는 말.

260) 부자위패(夫子位牌): 공자(孔子)의 위패. 위패는 죽은 이의 신령을 모시기 위하여 그 이름을 적은 나무 패쪽.

261) 행단(杏壇)의 늦은 춤: 성균관 대성전에서 공자(孔子)에게 지내는 제사인 석전대제(釋奠大祭) 때 추는 느린 춤을 말함. 행단은 학문을 가르치고 익히는 곳을 이르는 말로, 공자가 은행나무 단에서 제자를 가르쳤다는 고사에서 유래함.

행단(杏壇)의 늦은 춤[261]은 연비여천(鳶飛戾天)[262] 하는구나
국가의 근본이요, 초현(招賢)[263]하는 도리로다
존경각(尊經閣)[264] 높은 집에 만권서(萬卷書) 쌓아놓고
8 주송야강(晝誦夜講)[265]하니 성현(聖賢)의 풍도(風度)[266]로다
추로지방(鄒魯之邦)[267] 분명하고 정주지학(程朱之學)[268] 장하도다
남편(南便)은 숭례문(崇禮門)[269]과 동편은 흥인문(興仁門)[270]과
서편은 소의문(昭義門)[271]과 북편은 창의문(彰義門)[272]이
사관(四關)[273]이 되었으니 수문장(守門將) 호군(護軍) 부장(部將)
수문군(守門軍) 영통(領統)[274]하여 칼을 꽂고 신칙(申飭)한다

---

262) 연비여천(鳶飛戾天): 솔개가 하늘로 날아오르는 것과 같이 자연스러운 춤동작을 말함. 『시경(詩經)』「대아(大雅)」〈한록(旱麓)〉에 "솔개는 하늘로 날아오르고, 물고기는 연못에서 뛰노네."라 하여, 만물이 각기 자연의 이치에 따라 즐긴다는 뜻을 말하였음.

263) 초현(招賢): 어진 인재를 초빙함.

264) 존경각(尊經閣): 성균관에 설치한 도서관.

265) 주송야강(晝誦夜講): 밤낮으로 글을 읽음.

266) 풍도(風度): 외모에서 풍기는 기운과 태도.

267) 추로지방(鄒魯之邦): 공자와 맹자의 나라라는 뜻으로, 유학(儒學)이 성행한 곳을 가리키는 말. 공자(孔子)는 노(魯)나라 출신이고, 맹자(孟子)는 추(鄒) 지방 출신인 데서 유래함.

268) 정주지학(程朱之學): 정자(程子)와 주자(朱子)의 학문이라는 뜻으로, 성리학(性理學)을 일컫는 말. 정자는 정호(程顥)·정이(程頤) 형제, 주자는 주희(朱熹)를 높여 부르는 말.

269) 숭례문(崇禮門): 남대문. 한양의 남쪽 정문. 사대문(四大門)의 하나.

270) 흥인문(興仁門): 동대문. 흥인지문(興仁之門). 한양의 동쪽 정문으로, 사대문의 하나.

271) 소의문(昭義門): 한양의 서남쪽 문. 사소문(四小門) 가운데 하나로, 지금의 서소문동 큰길에 있었음.

272) 창의문(彰義門): 한양의 서북쪽 문. 자하문(紫霞門)이라고도 함. 사소문(四小門) 가운데 하나로, 지금 종로구 청운동에 있음.

273) 사관(四關): 네 개의 관문.

274) 호군(護軍) 부장(部將) 수문군(守門軍) 영통(領統): (수문장이) 호군과 부장과 수

팔로(八路)[275]를 통하였고 연경(燕京)[276] 일본(日本) 닿았구나

3. 시장

우리나라 소산(所産)들도 부끄럽지 않건마는
타국물화(他國物貨) 교합(交合)하니 백각전(百各廛)[277] 장할씨고
칠패(七牌)[278]의 생선전(生鮮廛)에 각색 생선 다 있구나
민어 석어(石魚) 석수어(石首魚)[279]며 도미 준치 고등어며
낙지 소라 오징어며 조개 새우 전어로다
남문(南門) 안 큰 모전(毛廛)[280]에 각색 실과(實果) 다 있구나
청(靑)술레 황(黃)술레 건시(乾柹) 홍시(紅柹) 조홍시(早紅柹)며[281]

문군을 통솔하여 거느림. 호군은 오위도총부(五衛都摠府)의 정4품이며, 부장은 종6품임. 수문군은 궁궐문과 성문을 여닫으며, 드나드는 사람들을 단속하는 일을 맡은 군사.

275) 팔로(八路): 팔도(八道). 경기·강원·충청·전라·경상·황해·평안·함경도 등 조선 전체.

276) 연경(燕京): 청(淸)나라의 수도 북경(北京)을 달리 이르는 말. 전국시대 연(燕)나라의 수도였던 데서 비롯된 지명.

277) 백각전(百各廛): 국가에서 관할하는 한양의 모든 상점들.

278) 칠패(七牌): 남대문 밖의 지명. 여기에 난전(亂廛)이 있었음. 곡물·직물 등 각종 물품이 매매되었는데, 특히 어물전(魚物廛)의 규모가 크고 활발하였음.

279) 석어(石魚) 석수어(石首魚): 지금은 둘 다 조기를 말함. 그러나 이와 같이 구분한 것을 보면 당시에는 차이가 있었던 것으로 보임.

280) 모전(毛廛): 과일 가게. 과물전(果物廛).

281) 청(靑)술레~: 청술레와 황술레는 배의 일종이며, 건시, 홍시, 조홍시는 감의 일종. 청술레는 청리(靑梨). 청실리(靑實梨)라고도 하는데, 일찍 익으며 빛이 푸르고 물기가 많음. 황술레는 황리(黃梨)라고도 하는데, 누렇고 크며 맛이 좋음. 건시는 곶감을 말하며, 조홍시는 다른 감보다 일찍 익는 감. 홍시는 말랑말랑하게 잘 익은 감.

282) 경도(瓊桃): 복숭아의 일종을 말하는 것으로 보임.

밤 대추 잣 호두며 포도 경도(瓊桃)[282] 오얏[283]이며

석류 유자 복숭아며 용안(龍眼) 여지(茘枝)[284] 당(唐)대출[285]다

상미전(上米廛)[286] 좌우 가가(假家)[287] 십년지량(十年之糧) 쌓았어라

하미(下米) 중미(中米) 극상미(極上米)며 찹쌀 좁쌀 기장쌀[288]과

녹두 청태(靑太) 적두(赤豆)팥과 마태(馬太) 중태(中太) 기름탤(太ㄹ)다[289]

되[290]를 들어 자랑하니 민무기색(民無飢色)[291] 좋을씨고

수각(水閣)다리[292] 넘어서니 각색 상전(床廛)[293] 벌였어라

면(面)빗 참빗 얼레빗[294]과 쌈지 줌치[295] 허리띠며

총전 보료 모(毛)탄자[296]며 간지(簡紙) 주지(周紙) 당주질(唐周紙

---

283) 오얏: 자두.

284) 용안(龍眼) 여지(茘枝): 남방 원산의 나무 열매. 용안은 갈색의 껍질 속에 흰색의 과육이 있고, 여지는 검붉은 껍질 속에 흰 과육이 있는데, 단맛이 남.

285) 당(唐)대추: 중국산 대추.

286) 상미전(上米廛): 종로에 있던 쌀가게.

287) 가가(假家): 임시로 지은 집이라는 뜻으로, 가게를 이르는 말.

288) 기장쌀: 수수. 잡곡의 한 종류.

289) 청태(靑太)~: 잡곡의 종류. 청태는 푸르대콩, 적두는 붉은 팥, 마태는 말먹이로 쓰는 콩, 기름태는 싹을 틔워 콩나물을 만드는 데 쓰는 콩.

290) 되: 곡식의 분량을 재는 사각형 모양의 나무 그릇. 홉의 10배이며, 말의 1/10.

291) 민무기색(民無飢色): 백성들에게 굶주린 기색이 없음.

292) 수각(水閣)다리: 남대문 근처에 있던 다리.

293) 상전(床廛): 잡화를 파는 가게.

294) 면(面)빗 참빗 얼레빗: 빗의 종류. 면빗은 관자놀이와 귀 사이에 난 머리털을 빗어 넘기는 데 쓰는 빗이고, 참빗은 대나무로 아주 가늘고 촘촘하게 만든 빗이며, 얼레빗은 살이 굵고 성긴 큰 빗.

295) 쌈지 줌치: 둘 다 주머니. 물건을 넣어 휴대하기 위한 것.

296) 총전 보료 모(毛)탄자: 총전은 말총을 넣은 방석 또는 모직 보료를 말하는 듯. 전(氈)이란 짐승 털로 색을 맞추고 무늬를 놓아 두툼하게 짠 부드러운 깔개를 말함. 보료는 평소 앉는 자리에 늘 깔아 두는 깔개로 형태와 크기는 요와 같으나 겉꾸밈은 방석과 같음. 모탄자는 털로 두껍게 짠 담요.

ㄹ)[297]다

큰광통교[298] 넘어서니 육주비전(六注比廛)[299] 여기로다

일 아는 여리꾼[300]과 물화(物貨) 많은 전시정(廛市井)[301]은

큰창옷[大氅衣][302]에 갓을 쓰고 소창옷[小氅衣][303]에 한삼(汗衫) 달고

사람 불러 흥정할 제 경박(輕薄)하기 측량(測量)없다

백목전(白木廛)[304] 각색방(各色房)에 무명이 쌓였어라

강진목(康津木) 해남목(海南木)[305]과 고양(高陽)낳이 강낳이[306]며

상고목(商賈木) 군포목(軍布木)과 공물목(貢物木) 무녀포(巫女布)[307]와

---

297) 간지(簡紙) 주지(周紙) 당주지(唐周紙): 간지는 두껍고 질기며 질 좋은 편지지. 주지는 두루마리 종이. 당주지는 중국산 두루마리 종이.

298) 큰광통교: 대광통교(大廣通橋). 청계천에 있던 다리.

299) 육주비전(六注比廛): 한양에 있는 여섯 가지 큰 가게. 민간의 수요에 응하는 상점인 동시에 궁실 및 산하 관청에 물품을 공급하는 기관. 비단을 파는 선전(縇廛)과 면주전(綿紬廛), 무명을 파는 면포전(綿布廛), 종이를 파는 지전(紙廛), 모시를 파는 저포전(苧布廛), 해산물을 파는 어물전(魚物廛) 등이 각기 별개의 독립경제 단위를 유지하고 별개의 구성 형태를 가지고 있었음.

300) 여리꾼: 상점 앞에 있다가, 물건을 살 구매자를 상점으로 끌어들여 물건을 사게 하고 주인에게 삯을 받는 사람.

301) 전시정(廛市井): 가게를 차려놓고 장사를 하는 사람. 육주비전에서 장사하는 사람.

302) 큰창옷[大氅衣]: 양반들이 외출복으로 입는 웃옷의 하나. 소매가 넓고 길이도 약간 긺. 도포와 두루마기의 중간 형태인 창의에는 대창의와 소창의 그리고 그 중간이라 할 수 있는 중치막이 있음. 대창의는 아랫부분이 네 자락이고 중치막은 세 자락.

303) 소창옷[小氅衣]: 서민들이 겉옷으로 입는 웃옷의 하나. 두루마기와 비슷한데 소매가 좁고 길이가 그다지 길지 않음. 사대부들은 집에서 입거나 외출 때 도포나 대창의 등 겉옷의 밑받침 옷으로 입었음. 이 소창옷을 흔히 '창옷'이라고도 함.

304) 백목전(白木廛): 육주비전(六注比廛)의 하나로, 무명을 전문으로 파는 가게. 한때 은도 팔았으므로 은목전(銀木廛)이라고도 함. 면포전(綿布廛).

305) 강진목(康津木) 해남목(海南木): 전남 강진에서 생산한 무명과 전남 해남에서 생산한 무명. '목(木)'은 무명을 말함.

306) 고양(高陽)낳이 강낳이: 무명의 종류. 고양낳이는 경기도 고양에서 생산한 무명. 강낳이는 어느 지역의 무명인지 미상.

307) 상고목(商賈木)~: 모두 세금으로 거둔 무명. 상고목은 장사꾼에게서, 군포목은

천은(天銀)이며 정은(丁銀)[308]이며 서양목(西洋木)과 서양주(西洋紬)[309]라
지전(紙廛)을 살펴보니 각색 종이 다 있구나
9 백지(白紙) 장지(壯紙) 대호지(大好紙)며 설화지(雪花紙) 죽청지(竹青紙)며[310]
선익지(蟬翼紙) 화초지(花草紙)며 깨끗할사 백면지(白綿紙)며[311]
상화지(霜華紙) 자문지(咨文紙)며 초주지(草注紙) 상소지(上疏紙)며[312]
천련지(川連紙) 모토지(毛土紙)와 모면지(毛綿紙) 분당지(粉唐紙)와[313]
궁전지(宮箋紙) 시축지(詩軸紙)[314]와 각색 능화(菱花)[315] 고울씨고
베전(廛)[316]을 살펴보니 각색 마포(麻布)[317] 들어찼다

장정에게서, 공물목은 지방에서, 무녀포는 무녀에게서 거둔 무명.

308) 천은(天銀) 정은(丁銀): 천은은 순도(純度) 100%의 순은(純銀), 정은은 가장 질이 낮은 은. 백목전에서 은도 팔았음.

309) 서양목(西洋木) 서양주(西洋紬): 중국을 거쳐 들어온 서양에서 만든 무명과 비단.

310) 백지(白紙)~: 백지는 흰 종이. 장지는 두껍고 질긴 종이. 대호지는 넓고 긴 종이. 설화지는 강원도 평강에서 나는 흰 종이. 죽청지는 대나무 속껍질처럼 흰 종이로 얇고 질김.

311) 선익지(蟬翼紙)~: 선익지는 매미의 날개처럼 매우 얇은 종이. 화초지는 화초 무늬가 있는 종이. 백면지는 품질이 매우 좋은 흰색 종이.

312) 상화지(霜華紙)~: 자문지로 쓰는 상화지와 상소지로 쓰는 초주지. 상화지는 전북 순창에서 나는 질기고 윤이 나는 종이. 자문지는 중국에 보내는 외교문서에 사용하는 종이. 초주지는 주로 상소문을 적는 데 쓰는 종이. 원문은 초도지이나, 초주지의 잘못으로 봄.

313) 천련지(川連紙)~: 모두 중국산 종이. 천련지와 모토지는 두꺼우며 편지지로 씀. 모면지는 질이 낮은 종이이며, 분당지는 희고 얇은 종이.

314) 궁전지(宮箋紙) 시축지(詩軸紙): 궁전지는 중국산 종이로 질이 좋지 않은 듯함. 시축은 시를 적는 두루마리.

315) 능화(菱花): 종이에 새겨진 마름꽃 무늬.

316) 베전(廛): 삼베를 파는 가게. 포전(布廛).

317) 마포(麻布): 삼베.

농포(農布) 세포(細布) 중산치[318]와 함흥오승(咸興五乘)[319] 심의포(深衣布)[320]며

육진장포(六鎭長布)[321] 안동포(安東布)[322]와 계추리[323] 해남포(海南布)[324]와

왜(倭)베 당(唐)베[325] 생(生)계추리[326] 문포(門布) 조포(造布) 영춘포(永春布)[327]며

길주(吉州) 명천(明川)[328] 가는 베는 바리 안에 드는 벨[329]다

---

318) 농포(農布) 세포(細布) 중산치: 여러 가지 베. 농포는 팔거나 조세로 바칠 목적이 아니라 집에서 쓰기 위해 거칠게 짠 베, 세포는 곱게 짠 베. 중산치는 중산포로, 가는 베를 말하는 듯.

319) 함흥오승(咸興五乘): 함흥에서 생산한 오승포. 베·무명·명주 등 직물은 올(실 가닥)의 굵기에 따라 한 폭을 이루는 올 수가 달라지는데, 굵은 실로 짜면 한 폭의 올 수가 적어지고, 가는 실은 올 수가 많아짐. 3승은 거친 감이고, 7승 이상은 고운 감. 오승포는 고운 정도가 중간임.

320) 심의포(深衣布): 심의(深衣)를 만들 백세포(白細布). 심의는 유학자들이 입는 겉옷인데, 백세포로 만들며 깃·소맷부리 등 옷 가장자리에 검은 비단으로 선을 두름.

321) 육진장포(六鎭長布): 육진에서 생산한 긴 베. 육진은 조선 세종 때 동북방면의 여진족에 대비해 두만강 하류 남안에 설치한 국방상의 요충지로 종성(鐘城)·온성(穩城)·회령(會寧)·경원(慶源)·경흥(慶興)·부령(富寧) 등 여섯 진. 보통 베 한 필의 길이는 35척이나, 여기서 생산한 베는 한 필이 40척이 넘었음.

322) 안동포(安東布): 경상북도 안동에서 생산하는 연한 황색의 고운 베. 보통 8승~9승으로 짬.

323) 계추리: 경상북도에서 나는 삼베의 하나. 삼의 겉껍질을 긁어 버리고 만든 실로 짬. 황저포(黃紵布).

324) 해남포(海南布): 전라남도 해남에서 생산하는 삼베.

325) 왜(倭)베 당(唐)베: 일본산 베와 중국산 베.

326) 생(生)계추리: 잿물에 삶는 처리를 하지 않은 삼베.

327) 문포(門布) 조포(造布) 영춘포(永春布): 베의 종류. 문포는 중국 책문(柵門) 지방에서 나는 베. 조포는 함경북도에서 나는 베. 영춘포는 강원도 영춘에서 나는 베.

328) 길주(吉州) 명천(明川) 가는 베: 길주와 명천에서 생산되는 올이 가는 베. 길주와 명천은 함경북도에 있는 지명으로, 질 좋은 베가 생산되었음.

329) 바리 안에 드는 베: 바리안베. 바리포. 한 필을 접어서 바리 안에 전부 담을 수 있는 베라는 뜻으로, 매우 고운 베를 뜻함. 바리는 밥그릇.

청포전(靑布廛)[330] 살펴보니 당물화(唐物貨)[331]가 벌여 있다

중침(中針) 세침(細針) 수(繡)바늘[332]과 다홍삼승(三升) 청삼승(靑三升)[333]과

녹전(綠氈) 홍전(紅氈) 분홍전(粉紅氈)과 삼승고약(膏藥) 공단고약[334]

감투 모자 회회포(回回布)[335]와 민강(閩薑) 사탕(砂糖) 오화당(五花糖)과

연환당(軟環糖) 옥춘당(玉春糖)[336]과 갖은 당속(糖屬) 벌여 있다

선전(縇廛)은 수전(首廛)[337]이라 돈 많은 시정(市井)[338]들이

호사(豪奢)도 혼란(焜爛)하고 인물들도 준수(俊秀)하다

각색 비단 벌였으니 화려(華麗)도 장할시고

---

330) 청포전(靑布廛): 중국산 삼승포(三升布)와 양털, 모자 등을 팔던 가게. 종루 동쪽에 있었음.

331) 당물화(唐物貨): 온갖 중국산 물품.

332) 중침(中針) 세침(細針) 수(繡)바늘: 굵기에 따른 바늘의 종류. 중침은 중간 정도의 굵기이며, 세침은 가는 바늘. 수바늘은 수를 놓을 때 쓰는 바늘로 매우 가늚.

333) 다홍삼승(三升) 청삼승(靑三升): 선명한 붉은 빛의 무명과 푸른빛의 무명. 『열하일기(熱河日記)』에는, 중국의 삼승(三升)베는 양털에다 무명을 섞어 함께 짠 것인데, 조선의 장사치들이 삼승을 도매로 떼어다 파는 곳이 청포전(靑布廛)이라고 하였음.

334) 삼승고약(膏藥) 공단고약: 중국산 의약품 종류. 『무오연행록』에서는, 등이 결리며 호흡을 하지 못하고 몸을 움직일 길이 없을 때, 삼승고약을 구해 붙이고 나았다고 하였음. 고약은 헐거나 곪은 데에 붙이는 끈끈한 약. 삼승과 공단은 고약을 발라놓은 감을 말하는 것으로 보임

335) 회회포(回回布): 몽골산 베. 『부연일기(赴燕日記)』에는, 회회포란 베의 종류인데, 발이 굵고 거칠며 거북 등껍질의 육각형 무늬인 귀문(龜文)이 가득하며 질겨서 안장으로 쓰기에 적당하나 의복으로는 적합하지 않다고 하였음.

336) 민강(閩薑)~: 사탕의 종류. 민강은 생강을 설탕물에 졸인 것이며, 오화당은 오색으로 물들인 사탕. 연환당은 중국에서 수입한 것이고, 옥춘당은 색이 들어 있는 알사탕.

337) 선전(縇廛)은 수전(首廛): 비단 파는 가게인 선전은 으뜸 상점임. 선전은 한양이 도읍이 된 뒤 제일 먼저 생긴 전(廛)으로, 규모와 자본력이 가장 우세하였음.

338) 시정(市井): 장사하는 사람.

공단(貢緞) 대단(大緞) 사단(紗緞)[339]이며 궁초(宮綃) 생초(生綃) 설한초(雪寒綃)[340]며

금계제파일륜홍(金鷄啼罷日輪紅)[341]하니 날 돋았다 일광단(日光緞)과

일년명월금소다(一年明月今宵多)[342]하니 달이 밝은 월광단(月光緞)과

추운담담영유유(秋雲淡淡映悠悠)[343]하니 보기 좋은 운문대단(雲紋大緞)[344]

춘풍도리화개야(春風桃李花開夜)[345]하니 번화(繁華)로운 도류불수(桃榴佛手)[346]

매화만국청모적(梅花萬國聽暮笛)[347]하니 매죽문(梅竹紋) 가계주(紬)[348]며

용귀효동운유습(龍歸曉洞雲猶濕)[349]하니 혼란(焜爛)할사 용문갑사

---

339) 공단(貢緞) 대단(大緞) 사단(紗緞): 비단의 종류. 공단은 무늬 없이 두껍게 짠 윤기 나는 비단. 대단은 중국산 비단의 하나. 사단은 생명주실로 살핏하게 짠 얇고 가벼운 비단.

340) 궁초(宮綃) 생초(生綃) 설한초(雪寒綃): 모두 생명주실로 짠 비단의 종류. 궁초는 주로 댕기를 만드는 데 쓰는 비단으로 둥근 무늬가 있는 것.

341) 금계제파일륜홍(金鷄啼罷日輪紅): 금계가 울고 나니 붉은 해 떠오르네. 금계는 전설상의 신성한 닭이며, 일륜이란 해를 뜻함.

342) 일년명월금소다(一年明月今宵多): 오늘 밤 달빛이 일 년 중 가장 밝네. 한유(韓愈)의 〈팔월십오야증장공조(八月十五夜贈張功曹)〉의 한 구절.

343) 추운담담영유유(秋雲淡淡映悠悠): 가을 하늘에 구름이 맑아 한가히 비치네.

344) 운문대단(雲紋大緞): 구름무늬를 놓아서 두껍게 짠 비단.

345) 춘풍도리화개야(春風桃李花開夜): 봄바람에 복사꽃과 오얏꽃 피는 밤. 백거이(白居易)의 〈장한가(長恨歌)〉의 한 구절.

346) 도류불수(桃榴佛手): 복숭아·석류(石榴)·불수감(佛手柑) 무늬의 비단. 원문은 '도리불수'나 '도류불수'의 잘못으로 봄

347) 매화만국청모적(梅花萬國聽暮笛): 온 세상에 매화가 피었는데, 저물녘 피리소리 들리네. 신광수(申光洙)의 〈등악양루탄관산융마(登岳陽樓歎關山戎馬)〉의 한 구절.

348) 매죽문(梅竹紋) 가계주(紬): 매화나무와 대나무 무늬가 아롱진 중국 비단.

349) 용귀효동운유습(龍歸曉洞雲猶濕): 새벽이라 용은 골짜기로 돌아갔으나 구름은 오히려 젖어있네. 당나라 허혼(許渾)의 〈제최처사산거(題崔處士山居)〉의 한 구절.

(龍紋甲紗)[350]

상사불견(相思不見) 이 내 마음 임 그리온 상사단(相思緞)[351]과
은한성회일도통(銀漢星回一道通)[352]하니 통해주(通海紬)[353] 이름 짓고
명괘금방제일인(名掛金榜第一人)[354]하니 장원주(壯元紬)[355] 되어 있고
산천초목(山川草木) 번성하니 넌출진 포도대단(葡萄大緞)[356]
만경창파(萬頃蒼波) 조개비단[357] 보기 좋은 금선단(金線緞)[358]과
부화부순만사성(夫和婦順萬事成)[359]하니 양화단(兩和緞)[360] 이름 짓고
팔월구월천기냉(八月九月天氣冷)[361]하니 설사(雪紗) 빙사(氷紗)[362] 되어 있고

---

350) 용문갑사(龍紋甲紗): 용무늬를 수놓은 갑사. 갑사는 주로 여름철 옷감으로 쓰이는, 얇고 고운 고급 비단.

351) 임 그리온 상사단(相思緞): 그리워한다는 '상사'에 비단을 뜻하는 '단'을 붙여, 비단의 이름을 붙인 것.

352) 은한성회일도통(銀漢星回一道通): 하늘의 별이 한 번 도니, 한 도가 통하네. 당나라 시인 왕창령(王昌齡)의 〈소부마댁화촉(蕭駙馬宅花燭)〉의 한 구절인데, 回는 槎로 표기되기도 함.

353) 통해주(通海紬): 중국산 비단의 하나로 도톰함.

354) 명괘금방제일인(名掛金榜第一人): 이름이 금방에 첫째로 걸림. 금방은 과거에 급제한 사람의 이름을 써 붙이는 게시판.

355) 장원주(壯元紬): 비단의 하나. 과거시험에서 1등인 장원(壯元)과 비단이름 장원주를 연결하여 표현했음.

356) 넌출진 포도대단(葡萄大緞): 포도덩굴이 치렁치렁 늘어진 무늬가 있는 대단. 대단은 중국산 비단의 하나.

357) 조개비단: 조개무늬가 있는 비단.

358) 금선단(金線緞): 노랗게 금색으로 테를 두른 비단.

359) 부화부순만사성(夫和婦順萬事成): 부부 사이가 화목하면 모든 일이 잘된다는 말.

360) 양화단(兩和緞): 부부가 화목하다는 뜻으로 이름을 붙인 비단.

361) 팔월구월천기냉(八月九月天氣冷): 음력 8, 9월이 되면 날씨가 차가워짐.

362) 설사(雪紗) 빙사(氷紗): 사(紗)의 종류. 눈 무늬의 사와 비늘무늬의 사. 사는 생사로 짠 얇고 가벼운 비단으로, 여름 옷감으로 많이 씀.

태상노군(太上老君) 호로단(皓老緞)[363]과 천세만세(千歲萬歲) 만수단(萬壽緞)[364]과
역발산기개세(力拔山氣蓋世)는 초한(楚漢) 적 우단(羽緞)일다[365]
알록달록 광월사(光月紗)[366]며 알쏭달쏭 아롱단(緞)[367]과
한 냥 두 냥 팔량주(八兩紬)[368]며 한 쌍 두 쌍 쌍문초(雙紋綃)[369]며
수건감 흑저사(黑紵紗)[370]며 이불감 남추라(藍秋羅)[371]며
볼끼감 자지상직(紫地常織)[372] 휘양감 검은 궁초(宮綃)[373]
어물전(魚物廛)[374] 살펴보니 각색 어물 벌여 있다

---

363) 호로단(皓老緞): 흰 비단의 하나. 호로는 머리 센 노인이라는 뜻으로, 노자가 나면서부터 머리가 희었음을 비유함.

364) 만수단(萬壽緞): 오래오래 산다는 '만수'와 비단을 뜻하는 '단'을 합해 이름 붙인 비단.

365) 역발산기개세(力拔山氣蓋世)~: 초한 시절 항우는 힘이 산을 뽑고 기운은 세상을 덮을 만하였음. 우단은 벨벳으로, 겉에 곱고 짧은 털이 촘촘히 있는 비단. 우단의 이름을 항우의 이름 '우(羽)'와 연관 지은 것.

366) 알록달록 광월사(光月紗): 여러 빛깔을 섞어 짠 얇은 비단. 알록달록은 여러 빛깔이 섞인 모양.

367) 알쏭달쏭 아롱단(緞): 여러 빛깔의 작은 무늬가 촘촘하게 박히게 짠 비단의 하나. 알쏭달쏭은 여러 빛깔이나 모양이 뒤섞여 무늬를 이룬 모양.

368) 팔량주(八兩紬): 중국산 비단의 하나. 한 필(疋)의 무게가 여덟 냥이라서 붙은 이름.

369) 쌍문초(雙紋綃): 중국산 비단의 하나. 쌍문주(雙紋紬).

370) 수건감 흑저사(黑紵紗): 수건으로 만들 흑저사. 흑저사는 중국에서 생산되는 사(紗)의 하나.

371) 남추라(藍秋羅): 남색 추라. 추라는 줄무늬가 있는 얇고 가벼운 비단.

372) 볼끼감 자지상직(紫地常織): 볼끼를 만들 자주색 상직. 볼끼는 턱에서부터 양쪽 볼과 귀를 거쳐 머리 위에서 잡아매도록 만든 방한용구. 털가죽이나 솜을 둔 헝겊을 길고 좁게 만들어 조각을 갸름하게 접어서 만듦. 상직은 비단의 하나.

373) 휘양감 검은 궁초(宮綃): 휘양을 만들 검은 궁초. 휘양은 추울 때 머리에 쓰는 모자의 하나. 남바위와 비슷하나 뒤가 훨씬 길고 뺨까지 감쌀 수 있게 만듦. 궁초는 비단의 하나.

374) 어물전(魚物廛): 생선, 김, 미역 따위의 어물을 전문적으로 파는 가게. 독점 전매권과 금난전권(禁亂廛權)을 가진 육의전(六矣廛)의 하나. 내어물전과 외어물전의 구별이 있음.

북어 관목(貫目)[375] 꼴뚜기며 민어 석어(石魚) 통대구(大口)[376]며
광어 문어 가오리며 전복 해삼 가자미며
곤포(昆布) 매욱 다사마(多士麻)[377]며 파래 김 우무가시[378]
도자전(刀子廛) 마로저재[379] 금은보패(金銀寶貝) 놓였구나
용잠(龍簪) 봉잠(鳳簪) 서복잠(瑞蝠簪)과 간화잠(間花簪) 창포잠(菖蒲簪)과[380]
앞 뒤 비녀 민죽절(竹節)과 개구리 앉힌 쪽비녀며[381]
은(銀)가락지 옥(玉)가락지 보기 좋은 밀화지환(蜜花指環)[382]
금패(錦貝)[383] 호박(琥珀) 가락지와 값 많은 순금지환(純金指環)

---

375) 관목(貫目): 말린 청어. 눈을 꿰어 말리므로 이와 같이 부름.

376) 통대구(大口): 내장을 빼고 통째로 말려 놓은 대구.

377) 곤포(昆布) 매욱 다사마(多士麻): 크고 작은 다시마와 미역. 매욱은 미역을 말하며, 곤포는 다시마의 일종. 『경세유표(經世遺表)』에서는 곤포(昆布)의 작은 것이 다사마라 했음.

378) 우무가시: 우뭇가사리.

379) 도자전(刀子廛) 마로저재: 도자전 점포에 깔아놓은 마루를 말하는 것으로 보임. 도자전은 여성들이 쓰는 작은 작은 장도(粧刀)나 패물 따위를 파는 가게로, 종루거리에서 노점을 펴고 있었음.

380) 용잠(龍簪)~: 여성의 머리 장식 종류. 용잠은 비녀 끄트머리[簪頭]를 용머리 모양으로 장식한 것이고, 봉잠은 봉황새 모양으로 장식한 것. 간화잠은 비녀 끄트머리를 꽃모양으로 장식한 것. 창포잠은 창포 뿌리를 깎아 만든 것으로, 창포비녀라고도 하는데, 단오 때에 역병을 물리치려는 액땜으로 꽂음. 서복잠은 박쥐모양을 장식한 머리 장식.

381) 앞 뒤 비녀~: 장식으로 여러 개의 비녀를 꽂았으므로 앞 뒤 비녀라고 말했음. 민죽절은 다른 장식 없이 대나무로 만든 비녀. 금대나무 마디 모양으로 만든 비녀는 그 재료에 따라 금죽절(金竹節)·백옥죽절(白玉竹節)도 있음. 개구리 앉힌 쪽비녀란 비녀 끄트머리에 개구리 모양의 장식을 단 비녀. 쪽이란 결혼한 여자가 땋아서 목 뒤 뒤통수에 틀어 올린 머리를 말함.

382) 밀화지환(蜜花指環): 밀화로 만든 반지 한 쌍.

383) 금패(錦貝): 보석 종류인 호박의 하나로, 투명하며 누런빛이 남.

384) 노리개: 여자들이 몸치장으로 한복 저고리의 고름이나 치마허리 따위에 다는 것. 금·은·밀화·산호 등 보석류와 명주실을 가지고 여러 가지 모양으로 만듦.

노리개[384] 볼작시면 대삼작(大三作)과 소삼작(小三作)[385]과

옥(玉)나비 금(金)벌이며 산호(珊瑚)가지 밀화불수(蜜花佛手)[386]

은장도(銀粧刀) 대모장도(玳瑁粧刀)[387] 빛 좋은 삼색실로

꼰 술 푼 술 갖은 매듭[388] 번화하기 측량없다

광통교(廣通橋) 아래 가게[假家][389] 각색 그림 걸렸구나

보기 좋은 병풍차(屛風次)[390]에 백자도(百子圖) 요지연(瑤池宴)[391]과

---

385) 대삼작(大三作)과 소삼작(小三作): 대삼작노리개와 소삼작노리개. 대삼작노리개는 세 개의 노리개가 한 벌이 되게 만든 것. 삼작노리개는 사용한 보석류의 진귀함과 크기·꾸밈새에 따라서 대·중·소로 구분하는데, 대삼작노리개는 가장 호화롭고 큰 것으로 주로 궁중에서 사용되었음. 소삼작노리개는 민가의 젊은 여성이나 어린이들이 달았음.

386) 옥(玉)나비~: 모두 삼작노리개의 모양. 옥으로 만든 나비 모양과 금으로 만든 벌 모양. 산호로 만든 가지 모양과 밀화로 만든 불수감(佛手柑) 모양. 노리개의 형태에는 박쥐·거북·나비 등 동물 형태와, 가지·고추·포도·천도 등의 식물형태, 호로병·종·표주박·도끼·불수(佛手)·염주(念珠) 등의 모양이 있음.

387) 은장도(銀粧刀) 대모장도(玳瑁粧刀): 은으로 만든 장도와 대모(玳瑁)로 장식한 장도. 장도는 장식용 노리개의 하나이면서 자신을 지키는 호신용으로도 사용하는 작은 칼. 대모는 바다거북의 등딱지인데, 장식품이나 공예품을 만드는 데에 씀. 칼집과 칼자루를 대모로 장식한 것이 대모장도.

388) 꼰 술 푼 술 갖은 매듭: 노리개를 장식하는 각종 술의 종류와 매듭의 종류. 술이란 여러 가닥의 실을 한끝만 묶어 장식으로 드리우는 것. 매듭이란 공예의 일종으로, 실을 잡아매어 다양한 모양으로 마디를 이루는 것.

389) 광통교 아래 가게: 광통교 아래의 그림 파는 가게. 광통교 다리에 그림을 걸어놓고 팔았다.

390) 병풍차(屛風次): 병풍으로 꾸밀 그림이나 글씨가 들어 있는 종이나 비단.

391) 백자도(百子圖) 요지연(瑤池宴): 백자도와 요지연도(瑤池宴圖). 백자도는 수많은 남자 아이들이 노는 모습을 그리거나 수놓은 것으로, 자손이 번성하기를 기원하는 뜻이 있음. 요지연도는 여신선의 우두머리인 서왕모(西王母)가 자기가 살고 있는 곤륜산(崑崙山)의 아름다운 연못에서 주(周)나라 목왕(穆王)의 방문을 받고 연회를 베푸는 그림. 험준한 곤륜산의 암벽과 삼천년에 한번 열린다는 반도(蟠桃)와 소나무·괴석·사슴·학·공작·봉황 등에 둘러싸여 서왕모와 주나라 목왕이 궁녀와 시종을 거느리고 성장을 한 채 각각 주연상 앞에 앉아 선녀·선동들의 주악과 가무 장면을 보고 있는 그림. 선경도(仙境圖)라고도 함.

392) 곽분양행락도(郭汾陽行樂圖): 중국 당(唐)나라 때 분양왕(汾陽王)을 지낸 곽자의(郭子儀)의 잔치장면을 그리거나 수놓은 것. 곽자의는 안록산(安祿山)의 난을

곽분양행락도(郭汾陽行樂圖)[392]며 강남(江南) 금릉(金陵) 경직도(耕織圖)[393]며

한가한 소상팔경(瀟湘八景)[394] 산수(山水)도 기이하다

다락벽(壁) 계견사호(鷄犬獅虎)[395] 장지문(門) 어약용문(魚躍龍門)[396]

해[日] 학(鶴) 반도(蟠桃) 십장생(十長生)[397]과 벽장문차(壁欌門次) 매죽난국(梅竹蘭菊)[398]

평정하여 분양왕에 봉해졌는데, 평생 벼슬생활과 가정생활에 불행이 전혀 없었으며 늙어서는 만복을 누려 부귀공명의 표본이 된 사람. 곽분양향락도(郭汾陽享樂圖)라고도 함.

393) 강남(江南) 금릉(金陵) 경직도(耕織圖): 논농사와 누에를 길러 비단을 짜는 일을 그린 그림의 하나. 경직도는 본래 통치자에게 농부들의 어려움을 이해시키기 위해 남송(南宋) 때 만든 것으로, 〈경작도(耕作圖)〉 21장면과 〈잠직도(蠶織圖)〉 24장면 등 두 권임. 청(淸)나라 때에는 판화로도 만들어졌는데, 원래 왕실에서 사용된 이 그림이 조선후기에는 일반인의 수요에 의하여 만들어져 민화(民畫)에까지 많이 취급되었음. 이 그림의 배경을 강남 금릉으로 이해하여 붙은 이름으로 보임.

394) 소상팔경(瀟湘八景): 소상팔경도(瀟湘八景圖). 소수(瀟水)와 상수(湘水)가 합류하는 곳의 경치 여덟 가지를 소재로 그린 산수화. 소수와 상수는 중국 호남성 동정호(洞庭湖) 남쪽. 여덟 가지의 순서는 일정하지 않으나, 대개 산시청람(山市晴嵐), 연사모종(煙寺暮鐘), 원포귀범(遠浦歸帆), 어촌낙조(漁村落照), 소상야우(瀟湘夜雨), 동정추월(洞庭秋月), 평사낙안(平沙落雁), 강천모설(江天暮雪) 등임. 화첩이나 병풍으로 만듦.

395) 다락 벽 계견사호(鷄犬獅虎): 닭, 개, 사자, 범을 그려, 다락으로 올라가는 문에 붙인 그림. 다락이란 주로 부엌 천장과 지붕 사이의 공간인데, 출입구는 안방의 아랫목 쪽 벽. 보통 네 짝의 문이 달렸는데, 바깥쪽 두 짝은 붙박이이고, 가운데 두 짝을 미닫이로 사용함. 이 네 짝의 다락문에 그림을 붙임.

396) 장지문(門) 어약용문(魚躍龍門): 장지문에 붙은 물고기가 용문에 뛰어오르는 그림. 장지문은 마루와 방, 방과 방 사이에 다는 문. 용문은 중국 황하(黃河) 중류에 있는 여울목. 큰 물고기 수천 마리가 용문 아래에 모여 올라가지 못하는데, 뛰어올라간 것은 용이 되고, 올라가지 못한 것은 이마만 다치고 되돌아간다는 데서, 과거에 급제하거나 성공함을 비유.

397) 해[日] 학(鶴) 반도(蟠桃) 십장생(十長生): 해와 학과 반도가 그려진 십장생도(十長生圖). 십장생은 해·산·물·돌·구름·소나무·불로초·거북·학·사슴 등 10가지를 말하지만, 일반적으로 유통되는 십장생도에는 대나무와 천도(天桃)까지 포함되어 12장생 이상인 경우가 많음.

398) 벽장문차(壁欌門次) 매죽난국(梅竹蘭菊): 벽장문에 붙일 매화·대·난초·국화 그림.

횡축(橫軸)[399]을 볼작시면 구운몽(九雲夢)[400] 성진(性眞)이가
팔선녀(八仙女) 희롱하여 투화성주(投花成珠)[401]하는 모양
주(周)나라 강태공(姜太公)[402]이 궁팔십(窮八十)[403] 노옹(老翁)으로
사립(簑笠)을 숙여 쓰고 곧은 낚시[404] 물에 넣고
때 오기만 기다릴 제 주문왕(周文王)[405] 착한 임금
어진 사람 얻으려고 손수 와서 보는 거동
한(漢)나라 상산사호(商山四皓)[406] 갈건야복(葛巾野服)[407] 도인(道人) 모양

---

399) 횡축(橫軸): 가로로 돌돌 말리도록 만든 그림이나 글씨. 가로로 펼쳐서 벽에 걸거나, 말아서 보관할 수도 있음.

400) 구운몽(九雲夢): 김만중(金萬重)의 소설. 육관대사(六觀大師)의 제자 성진(性眞)이 양소유(楊少游)로 환생하여 여덟 선녀의 환생인 여덟 여인과 인연을 맺고 부귀영화를 누리나 깨어 보니 꿈이었다는 내용.

401) 투화성주(投花成珠): 꽃을 던지자 구슬이 됨. 『구운몽』에 나오는 이야기. 성진이 복숭아꽃 가지를 꺾어 팔선녀 앞에 던지니, 여덟 송이 꽃이 땅에 떨어져 구슬이 됨.

402) 강태공(姜太公): 여상(呂尙). 이름은 상(尙). 본디의 성은 강(姜)이었으나, 하(夏)나라 때 그의 조상이 여(呂)씨에 봉해졌기에 그 성을 따라 여상(呂尙)이라 함. 좋은 세월을 기다리며 위수(渭水)가에서 곧은 낚시를 하고 있었는데 주(周)나라 문왕(文王)이 사냥 나왔다가 우연히 만나보고, "내가 기다린 지 오래다"라고 하여, 태공망(太公望)이라 했음.

403) 궁팔십(窮八十): 가난한 삶을 이르는 말. 강태공이 여든 살에 주나라의 정승이 될 때까지 가난하게 살았던 데서 유래함. 강태공이 여든 살에 정승이 된 뒤 80년을 호화롭게 살았다는 데서, 호화로운 삶을 달팔십(達八十)이라고 함.

404) 곧은 낚시: 고기를 낚을 의도가 없음을 나타내는 말.

405) 주문왕(周文王): 주(周)나라를 세운 무왕(武王)의 아버지. 무왕(武王)이 은(殷)나라 탕왕(湯王)을 토벌하고 주(周)나라를 건국한 후 아버지를 문왕(文王)이라고 했음.

406) 상산사호(商山四皓): 진(秦)나라 때 난리를 피해 상산(商山)에 들어간 네 노인. 동원공(東園公)·기리계(綺里季)·하황공(夏黃公)·녹리선생(甪里先生)을 이름. 호(皓)란 희다는 뜻으로, 이들이 모두 80세 이상으로 눈썹과 수염이 희었다는 데서 유래함. 한(漢)나라 고조(高祖)가 불렀으나 나오지 않았음. 뒤에 고조가 태자를 폐하려 하자, 여후가 이들을 불러 태자를 보필하도록 하여 고조는 태자를 폐위하는 논의를 그쳤음.

407) 갈건야복(葛巾野服): 칡으로 짠 베로 만든 두건과 베로 지은 옷. 벼슬하지 않고 시골에 숨어 사는 선비의 옷차림을 말함.

11 네 늙은이 바둑 둘 제 제세안민(濟世安民) 경영(經營)[408]일다
남양(南陽)의 제갈공명(諸葛孔明)[409] 초당(草堂)에 잠을 겨워
형익도(荊益圖)[410] 걸어놓고 평생(平生)을 아자지(我自知)라[411]
한소열(漢昭烈) 유황숙(劉皇叔)[412]이 삼고초려(三顧草廬) 하는 모양
진처사(晋處士) 도연명(陶淵明)은 오두미(五斗米) 마다하고[413]
팽택령(彭澤令) 하직하고 무고송이반환(撫孤松而盤桓)[414]이라
당학사(唐學士) 이태백(李太白)[415]은 주사청루(酒肆青樓) 취(醉)하여서
천자호래불상선(天子呼來不上船)[416]을 역력(歷歷)히 그렸으며

---

408) 제세안민(濟世安民) 경영(經營): 세상을 구제하고 백성을 편안하게 하기 위해 계획을 세워 일을 해 나감.

409) 남양(南陽)의 제갈공명(諸葛孔明): 남양 땅의 제갈량(諸葛亮). 중국 삼국 시대 촉한(蜀漢)의 정치가 공명이 은거하던 곳이 남양임.

410) 형익도(荊益圖): 형주(荊州)와 익주(益州)의 지도. 당시 형주에 있던 유비에게 형주와 익주를 얻어 발판으로 삼도록 진언하기 위한 것.

411) 평생(平生)을 아자지(我自知)라: 『삼국지연의(三國志演義)』에서 소개한 제갈량의 시구. 유비(劉備)가 남양(南陽) 초당(草堂)으로 제갈량(諸葛亮)을 찾아갔을 때 읊었다고 함. 전문은 다음과 같음.
대몽수선각(大夢誰先覺) 큰 꿈에서 누가 먼저 깼는가,
평생아자지(平生我自知) 평생을 나 자신이 아네.
초당춘수족(草堂春睡足) 초당의 봄날에 낮잠이 족하니,
창외일지지(窓外日遲遲) 창문 밖에 햇볕이 더디고 더디네.

412) 한소열(漢昭烈) 유황숙(劉皇叔): 촉한(蜀漢)의 제1대 황제 유비(劉備). 소열(昭烈)은 그의 시호. 후한(後漢)의 헌제(獻帝)는 유비가 자신과 일가로 항렬이 작은아버지와 같다고 황숙이라 불렀음.

413) 진처사(晋處士)~: 진나라 때의 처사 도잠(陶潛)은 팽택(彭澤)의 현령(縣令)이 되었으나, 다섯 말[五斗米] 정도의 봉급 때문에 허리를 굽힐 수 없다고 벼슬에서 물러나 〈귀거래사(歸去來辭)〉를 쓰고 귀향함. 연명은 도잠의 자(字). 호는 오류선생(五柳先生).

414) 무고송이반환(撫孤松而盤桓): 외로운 소나무를 어루만지며 서성거림. 〈귀거래사(歸去來辭)〉의 한 구절.

415) 당학사(唐學士) 이태백(李太白): 당(唐)나라 시인 이백(李白). 태백은 자(字). 이백은 한림학사(翰林學士)를 지냈음.

416) 천자호래불상선(天子呼來不上船): 임금이 오라고 불러도 배에 타지 않는다는 뜻

문에 붙일 신장(神將)[417]들과 모대(帽帶)한 문비(門裨)[418]들을
진채(眞彩) 메워[419] 그렸으니 화려하기 측량없다
구리개[420] 좌우 집에 신농유업(神農遺業)[421] 써 붙이고
각색 약이 다 있구나 수세제중(壽世濟衆)[422] 하리로다
인삼(人蔘) 사삼(沙蔘) 현삼(玄蔘)[423]이며 황련(黃連) 황금(黃芩) 황백(黃柏)[424]이며
진피(陳皮) 청피(靑皮) 대복피(大腹皮)[425]며 감초(甘草) 자초(紫草) 하고초(夏枯草)[426]며

으로, 임금이 불러도 가지 않음을 말함. 두보(杜甫)가 지은 〈음중팔선가(飮中八仙歌)〉에서 이백을 묘사한 부분에 나오는 구절.

417) 신장(神將): 귀신 가운데 사방의 잡귀나 악신을 몰아내는 일을 맡았다고 여겨지는 신.

418) 모대(帽帶)한 문비(門裨): 사모(紗帽)와 각띠를 갖춘 문비. 문비는 악귀를 쫓는 뜻으로 정월 초하룻날에 대문에 붙이는 그림. 신장(神將)의 모습을 그린 것.

419) 진채(眞彩) 메워: 진한 물감으로 칠한. 진채는 투명하지 않은 진한 물감.

420) 구리개: 동현(銅峴). 지금의 을지로 입구. 당시에 약방이 많았음.

421) 신농유업(神農遺業): 신농씨(神農氏)가 남겨놓은 사업이라는 뜻으로 여기서는 약을 다루는 일을 말함. 신농씨는 중국의 신화적 제왕으로, 모든 풀의 맛을 보아 백성들에게 약과 독을 구별하는 법과 농사를 가르쳤다고 함.

422) 수세제중(壽世濟衆): 세상 사람에게 복을 주고 구제함. 수세(壽世)란 세상 사람에게 복을 준다는 뜻.

423) 사삼(沙蔘) 현삼(玄蔘): 사삼은 더덕. 현삼은 열을 내리고 부은 것을 빼고 독을 푸는 데 쓰는 약재.

424) 황련(黃連) 황금(黃芩) 황백(黃柏): 황련은 가슴이 답답하고 잠을 자지 못하는 데나 구토, 설사에 쓰는 약재이며, 황금은 기침·황달·하혈·태동(胎動)불안 등에 쓰는 약재. 황백은 여러 가지 열성 질환과 황달·대하(帶下)·각기(脚氣) 등에 쓰는 약재.

425) 진피(陳皮) 청피(靑皮) 대복피(大腹皮): 모두 열매의 껍질을 말린 약재의 종류. 진피는 말린 귤껍질. 묵을수록 약효가 좋다고 하여 붙은 이름. 청피는 덜 익은 귤의 껍질을 말린 것. 덜 익어 파란 귤을 청귤이라 함. 대복피는 빈랑나무 열매의 껍질을 말린 것.

426) 감초(甘草) 자초(紫草) 하고초(夏枯草): 약재의 종류. 감초의 뿌리를 말린 것을 또한 감초라고 하는데 여러 탕약에 두루 씀. 자초는 말린 지치 뿌리. 하고초는 말린 꿀풀 이삭.

우황(牛黃) 타황(駝黃) 구황(狗黃)[427]이며 웅담(熊膽) 구담(狗膽) 사담(蛇膽)[428]이며

침향(沈香) 정향(丁香) 당사향(唐麝香)[429]과 용뇌(龍腦) 용안(龍眼) 용골(龍骨)[430]이며

소합환(蘇合丸) 광제환(廣濟丸)[431]과 태을환(太乙丸) 소침환(燒鍼丸)[432]과

청심환(淸心丸) 안신환(安神丸)[433]과 포룡환(抱龍丸) 만응환(萬應丸)[434]과

운모고(雲母膏) 우황고(牛黃膏)[435]며 오독고(五毒膏) 신이고(神異膏)[436]며

427) 우황(牛黃) 타황(駝黃) 구보(狗黃): 우황은 소 쓸개 속에 든 결석. 타황은 낙타 쓸개 속에 든 결석. 구황은 개 쓸개 속에 든 결석. 특히 우황은 열을 없애고 독을 푸는 작용을 하는데, 우황 대신 타황을 쓰기도 함.

428) 웅담(熊膽) 구담(狗膽) 사담(蛇膽): 곰쓸개, 개 쓸개, 뱀 쓸개.

429) 침향(沈香) 정향(丁香) 당사향(唐麝香): 침향은 침향나무 진액, 정향은 말린 정향나무 꽃봉오리. 당사향은 중국산 사향. 사향은 수컷 사향노루의 사향주머니를 말려 얻는 향료.

430) 용뇌(龍腦) 용안(龍眼) 용골(龍骨): 용뇌는 상록 교목인 용뇌수(龍腦樹) 줄기의 갈라진 틈에서 얻는 결정체. 용안은 상록 교목인 용안의 열매. 용골은 큰 포유동물의 화석화된 뼈.

431) 소합환(蘇合丸) 광제환(廣濟丸): 둘 다 위장을 맑게 하고 정신을 상쾌하게 하는 환약. 소합환보다 광제환이 효과가 큼. 환약이란 약재를 가루로 만든 뒤 반죽하여 작고 둥글게 빚은 알약.

432) 태을환(太乙丸) 소침환(燒鍼丸): 환약 이름. 소침환은 젖먹이가 토하고 설사할 때 씀. 소아의 설사나 구토에 쓰는 약으로 천을환(天乙丸)이 있는데, 태을환도 이와 유사한 약으로 보임.

433) 청심환(淸心丸) 안신환(安神丸): 청심환이란 우황청심환인데, 우황·인삼 등으로 만들며 중풍이나 간질 등에 씀. 안신환은 감기 등에 열을 내리는 데 씀.

434) 포룡환(抱龍丸) 만응환(萬應丸): 포룡환은 어린애가 놀랐을 때 쓰며, 만응환은 적(積)을 없애거나 기생충을 제거할 때 씀.

435) 운모고(雲母膏) 우황고(牛黃膏): 둘 다 고약의 이름. 운모고는 피부병이 있을 때 바르거나 먹는 약으로, 운모·염초·감초 등으로 만듦. 우황고는 열을 다스리는 데 쓰는 약으로, 궁중에서도 많이 사용하였음.

436) 오독고(五毒膏) 신이고(神異膏): 신이고는 옴과 같은 피부병에 쓰며, 오독고는 부스럼에 씀.

제중단(濟衆丹) 옥추단(玉樞丹)[437]과 벽온단(辟瘟丹) 자금단(紫金丹)[438]과

옥설(玉屑) 금설(金屑) 진주설(眞珠屑)[439]과 은박(銀箔) 금박(金箔) 호박설(琥珀屑)[440]과

민강(閩薑) 귤병(橘餠) 금전병(金錢餠)[441]과 녹용고(鹿茸膏) 경옥골(瓊玉膏ㄹ)[442]다

상백초제만민(嘗百草濟萬民)[443]은 염제씨(炎帝氏)[444] 공덕일세

물중지대(物衆地大) 장할씨고 제왕(帝王)의 도읍일다

4. 놀이처와 승전놀음

화려가 이러할 제 놀인들 없을쏘냐

장안소년유협객(長安少年遊俠客)[445]과 공자왕손(公子王孫) 재상자제(宰

---

437) 제중단(濟衆丹) 옥추단(玉樞丹): 구급으로 쓰는 알약. 제중단은 체했을 때 쓰고, 옥추단은 해독제.

438) 벽온단(辟瘟丹) 자금단(紫金丹): 벽온단은 돌림병을 막는데 쓰고, 자금단은 기침에 씀.

439) 옥설(玉屑) 금설(金屑) 진주설(眞珠屑): 약재로 쓰는 옥가루와 금가루, 진주 가루.

440) 은박(銀箔) 금박(金箔) 호박설(琥珀屑): 약재로 쓰는 은박, 금박, 호박(琥珀) 가루.

441) 민강(閩薑) 귤병(橘餠) 금전병(金錢餠): 모두 중국에서 들여온 과자 종류. 민강은 생강을 얇게 저며 설탕에 졸인 것이고, 귤병은 귤을 설탕이나 꿀에 졸인 것. 금전병은 돈 모양의 과자.

442) 녹용고(鹿茸膏) 경옥고(瓊玉膏): 둘 다 달여서 만든 약 이름. 녹용고는 녹용을 주재료로 한 것이고, 경옥고는 생지황(生地黃)·인삼·꿀 등을 넣어 달인 것.

443) 상백초제만민(嘗百草濟萬民): 온갖 풀을 맛보아 백성들에게 약초와 독초를 구분하게 하여 백성을 구제함. 신농씨의 업적을 말함.

444) 염제씨(炎帝氏): 신농씨(神農氏). 흔히 염제신농씨(炎帝神農氏)라 함.

445) 장안소년유협객(長安少年遊俠客): 서울의 젊은 유협객. 유협객이란 힘이 세고 의협심이 있어서, 힘으로 남의 어려움을 도와주겠다고 나서기 좋아하는 사람. 왕유(王維)의 〈농두음(隴頭吟)〉의 한 구절.

相子弟)

부상대고(富商大賈) 전시정(廛市井)[446]과 다방(茶房)골 제갈동지(諸葛同知)[447]

별감(別監) 무감(武監) 포도군관(捕盜軍官)[448] 정원사령(政院使令)[449] 나장(羅將)이라

남북촌(南北村) 한량(閑良)[450]들의 각색 놀음[451] 장할씨고

선비의 시축(詩軸)놀음 한량의 성청(成廳)놀음[452]

공물방(貢物房) 선유(船遊)놀음[453] 포교(捕校)의 세찬(歲饌)놀음[454]

---

446) 부상대고(富商大賈) 전시정(廛市井): 큰돈을 가지고 대규모로 장사하는 육주비전 상인.

447) 다방(茶房)골 제갈동지(諸葛同知): 지금의 중구 다동 지역의 노인을 가리킴. 다방골이란 궁중의 다례(茶禮)를 주관하던 관서인 다방(茶房)이 있었기 때문에 붙은 이름. 제갈동지란 제가 스스로 가로되 동지라 한다는 뜻으로, 나잇살이나 먹고 교만하며 터수는 넉넉하되 지체는 좀 낮은 사람이나 부잣집 노인을 뜻하는 말. 동지란 중추부(中樞府)의 종2품 벼슬인 동지중추부사(同知中樞府事)를 이르는 말인데, 벼슬이 없는 노인을 대접하여 이르기도 함.

448) 포도군관(捕盜軍官): 포도부장(捕盜部將).

449) 정원사령(政院使令): 승정원에 소속된 심부름꾼의 하나. 정원은 승정원. 사령은 각 관청에 소속된 심부름꾼의 하나.

450) 한량(閑良): 무관 집안 출신으로서 아직 무과 시험에 응시하지 않았거나 무과 시험에서 낙제하여 벼슬길에 오르지 못한 사람. 흔히 돈 잘 쓰고 잘 노는 사람을 일컬음.

451) 각색 놀음: 여러 가지 놀이.

452) 성청(成廳)놀음: 세력가 하인들이 모여 벌이는 놀이. 성청은 세력이 있는 집의 하인끼리 뭉쳐 떼를 이룸을 이르는 말.

453) 공물방(貢物房) 선유(船遊)놀음: 공물방의 뱃놀이. 공물방은 각 지방에서 호조(戶曹)에 바쳐야 할 공물(貢物) 업무를 대신 맡은 곳인데, 각 지방에서 바칠 공물을 공물방에서 미리 바치고 나중에 그 비용과 이자를 합하여 지방의 납공자(納貢者)에게서 받음.

454) 포교(捕校)의 세찬(歲饌)놀음: 포교들의 새해 놀이. 세찬은 설에 세배 오는 사람에게 대접하는 음식 또는 설음식을 준비하라는 뜻에서 보내는 물품을 뜻하기도 함.

455) 각사(各司) 서리(胥吏) 수유(受由)놀음: 각 관청의 서리들이 말미를 받아 노는 놀이. 서리는 경아전(京衙前)의 하급 관원. 본래의 소속은 의정부와 중추부였으나

각사(各司) 서리(胥吏) 수유(受由)놀음[455] 각 집 겸종(傔從) 화류(花柳)놀음[456]

장안의 편사(便射)놀음[457] 장안의 호걸(豪傑)놀음 12

재상(宰相)의 분부(分付)놀음 백성의 중포놀음[458]

각색 놀음 벌어지니 방방곡곡 놀이철(處ㄹ)다

놀이처 어디멘고 누대(樓臺) 강산(江山) 좋을씨고

조양루(朝陽樓)[459] 석양루(夕陽樓)[460]며 명설루(明雪樓)[461] 춘수루(春樹樓)[462]와

홍엽정(紅葉亭)[463] 노인정(老人亭)[464]과 송석원(松石園)[465] 생화정(生花亭)[466]과

동반의 각 관사에는 의정부가, 서반의 각 관사에는 중추부가 이들을 나누어 배속하였으므로 근무하는 관아는 다양함. 수유는 관공서에 근무하는 중에 사유가 발생하여 휴가를 받는 것을 말함.

456) 화류(花柳)놀음: 화류놀이. 꽃과 버들이 한창인 봄날 경치 좋은 산과 들에 음식을 가지고 가서 노는 놀이.

457) 편사(便射)놀음: 활터에 지은 정자에 모여 서로 편을 나누어 활쏘기를 겨루며 즐기는 일.

458) 중포놀음: 미상.

459) 조양루(朝陽樓): 효종(孝宗)이 왕위에 오르기 전에 살던 집. 현재의 대학로 근처에 있었음.

460) 석양루(夕陽樓): 인평대군(麟坪大君)이 살던 집. 낙산(駱山) 아래 있었음.

461) 명설루(明雪樓): 중구 회현동 부근에 있던 누대.

462) 춘수루(春樹樓): 한양에 있던 누대. 장소는 미상.

463) 홍엽정(紅葉亭): 남산 기슭 남창동에 있던 정자.

464) 노인정(老人亭): 남산 밑자락, 지금의 중구 필동에 있던 정자.

465) 송석원(松石園): 인왕산(仁王山) 아래 옥인동(玉仁洞) 일대의 명승지. 이곳에 김정희(金正喜)가 쓴 송석원(松石園)이라는 편액(扁額)을 걸고 서인(庶人)·중인(中人) 시인들이 어울려 시모임을 하였음.

466) 생화정(生花亭): 서대문 밖에 있던 정자.

467) 영파정(映波亭): 정자 이름. 한양에 이름난 영파정은 둘이 있는데, 하나는 서호(西湖) 곧, 난지도 쪽에 있었고, 하나는 낙산 아래 인평대군의 집에 있었음.

영파정(映波亭)[467] 춘초정(春草亭)[468]과 장유헌[469] 몽답정(夢踏亭)[470]과

필운대(弼雲臺)[471] 상선대(上仙臺)[472]와 옥류동(玉流洞)[473] 도화동(桃花洞)[474]과

창의문(彰義門)[475] 밖 내달아서 탕춘대(蕩春臺)[476] 세검정(洗劍亭)[477]과

옥천암(玉泉菴)[478] 석경루(石瓊樓)[479]와 한북문(漢北門)[480] 진관(津寬)[481]이며

경강정(京江汀)[482] 내달아서 창랑정(滄浪亭) 압구정(狎鷗亭)[483]과

---

468) 춘초정(春草亭): 광진구에 있던 정자.

469) 장유헌: 한양에 있던 누대. 장소는 미상.

470) 몽답정(夢踏亭): 경복궁의 북서쪽에 있던 정자.

471) 필운대(弼雲臺): 인왕산 아래에 있는 명승지. 석벽에 새긴 '필운대'란 글자는 백사(白沙) 이항복(李恒福)의 글씨. 근처에 꽃나무를 많이 심었기 때문에 한양의 봄꽃 구경으로 이곳을 으뜸으로 꼽았음.

472) 상선대(上仙臺): 필운대와 옥류동 근처의 명승지로 보임.

473) 옥류동(玉流洞): 인왕산 아래에 있는 명승지로, 계곡물과 바위의 경치가 매우 뛰어났음. 물이 석벽 사이에서 나오며 석벽 위에는 옥류동(玉流洞)이란 세 글자를 새겼음.

474) 도화동(桃花洞): 북악산 남쪽에 있는 명승지. 복사꽃이 많으므로 이렇게 불렀음.

475) 창의문(彰義門): 종로구 청운동에 있는 성문. 한양의 사소문(四小門) 중 하나로 자하문(紫霞門)이라고도 부름.

476) 탕춘대(蕩春臺): 종로구 신영동에 있던 돈대. 후에 연융대(鍊戎臺)라고 고쳐 불렀음.

477) 세검정(洗劍亭): 창의문 밖에 있는 정자. 인조반정 때에 이귀(李貴), 김류(金瑬) 등이 이곳에 모여 광해군의 폐위를 의논하고 칼을 씻은 데서 생긴 이름.

478) 옥천암(玉泉菴): 서대문구 홍은동에 있는 절로, 흰 마애불(磨崖佛)이 유명함.

479) 석경루(石瓊樓): 종로구 신영동에 있던 정자.

480) 한북문(漢北門): 탕춘대성(蕩春臺城)의 성문으로, 종로구 홍지동에 있음. 홍지문(弘智門)의 다른 이름.

481) 진관(津寬): 진관사(津寬寺). 한양 근교 4대 사찰의 하나로 지금 은평구 진관동에 있음.

482) 경강정(京江汀): 경강 가. 경강은 뚝섬에서 양화진까지의 한강을 말함.

483) 창랑정(滄浪亭) 압구정(狎鷗亭): 한강변의 정자들. 창랑정은 현재 당인리 발전소

족한정(足閑亭) 탁영정(濯纓亭)[484]과 별영(別營) 안 읍청룰(挹淸樓ㄹ)[485]다

구경가자 구경가자 승전(承傳)놀음[486] 구경가자

북일영(北一營) 군자정(君子亭)[487]에 좋은 놀음 벌였구나

눈빛 같은 흰 휘장과 구름 같은 높은 차일(遮日)[488]

차일 아래 유둔(油芚)[489] 치고 마루 끝에 보계판(補階板)[490]과

아로새긴 서까래[491]에 각 영문(營門)[492] 사(紗)초롱[493]을

빈틈없이 달아놓고 좁쌀 구슬 화초등(花草燈)[494]과

자리에 있던 정자. 압구정은 한명회(韓明澮)가 지은 정자로 압구정동에 있었음.

484) 족한정(足閑亭) 탁영정(濯纓亭): 족한정은 난지도 부근에 있었으며, 탁영정은 서강 뒤편의 와우산에 있었음.

485) 별영(別營) 안 읍청루(挹淸樓): 한강 가 별영(別營) 안에 있던 정자로, 명승으로 이름났음. 별영은 훈련도감 군병의 급료를 지급하기 위한 창고로 용산에 있었음.

486) 승전(承傳)놀음: 다른 말로 별감(別監)놀음. 승전이란 왕의 말씀을 전달한다는 뜻인데, 여기서는 별감이 하는 일을 말함. 별감은 궁중의 각종 행사에 참여하고 임금이나 세자의 행차 때 호위하는 일 등을 맡은, 액정서(掖庭署)에 소속된 구실아치의 하나. 궁궐에는 대전별감(大殿別監)을 비롯하여 대왕대비(大王大妃)·왕대비(王大妃)·세자궁(世子宮)·빈궁(嬪宮) 등 각 처소에 별감이 있었으며, 왕이 거둥할 때 봉도를 맡은 봉도별감(奉導別監), 임금이 거둥할 때 임금의 좌우에서 악(樂)을 연주하는 가무별감(歌舞別監) 등이 있었음.

487) 북일영(北一營) 군자정(君子亭): 경희궁 북쪽에 설치한 훈련도감의 분영(分營)인 북영(北營)을 북일영이라고 하는데, 그 안에 군자정이 있었음.

488) 차일(遮日): 햇볕을 가리기 위하여 치는 포장.

489) 유둔(油芚): 기름을 먹인 두터운 종이. 비를 막는 데 씀.

490) 보계판(補階板): 마루를 좀 더 넓게 쓰기 위하여 기존에 있던 마루 끝에 임시로 이어 덧대어 마루를 넓히는 데 쓰는 널조각. 이렇게 만든 마루를 보계라 함.

491) 서까래: 한옥의 지붕을 지탱하는 나무.

492) 영문(營門): 군대. 군영.

493) 사(紗)초롱: 안에 촛불을 넣어서 매달거나 들고 다니는 조명 도구의 하나. 대나무나 쇠로 테두리를 만들고 겉에 비단의 일종인 사를 두른 것.

494) 좁쌀 구슬 화초등(花草燈): 좁쌀 같은 구슬로 장식한 등. 화초등은 겉에 화초 그림으로 장식한 등.

보기 좋은 양각등(羊角燈)[495]을 차례 있게 걸어놓고
난간(欄干) 밖에 준화(樽花) 가화(假花)[496] 붉은 비단 허리 매어
빙문(氷紋) 진 유리병에 가득히 꽂아놓고
각색(各色) 총전(氈) 몽고전(蒙古氈)[497]과 만화(滿花)등메[498] 담방석(毯方席)[499]에
백통타구[白銅唾具][500] 옥타구(玉唾具)며 백통요강 은(銀)재떨이
왜찬합(倭饌盒)과 당찬합(唐饌盒)[501]과 아로새긴 교자상(交子床)[502]과
모란병풍[牡丹屛風] 영모병풍(翎毛屛風)[503] 산수병풍(山水屛風) 글씨 병풍
홍융사(紅絨絲) 구멍 뚫어 이리저리 얽어매고[504]

---

495) 양각등(羊角燈): 등의 하나. 양의 뿔을 고아서 유리 같이 투명한 막을 만들어 겉에 씌운 것.

496) 준화(樽花) 가화(假花): 둘 다 조화(造花). 준화는 동이[樽]에 꽂은 만든 꽃을 말하는데, 큰 잔치 때나 재(齋)를 올릴 때 장식용으로 씀.

497) 총전(氈) 몽고전(蒙古氈): 둘 다 방석을 말하는 것으로 보임. 총전은 말총으로 짠 방석. 몽고전은 몽골에서 게르를 만드는 데 쓰는 매우 두꺼운 천. 전은 짐승의 털로 아무 무늬가 없이 두껍게 짠 피륙.

498) 만화(滿花)등메: 여러 가지 꽃 모양을 넣어 만든 돗자리. 등메는 헝겊으로 테두리를 두르고 뒷면에는 부들자리를 대서 꾸민 돗자리.

499) 담방석(毯方席): 담으로 만든 방석. 담은 짐승의 털을 물에 빨아 짓이겨 평평하고 두툼하게 만든 조각인데, 담요나 방석 따위의 재료로 씀.

500) 백통타구[白銅唾具] 옥타구(玉唾具): 백통으로 만든 타구와 옥으로 만든 타구. 타구는 가래나 침을 뱉을 때 쓰는 그릇. 백통은 구리·아연 등의 합금으로 만든 은백색 금속.

501) 왜찬합(倭饌盒) 당찬합(唐饌盒): 일본산 찬합과 중국산 찬합. 찬합은 음식을 휴대할 때 쓰는 그릇으로, 층층이 포갤 수 있는 서너 개의 그릇이 한 벌을 이룸.

502) 교자상(交子床): 잔치 따위에서 여러 사람이 함께 앉아 음식을 먹을 수 있는 네모난 큰 상.

503) 모란병풍[牡丹屛風] 영모병풍(翎毛屛風): 모란꽃을 그리거나 수놓은 병풍과 새나 짐승을 그리거나 수놓은 병풍.

504) 홍융사(紅絨絲)~: 세워 놓은 여러 개의 병풍을 홍융사로 엮어 놓음. 홍융사는 붉은 빛의 굵은 비단 실로, 장식용 술을 만들 때나 무엇을 연결할 때 씀.

별감의 거동 보소 난번(番)[505] 별감 백여 명이

맵시도 있거니와 치장(治粧)도 놀라울사

편월(片月)상투[506] 밀화(蜜花)동곳 대짜동곳[507] 섞어 꽂고

곱게 뜬 평양망건(平壤網巾)[508] 외점박이 대모관자(玳瑁貫子)[509]

상의원(尙衣院) 자지팔사(紫地八絲)[510] 초립(草笠)[511] 밑에 팔괘(八卦) 놓고[512]

남융사(藍絨絲) 징두리[513]에 오동입식(烏銅笠飾)[514] 껴서 달고

손뼉 같은 수사(繡絲)갓끈[515] 귀를 가려 숙여 쓰고 13

---

505) 난번(番): 비번(非番). 일할 차례를 마치고 쉬는 차례.

506) 편월(片月)상투: 조각달 모양으로 틀어 올린 상투. 성인 남자가 머리카락을 모두 올려 빗어 정수리 위에서 틀어 감아 맨 것.

507) 밀화(蜜花)동곳 대짜동곳: 밀화로 만든 동곳과 큰 동곳. 동곳은 상투를 튼 정수리에 상투가 풀어지지 않도록 고정하기 위해 꽂는 장신구. 재료로 금·은·옥·밀화·호박 등을 쓰기도 했으나 일반서민은 나무나 뿔을 씀.

508) 평양망건(平壤網巾): 평양에서 생산한 망건. 망건은 상투를 쓴 머리 위에 갓을 쓰기에 앞서 머리카락을 단정히 여미어 매는 데 쓰는, 머리띠 비슷한 물건. 양쪽 끝에는 끈이 달렸으며 나머지 부분은 그물처럼 짰음. 재료로는 말총을 사용하며 제주도에서 많이 만들었는데, 이 시기에 평양산 망건이 특히 곱게 만들어졌음을 알 수 있음.

509) 외점박이 대모관자(玳瑁貫子): 점이 하나 박힌 대모로 만든 관자. 관자는 망건에 달린 작은 단추 모양의 고리인데, 망건과 상투를 연결하는 기능을 하는 당줄을 걸어넘기는 구실을 함. 신분에 따라 금·옥·호박·마노·대모 등을 씀.

510) 자지팔사(紫地八絲): 여덟 가닥의 실로 꼰 자주색 끈.

511) 초립(草笠): 쓰개의 하나. 왕골이나 풀 등으로 곱게 짠 누런 빛깔로 된 갓. 궁정의 세악수(細樂手), 사복(司僕)의 견마부(牽馬夫), 창우(倡優)는 연회석에서 초립을 착용하였고, 별감도 평상복에 흰 새털을 꽂은 초립을 썼음. 민간에서는 흔히 어린 신랑이 썼음.

512) 팔괘(八卦) 놓고: 미상. 자지팔사로 초립의 끈을 했다는 표현으로 보임.

513) 남융사(藍絨絲) 징두리: 남색 융사로 만든 징두리. 징두리는 초립 아래에 덧댄 부분.

514) 오동입식(烏銅笠飾): 오동으로 만든 초립의 장식. 오동은 장식품으로 쓰이는 검붉은 빛이 나는 구리.

515) 수사(繡絲)갓끈: 수(繡)실로 만든 갓끈.

516) 홍의(紅衣): 붉은 옷. 별감의 옷.

다홍 생초(生綃) 고운 홍의(紅衣)[516] 숙초창의(熟綃氅衣)[517] 받쳐 입고
보라 누비저고리[518]에 외올뜨기 누비바지[519]
양색단(兩色緞)[520] 누비배자(褙子) 전배자(氈褙子)[521] 받쳐 입고
금향수주(錦香水紬)[522] 누비토수(吐手)[523] 전토수(氈吐手) 받쳐 끼고
중동치레[524] 볼작시면 우단(羽緞) 대단(大緞) 도류불수(桃榴佛手)
각색 줌치 묘(妙)히 접어 나비매듭 벌매듭[525]에
파리매듭 도래매듭[526] 색색이로 꿰어 차고

---

517) 숙초창의(熟綃氅衣): 숙초로 만든 웃옷의 하나. 숙초는 비누나 잿물에 담가서 아교질을 없애 희고 광택이 나게 만든 명주실로 짠 비단. 창옷은 도포와 두루마기의 중간 형태의 외출복.

518) 보라 누비저고리: 보라색 누비저고리. 겉은 보랏빛 천으로 하고, 속에는 솜을 얇게 두어 잘게 바늘땀을 둔 저고리.

519) 외올뜨기 누비바지: 외올로 짠 감으로 만든 누비바지.

520) 양색단(兩色緞): 두 가지 색이 혼합되어 나타나도록 짠 비단. 빛깔이 서로 다른 씨실과 날실로 짬.

521) 누비배자(褙子) 전배자(氈褙子): 누벼서 만든 배자와 모직(毛織)으로 만든 배자. 배자는 저고리 위에 덧입는 조끼 비슷한 웃옷.

522) 금향수주(錦香水紬): 붉은 빛을 띤 검누른 빛깔의 수아주. 수아주(紬)는 수화주(水禾紬)라고도 하는데 품질이 좋은 비단의 하나.

523) 누비토수(吐手): 누벼서 만든 토시. 토시는 추위를 막거나 일할 때 팔소매를 가뜬하게 하고 소매부분이 해지거나 더러워지지 않도록 소매 위에 덧끼는 물건.

524) 중동치레: 몸의 중간 부분, 곧 허리부분의 치장.

525) 나비매듭 벌매듭: 나비 모양과 벌 모양의 매듭. 매듭이란 실끈을 사용하여 매고 죄어 여러 모양을 만드는 장식품으로, 노리개·허리띠·주머니끈에 활용됨.

526) 파리매듭 도래매듭: 매듭의 종류. 파리매듭은 파리모양의 매듭. 모양을 본뜬 매듭에는 잠자리매듭·장구매듭·병아리매듭 등도 있음. 도래매듭은 두 줄을 어긋매껴서 두 층으로 맺은 매듭. 매듭과 매듭을 연결하거나 다른 매듭의 가닥이 풀어지지 않도록 고정하거나 끝마무리를 할 때 이용함.

527) 괴불줌치: 괴불주머니. 주로 어린아이가 주머니끈 끝에 차는 세모 모양의 조그만 노리개. 색 헝겊을 기울어지게 접어서 그 속에 솜을 도톰하게 넣고 수를 놓아 색 끈을 닮.

528) 약낭(藥囊) 향낭(香囊): 약주머니와 향주머니. 약주머니는 약을 넣어 차는 작은 주머니이고, 향주머니는 향을 넣어 차는 작은 주머니.

오색 비단 괴불줌치[527] 약낭(藥囊) 향낭(香囊)[528] 섞어 차고
이궁전 대방전과 금사향(金絲香) 자개향[529]을
고름마다 걸어 차고 대모장도(玳瑁粧刀) 서장도(犀粧刀)[530]며
밀화장도(蜜花粧刀) 백옥장도(白玉粧刀) 안팎으로 비껴 차고
삼승(三升)버선[531] 수눅[532] 파서 맵시 있게 하여 신고
제제창창(濟濟蹌蹌)[533] 앉은 모양 절차도 거룩하다
금객(琴客) 가객(歌客)[534] 모였구나 거문고 임종철이
노래에 양사길이 계면(界面)[535]에 공득[536]이며
오동복판(梧桐腹板) 거문고[537]는 줄 골라 세워 놓고
치장(治粧) 차린 새 양금(洋琴)[538]은 떠는 나비 앉혔구나[539]

---

529) 이궁전 대방전 금사향(金絲香) 자개향: 모두 노리개에 다는 향주머니의 이름.

530) 서장도(犀粧刀): 무소뿔로 칼집과 칼자루를 장식한 작은 칼.

531) 삼승(三升)버선: 성글고 굵게 짠 천으로 만든 버선. 버선은 주로 삼승포로 만듦.

532) 수눅: 버선의 발등 부분의 가운데 꿰맨 솔기. 버선을 신을 때 이 솔기가 양쪽 바깥으로 가게 함.

533) 제제창창(濟濟蹌蹌): 몸가짐이 위엄 있고 질서 정연함.

534) 금객(琴客) 가객(歌客): 거문고 연주를 전문적으로 하는 직업 음악인과 시조·가사 등 가곡을 전문적으로 노래하는 직업 음악인.

535) 계면(界面): 계면조(界面調). 슬프고 애타는 느낌을 주는 곡조.

536) 임종철 양사길 공득: 사람 이름. 당시의 유명한 연주자들.

537) 오동복판(梧桐腹板) 거문고: 오동나무로 복판을 만든 거문고. 복판은 가야금이나 거문고의 몸통으로, 소리가 울리는 부분.

538) 양금(洋琴): 줄을 두드려서 연주하는 국악기의 하나. 구라철사금(歐羅鐵絲琴) 또는 구라금(歐羅琴)이라고도 불렀음. 영조 때 아라비아에서 청나라를 거쳐 조선에 들어왔는데, 금속성의 맑은 음색을 지녀 관현악이나 단소 병주(並奏) 등에 씀.

539) 떠는 나비 앉혔구나: 양금의 몸통에 나비 장식을 붙여 흔들리게 한 모습을 묘사한 표현.

540) 생황(笙簧) 퉁소 죽장고(竹杖鼓): 악기의 종류. 생황은 아악(雅樂)에 쓰며 퉁소는 향악(鄕樂)의 독주 악기로 널리 쓰임. 퉁소는 아악기인 소(簫)를 개량하여 대나무로 만든 것으로, '아래위로 통하는 소'라는 데서 나온 이름임. 죽장고는 죽(竹)장구라고도 하는데, 굵고 긴 대나무 속을 뚫어 만들며, 세워 놓고 막대기로

생황(笙簧) 퉁소 죽장고(竹杖鼓)[540]며 피리 저[笛] 해금(奚琴)[541]이며
새로 가린[542] 큰 장구를 청서피(靑鼠皮) 새굴레[543]에
홍융사(紅絨絲)[544] 용두(龍頭)머리[545] 단단히 조여 매고
태극(太極) 그린 큰북 가에 쌍룡(雙龍)을 그렸구나
왕대를 가로질러 흰 무명 십여 척(尺)을
고리 꿰어 매어 달고 다홍 상모(象毛) 긴 북챌다[546]
각색 기생 들어온다 예사로운 노름에도
치장이 놀랍거든 하물며 승전(承傳)놀음
별감의 놀음인데 범연(泛然)히 치장하랴
얼음 같은 누런 전모(氈帽)[547] 자지갑사(紫地甲紗)[548] 끈을 달고

쳐서 소리를 냄.

541) 피리 저[笛] 해금(奚琴): 모두 향악(鄕樂)에 쓰는 악기. 피리는 향피리·당피리·세피리로 구분됨. 저는 길이가 두 자 가량으로 위에 다섯 구멍, 아래에 한 구멍이나 있음. 해금은 현악기로 깡깡이라고도 함.

542) 가린: 깎은. 갈이칼로 나무그릇 따위를 깎아 만드는 것. 갈이칼은 재료를 굴대에 물려 돌리면서 깎을 때 대는 칼.

543) 청서피(靑鼠皮) 새굴레: 청서피로 만든 장구 조이개. 청서피는 날다람쥐나 하늘다람쥐의 가죽을 말함. 새굴레란 가죽으로 깔때기처럼 만들어 장구의 좌우 마구리에 얼기설기 얽은 줄의 두 가닥을 끼운 것인데, 한쪽으로 밀면 줄이 팽팽해지고, 다른 한쪽으로 밀면 줄이 늘어지게 되어 장구의 소리를 조절함.

544) 홍융사(紅絨絲): 붉은 비단실이라는 뜻으로, 여기서는 장구의 북편과 채편을 연결하는 끈을 말함.

545) 용두(龍頭)머리: 갈고리쇠. 장구의 양쪽에 있는 쇠로 만든 고리. 용두쇠. 갈고리.

546) 태극(太極)~: 대취타(大吹打)에서 용고(龍鼓)를 치는 모습을 표현한 것. 용고는 북통 양쪽에 고리를 박아 끈을 달아서 목에 걸고, 상모가 달린 긴 북채를 두 손에 쥐고 내려침.

547) 전모(氈帽): 여자들이 나들이할 때 쓰던 모자의 하나. 대나무로 삿갓 모양의 테두리를 만들고 여기에 종이를 발라 기름에 결어 만듦. 기름을 여러 번 발라 만들므로 반들반들하여 얼음 같다고 한 것으로 보임.

548) 자지갑사(紫地甲紗): 자주색 갑사. 갑사는 주로 여름철 옷감으로 쓰이는 얇고 고운 고급 비단.

구름 같은 허튼머리[549] 반달 같은 쌍얼레[550]로
솰솰 빗겨 고이 빗겨 편월(片月) 좋게[551] 땋아 얹고
모단(冒緞) 삼승(三升) 가리마[552]를 앞을 덮어 숙여 쓰고
산호잠(珊瑚簪)[553] 밀화(蜜花)비녀 은비녀 금봉채(金鳳釵)[554]를
이리 꽂고 저리 꽂고 당가화(唐假花) 상가화(常假花)[555]를 14
눈을 가려 자주 꽂고[556] 도류불수 모초단(毛綃緞)[557]을
웃저고리[558] 지어 입고 양색단(兩色緞) 속저고리[559]
갖은 패물(佩物) 꿰어 차고 남갑사(藍甲紗) 은조사(銀造紗)[560]며
화갑사(花甲紗)[561] 긴 치마를 허리 졸라 동여[562] 입고

---

549) 허튼머리: 머리 모양의 하나.

550) 쌍얼레: 음양소(陰陽梳)를 말하는 것으로 보임. 음양소는 빗살이 한쪽은 성기고, 한쪽은 빽빽한 빗.

551) 편월(片月) 좋게: 보기 좋은 조각달처럼.

552) 모단(冒緞) 삼승(三升) 가리마: 모단 가리마 또는 삼승 가리마라는 뜻으로, 기생들의 머리 장식한 모습을 말함. 가리마는 여성이 예복을 갖추어 입을 때 큰머리 위에 쓰던 검은 헝겊. 비단천의 가운데를 접어 두 겹으로 만들고 그 속에 종이나 솜을 넣은 것으로, 앞머리의 가르마 부근에 대고 뒷머리 부분에서 매어 어깨나 등에 드리움. 모단은 비단의 일종. 삼승은 삼승포(三升布)로, 거칠게 짠 베를 말함.

553) 산호잠(珊瑚簪): 산호로 만든 비녀. 머리 장식의 하나임.

554) 금봉차(金鳳釵): 금으로 만든 비녀 끄트머리[簪頭]에 봉황 모양을 새긴 것으로 머리 장식의 하나.

555) 당가화(唐假花) 상가화(常假花): 중국에서 수입한 조화(造花)와 조선의 조화.

556) 눈을 가려 자주 꽂고: 머리에 꽂은 가화가 너무 많아 시야를 가릴 정도임을 뜻함.

557) 모초단(毛綃緞): 중국에서 나는 비단의 한 가지. 날은 가는 올로, 씨는 굵은 올로 짬.

558) 웃저고리: 겉저고리. 저고리를 껴입을 때 맨 겉에 입는 저고리.

559) 양색단(兩色緞) 속저고리: 빛깔이 다른 씨실과 날실로 짜서, 두 가지 빛깔을 지닌 비단으로 만든 속저고리. 속저고리는 저고리 안에 입는 저고리.

560) 은조사(銀造紗): 중국산 얇은 비단의 하나.

561) 화갑사(花甲紗): 꽃무늬가 드러나게 짠 질 좋은 얇은 비단.

562) 동이다: 끈이나 실 따위로 감거나 둘러 묶음.

563) 백방수주(白紡水紬) 속속곳: 백방수주로 만든 여성의 속옷. 여자들이 입던 아랫

백방수주(白紡水紬) 속속곳[563]과 수갑사(繡甲紗) 단속곳[564]과
장원주(壯元紬) 넓은 바지[565] 몽고삼승(蒙古三升)[566] 겉버선과
안동상전(安洞床廛)[567] 수운혜(繡雲鞋)[568]를 맵시 있게 신어 두고
백만교태 다 피우고 모양 좋게 들어온다
내의녀(內醫女)[569] 침선비(針線婢)[570]며 공조(工曹)[571]라 혜민서(惠民署)[572]며
늙은 기생 젊은 기생 명기(名技) 동기(童妓) 들어온다
오동양월(梧桐凉月)[573] 밝은 달에 밝고 밝은 추월(秋月)[574]이며
춘래편시도화수(春來遍是桃花水)[575]라 벽도(碧桃) 홍도(紅桃) 들어온다
설만장안학정홍(雪滿長安鶴頂紅)[576]하니 외로울사 일점홍(一點紅)이

도리 속옷으로, 다리통이 넓은 바지 모양임. 백방수주는 비단의 하나.

564) 수갑사(繡甲紗) 단속곳: 수놓은 갑사로 만든 단속곳. 단속곳이란 여자의 속옷으로, 속바지 위에 덧입고 그 위에 치마를 입음.

565) 넓은 바지: 통이 넓은 바지. 치마 안에 입은 속바지를 말함.

566) 몽고삼승(蒙古三升): 몽고산 베.

567) 안동상전(安洞床廛): 보신각 북쪽의 안동(安洞)에 있던 상전. 상전은 잡화를 파는 가게.

568) 수운혜(繡雲鞋): 앞코에 구름무늬를 수놓은 신. 여성이 신는 신.

569) 내의녀(內醫女): 내의원(內醫院)에 소속되어 있는 의녀. 내의원을 약방(藥房)이라고도 하므로, 이들을 약방기생이라 함.

570) 침선비(針線婢): 상의원(尙衣院)에 소속되어 옷을 짓는 일을 맡은 여자 종. 상의원을 상방이라고도 하므로, 이들을 상방기생이라 함.

571) 공조(工曹): 6조의 하나. 산림·하천·호수와 각종 토목공사와 수공업에 관한 일을 맡은 관청.

572) 혜민서(惠民署): 한양에 있는 의료기관. 가난한 백성을 무료로 치료하고 여자들에게 침술을 가르치는 일을 하였음.

573) 오동양월(梧桐凉月): 오동나무 가지 사이로 보이는 가을 달.

574) 추월(秋月): 기생의 이름. 이 아래는 모두 기생의 이름을 시구와 함께 나열한 것.

575) 춘래편시도화수(春來遍是桃花水): 봄이 오니 곳곳마다 복사꽃 물결. 왕유(王維)의 〈도원행(桃源行)〉의 한 구절.

576) 설만장안학정홍(雪滿長安鶴頂紅): 장안 가득 눈 내린 데 학 정수리의 붉은 점이

정부만리수타향(征夫萬里戍他鄕)[577]하니 바라볼사 관산월(關山月)[578]이
앵전고지연입루(鶯囀高枝燕入樓)[579]하니 소리 좋은[580] 연앵(燕鶯)이며
청천삭출금부용(靑天削出金芙蓉)[581]하니 의젓한 부용(芙蓉)이며
천리앵제녹영홍(千里鶯啼綠映紅)[582]하니 탈색(奪色)[583]할사 영산홍(映山紅)[584]이
구봉침(九鳳枕)[585] 잠깐 보니 화려할사 채봉(彩鳳)[586]이며
옥출곤강(玉出崑崗) 금생여수(金生麗水)[587] 보배로운 금옥(金玉)이며
선성재수홀사양(蟬聲在樹忽斜陽)[588]하니 신기롭다 초선(貂蟬)[589]이며

도드라진다.

577) 정부만리수타향(征夫萬里戍他鄕): 임은 만리타향 변방의 군인인데. 왕발(王勃)의 〈추야장(秋夜長)〉의 한 구절.

578) 관산월(關山月): 고향을 멀리 떠나 변방에서 근무하는 군사의 애달픈 심경을 노래한 악부시(樂府詩) 이름이기도 한데, 여기서는 기생 이름.

579) 앵전고지연입루(鶯囀高枝燕入樓): 꾀꼬리는 나무 위 높은 가지에서 지저귀고, 제비는 누각으로 날아든다. 당(唐)나라 장중소(張仲素)의 〈한원행(漢苑行)〉의 한 구절.

580) 소리 좋은: 노래를 잘하는.

581) 청천삭출금부용(靑天削出金芙蓉): 푸른 하늘에 금빛 연꽃이 깎아낸 듯 솟았다는 뜻으로, 우뚝 솟은 산을 표현한 말. 이백(李白)의 〈등여산오로봉(登廬山五老峰)〉의 한 구절.

582) 천리앵제녹영홍(千里鶯啼綠映紅): 천리길에 꾀꼬리 울고 푸른 잎과 붉은 꽃이 서로 비친다. 두목(杜牧)의 〈강남춘(江南春)〉의 한 구절.

583) 탈색(奪色): 빛을 빼앗는다는 뜻으로, 매우 뛰어나 다른 것들을 압도한다는 말.

584) 영산홍(映山紅): 철쭉의 하나.

585) 구봉침(九鳳枕): 아홉 마리의 봉황을 수놓은 베개. 두 마리의 어미 봉황과 일곱 마리의 새끼 봉황임. 채봉이라는 기생 이름을 말하기 위해 구봉침을 언급하였음.

586) 채봉(彩鳳): 빛깔이 곱고 아름다운 봉황새. 여기서는 기생 이름을 말함.

587) 옥출곤강(玉出崑崗) 금생여수(金生麗水): 옥은 곤강에서 나고, 금은 여수에서 난다. 『천자문(千字文)』의 한 구절인데, 천자문과는 순서가 바뀌었음.

588) 선성재수홀사양(蟬聲在樹忽斜陽): 매미울음 소리가 나무에서 나더니, 갑자기 저물녘이다. 18세기 시인 정범조(丁範祖)의 시 구절.

589) 초선(貂蟬): 『삼국지연의(三國志演義)』에 등장하는 미인 이름인데 여기서는 기생 이름을 말함.

낙양(洛陽) 장안(長安) 봄 늦었다 번화로운 만점홍(萬點紅)[590]이
강성오월낙매화(江城五月落梅花)[591]하니 향기로운 매향(梅香)이며
녹죽의의청고절(綠竹猗猗淸高節)[592]하니 절개 있는 죽엽(竹葉)이며
경수무풍야자파(鏡水無風也自波)[593]하니 곱고 고운 백릉팔(白凌波己)[594]다
운빈화안금보요(雲鬢花顔金步搖)[595]하니 설부화모참치시(雪膚花貌參差是)[596]라
차례로 늘어앉아 놀음을 재촉한다
화려한 거문고는 안족(雁足)[597]을 옮겨 놓고
문무현(文武絃)[598] 다스리니 농현(弄絃)[599] 소리 더욱 좋다

---

590) 만점홍(萬點紅): 만 송이 붉은 꽃이라는 뜻으로, 기생 이름을 말함.

591) 강성오월낙매화(江城五月落梅花): 5월 맞은 강성(江城)에는 매화가 떨어지고 있다. 이백(李白)의 〈여사낭중흠청황학루상취적(與史郎中欽聽黃鶴樓上吹笛)〉의 한 구절.

592) 녹죽의의청고절(綠竹猗猗淸高節): 아름답게 우거진 푸른 대나무는 맑고 높은 절개이다. '녹죽의의'는 『시경(詩經)』「위풍(衛風)」〈기욱(淇奧)〉 장의 한 구절.

593) 경수무풍야자파(鏡水無風也自波): 경호(鏡湖)에는 바람이 없는데 절로 물결이 인다. '경수'는 중국 소흥부(紹興府) 회계현(會稽縣)에 있는 호수 경호. 하지장(賀知章)의 〈채련곡(采蓮曲)〉의 한 구절.

594) 백릉파(白凌波): 『구운몽(九雲夢)』에 등장하는 여성의 이름. 8선녀 중의 한 명.

595) 운빈화안금보요(雲鬢花顔金步搖): 숱 많은 탐스러운 머리털과 꽃 같은 얼굴에 금으로 만든 보요를 꽂은 모습. 보요는 여성이 머리에 꽂는 장식품인데, 걸을 때마다 흔들림. 백거이(白居易)의 〈장한가(長恨歌)〉의 한 구절.

596) 설부화모참치시(雪膚花貌叅差是): 눈처럼 흰 살결과 꽃 같은 모습이 이 사람과 거의 같다. 백거이 〈장한가(長恨歌)〉의 한 구절.

597) 안족(雁足): 기러기발. 거문고나 가야금 따위의 줄을 고르는 기구. 단단한 나무로 만든 기러기 발 모양인데, 줄 밑에 괴고 위아래로 움직이며 줄의 소리를 조정함.

598) 문무현(文武絃): 거문고에서 제1현인 문현과 제6현인 무현을 아울러 이르는 말.

599) 농현(弄絃): 현악기 연주에서, 왼손으로 줄을 짚고 가늘게 흔들어 꾸밈음을 내는 연주법. 요현(搖絃).

600) 다스름: 연주하기 전에 음률을 고르게 맞추기 위하여 적당히 짧은 곡조를 연주하여 보는 일.

한만(閑漫)한 저 다스름[600] 길고 길고 구슬프다
피리는 침을 뱉고[601] 해금(奚琴)은 송진(松津) 긁고[602]
장구는 굴레 죄어[603] '더덕'[604]을 크게 치니
관현(管絃)의 좋은 소리 심신(心身)이 황홀하다
거상조(擧床調)[605] 내린 후에 소리하는 어린 기생
한 손으로 머리 받고[606] 아미(蛾眉)를 반쯤 숙여
우조(羽調)라 계면(界面)[607]이며 소용이(騷聳耳) 편락(編樂)[608]이며
춘면곡(春眠曲) 처사가(處士歌)며 어부사(漁父詞) 상사별곡(相思別曲)
황계타령(黃鷄打令) 매화타령(梅花打令)[609] 잡가(雜歌)[610] 시조(時

601) 피리는 침을 뱉다: 피리혀에 침칠을 함. 피리혀는 대나무를 얇고 납작하게 깎아 피리의 윗머리에 끼워서 소리를 내는 부분.

602) 해금(奚琴)은 송진(松津) 긁다: 해금 활에 송진을 칠함. 해금 소리가 잘 나도록 하는 것.

603) 굴레 죄다: 굴레, 곧 조이개를 조임. 굴레를 한쪽으로 밀면 줄이 팽팽해지고, 다른 한쪽으로 밀면 줄이 늘어지게 되어 장구의 소리를 조절할 수 있음.

604) 더덕: 장구 장단. 장구를 쳐서 내는 장단을 '더덕채'라 함.

605) 거상조(擧床調): 잔치 때 큰상을 올리기에 앞서 연주하는 음악으로, 연회의 시작을 알림.

606) 머리 받고: 머리를 받치고.

607) 우조(羽調) 계면(界面): 둘 다 국악의 악조명. 우조는 '우'음을 으뜸음으로 하는 음조로, 다른 곡조보다 맑고 씩씩하고, 계면조는 슬프고 애타는 느낌을 주는 음조로, 서양 음악의 단조(短調)와 비슷함.

608) 소용이(騷聳耳) 편락(編樂): 둘 다 국악의 악곡명. 소용이는 폭풍이 치고 소나기 내리듯, 제비가 거리낌 없이 제멋대로 날 듯[暴風驟雨 飛燕橫行] 부름. 편락은 편락시조(編樂時調), 곧 엮어나가는 낙시조로, 부르는 방식은 춘추 시대나 초한 시대 세상의 움직임처럼[春秋風雨 楚漢乾坤] 부름.

609) 춘면곡(春眠曲)~: 각기 12가사(歌詞)의 하나. 황계타령(黃鷄打令)은 황계사(黃鷄詞)이고, 매화타령(梅花打令)은 매화가(梅花歌)임.

610) 잡가(雜歌): 가사체의 긴 사설을 얹어 부르는 민속적인 성악곡의 하나로, 경기잡가·서도잡가·남도잡가 또는 12잡가 또는 8잡가와 잡잡가 등이 있음. 하지만 잡가라는 명칭은 발생 이후 개념과 범주에 있어서 상당한 변화를 거쳤기 때문에 여기서의 잡가는 이 책이 발간된 1880년 당시의 개념으로 파악해야 함. 또한 12가사

調)[611] 듣기 좋다

춤추는 기생들은 머리에 수건 매고

윗영산(靈山)[612] 늦은 춤에 중영산(中靈山)[613] 춤을 몰아

잔영산(靈山)[614] 입(立)춤[615] 추니 무산선녀(巫山仙女)[616] 내려온가

배따라기 북춤이며 대무(對舞) 남무(男舞)[617] 다 춘 후에

안올린벙거지[618]에 성성전(猩猩氈) 징두리[619]에

와 12잡가의 레퍼토리는 20세기에 들어 만들어진 것이므로, 위에 나열한 〈춘면곡〉~〈매화타령〉이 당대에 모두 가사곡으로 불렸다고 볼 수도 없음. 1863년에 간행된 『남훈태평가』에는 〈매화타령〉이 잡가로 분류되어 있으며, 유만공(柳晩恭, 1793~1869)의 『세시풍요(歲時風謠)』에는 〈춘면곡〉과 〈황계타령〉이 잡가로 언급되어 있음.

611) 시조(時調): 시조창 또는 시조창의 노랫말. 여기서는 우조·계면조·소용·편락 등의 악조와 악곡 그리고 〈춘면곡〉~〈매화타령〉을 나열한 뒤에 잡가·시조라고 한 것으로 보아, 시조의 원말인 시절가조(時節歌調)가 뜻하는 바와 같이 '요즘 조(調)'라는 의미인 것으로 보임.

612) 윗영산(靈山): 상영산(上靈山). 현악영산회상(絃樂靈山會上)의 첫째 곡조. 긴영산. 본영산(本靈山).

613) 중영산(中靈山): 현악영산회상의 둘째 곡조. 웃영산보다는 약간 빠름.

614) 잔영산(靈山): 현악영산회상의 셋째 곡조. 웃영산·중영산보다 빠름. 세영산(細靈山) 소영산(小靈山).

615) 입(立)춤: 특별한 옷차림을 하지 않고, 둘이 마주서서 팔만 벌리거나 몸의 관절만 움직이는 단순한 동작으로 추는 춤.

616) 무산선녀(巫山仙女): 매우 아름다운 선녀를 뜻함. 무산은 중국 사천성(四川省) 동쪽에 있는 12봉우리로 이루어진 산. 초회왕(楚懷王)이 고당(高唐)에서 유람할 때 낮잠을 자다가 무산의 선녀를 만났다고 함.

617) 대무(對舞) 남무(男舞): 모두 춤의 종류. 대무는 마주 서서 추는 춤이며, 남무는 기생들이 관리의 웃옷을 걸쳐 남장(男裝)을 하고 추는 춤.

618) 안올린벙거지: 안쪽에 칠을 한 벙거지. '안올리다'는 기구나 그릇 따위의 안쪽을 칠한다는 뜻.

619) 성성전(猩猩氈) 징두리: 짐승의 털로 두껍게 짠 붉은 빛깔의 징두리.

620) 증자[鎗子]: 전립(戰笠) 따위의 위에 꼭지처럼 다는 장식. 품계(品階)에 따라 금·은·옥·석 등의 구별이 있음. 정자(頂子).

621) 매암이: 매미. 매미 모양.

622) 갑사군복(甲紗軍服): 질 좋은 얇은 비단으로 만든 군복. 갑사는 여름용 옷감.

주먹 같은 밀화(蜜花) 증자[鐙子][620] 매암이[621] 새겨 달고

갑사군복(甲紗軍服)[622] 홍수(紅袖)[623] 달아 남수화주(藍水禾紬) 긴 전대(戰帶)를

허리를 잔뜩 매고 상모(象毛) 단 노는 칼[624]을

두 손에 비껴 쥐고 잔영산(靈山) 모는 새면[625]

항장(項將)의 춤[626]일런가 가슴이 서늘하다

보기에 번화하고 듣기에 신기하다

춘성삼백구십교(春城三百九十橋)[627]와 대도청루십이중(大都青樓十二重)[628]에

집집이 관현(管絃)이요 거리거리 노래로다

연풍해전가가주(年豐海甸家家酒)[629]요 춘만강성처처화(春晚江城處處花)[630]라

---

623) 홍수(紅袖): 붉은 소매. 군복에는 붉은 소매를 달았음.

624) 상모(象毛) 단 노는 칼: 장식으로 상모를 매단, 춤출 때 쓰는 칼. 상모는 깃발이나 북채 등의 한쪽 끝에 이삭 모양으로 매다는 붉은 털.

625) 새면: 삼현(三絃). 삼현육각(三絃六角). 피리 둘, 대금·해금·장구·북이 각각 하나씩으로 편성되는 음악. 삼현육각의 편성으로 같은 음악을 연주하더라도 감상용으로 음악만 독립하여 연주하면 '대풍류[竹風流]'라 하고, 무용반주로 쓰일 때만 삼현육각이라고 하기도 함.

626) 항장(項莊)의 춤: 항장무(項莊舞). 중국 진(秦)나라 말기에, 항우(項羽)와 유방(劉邦)이 서로 우위를 차지하려고 암투하던 때 항우의 신하 항장(項莊)이 유방을 죽이려고 칼춤을 추다가 성공하지 못한 일을 소재로 한 무용극.

627) 춘성삼백구십교(春城三百九十橋): 봄날 성안의 많은 다리들. 당(唐)나라 유우석(劉禹錫)의 시 〈낙천기억구유(樂天寄憶舊遊)〉에는 '春城三百七十橋'라고 했음. 여기서는 한양 거리 전체를 뜻함.

628) 대도청루십이중(大都青樓十二重): 큰 도시의 화려한 기생집. 십이중이란 열두 겹을 말함. 당(唐)나라 때 시인 낙빈왕(駱賓王)의 〈제경편(帝京篇)〉의 한 구절.

629) 연풍해전가가주(年豐海甸家家酒): 풍년 든 우리나라에는 집집마다 술이 있다. 해전은 바다를 경계로 한 일정한 지역이라는 뜻으로, 중국에 대하여 조선을 가리키는 말로 쓰이기도 함.

630) 춘만강성처처화(春晚江城處處花): 봄 깊은 강가 도시, 곧 한양에는 곳곳마다 꽃

동도부(東都賦) 서도부(西都賦)[631]며 임고대(臨高臺)[632] 제경편(帝京篇)[633]과
제왕국도(帝王國都)[634] 지은 글이 번화가 장(壯)하건마는
자성제인(子誠齊人)[635] 어린[636] 소견 우리 한양(漢陽) 제일일다
임자는 그 뉘신고 하늘이 내신 인군(人君)[637]
적덕백년(積德百年)[638] 태조대왕(太祖大王) 홍무(洪武)에 등극(登極)[639]하사
예악법도(禮樂法度)[640] 소중화(小中華)[641]라 선리건곤(仙李乾坤)[642] 거룩하다
계계승승(繼繼承承) 성자신손(聖子神孫)[643] 즐겁구나 우리 성주(聖主)

이 피었다.

631) 동도부(東都賦) 서도부(西都賦): 동서 두 도읍을 읊은 글. 후한(後漢) 때 역사가 반고(班固)의 〈이도부(二都賦)〉를 말함. 동도는 낙양(洛陽), 서도는 장안(長安).

632) 임고대(臨高臺): 당(唐)나라 왕발(王勃)의 시 제목.

633) 제경편(帝京篇): 낙빈왕(駱賓王)이 지은 장편(長篇)의 칠언 고시(七言古詩). 당시 수도인 장안(長安)의 번화함과 인물의 성쇠(盛衰)를 읊었음.

634) 제왕국도(帝王國都): 황제국 제후국의 수도. 중국과 조선의 역대 도읍들.

635) 자성제인(子誠齊人): 그대는 참으로 제나라 사람이로구나. 맹자의 제자 공손추(公孫丑)가 맹자에게 "선생님께서 만일 제(齊)나라에서 요직을 맡으신다면 관중(管仲)과 안자(晏子)의 공적을 다시 기대할 수 있겠습니까?"라고 묻자, 맹자는 "그대는 참으로 제 나라 사람이로구나, 관중과 안자밖에 모르는 것을 보니!"라고 하고 논박하였음.

636) 어리다: 어리석다.

637) 인군(人君): 임금.

638) 적덕백년(積德百年): 백년에 걸쳐 음덕을 쌓은.

639) 홍무(洪武)에 등극(登極): 태조 이성계(李成桂)가 조선을 건국한 것이 명나라 태조 시절임을 말함. 홍무는 명나라 태조의 연호.

640) 예악법도(禮樂法度): 예법과 음악과 법도를 아울러 이르는 말.

641) 소중화(小中華): 중화문명을 유지했다는 뜻으로 조선을 말함.

642) 선리건곤(仙李乾坤): 이씨의 세상이라는 뜻으로 여기서는 조선을 말함.

643) 성자신손(聖子神孫): 성스럽고 신령스러운 자손. 임금의 자손.

어질기는 요순(堯舜)[644]이요 효(孝)롭기는 문무(文武)[645]로다
주(周)나라 구여시(九如詩)[646]와 한(漢)나라 사중가(四重歌)[647]는
아마도 우리나라 수무족도(手舞足蹈)[648] 즐겁구나

5. 능행(陵幸)

해마다 정월(正月)이면 태묘사직(太廟社稷) 다니신[649] 후
능행령(陵幸令)[650] 내리시니 남도(南都)[651] 거둥 되신다네
남도는 화성부(華城府)[652]라 두 능(陵)[653]을 뫼셨으니 16

644) 요순(堯舜): 중국 고대의 성군인 요임금과 순임금을 아울러 이르는 말.

645) 문무(文武): 중국 주(周)나라의 시조 문왕(文王)과 그 아들 무왕(武王). 문왕은 어진 정치로 주나라 건국의 토대를 닦았고, 무왕은 은(殷)나라를 정벌하여 주나라를 창건하였음.

646) 주(周)나라 구여시(九如詩): 『시경(詩經)』「소아(小雅)」〈천보편(天保篇)〉을 말함. 임금의 만수무강을 기원하는 내용으로, 전체 6장(章)의 노랫말에 여(如)가 아홉 번 나온 데서 붙인 이름.

647) 한(漢)나라 사중가(四重歌): 한나라 때의 악장(樂章). 한(漢)나라 광무제(光武帝) 때 태자를 위하여 지은 것으로, 일중광(日重光)·월중륜(月重輪)·성중휘(星重輝)·해중윤(海重潤)을 노래했기 때문에 '사중'이라 했음.

648) 수무족도(手舞足蹈): 손으로 춤을 추고 발로 뛴다는 뜻으로, 기뻐 춤춤을 말함.

649) 태묘사직(太廟社稷) 다니신: 종묘사직(宗廟社稷)에 제사를 지내러 행차함. 태묘는 종묘, 사직은 사직단을 말함.

650) 능행령(陵幸令): 능에 거둥하겠다는 명령. 임금이 선왕의 능에 참배하기 위해 거둥하는 것을 능행이라 함.

651) 남도(南都): 경기도 수원(水原).

652) 화성부(華城府): 화성(華城), 곧 수원(水原).

653) 두 능(陵): 수원에 있는 현륭원(顯隆園)과 건릉(健陵).

654) 건릉(健陵)과 현륭원(顯隆園): 건릉은 정조와 그의 비 효의왕후(孝懿王后)의 능이고, 현륭원은 사도세자(思悼世子)와 그의 비 혜경궁(惠慶宮) 홍씨(洪氏)의 무덤. 현륭원은 사도세자를 장조(莊祖)로 추존하면서 융릉(隆陵)으로 격상되었음.

건릉(健陵)과 현륭원(顯隆園)[654]에 춘전알(春展謁) 영(令)이 났다[655]
병판(兵判)은 군령(軍令) 대령(待令)[656] 각 영문(營門) 장신(將臣)네는
군장점고(軍裝點考) 신칙(申飭)[657]하고 백각사(百各司) 관원(官員)들은
군복(軍服) 융복(戎服)[658] 치장(治粧)하고 백각사 하인들은
능행복색(陵幸服色)[659] 재촉하니 택일(擇日)은 삼월이라
능행도 하시면서 춘성경(春省耕)[660]하시련다
호조(戶曹)의 별례방(別例房)은 계사(計士)를 영통(領統)하여[661]
각색 장색(匠色)[662] 거느리고 능소(陵所)[663]로 바삐 가고
주교대장(舟橋大將)[664] 전령(傳令)하여 주교를 신칙(申飭)한다
전세(田稅) 대동(大同)[665] 실은 배와 두대박이 외대박이[666]

---

655) 춘전알(春展謁) 영(令)이 났다: 춘전알을 한다는 명이 내렸다. 전알이란 임금이 선왕의 능 따위에 참배하는 것인데, 춘전알이란 봄을 맞아 하는 전알을 말함.

656) 병판(兵判)은 군령(軍令) 대령(待令): 병조판서(兵曹判書)는 군령이 내리기를 기다리고 있음.

657) 각 영문(營門) 장신(將臣)네는 군장점고(軍裝點考) 신칙(申飭): 각 군영(軍營)의 장수들은 군장을 점검할 것을 단단히 타이름. 군장점고는 군사들이 군복과 장비를 제대로 갖추었는지를 일일이 검사는 일.

658) 군복융복(軍服戎服): 군복과 융복은 둘 다 군복을 말함. 임금의 능 참배에 수행하는 문신들도 모두 무관의 옷차림을 하는 것을 말함.

659) 능행복색(陵幸服色): 임금의 능 참배에 수행하는 옷차림.

660) 춘성경(春省耕): 봄에 임금이 백성들의 농사를 살핌.

661) 호조(戶曹)의~: 호조의 한 부서인 별례방은 회계 담당 관원을 통솔하여 거느림. 별례방은 왕의 행차 때의 의장(儀仗) 물품 등을 관장하는 부서.

662) 장색(匠色): 손으로 물건을 만드는 장인(匠人).

663) 능소(陵所): 능(陵)이 있는 곳.

664) 주교대장(舟橋大將): 왕이 거둥할 때 강에 배다리를 놓는 일을 담당하는 주교사(舟橋司)에 소속된 무관 벼슬. 배다리는 작은 배를 한 줄로 여러 척 띄워 놓고 그 위에 널판자를 얹어 강을 건너기 위해 만든 다리.

665) 전세(田稅) 대동(大同): 논밭에 매기는 세금으로 거둔 물품과 대동법에 따라 거둔 대동미와 대동목.

666) 두대박이 외대박이: 돛대를 두 개 세운 배와 돛대를 하나만 세운 배.

당도리 먼정이며 중(中)거루 낚거루를[667)]
십리장강(十里長江) 너른 물에 머리 맞게 늘어 세고[668)]
선장(船匠)이며 지위 목수(木手)[669)] 주야(晝夜)로 일을 할 제
주교별장(舟橋別將) 군복(軍服)하고[670)] 이리 가며 저리 가며
등패(等牌)를 영통(領統)하여 결곤(決棍) 신칙(申飭) 일을 몬다[671)]
배 위에 장송(長松)[672)] 깔고 장송 위에 박송(薄松)[673)] 깔고
그 위에 모래 펴고 모래 위에 세사(細沙) 펴고
그 위에 황토(黃土) 깔고 좌우에 난간(欄干) 짜고
팔뚝 같은 쇠사슬로 뱃머리를 걸어 매고
양끝에 홍전문(紅箭門)[674)]과 한가운데 홍전문에
홍기(紅旗)를 높이 꽂고 좌우에 뱃사공은
청의(靑衣) 청건(靑巾) 남전대(藍戰帶)에 오색기(五色旗) 손에 들고
십리 주교(舟橋) 벌였으니 천승군왕(千乘君王)[675)] 위의(威儀)로다

---

667) 당도리~: 모두 배의 종류. 당도리는 바다로 다니는 큰 배. 먼정이는 만장이로, 뱃머리가 삐죽하게 생긴 큰 배. 중거루는 중간 크기의 거룻배. 거루는 돛이 없는 작은 배를 말함. 낚거루는 낚싯거루로, 낚시질할 때 쓰는 돛이 없는 작은 배.

668) 머리 맞게 늘어 세다: 뱃머리를 맞추어 한 줄로 늘어세움.

669) 선장(船匠)이며 지위 목수(木手): 모두 배를 만드는 목수를 말함. 지위는 목수를 높여서 부르는 말.

670) 주교별장(舟橋別將) 군복(軍服)하고: 주교별장이 군복을 입고. 주교별장은 주교사(舟橋司)에 소속된 무관 벼슬로, 대장의 아래 지위.

671) 등패(等牌)를~: 작업반장을 통솔하여 몽둥이를 휘두르며 단단히 다잡아 일을 몰아간다. 등패는 토목이나 건축 등의 일을 할 때 몇 명을 통솔하는 임무를 맡은 사람.

672) 장송(長松): 소나무를 두껍게 켠 널.

673) 박송(薄松): 소나무를 엷게 켜서 만든 널.

674) 홍전문(紅箭門): 홍살문. 붉은 칠을 한 문(門). 둥근기둥 두 개를 세우고 지붕 없이 붉은 살대를 세워 박음. 보통은 능(陵)이나 관아(官衙) 따위에 세우는 것인데, 「노량주교도섭도(鷺梁舟僑渡涉圖)」 등에 따르면, 한강에 주교(舟橋)를 설치하고 여기에 홍살문을 세 군데 세웠음을 알 수 있음.

주교대장 주교별장 신칙 호령 엄위(嚴威)하다
유도대장(留都大將)[676] 영군(領軍)하고 종로(鐘路)마루[677] 한가운데
차일(遮日)을 높이 치고 차일 밑에 유둔(油芚) 치고
유둔 아래 군막(軍幕) 치고 군중에 호령한다
신시(申時)[678]에 취군(聚軍)하여 돈화문(敦化門)[679] 밖 다 모인다
경야(經夜)[680]를 하려 하고 어한제구(禦寒諸具)[681] 가졌구나
길마재 한 봉화(烽火)에 남산(南山) 봉화 응(應)하여서
일제히 네 자루가 변방무사(邊方無事) 보(報)하였다[682]

17 초경(初更) 삼점(三點) 인정(人定) 소리[683] 이십팔수(二十八宿)[684] 응하였고
전루(傳漏)[685]를 몰아 쳐서 오경(五更)이 벌써 되니

---

675) 천승군왕(千乘君王): 천 대의 수레를 낼 수 있는 임금, 곧 제후국의 왕을 뜻하는 말.

676) 유도대장(留都大將): 임금이 도성을 떠나 거둥할 때, 도성 안을 지키는 대장.

677) 종로(鐘路)마루: 종로 한복판. 유도대장은 종로 한복판에 진을 치고 있었던 것으로 보임.

678) 신시(申時): 오후 4시 무렵. 오후 3시에서 5시까지.

679) 돈화문(敦化門): 창덕궁(昌德宮)의 정문.

680) 경야(經夜): 밤을 새움.

681) 어한제구(禦寒諸具): 추위를 막을 여러 물품과 도구. 방한구(防寒具).

682) 길마재~: 조선시대 전국의 다섯 방면에서 전달된 봉화는 최종적으로 남산으로 모임. 서울 시내에서 볼 수 있는 봉화대는 현재 연세대학교 뒷산인 안산(길마재) 봉화와 남산 봉화인데, 길마재 봉화가 오른 다음 이 봉화를 받은 남산 봉화가 올라가게 됨. 대체로 이 시간은 성문을 닫을 무렵임. 남산 정상에는 다섯 개의 봉화대가 설치되었는데, 원칙적으로는 다섯 방향에서 올라온 봉화 다섯 개를 올려야 되지만, 언제부터인지 그 가운데 네 개만을 올리게 되었음.

683) 초경 삼점(三點) 인정(人定) 소리: 저녁 8시 무렵에 치는, 통행을 금지함을 알리는 종소리. 한양의 4대문과 4소문을 닫음. 저녁 7시에서 새벽 5시까지 하룻밤을 다섯 경(更)으로 나누고, 한 경은 다섯 점(點)으로 나눔.

684) 이십팔수(二十八宿): 28개의 별자리. 인정 때 종을 치는 횟수는 28번인데, 이는 하늘의 별자리 수에 따른 것임.

685) 전루(傳漏): 밤에 도성 안에서 북이나 징으로 밤 시각을 알리는 일. 초경(저녁 8

서른세 번 파루(罷漏)소리[686] 그치면서 초엄(初嚴) 치고
재엄(再嚴) 치고 삼엄(三嚴)[687] 치니 묘정삼각(卯正三刻)[688] 되었구나
통례원(通禮院) 좌통례(左禮禮)[689]가 승여(乘輿)를 청하였다[690]
부도가(導駕) 앞도가(導駕)며 한성부(漢城府) 꼭뒤도가(導駕)
사헌부(司憲府) 도가(導駕)[691] 끝에 선진(先陣)이 동군(動軍)[692]한다
기대장(騎大將)[693] 앞을 서니 마군(馬軍)[694]의 머리로다
오마대(五馬隊)[695] 마군들은 항오(行伍)가 엄숙하다
별대마병(別隊馬兵) 선기대(善騎隊)[696]며 천총(千摠) 파총(把摠) 기총(騎摠)[697]이며

시 무렵)부터 5경(새벽 4시 무렵)까지 매 경(更)에는 북을, 점(點)에는 징을 침.

686) 파루(罷漏)소리: 통행금지 해제를 알리는 종소리. 새벽 4시 무렵에 침. 제석천(帝釋天)이 이끄는 하늘의 33천(天)에 알리는 의미로 33번을 침.

687) 초엄(初嚴) 재엄(再嚴) 삼엄(三嚴): 엄고(嚴鼓)는 임금이 거둥할 때 백관(百官)과 시위(侍衛) 군사에게 준비를 서두르도록 큰북을 세 번 치는 일. 첫 번째 엄고에서 대오를 정렬하고 두 번째 엄고에서는 병장기를 갖추고 세 번째 엄고에서는 모든 의식 준비를 완전히 끝냄. 여기서 초엄 이엄 삼엄은 임금의 행차(능행) 준비를 하는 것임.

688) 묘정삼각(卯正三刻): 오전 6시 45분 무렵. 묘정은 정각 묘시(卯時)를 말함. 각은 시간의 단위로 1각은 약 15분임.

689) 좌통례(左禮禮): 통례원에서 국가 의식에 관한 일을 맡은 으뜸 벼슬. 품계는 정3품.

690) 승여(乘輿)를 청하다: 임금에게 어가(御駕)에 오를 것을 청하다.

691) 부도가(導駕)~: 여러 도가의 이름. 도가란 임금이 거둥할 때 미리 나와, 백성을 동원하여 길을 쓸고 정리하는 일을 말함.

692) 선진(先陣) 동군(動軍): 선상진(先廂陣)이 움직이기 시작함.

693) 기대장(騎大將): 기사장(騎士將)을 말하는 듯. 기사장은 금위영(禁衛營)과 어영청(御營廳)의 정3품 벼슬. 금위영은 한양을 지키는 군영.

694) 마군(馬軍): 총융청(摠戎廳)에 소속된 말 탄 군사, 곧 별효사(別驍士). 총융청은 경기 지역의 군무를 맡아보는 군영.

695) 오마대(五馬隊): 오마작대(五馬作隊). 말 탄 군사가 행군(行軍)할 때 5열 종대(縱隊)를 이루는 것.

696) 선기대(善騎隊): 말을 잘 타는 군대.

697) 천총(千摠) 파총(把摠) 기총(旗摠): 각급 무관. 천총은 훈련도감(訓鍊都監)·금위

각초(各哨) 초관(哨官)[698] 모양들은 제 방위색(方位色)[699] 물을 들여
더그레며 수기(手旗) 쥐고 원앙진(鴛鴦陣) 보군작대(步軍作隊)[700]
전초(前哨) 후초 좌초(左哨) 우초 전사(前司) 후사[701] 좌사(左司) 우사
삼항(三行) 으로 행군하니 초기(招旗)[702]가 앞을 섰네
범 같고 곰 같으니 군상(軍像)이 웅위(雄威)하다
도감(都監)이 선상(先廂)[703]이라 대장(大將)의 기구(器具)[704] 보소
전건(戰巾) 쓴 겹전배(前陪)[705]에 영기(令旗) 순시(巡視)[706] 곤장(棍杖) 주장(朱杖)[707]
청도기(淸道旗)[708] 앞을 서고 대기치(大旗幟)[709] 벌여 섰다

영(禁衛營)·어영청(御營廳)·총융청(摠戎廳) 등에 속한 정3품 무관. 파총은 각 군영에 소속된 종4품 무관. 기총은 군사 편성 단위인 기(旗)의 지휘관.

698) 초관(哨官): 한 초(哨)를 거느리는 종9품 무관 벼슬. 한 초는 약 백 명임.

699) 방위색(方位色): 각 방위에 맞는 색. 동쪽은 푸른색, 서쪽은 흰색, 남쪽은 붉은색, 북쪽은 검은색, 중앙은 황색.

700) 보군작대(步軍作隊): 보병의 대오.

701) 전사(前司) 후사: 미상.

702) 초기(招旗): 고초기(高招旗). 군기(軍旗)의 하나. 기면(旗面)은 동, 서, 남, 북, 중앙의 다섯 방위로 나누어 그 방위에 따라 파란색, 흰색, 붉은색, 검은색, 누런색으로 나타내고 팔괘(八卦)와 불꽃무늬를 그렸음.

703) 도감(都監)이 선상(先廂): 훈련도감의 훈련대장이 앞에 섬.

704) 기구(器具): 예법에 필요한 것이 골고루 갖추어진 모습.

705) 겹전배(前陪): 겹으로 세운 전배. 전배는 앞을 인도하는 하인.

706) 영기(令旗) 순시(巡視): 영기와 순시기(巡視旗). 영기는 군령(軍令)을 전하는 데 쓰고, 순시기는 대장이 순시할 때 군사들이 들고 감.

707) 곤장(棍杖) 주장(朱杖): 몽둥이 종류. 곤장은 죄인의 볼기를 치는 넓적한 몽둥이. 주장은 붉은 칠을 한 몽둥이로, 죄인에게 형벌을 가할 때 쓰기도 하고 무기로도 씀. 여기서 곤장과 주장은 행렬의 위엄을 갖추기 위해 들고 가는 것.

708) 청도기(淸道旗): '淸道'라는 글자가 쓰인 기. 행군할 때 앞에서 길을 치우라는 의미로 둘을 세움.

709) 대기치(大旗幟): 청도기(淸道旗), 금고기(金鼓旗), 문기(門旗), 각기(角旗), 대오방기(大五方旗), 고초기(高招旗) 등등의 모든 군기(軍旗)를 말함.

관이(貫耳) 영전(令箭) 승기전(箭)[710]에 월도(月刀)[711] 든 회자수(劊子手)[712]며

금안준마(金鞍駿馬) 좋은 말에 상모(象毛) 달고 주락(珠絡)[713] 달고

흰 무명 된밀치[714]며 흰 무명 마혁(馬革)[715] 달고

안올린벙거지에 상모에 공작우(孔雀羽)[716]며

비단 군복 우단(羽緞) 요대(腰帶)[717] 환도(還刀)[718] 차고 등(藤)채[719] 짚고

밀부(密符) 병부(兵符)[720] 껴서 차고[721] 동개[722]에 미전(尾箭)[723] 꽂고

---

710) 관이(貫耳) 영전(令箭) 승기전(箭): 관이전(貫耳箭), 영전, 신기전(神機箭). 모두 화살인데 의장(儀仗)으로 이것을 들었음. 승기전은 신기전(神機箭)을 말하는 것으로 보임.

711) 월도(月刀): 언월도(偃月刀). 넓은 칼날이 초승달같이 휘어지고 자루가 긴 칼.

712) 회자수(劊子手): 군영(軍營)에서 사형을 집행하는 사람.

713) 주락(珠絡): 주락상모(珠絡象毛)의 준말. 임금이나 벼슬아치가 타는 말에 하는 치레의 한 가지. 말의 목에 붉은 줄을 매고 그 끝에는 술처럼 묶은 붉은 털을 늘임.

714) 된밀치: 말이나 당나귀에 안장을 얹을 때 볼기 쪽으로 연결하는 끈.

715) 마혁(馬革): 말안장 양쪽에 장식으로 늘어뜨리는 고삐. 말혁(革).

716) 공작우(孔雀羽): 전립(戰笠)에 다는 공작의 꽁지깃.

717) 우단(羽緞) 요대(腰帶): 우단으로 만든 허리띠.

718) 환도(環刀): 군복을 갖추어 입을 때 차는 칼.

719) 등(藤)채: 군복을 갖추어 입을 때 드는 채찍. 굵은 등(藤)나무로 만드는데, 머리 쪽에 물들인 사슴 가죽이나 비단 끈을 달았음.

720) 밀부(密符) 병부(兵符): 둘 다 지방에 부임하는 관리에게 임금이 내려주는 군사 동원을 위한 신표(信標). 한 가운데를 쪼개어 오른쪽은 그 책임자에게 주고, 왼쪽은 임금이 가지고 있다가 군대를 동원할 필요가 있을 때 임금이 교서와 함께 그 한 쪽을 내리면, 지방관은 두 쪽을 맞추어 보고 틀림없다고 인정될 때 군대를 동원함. 병부는 발병부(發兵符)라고도 하는데, 한 면에 발병(發兵)이라고 쓰고 또 다른 면에 관찰사(觀察使)·절도사(節度使)·진호(鎭號) 등을 기록한 것.

721) 껴서 차고: 겹쳐서 차고.

722) 동개: 활과 화살을 꽂아 넣어 등에 지도록 만든 물건. 흔히 가죽으로 만듦.

723) 미전(尾箭): 새의 꼬리 깃을 붙인 화살.

다홍 대단(大緞) 큰 수기(手旗)에 삼군사명(三軍司命)[724] 네 큰 자를
두렷이 새겨내어 보기 좋게 써서 꽂고
그 뒤에 문무낭청(文武郎廳)[725] 그 뒤에 중군(中軍)[726] 서고
교련관(教鍊官)[727] 집사(執事)들이 뒤를 막아 호위한다
그 다음은 용호영(龍虎營)이 표기(標旗)[728] 밑에 병조판서(兵曹判書)
누런 수기(手旗) 붉은 글자 본병(本兵)[729] 이자(二字) 써서 들고
단정히 가는 모양 대사마(大司馬) 원수(元帥)로다
금려사령(禁旅司令)[730] 금군별장(禁軍別將)[731] 육번(六番)[732] 금군(禁軍) 작대(作隊)하고

18 어전(御前) 기치(旗幟) 늘어섰다 청도(淸道) 일쌍(一雙)[733] 앞선 후에
좌청룡(左靑龍) 우백호(右白虎)며 남주작(南朱雀) 북현무(北玄武)며[734]
동남각(東南角) 남동각과 동북각 북동각

---

724) 삼군사명(三軍司命): 군 전체를 지휘하는 장수가 쓰는 사명기(司命旗). 각 군영(軍營)의 대장(大將)·유수(留守)·순찰사(巡察使)·통제사(統制使) 등이 휘하 군사를 지휘하는 데 씀. 기의 바탕 색깔은 각 대장의 방위에 따라 다르며, 가운데에는 진영의 이름에 따라 '○軍司命'이라고 씀. 삼군은 군 전체를 말함.

725) 문무낭청(文武郎廳): 각 관청에 소속된 문관직과 무관직의 당하관(堂下官).

726) 중군(中軍): 각 군영의 두 번째 지위의 장수.

727) 교련관(教鍊官): 수원에 설치한 장용영(壯勇營)을 1802년에 총리영(摠理營)으로 바꾼 뒤 둔 무관직.

728) 표기(標旗): 병조(兵曹)임을 표시하는 중심 기.

729) 본병(本兵): 병조판서(兵曹判書)를 이르는 말.

730) 금려사령(禁旅司令): 금군별장(禁軍別將)의 수기(手旗)에 '禁旅司令'이라고 썼음.

731) 금군별장(禁軍別將): 용호영(龍虎營)의 우두머리 벼슬. 종2품. 용호영은 궁궐을 지키며 왕이 거둥할 때 호위하는 일을 맡은 관청으로, 1755년에 금군청(禁軍廳)을 고쳐 부른 이름.

732) 육번(六番): 용호영의 군사를 6개의 체제로 나누었음.

733) 청도(淸道) 일쌍(一雙): 청도기(淸道旗) 둘.

734) 좌청룡(左靑龍)~: 대오방기(大五方旗) 가운데 넷. 대오방기는 청룡기, 백호기(白虎旗), 주작기(朱雀旗), 현무기(玄武旗), 등사기(螣蛇旗) 등 다섯을 말함.

서남각 남서각과 서북각 북서각과[735]

홍신문(紅神門) 흑신문과 청신문 백신문과

황신문[736] 황신기(黃神旗)[737]며 홍고초(紅高招) 청고초며

백고초 흑고초며 황고초[738] 등사기(螣蛇旗)[739]며

남신장(南神將) 북신장과 동신장 서신장과[740]

칠성기(七星旗) 표미기(豹尾旗)[741]며 초요기(招搖旗) 금고기(金鼓旗)[742]라

---

735) 동남각(東南角)~: 각기(角旗)의 종류. 각기는 진중에서 여덟 방위에 세우던 기.

736) 홍신문(紅神門)~: 의장기(儀仗旗)의 종류. 동·서·남·북·중앙 다섯 방위에 따라, 바탕이 청·백·홍·흑·황색인 기를 세움.

737) 황신기(黃神旗): 의장기로 쓰인 군기(軍旗) 하나. 중오방기(中五方旗) 가운데, 중앙에 세우는 기.

738) 홍고초(紅高招)~: 군기(軍旗)의 종류. 고초기는 비단으로 만든 기다란 본체에 꼬리를 붙임. 동·서·남·북·중앙 다섯 방위에 따라 청·백·홍·흑·황색 비단에 팔괘(八卦)를 그렸음.

739) 등사기(螣蛇旗): 대오방기(大五方旗) 가운데 진영(陣營) 중앙에 세워 중군(中軍)을 지휘하는 데에 쓰던 군기(軍旗). 누런 바탕에 나는 뱀과 파란색 붉은색 누런색 흰색의 구름무늬가 그려져 있고 가장자리와 화염각(火炎脚)은 붉은색이며, 영두(纓頭) 주락(朱駱) 장목이 달려 있음.

740) 남신장(南神將)~: 중오방기(中五方旗) 다섯에 그려 넣는 신장. 중오방기에 그리는 신장은, 남쪽에 세우는 홍신기(紅神旗)의 관원수(關元帥), 북쪽에 세우는 흑신기(黑神旗)의 조현단(趙玄壇), 동쪽에 세우는 남신기(藍神旗)의 온원수(溫元帥), 서쪽에 세우는 백신기(白神旗)의 마원수(馬元帥). 나머지 하나는 중앙에 세우는 황신기(黃神旗)의 왕령관(王靈官)임.

741) 칠성기(七星旗) 표미기(豹尾旗): 군기(軍旗)의 종류. 칠성기는 북두칠성을 그려 넣은 기로 추정됨. 표미기는 표범 꼬리 모양을 그려 넣은 기.

742) 초요기(招搖旗) 금고기(金鼓旗): 군기(軍旗)의 종류. 초요기는 대장이 장수들을 부르고 지휘하는 데에 씀. 북두칠성을 그렸으며, 대장의 직품에 따라 크기나 색깔이 다름. 금고기는 취타수(吹打手)의 좌작진퇴(坐作進退)를 지휘하는 데 사용함. 누른 운문대단(雲紋大緞)의 바탕에 가장자리와 화염(火焰)은 붉은 빛이고, 한가운데에는 '金鼓' 두 글자를 검은 빛으로 새겨 붙였음.

743) 물색(物色): 여기서는 다양한 군기들의 여러 빛깔을 말함.

744) 오군(五軍) 미목(眉目) 분명하다: 오군영(五軍營) 전체 군인의 얼굴이 잘생겼음.

물색(物色)[743]도 좋거니와 오군(五軍) 미목(眉目) 분명하다[744]
삼항분립(三行分立) 완행(緩行)으로 내호(來呼)소리[745] 연(連)하였네
가전(駕前)[746]의 좋은 복색(服色) 교룡기(交龍旗)[747] 옹위(擁衛)하고
둑(纛)[748] 담에 양산(陽繖)[749] 서고 좌우에 수정(水晶) 절월(節鉞)[750]
은등자(銀鐙子)[751] 금등자(金鐙子)며 은 몽둥이[752] 금 몽둥이
각색 의장(儀仗) 벌여 서니 선부(仙府)[753]의 복색(服色)일세
관약지음(管籥之音)[754] 난만(爛漫)하고 우모지미(羽旄之美)[755] 현란하다
호륵(豪勒)[756]한 어전(御前) 전배(前輩) 자개창(槍)[757] 시위(侍衛)하고

---

745) 내호(來呼)소리: 줄을 잘 맞추라는 군호. 송신용은, '護衛軍의 軍號니 駕前과 駕後에서 陪扈하는 軍士들의 行伍를 고르게 하기 위하여 或先 或後 될 때에 來呼를 連發하며 三行 來呼 三行 分明히 가자하는데 三行은 三列로 行進하므로 三行 줄 고르게 따라오라는 軍號'라고 주석하였음.

746) 가전(駕前): 가전군(駕前軍). 임금이 거둥할 때 임금이 탄 수레 앞에서 호위하여 모시는 군사. 금군(禁軍) 가운데에서 뽑았음.

747) 교룡기(交龍旗): 임금이 거둥할 때에 행렬의 앞에 세우는 기. 누런 바탕의 기면(旗面)에 용틀임과 운기(雲氣)가 채색되어 있고, 가장자리에 붉은 화염이 그려져 있는 아기(牙旗). 임금이 친열(親閱)할 때는 각 영(營)을 지휘하는 데 썼음.

748) 둑(纛): 임금의 가마 또는 군대의 대장 앞에 세우는 큰 의장(儀仗). 큰 세 가닥 창 밑에 붉은 술을 많이 달았으며, 행진할 때에 말을 탄 장교가 대를 받들고 군사 두 사람이나 세 사람이 버팀줄을 잡아당기며 감.

749) 양산(陽繖): 햇볕을 가리는 데 사용하던 의장(儀仗)

750) 수정(水晶) 절월(節鉞): 수정은 수정장(水晶杖)으로 의장의 일종이고, 절월은 금월부(金鉞斧)로 도끼의 형상을 한 의장.

751) 은등자(銀鐙子): 붉은 칠을 한 장대에 은칠을 한 등자를 거꾸로 매단 의장의 일종. 금칠한 것은 금등자(金鐙子)라 함.

752) 은 몽둥이: 은립과(銀立瓜)와 은횡과(銀橫瓜). 나무로 참외 모양을 만들어 은칠을 해서 붉은 칠을 한 장대에 세워 꽂는 의장의 일종. 금칠을 한 것은 금립과(金立瓜)와 금횡과(金橫瓜)라 함.

753) 선부(仙府): 신선 세계 또는 그 곳의 관서(官署).

754) 관약지음(管籥之音): 생황, 단소 등 관악기로 연주하는 음악 소리.

755) 우모지미(羽旄之美): 깃대 꼭대기에 새의 깃을 달아 꾸민 기의 아름다움.

756) 호륵(豪勒): 매우 사나움.

모단(毛緞) 전건(戰巾) 홍(紅)더그레 화약통 남날개[758]며

오라사슬[759] 칼에 걸고 행보(行步) 좋게 가는구나

다홍 대단(大緞) 홍영기(紅令旗)[760]는 곤장(棍杖) 주장(朱杖) 섞어 서고

금훤화(禁喧譁)[761] 대답 소리 보보(步步)이 영(令) 전(傳)한다

어전(御前) 등롱(燈籠) 홍사(紅絲)초롱[762] 신전(信箭)[763]이며 월도(月刀)로다

선전관(宣傳官) 별군직(別軍職)과 별운검(別雲劍)[764] 총관(摠管)[765]들과

별감(別監) 무감(武監) 내시(內侍)와 무예청(武藝廳) 통장(統將)[766]들과

협련초관(挾輦哨官) 창검초관(槍劍哨官)[767] 금훤낭청(禁喧郎廳) 내금장(內禁將)[768]과

---

757) 자개창(槍): 창의 일종. 구부러진 날과 세모진 날이 붙어 있음.

758) 남날개: 화약이나 탄알을 넣어 가지고 다니는 그릇.

759) 오라사슬: 오랏줄. 도둑이나 죄인을 묶을 때에 쓰던 붉고 굵은 줄.

760) 홍영기(紅令旗): 붉은색 영기(令旗). 붉은 바탕에 남빛으로 '令' 자를 새겨 붙인 영기. 모두 열세 쌍을 세움. 영기는 군령(軍令)을 전하는 데 쓰는 기를 통틀어 말함.

761) 금훤화(禁喧譁): 임금의 거둥 때에 함부로 떠들지 못하도록 단속하는 일.

762) 홍사(紅絲)초롱: 붉은 비단으로 두른 등롱. 등롱 안에 초를 켰으므로 초롱이라고 함. 홍사등롱(紅紗燈籠).

763) 신전(信箭): 신호로 쓰는 화살. 명령을 전하는 데 씀.

764) 별운검(別雲劍): 왕이 거둥할 때 운검을 차고 호위하는 임시 벼슬. 이때 별운검이 차는 운검의 칼집은 어피(魚皮)로 싸고 주홍색으로 칠하며 장식은 백은(白銀)을 씀.

765) 총관(摠管): 오위도총부(五衛都摠府)의 도총관(都摠管)과 부총관(副摠管)을 아울러 이르는 말.

766) 무예청(武藝廳) 통장(統將): 무예별감(武藝別監)의 으뜸 무관(武官)인 무예통장(武藝統將). 무예별감은 훈련도감(訓鍊都監)에 소속된 군인들 중에서 무예에 정통한 사람들이 선발되어 궁궐의 대문 옆방에서 숙위하는 일을 맡았음

767) 협련초관(挾輦哨官) 창검초관(槍劍哨官): 임금의 거둥 때에 임금이 탄 가마를 호위하는 무관과 금위영(禁衛營)에 소속된 무관. 둘 다 종9품.

768) 금훤낭청(禁喧郎廳) 내금장(內禁將): 금훤낭청은 임금이 대궐에 나와 앉거나 거둥할 때 질서를 문란하게 하는 사람을 단속하기 위하여 두는 임시 벼슬. 병조(兵

내구마(內廏馬) 외구마(外廏馬)[769]는 법안(法鞍)[770] 지어 앞에 서고
경기감영(京畿監營) 세 패(牌)[771]들은 홍철릭[紅天翼][772] 공작우(孔雀羽)에
가는 소리 권마성(勸馬聲)[773]이 맑고도 고울씨고
숭례문 밖 나오시니[774] 계라차지(啓螺差知)[775] 선전관(宣傳官)이
자주 걸어 기어 와서 취타(吹打)[776]를 청한 후에
겸내취(兼內吹) 패두(牌頭)[777] 불러 취타령(吹打令)[778] 내리오니

曹)의 낭관(郎官) 중에서 임명함. 내금장은 내금위의 우두머리 벼슬.

769) 내구마(內廏馬) 외구마(外廏馬): 사복시(司僕寺)에서 기르는 말. 사복시는 왕이 사용하는 가마를 보관하며 말을 먹이는 일을 담당하는 관서인데, 궁궐 안에 따로 설치된 사복시(司僕寺)의 분사를 내사복시(內司僕寺) 또는 내시(內寺)라고 하였음. 이에 대응하여 사복시(司僕寺)를 외시(外寺)라고 하므로, 사복시에서 기르는 말을 외구마라고 하였음.

770) 법안(法鞍): 임금이 문묘(文廟)나 전시(殿試) 등에 친림(親臨)할 때 타는 수레를 끄는 말의 안장.

771) 경기감영(京畿監營) 세 패(牌): 경기감영의 역졸 세 무리가 내는 소리가 마치 한 사람의 입에서 내는 소리와 같아 삼패(三牌)라 불렀음.

772) 홍철릭[紅天翼]: 붉은 철릭. 철릭은 무관의 공복(公服)으로, 허리에 주름이 잡히고 큰 소매가 달렸음. 당상관은 남색, 당하관은 홍색으로 구분됨.

773) 권마성(勸馬聲): 임금이 거둥할 때나, 봉명관(奉命官)·수령(守令) 및 그들의 부인이 쌍교(雙轎)를 타고 지나갈 때 위세를 더하기 위하여 그 앞에서 하졸들이 목청을 길게 빼어 부르는 소리. 임금의 거둥 때에는 사복시(司僕寺) 하인이, 그 밖의 경우에는 역졸이 부름.

774) 나오시니: 임금의 행차가 나온다는 의미.

775) 계라차지(啓螺差知) 선전관(宣傳官): 계라를 맡은 선전관. 계라는 거둥할 때에 취타하기를 임금에게 아뢰는 것. 이 일을 선전관이 맡았음. 아래의 취타를 청한다는 것은 그 뜻임.

776) 취타(吹打): 군대 안에서 나발·소라·대각·호적(胡笛) 등을 불고, 징·북·나(鑼)·바라를 치는 일, 또는 그 군악.

777) 겸내취(兼內吹) 패두(牌頭): 겸내취의 우두머리. 겸내취는 궁중에서 군악을 연주하는 악대. 선전관청(宣傳官廳)에 소속되어 있는데 원내취(元內吹)와 겸내취의 구별이 있음.

778) 취타령(吹打令): 취타를 하라는 명령.

겸내취 거동 보소 초립(草笠) 위에 적우(翟羽)[779] 꽂고
누른 철릭[天翼] 남전대(藍戰帶)에 명금삼성(鳴金三聲)[780] 한 연후에 19
고둥[781]이 세 번 울며 군악이 일어나니
엄위(嚴威)한 나발[782]이며 애원(哀怨)한 호적(胡笛)[783]이라
정기(旌旗)[784]는 표표(飄飄)하고 금고(金鼓)는 당당하다
한가운데 취고수(吹鼓手)[785]는 흰 한삼(汗衫) 두 북채를
일시에 수십 명이 행고(行鼓)[786]를 같이 치니
듣기에도 좋거니와 보기에도 엄위(嚴威)하다
앞에는 공가교(空駕轎)[787]요 뒤에는 타신 가교(駕轎)[788]
무예청(武藝廳)[789] 호위하고 그밖에 별감(別監) 무감(武監)
모두 다 홍철릭에 공작우(孔雀羽) 꽂았으며
가교에 나옵시니 홍양산(紅陽繖)[790]은 앞에 섰다

---

779) 적우(翟羽): 꿩의 깃.

780) 명금삼성(鳴金三聲): 징을 세 번 울림. 취타를 끝내라는 신호.

781) 고둥: 소라로 만든 악기.

782) 나발[喇叭]: 관악기의 하나. 놋쇠로 긴 대롱같이 만드는데, 위는 가늘고 끝은 퍼진 모양. 군중(軍中)에서 호령하거나 신호하는 데 씀.

783) 애원(哀怨)한 호적(胡笛): 태평소(太平簫) 소리는 슬픈 데가 있음.

784) 정기(旌旗): 여러 종류의 기.

785) 취고수(吹鼓手): 여기서는 군대에서 북을 치는 군악병(軍樂兵)을 말함.

786) 행고(行鼓): 행군할 때 치는 북.

787) 공가교(空駕轎): 임금의 거둥 때 정가교(正駕轎, 실제로 임금이 타고 있는 가마)보다 앞서 가게 하는 빈 가마. 보통 때는 쓰지 않고 불안을 느꼈을 때나 시끄러운 곳을 거둥할 때 위장하기 위하여 씀.

788) 타신 가교(駕轎): 정가교(正駕轎).

789) 무예청(武藝廳): 여기서는 무예청에 소속된 무관을 말함.

790) 홍양산(紅陽繖): 의장으로 쓰던 붉은빛의 양산.

791) 협련군(挾輦軍): 임금의 거둥 때 임금의 가마를 호위하는 군사. 훈련도감(訓鍊都監)에 소속되었음.

그밖에 협련군(挾輦軍)[791]이 자개창 뒤를 막고

그밖에 나장(羅將)이는 주장(朱杖) 들고 시위(侍衛)하고

대령포교(待令捕校) 사오 명은 백의(白衣)로 수가(隨駕)[792]하고

약방(藥房)[793] 내각(內閣)[794] 정원(政院) 옥당(玉堂)[795] 군복(軍服)하고[796] 수가하고

위외(衛外)[797]의 산반(散班)[798]들은 철릭으로 배종(陪從)[799]하고

후상(後廂)[800]은 금위대장(禁衛大將)[801] 삼천병마 총독(總督)[802]하고

원앙진(鴛鴦陣) 행군하여 삼십팔면(三十八面) 대기치(大旗幟)[803]에

---

792) 수가(隨駕): 임금의 거동 때, 임금을 모시고 따라다니는 일.

793) 약방(藥房): 여기서는 내의원(內醫院)의 의원.

794) 내각(內閣): 여기서는 규장각(奎章閣)의 관리. 1777년(정조 1년)에 규장각을 설치하여, 역대 왕들이 지은 글, 쓴 글씨, 왕의 초상, 왕실의 족보, 도장 등을 보관하였음.

795) 정원(政院) 옥당(玉堂): 승정원(承政院)의 관리와 홍문관(弘文館)의 관리.

796) 군복(軍服)하고: 군복을 입고.

797) 위외(衛外): 임금이 궁궐 밖에 나갔을 때 임금이 머무는 곳의 주변 지역을 위내(衛內)라고 하고, 그 밖의 떨어진 곳을 말함.

798) 산반(散班): 품계(品階)만 있고 현직이 없는 벼슬아치. 또는 직명만 있고 실무가 없는 벼슬아치.

799) 배종(陪從): 임금 또는 웃어른을 모시고 따라가는 일.

800) 후상(後廂): 임금의 거둥 때에 뒷부분을 호위하는 군대. 후군(後軍), 후상진(後廂陣). 후진(後陣)이라고도 함.

801) 금위대장(禁衛大將): 금위영(禁衛營)의 종2품 벼슬. 본래 병조판서(兵曹判書)가 겸하게 되어 있었으나 1754년(영조 30년)부터 따로 두었음. 금장(禁將).

802) 총독(總督): 모든 일을 관리·감독함.

803) 삼십팔면(三十八面) 대기치(大旗幟): 38개의 군기. 대기치는 진중(陣中)에서 방위(方位)를 표시하는 기. 용호영(龍虎營)은 청도기(淸道旗) 둘, 금고기(金鼓旗) 둘, 누른 문기(門旗) 둘, 각기(角旗) 넷, 금군별장(禁軍別將) 인기(認旗) 하나, 금군청(禁軍廳) 번기(番旗) 일곱의 18면(面)으로 하고, 다른 영문(營門)은 대오방기(大五方旗) 다섯, 고초기(高招旗) 다섯, 문기 열, 각기 여덟, 신기(神旗) 다섯, 청도기 둘, 금고기 둘, 표미기(豹尾旗) 하나의 38면으로 하였다가 고종 6년에 각기를 넷으로 줄이고 신기와 표미기를 없애어 28면으로 하였음.

난후취(欄後吹)[804] 취타(吹打)하고 후진(後陣) 되어 가는구나
돌모로[805] 지나섰다 노량(鷺梁)[806]을 당하였네
주교대장(舟橋大將) 결진(結陣)[807]하고 강물을 굳게 막아
나는 새를 건넬쏘냐 행보(行步) 좋은 선전관(宣傳官)이
표신(標信)[808]을 손에 쥐고 홍영기(紅令旗) 앞세우고
주교영(舟橋營)[809] 들어가서 표신을 전한 후에
방포삼성(放砲三聲)[810] 진문(陣門) 열고 대가(大駕)가 드으신다[811]
명금취타(鳴金吹打)[812] 대진(大振)하니 어룡(魚龍)이 다 놀란다
언기고 승기전[813]에 삼군(三軍)[814]이 호령하니

804) 난후취(欄後吹): 임금이 탄 수레의 뒤를 따르는 군악대.

805) 돌모로: 석우(石隅). 청파동에서 한강 쪽으로 가는 도중의 지명.

806) 노량(鷺梁): 노량진(鷺梁津). 큰 나루가 있던 곳.

807) 결진(結陣): 진을 짬.

808) 표신(標信): 나라의 중요한 일을 실행할 때 내보이는 증표(證標). 궁궐과 성의 문을 여닫을 때 쓰는 개폐문표신(開閉門標信)도 있으나 여기서는 특히 중요한 일에 사용되는 선전표신(宣傳標信)을 뜻하는 것으로 보임. 선전표신에는 왕세자(王世子)가 대리(代理)할 때 쓰는 휘지표신(徽旨標信), 임금과 세자가 없을 때 왕비가 내리는 내지표신(內旨標信) 등이 있음. 선전표신은 상아(象牙)로 만들어 사슴 가죽 끈을 달고, 앞에는 '宣傳', 뒤에는 '御押'이라고 쓰여 있음. 여기서는 배다리를 건널 준비를 명하는 표신임.

809) 주교영(舟橋營): 주교사(舟橋司)에서 설치한 군영(軍營)으로 보임. 주교사는 왕이 거둥할 때 강에 배다리를 놓는 일을 담당하는 관청으로, 1789년(정조 13년)에 설치되었다가 1882년(고종 19년)에 폐지되었음.

810) 방포삼성(放砲三聲): 세 번 총을 쏨. 의식이나 의례 때에 총(銃)을 쏘아 소리를 내는 것을 말함.

811) 대가(大駕)가 드으신다: 임금이 탄 가마가 드신다. 들어가신다.

812) 명금취타(鳴金吹打): 징을 울리며, 군악을 연주함.

813) 언기고 승기전: 미상.

814) 삼군(三軍): 군대 전체. 전군(全軍).

815) 풍운(風雲)이 변화: 진영의 모습이 일신(一新)됨. 여기서 풍운은 군진(軍陣)을 말함.

풍운(風雲)이 변화[815]하고 용사(龍蛇)가 비등(飛騰)[816]한다
규규(赳赳)[817]한 무부(武夫)들은 공후간성(公侯干城)[818] 되었어라
군제(軍制)가 청숙(淸淑)하고 항오(行伍)가 정제(整齊)하다

6. 과거(科擧)

하루 지나 이틀 지나 삼일만에 환궁(還宮)하사
별단시상(別單施賞)[819] 하신 후에 과거령(科擧令) 내리시니
알성(謁聖)의 용호방(龍虎榜)이 한데로 뵈신다네[820]
이때는 어느 땐고 춘삼월 호시절(好時節)에
춘풍이 화려하고 만화방창(萬化方暢)[821] 하였어라
금천교(錦川橋) 버들빛은 벽라만사(碧羅萬絲)[822] 드리운 듯
옥류천(玉流泉) 두견빛[823]은 홍금천폭(紅錦千幅)[824] 가리운 듯

---

816) 용사(龍蛇)가 비등(飛騰): 용과 뱀이 살아 움직이는 것같이 아주 활기가 있음. 어가를 모시는 행렬의 위용이 대단함을 나타낸 표현.

817) 규규(赳赳): 씩씩하고 당당한 모습.

818) 공후간성(公侯干城): 제후의 방패와 성이라는 뜻으로, 나라를 지키는 믿음직한 군대나 인물을 이르는 말. 『시경(詩經)』「주남(周南)」〈토저(兎罝)〉에 나오는 말.

819) 별단시상(別單施賞): 특별히 상을 시행함. 위에서 묘사한 화성 능행을 마친 뒤, 이 일에 공이 있는 사람에게 상을 주는 일을 말함. 별단은 본안(本案)에 별도의 사안(事案)을 덧붙이는 문서 또는 인명록(人名錄).

820) 알성(謁聖)의~: 알성과(謁聖科)에서 문무과를 함께 보인다는 의미. 알성과는 임금이 성균관에 거둥하여 문묘(文廟)를 배알하고 나서 보이는 비정기적인 과거 시험.

821) 만화방창(萬化方暢): 봄날에 온갖 생물이 자라나 흐드러짐.

822) 벽라만사(碧羅萬絲): 만 가닥의 청록색 비단.

823) 옥류천(玉流泉) 두견빛: 옥류천 가에 핀 진달래의 진분홍색. 두견은 진달래. 옥류천은 창덕궁의 후원 북쪽에 있는 시내.

824) 홍금천폭(紅錦千幅): 천 폭의 붉은 비단.

천자만록(千紫萬綠) 방비(芳菲)[825]하니 가지가지 봄빛일다

금성유색천문효(禁城柳色千門曉)요 옥동도화만수춘(玉洞桃花萬樹春)을[826]

운리제성쌍봉궐(雲裏帝城雙鳳闕)에 우중춘수만인가(雨中春樹萬人家)를[827]

춘당대(春塘臺) 높은 언덕 영화당(映花堂) 너른 뜰에

배설방(排設房)[828] 군사들과 어군막(御軍幕) 방직(房直)이[829]가

삼층(三層) 보계판(補階板)을 광대하게 널리 무고

십칠량(十七樑) 어차일(御遮日)[830]을 반공(半空)에 높이 치고

흰 휘장(揮帳) 둘러치고 다홍 공단 어군막을

유둔(油芚) 밑에 받쳐 치고 오봉산일월병풍(五峯山日月屛風)

용상(龍床) 위에 교의(交椅)[831] 놓고 용문석(龍紋席) 어포진(御鋪陳)[832]을

---

825) 천자만록(千紫萬綠) 방비(芳菲): 꽃과 풀이 무성하게 우거짐. 천자만록은 천 가지의 붉은색과 만 가지의 초록색이란 뜻으로, 붉고 푸른 꽃과 풀을 말함.

826) 금성유색천문효(禁城柳色千門曉) 옥동도화만수춘(玉洞桃花萬樹春): 임금 사는 궁궐의 버들 빛 푸르러 문마다 새벽이요, 신선 사는 동굴의 복사꽃 피어 나무마다 봄이로다.

827) 운리제성쌍봉궐(雲裏帝城雙鳳闕) 우중춘수만인가(雨中春樹萬人家): 구름 낀 도읍지에는 임금의 궁궐이요, 봄비 내린 나무 사이로 만인의 집이네. 제성은 황제가 있는 서울을 뜻하며, 쌍봉궐이란 지붕 위에 황금으로 봉황의 장식을 한 궁이라는 뜻으로 황제의 궁궐을 말함.

828) 배설방(排設房): 궁궐에서 차일(遮日)이나 휘장 등을 치는 일을 담당하는 부서.

829) 어군막(御軍幕) 방직(房直)이: 임금이 행차 도중에 잠시 머물 수 있도록 막을 친 곳의 심부름꾼. 방직이는 관청에 소속되어 일하는 심부름꾼의 하나. 방지기.

830) 십칠량(十七樑) 어차일(御遮日): 들보가 17개나 되는 임금의 자리에 친 차일.

831) 용상(龍床) 교의(交椅): 용상은 임금이 정무를 볼 때 앉는 자리. 교의는 의자.

832) 용문석(龍紋席) 어포진(御鋪陳): 용문석은 용무늬를 놓아 짠 돗자리. 어포진은 임금이 있는 자리의 바닥에 깔아 놓는 깔개를 통틀어 이른 말.

광하천간(廣廈千間)[833] 널리 깔고 층층 섬돌 어로(御路)에는
행보석(行步席)[834] 늘어 펴고 뜰아래 큰북 놓고
북 위에 안탑(雁塔) 무고[835] 한편에 향로(香爐) 놓고
색(色)스러운 어사화(御賜花)[836]며 보기 좋은 검은 개(蓋)[837]며
녹의홍상(綠衣紅裳) 무동(舞童)들은 쌍쌍이 늘어섰다
선비의 거동보소 반물 들인 모시 청포(靑袍)[838]
검은 띠 눌러 띠고 유건(儒巾)에 붓 주머니[839]
적서복중(積書腹中)[840] 하였으니 수면앙배(睟面盎背)[841] 하는구나
기상(氣像)이 청수(淸秀)하고 모양이 조촐하다
집춘문(集春門) 월근문(月覲門)과 통화문(通化門) 홍화문(弘化門)에[842]

---

833) 광하천간(廣廈千間): 크고 넓은 집. 두보(杜甫)의 〈모옥위추풍소파가(茅屋爲秋風所破歌)〉에 '安得廣廈千萬間'이라는 구절이 있음.

834) 어로(御路) 행보석(行步席): 어로는 임금이 거둥하는 길. 행보석은 아주 귀한 손님이나 신랑 신부를 맞이할 때 마당에 까는 폭이 좁고 길이가 긴 돗자리.

835) 북 위에 안탑(雁塔) 무고: 북 위에 안탑을 쌓고. 안탑(雁塔)은 자은사(慈恩寺)의 대안탑(大雁塔)을 말하는 것으로 보임. 당나라 때 진사과에 합격한 사람들이 자은사의 대안탑 아래에 이름을 기록했음.

836) 어사화(御賜花): 문·무과(文武科)의 급제자에게 임금이 하사하는 조화(造花).

837) 검은 개(蓋): 검정색의 햇빛 가리개. 개는 양산 모양으로 햇볕을 가리도록 고안된 의장(儀仗). 빛깔에 따라 청개(靑蓋)와 홍개(紅蓋) 등이 있음.

838) 반물 들인 모시 청포(靑袍): 진한 남색물을 들인 모시로 만든 푸른 도포. 청포는 4~6품 관리의 관복.

839) 유건(儒巾) 붓 주머니: 선비들의 차림. 유건은 검은 베로 만든 쓰개로 보통 때 씀. 붓 주머니는 붓을 담아 허리에 찰 수 있게 만든 주머니.

840) 적서복중(積書腹中): 배 안에 책이 쌓여 있음. 책을 많이 읽어 아는 것이 많다는 말.

841) 수면앙배(睟面盎背): 윤기 있는 얼굴과 탐스러운 등. 인덕(仁德)을 닦은 군자의 모습을 표현한 말. 『맹자(孟子)』에, "군자는 타고난 본성인 인의예지의 덕이 마음에 뿌리박혀 있어서 그 드러나는 빛이 맑고 윤택하게 얼굴에 나타나고 넉넉하며 두텁게 등에 나타난다.[君子所性 仁義禮智根於心 其生色也 睟然見於面 盎於背]"고 한 데서 유래.

842) 집춘문(集春門)~: 모두 창경궁의 문. 집춘문은 성균관(成均館)으로 통하고 월근문은 경모궁(景慕宮)으로 통함. 홍화문은 정문(正門)이며, 통화문은 홍화문의

부문(赴門)[843]을 하는구나 건장한 선접군(先接軍)[844]이
짧은 도포(道袍) 젖혀 매고 우산(雨傘)에 공석(空石) 싸고[845]
말뚝이며 말장(杖)[846]이며 대[竹]로 만든 등(燈)을 들고
각색 글자 표를 하여 등을 보고 모여 섰다
밤중에 문을 여니 각색 등이 들어올 제
줄불[847]이 펼쳤는 듯 새벽 별이 흐르는 듯
기세는 백전(白戰)[848]일세 빠르기도 살 같도다
현제판(懸題板) 밑 설포장(設布帳)[849]에 말뚝 박고 우산 치고 21
휘장 치고 등(燈)을 꽂고 수종(隨從)꾼[850]이 늘어서서
접(接)[851]마다 지키면서 엄포가 사나울사
그 외에 약한 선비 장원봉(壯元峯)[852] 기슭이며
궁장(宮墻)[853] 밑 생강밭에 잠뿍 치고 앉았으니

북쪽에 있었음.

843) 부문(赴門): 과거를 보기 위하여 과장(科場)으로 들어감을 말함.

844) 선접군(先接軍): 선접꾼. 과거를 볼 때, 남보다 먼저 시험장에 들어가 응시자에게 좋은 자리를 잡아주던 사람.

845) 우산(雨傘)에 공석(空石) 싸고: 우산과 깔개를 챙겨 들고. 공석(空石)은 빈 섬을 말함. 섬은 가마니보다 큰 곡식을 담는 것.

846) 말뚝 말장(杖): 둘 다 무슨 표가 되도록 박는 나무 막대기를 뜻하는 말.

847) 줄불: 한 줄로 연결된 듯, 죽 잇따라 일어나는 불.

848) 백전(白戰): 무기를 쓰지 않고 적과 직접 몸으로 맞붙어서 하는 싸움. 여기서는 응시자들이 좋은 자리를 차지하기 위하여 다투는 것을 말함.

849) 현제판(懸題板) 설포장(設布帳): 현제판은 과거 시험장에서 시험 문제를 적어서 걸어 놓는 판. 설포장은 피륙으로 둘러친 것.

850) 수종(隨從)꾼: 벼슬아치나 양반의 곁에서 시중을 드는 사람.

851) 접(接): 글방 학생이나 과거에 응하는 유생의 동아리.

852) 장원봉(壯元峯): 창경궁 안에 있는 언덕. 춘당대(春塘臺) 맞은편. 과거 볼 때에 응시생들이 여기에 모여 앉기 때문에 이렇게 불렀음.

853) 궁장(宮墻): 궁 담장.

854) 등불이~: 등불이 밝게 빛나는 것이 부처님 오신 날 등 달아놓은 것 같음.

등불이 조요(照耀)하다 사월팔일 모양일다[854]

동동일출대명궁(曈曈日出大明宮)[855]하니 오색운중가육룡(五色雲中駕六龍)[856]을

창검군(槍劍軍)[857] 앞을 서고 선진(先陣)이 늘어섰다

총관(摠管) 각신(閣臣) 모든 백관 걸어서 배종(陪從)한다

의장(儀仗)이 앞을 서고 양산(陽繖)이며 교룡기(交龍旗)며

병조판서(兵曹判書) 금훤낭청(禁喧郞廳) 오위장(五衛將) 우림장(羽林將)[858]과

가전(駕前)의 시위(侍衛)소리[859] 길고도 늘어진다

장악원(掌樂院) 일등 악생(樂生)[860] 다홍 관대(冠帶) 야자대(也字帶)[861]에

---

855) 동동일출대명궁(曈曈日出大明宮): 환하게 밝은 해가 대궐에서 나옴. 동동은 환하게 밝은 모양이며, 대명궁은 당태종(唐太宗)이 처음 세운 궁전으로 대궐을 가리킴. 순조 때 만든 향악정재(鄕樂呈才) 「춘광호(春光好)」의 창사(唱詞)는 다음과 같음.

동동일출대명궁(曈曈日出大明宮) 밝은 태양이 대명궁에 떠오르고
천악요문재벽공(天樂遙聞在碧空) 천상의 음악이 멀리 푸른 하늘에서 들러오네.
금수무풍정화난(禁樹無風正和暖) 금궁의 숲에는 바람 한 점 없이 화난하고
옥루금전효광중(玉樓金殿曉光中) 옥루와 금전에 아침햇살 비추네.

856) 오색운중가육룡(五色雲中駕六龍): 오색구름 속에서 임금이 수레를 탄다는 뜻으로, 임금이 수레를 타고 거둥함을 말함. 육룡은 임금의 수레를 끄는 여섯 마리의 말을 뜻함.

857) 창검군(槍劍軍): 창과 검으로 무장한 군사.

858) 우림장(羽林將): 우림위장(羽林衛將). 우림위(羽林衛)의 우두머리 벼슬. 처음에는 종2품 무관 벼슬아치로 다섯 명이었으나 1652년(효종 3년)에 우림위가 금군청(禁軍廳)에 소속되면서 정3품 당상관(堂上官) 두 명으로 줄었음. 우림위는 내삼청(內三廳)의 하나로, 성종 때에 처음으로 설치되었는데, 효종 때에 내금위(內禁衛), 겸사복(兼司僕)과 합쳐져 금군청(禁軍廳)이 되었음.

859) 시위(侍衛)소리: 임금이 행차할 때에, 내관(內官)이 곁에 호위하며 외치는 소리.

860) 악생(樂生): 장악원(掌樂院)에 소속되어 음악에 관한 일을 맡은 사람. 양인 출신으로 공천(公賤) 출신의 악공보다 지위가 높았음.

861) 야자대(也字帶): 관복에 두르는 띠. 야대(也帶)라고도 함. 한 끝이 아래로 늘어져

선악(仙樂)[862]을 길게 내니 여민동락(與民同樂)[863] 화(和)할씨고
옥교(玉轎)로 오오실 제[864] 양산이 해를 가려
비슥이[865] 받으시고 뒤에는 현무선(玄武扇)을
충의(忠義)[866]가 들었으며 키 큰 봉두별감(鳳頭別監)[867]
갖은 시위(侍衛) 경필(警蹕)[868] 소리 갸륵하고 엄위(嚴威)하다
협련시위(挾輦侍衛) 무예청(武藝廳)[869]은 고개 숙여 하는 소리
듣기에도 청숙(淸淑)하고 보기에도 경존(敬尊)하다
청양문(靑陽門) 나아실 제 대답소리 웅장하다
관풍각(觀豐閣) 지나시고 관덕정(觀德亭)[870] 지나셔서
보탑(寶榻)에 전좌(殿座)[871]하사 군병(軍兵) 방위(方位) 정한 후에
어악(御樂)[872]이 일어나며 모대(帽帶)한 환시(宦侍)네가
어제(御題)[873]를 고이 들고 현제판(懸題板) 임하여서

서 '也'자 모양이 되므로 이와 같이 부름.

862) 선악(仙樂): 신선의 음악이라는 뜻으로, 궁중의 음악을 말함.

863) 여민동락(與民同樂): 백성과 더불어 즐긴다는 말.

864) 옥교(玉轎)로 오오실 제: 옥교에 오르실 때. 옥교는 임금이 타는 가마의 하나로 연(輦)과는 달리 꾸밈이 적음.

865) 비슥이: 한쪽으로 약간 기울어지게.

866) 충의(忠義): 종친부(宗親府)와 충훈부(忠勳府)에 속해 있는 하급직(下級職).

867) 봉두별감(鳳頭別監): 봉도별감(奉導別監). 왕이 거둥할 때 왕의 가마 앞에서 소리치며 경계하는 일을 맡은 별감(別監).

868) 경필(警蹕): 임금이 거둥할 때 경호하기 위해 통행을 금하는 일.

869) 협련시위(挾輦侍衛) 무예청(武藝廳): 임금이 탄 가마 옆에서 시위하는 무관. 여기서 무예청은 무예청에 소속된 무관을 말함.

870) 청양문(靑陽門) 관풍각(觀豐閣) 관덕정(觀德亭): 청양문은 창경궁 북쪽의 곁문으로 이 문의 안이 바로 춘당대(春塘臺)임. 관풍각은 춘당대 남쪽에 있는 전각. 관덕정은 춘당대 동북쪽에 있는, 활을 쏘기 위한 설비를 갖추어 놓은 정자.

871) 전좌(殿座): 임금이 공무를 보기 위해 자리에 앉음.

872) 어악(御樂): 임금 앞에서 연주하는 음악.

873) 어제(御題): 임금이 직접 과거시험 장소에 나와서 내주는 글 제목.

홍마삭(紅麻索)[874] 끈을 매어 일시에 올려 다니
만장중(滿場中)[875] 선비들이 붓을 들고 달려간다
각각 제 접(接) 찾아가서 책 행담(行擔)[876] 열어놓고
해제(解題)[877]를 생각하여 풍우(風雨)같이 지어내니
글하는 거벽(巨擘)[878]들은 구구(句句)이 읊어내고
글씨 쓰는 사수(寫手)들은 시각(時刻)을 못 머문다[879]
글 글씨 없는[880] 선비 수종(隨從)꾼 모양으로
22 공석(空石)에도 못 앉고도 글 한 장을 애걸한다
부모 선생 권학(勸學)할 제 이런 토심(吐心)[881] 모르던가
경각(頃刻)에 선장(先場)[882] 들어 위장군(衛將軍) 외는구나[883]
한 장 들고 두 장 들어 차차로 들어간다
백 장이 넘어서는 일시에 들어오니
승기전(箭) 모양이요 백설(白雪)이 분분(紛紛)하다[884]

---

874) 홍마삭(紅麻索): 붉은색으로 물들인 삼끈. 삼끈은 삼의 줄기를 벗겨서 꼰 끈.

875) 만장중(滿場中): 많은 사람이 모인 곳.

876) 행담(行擔): 길 가는 데에 가지고 다니는 작은 상자. 흔히 싸리나 버들 따위로 결어 만듦.

877) 해제(解題): 여기서는 출제된 글 제목에 맞춰 글을 지음을 말함.

878) 거벽(巨擘): 본래 학식이 뛰어난 대가(大家)를 뜻하는 말이나, 여기서는 과거시험장에서 남의 답안을 대신 작성해주는 사람을 말함.

879) 글씨 쓰는~: 사수들이 매우 급히 서둔다는 말. 사수는 본래 글씨를 베껴 쓰는 사람이라는 의미이나, 여기서는 거벽이 작성한 답안지를 좋은 글씨로 옮겨 써주는 사람을 말함.

880) 글 글씨 없는 선비: 글도 못하고 글씨도 못 쓰는 선비를 말함.

881) 토심(吐心): 주로 남에게 무시를 당할 때 생기는 불쾌한 마음.

882) 선장(先場): 문과(文科) 과거시험장에서 글을 지은 답안지를 제일 먼저 내는 일.

883) 위장군(衛將軍) 외는구나: 과거시험장의 혼잡을 막기 위해 병조(兵曹)에서 파견한 군사가 외치는구나.

884) 승기전(箭)~: 화살이 쏟아지듯 눈이 날리듯 답안지가 몰려드는 것을 말함.

885) 수권수(收卷數): 거둔 답안지 숫자.

수권수(收卷數)[885] 몇 장인고 언덕 같고 뫼 같구나

사알(司謁) 사약(司鑰)[886] 무감(武監) 별감(別監) 정원사령(政院使令) 위장군이

열 장 씩 작축(作軸)[887]하여 전자관(塡字官) 전자(塡字)하고[888]

주문(主文) 명관(命官)[889] 시관(試官) 앞에 수없이 갖다놓네

차례로 꼲을[890] 적에 비점(批點) 치고 관별(貫別)[891]한다

그 외의 낙고지(落考紙)[892]는 짐짐이[893] 져서 낸다

학고(學考)[894]에 오른 글장[895] 먹으로 등(等)을 쓰네

글씨는 명필이요 지은 글은 문장이라

이두(李杜)[896]의 글일런가 희지(羲之)[897]의 글씨런가

이같이 공부할 제 장원(壯元)이 못 될쏘냐

---

886) 사알(司謁) 사약(司鑰): 모두 액정서의 정6품 잡직. 사알은 임금의 명령을 전달하는 일을, 사약은 대전(大殿) 및 각 문의 열쇠를 담당하였음.

887) 작축(作軸): 과거 시험 답안지를 한 축 씩 묶음. 축은 답안지 열 장을 묶어 세던 단위.

888) 전자관(塡字官) 전자(塡字)하고: 전자관이 묶어놓은 답안지에 번호를 매김. 전자는 답안지 묶음에 번호를 매기는 일.

889) 주문(主文) 명관(命官): 과거 시험을 주관하는 대제학. 주문은 조선조 때 대제학(大提學)의 다른 이름으로, 과거 때 시험관의 우두머리인 상시(上試)를 달리 이르는 말. 명관은 왕이 참관하는 과거시험인 전시(殿試)에서 시험을 주관하는 시험관을 말함.

890) 꼲다: 잘잘못을 따져서 평가하다. 답안의 점수를 매기다.

891) 비점(批點) 관별(貫別): 글을 평가함. 비점은 아주 잘된 곳에 점을 찍는 것이고, 관별은 관주(貫珠)를 쳐서 구별한다는 말. 관주는 글을 비평할 때 아주 잘된 곳에 치는 동그라미.

892) 낙고지(落考紙): 과거에 떨어진 사람의 답안지. 낙복지(落幅紙)

893) 짐짐이: 짐 더미로. 한 짐 두 짐.

894) 학고(學考): 과거(科擧)에서 등수를 매기는 일.

895) 글장(帳): 글이 적힌 종이. 과거 시험 답안지.

896) 이두(李杜): 당(唐)나라 시인 이백(李白)과 두보(杜甫).

897) 희지(羲之): 왕희지(王羲之). 중국 진(晉)나라 때 명필.

과거를 다 본 후에 선비의 거동 보소

우산 접어 둘러메고 공석(空石) 싸서 옆에 끼고

장원봉(壯元峯) 언덕 위에 잠뽁이 모여 서서

방(榜)[898] 나기 기다릴 제 보계판(補階板)을 바라보니

시관(試官)들과 육방승지(六房承旨)[899] 어전(御前)에서 탁방(坼榜)[900] 한다

설포장(設布帳) 지우고서[901] 정원사령(政院使令) 불러내어

성명삼자(姓名三字) 써서 주니 정원사령 거동 보소

잔주름 방패철릭[902] 통량(統凉)갓[903] 젖혀 쓰고

달음박질 나려올 제 만장중(滿場中)[904] 선비 마음

심독희자부(心獨喜自負)[905]하여 가만히 듣는구나

여럿이 묶어 질러 성명 삼자 호명(呼名)한다

적덕(積德)한 뉘 집 자손 글 용한 어느 선비

십년등하(十年燈下) 죽을 공부[906] 금일(今日) 등과(登科) 하였는고

바삐 불러 올라갈 제 망건(網巾)을 고쳐 쓰고

---

898) 방(榜): 방문(榜文). 여기서는 과거 합격자의 명단을 크게 써 붙인 글.

899) 육방승지(六房承旨): 승정원(承政院)의 여섯 승지. 이방(吏房)을 맡은 도승지(都承旨), 호방(戶房)을 맡은 좌승지(左承旨), 예방(禮房)을 맡은 우승지(右承旨), 병방(兵房)을 맡은 좌부승지(左副承旨), 형방(刑房)을 맡은 우부승지(右副承旨), 공방(工房)을 맡은 동부승지(同副承旨).

900) 탁방(坼榜): 과거에 급제한 사람의 성명을 내어 붙인다는 뜻으로, 합격자를 확정하는 일을 말함.

901) 설포장(設布帳) 지우고서: 설포장을 걷어내고서.

902) 잔주름 방패철릭: 잔주름을 잡은 방패철릭. 방패철릭은 철릭의 한 종류.

903) 통량(統凉)갓: 경상남도 통영(統營) 지방에서 만든 품질이 좋고 테가 넓은 갓. 통영에서 만든 갓의 양태를 통량이라 함.

904) 만장중(滿場中): 많은 사람이 모인 곳.

905) 심독희자부(心獨喜自負): 마음속으로 혼자서 자부하여 기뻐함.

906) 십년등하(十年燈下) 죽을 공부: 십 년 동안 등불 아래에서 열심히 공부함.

도포(道袍)를 갈아입고 여기 있다 소리 하니
수십 명 원령(院令)[907]들이 일시에 달려들어
부액(扶腋)[908]하고 올라가니 어약용문(魚躍龍門)[909] 되었구나 23
등과한 신은(新恩)[910]들을 차차로 불러 올려
어전(御前)에 예방승지(禮房承旨)[911] 진퇴(進退)를 시키고서[912]
사온삼배(賜醞三盃)[913] 하신 후에 얼굴에 희묵(戱墨)[914]하고
몸에는 홍삼(紅衫)[915]이요 머리에는 어사화(御賜花)라
좌우의 백관들이 금관(金冠)에 금잠(金簪)[916] 꽂고
홍항라(紅亢羅)[917] 고운 조복(朝服) 금환(金環) 후수(後綬)[918] 달았으며

---

907) 원령(院令): 정원사령(政院使令).

908) 부액(扶腋): 겨드랑이를 붙잡아 걷는 것을 도움. 곁부축.

909) 어약용문(魚躍龍門): 물고기가 용문에 뛰어오름. 용문은 중국 황하(黃河) 중류에 있는 여울목인데, 뛰어올라간 물고기는 용이 된다는 데서, 과거에 급제하거나 성공함을 비유함.

910) 신은(新恩): 새로이 은혜를 받았다는 뜻으로, 새로 과거에 합격한 사람을 말함.

911) 예방승지(禮房承旨): 승정원(承政院)의 예방(禮房)을 맡아보는 우승지(右承旨).

912) 진퇴(進退)를 시키다: 신은들을 임금에게 인사 시키다. 과거 합격자가 발표되면 임금이 이들을 불러보는데, 이때 이들을 나오게 하고 물러나게 하는 절차가 있음.

913) 사온삼배(賜醞三盃): 임금이 술 석 잔을 내려줌.

914) 희묵(戱墨): 축하하는 의미로, 임금의 앞에서 과거에 급제한 사람의 얼굴에 먹을 묻히는 일. 진퇴의 뒤에 시행함.

915) 홍삼(紅衫): 관원(官員)이 조하(朝賀) 때에 입는 조복(朝服)에 딸린 웃옷의 한 가지. 붉은 빛깔의 바탕에 검은 선(線)을 둘렀음.

916) 금관(金冠)에 금잠(金簪): 금관은 문·무관(文武官)이 조복을 입을 때에 쓰는 관이고, 금잠은 금으로 만든 머리 장식.

917) 홍항라(紅亢羅): 붉은 빛 항라. 항라는 명주·모시·무명실 따위로 짠 피륙의 하나. 구멍이 송송 뚫어지게 짜 여름 옷감으로 적당함.

918) 금환(金環) 후수(後綬): 금환은 금으로 만든 고리. 후수는 예복이나 제복 뒤에 드리우는 띠로, 붉은 바탕에 수를 놓고 금이나 은으로 된 고리를 달았음.

919) 패옥(佩玉): 조복(朝服)이나 제복(祭服) 등을 입을 때 장식으로 차는 옥.

920) 쟁쟁(琤琤): 옥이 맞부딪쳐 울리는 맑은 소리.

양엽에 패옥(佩玉)[919] 소리 걸음마다 쟁쟁(琤琤)[920]하다
시위(侍衛) 군병(軍兵) 갑주(甲冑)[921]하고 춘당대(春塘臺) 너른 뜰에
득인진하(得人陳賀)[922] 되는구나 통례원(通禮院) 인의(引儀)[923]들이
산호(山呼)를 높이 하니 천세 천세 천천세(千千歲)라[924]
구경도 장할씨고 문물도 거룩하다
장원랑(壯元郎)[925] 개(蓋)[926]를 주고 그 남은[927] 신은(新恩)들은
사복마(司僕馬)[928] 좋은 말에 무동(舞童)[929] 주어 내보내니
궐문(闕門) 밖 나올 적에 기구(器具)도 장하도다
아침에 선비러니 저녁에 선달(先達)[930]이라
화류춘풍(花柳春風) 대도상(大道上)에 세마치 길군악(軍樂)[931]에

---

921) 갑주(甲冑): 갑옷과 투구 또는 갑옷과 투구를 갖추어 입고 씀.

922) 득인진하(得人陳賀): 인재를 얻은 데 대하여 임금에게 축하를 올림.

923) 인의(引儀): 통례원에 속하여 의식에서 식순에 따라 구령을 외치는 일을 맡아보던 종6품 문관 벼슬.

924) 산호(山呼)를~: 오랜 세월 동안 만수무강할 것을 축원함. 산호는 나라의 중요 의식에서 신하들이 임금의 만수무강을 축원하여 두 손을 치켜들고 만세를 부르는 일. 천자에게는 만세라고 하고, 제후에게는 천세라고 함.

925) 장원랑(壯元郎): 괴방(魁榜). 과거의 갑과(甲科)에 장원으로 급제한 사람. 과거 합격자 33인 중 3인을 갑과, 7인을 을과(乙科), 나머지를 병과(丙科)라 하는데, 갑과 중에서도 1등을 장원랑이라 함.

926) 개(蓋): 햇볕을 가리기 위한 의장(儀仗). 지금의 양산보다는 휘장이 길게 늘어지고 장식이 덧붙음. 문과 장원에게는 홍개(紅蓋)를 내리고, 무과(武科) 장원에게는 청개(靑蓋)를 내려, 유가(遊街)할 때 앞에 세우고 다니게 하였음. 개와 함께 개를 받칠 무동이나 음악을 연주하는 풍류를 함께 하사하기도 함.

927) 그 남은: 그 외의. 나머지의.

928) 사복마(司僕馬): 사복시(司僕寺)에서 관리하는 말.

929) 무동(舞童): 여기서는 개를 받칠 남자 아이를 말함. 무동은 궁중의 잔치 때 춤을 추고 노래를 부르는 남자 아이 또는 나라 잔치 때 황개(黃蓋)를 받치는 남자 아이.

930) 선달(先達): 과거에 급제했으나 아직 벼슬을 받지 못한 사람.

931) 세마치 길군악(軍樂): 세마치장단으로 연주하는 길군악. 길군악은 국악 취타곡(吹打曲)의 하나로, 임금의 거둥 때나 군대의 행진 때 연주함.

무동은 춤을 추고 벽제(辟除)소리 웅장하다
춘풍득의마제질(春風得意馬蹄疾)[932]하니 탐화랑(探花郎)[933] 되었어라
남녀노소 관광(觀光)[934]하고 누가 아니 칭찬하리
세상 선비 들어보소 음수독서(飮水讀書) 어려 마소[935]
정성소도금석투(精誠所到金石透)[936]는 옛말이 그를손가
수문수답(隨問隨答)[937] 면강(面講)하며 성경현전(聖經賢傳)[938] 수심(修心)하여
충군효친(忠君孝親) 근본 삼고 제세안민(濟世安民) 재조(才操) 닦아
반룡부봉(攀龍附鳳)[939] 현달(顯達)하여 입신양명(立身揚名) 하게 하소
예악법도(禮樂法度) 이러하니 거룩할사 한양일다

7. 결사(結詞)

어와 벗님네야 한양 구경 가자스라
한양은 어디멘고 우리나라 국도(國都)로세

---

932) 춘풍득의마제질(春風得意馬蹄疾): 뜻을 이루고 봄바람 속에 말 달리니. 당(唐)나라 맹교(孟郊)의 「등과후(登科後)」의 한 구절.

933) 탐화랑(探花郎): 과거에서 3등으로 합격한 사람. 1등을 장원(壯元), 2등을 방안(榜眼)이라고 함.

934) 관광(觀光): 구경.

935) 음수독서(飮水讀書) 어려 마소: 가난한 생활 속에서도 학문에 힘쓰는 일을 어려워 마소.

936) 정성소도금석투(精誠所到金石透): 정성이 지극하면 쇠나 돌도 뚫을 수 있음.

937) 수문수답(隨問隨答): 묻는 대로 답을 함.

938) 성경현전(聖經賢傳): 유학(儒學)의 성현(聖賢)이 남긴 글. 성인(聖人)의 글을 '경(經)', 그 '경'을 풀이한 현인(賢人)의 글을 '전(傳)'이라고 함.

939) 반룡부봉(攀龍附鳳): 용 비늘을 부여잡고 봉황 날개에 붙는다[攀龍鱗 附鳳翼]는 뜻으로 훌륭한 임금을 섬겨 공명을 세운다는 말.

하우씨(夏禹氏) 도산도수(導山導水) 시획구주(始劃九州)[940] 하셨으니
제요(帝堯) 제순(帝舜) 도읍터는 평양(平陽) 포판(蒲坂)[941] 그 아니며
문왕(文王) 무왕(武王) 도읍터는 기산(岐山) 풍·호(豐·鎬)[942] 그 아닌가
동·서한(東·西漢)[943]에 내려와서 낙양(洛陽) 장안(長安) 동·서경(東·西京)은

24 고조(高祖)의 창업(創業)이요 광무(光武)[944]의 중흥이라
강남(江南) 금릉(金陵)[945] 번화지지(繁華之地) 당·송(唐·宋) 국도(國都) 되었어라
역대(歷代) 제왕(帝王) 전수(傳授)하니 중국의 땅이로다
생어동방(生於東方)[946] 하였으니 동국(東國)이나 알리로다
강우태백단목(降于太白檀木)[947]하여 여요병립(與堯竝立) 단군(檀

940) 하우씨(夏禹氏) 도산도수(導山導水) 시획구주(始劃九州): 하(夏)나라의 시조 우(禹)임금이 치수(治水)를 하며 처음으로 중국 전체 땅 덩어리를 아홉으로 나누어 다스린 업적을 말함.

941) 평양(平陽) 포판(蒲坂): 평양은 요(堯)임금이 도읍한 곳. 포판은 순(舜)임금이 도읍한 곳.

942) 기산(岐山) 풍·호(豐·鎬): 주(周)나라의 옛 수도. 문왕의 조부 고공단보(古公亶父)가 북쪽 오랑캐의 침략을 피해 기산으로 옮겨 와 주나라의 터전을 닦았으며, 문왕은 풍에 도읍했고 무왕 시절 호로 도읍을 옮겼음.

943) 동·서한(東·西漢): 중국 고대 왕조인 전한(前漢)과 후한(後漢)을 통틀어 이르는 말. 유방(劉邦)이 장안(長安)에 도읍을 정하여 세웠는데, 왕망(王莽)의 찬탈을 기준으로 전한(前漢)과 후한(後漢)으로 나눔. 도읍의 위치에 따라 장안(長安)을 수도로 한 전한을 서한(西漢), 낙양(洛陽)을 수도로 한 후한을 동한(東漢)이라고 부름.

944) 고조(高祖) 광무(光武): 고조는 한고조(漢高祖) 유방(劉邦). 광무는 후한(後漢) 광무제(光武帝) 유수(劉秀).

945) 강남(江南) 금릉(金陵): 중국 양자강(揚子江) 남쪽 지방의 남경(南京). 금릉은 남경의 다른 이름.

946) 생어동방(生於東方): 동쪽 지방 곧, 조선에서 태어남.

947) 강우태백단목(降于太白檀木): 환웅(桓雄)이 태백산(太白山) 신단수(神壇樹)에 내려옴.

君)[948]이며

봉기자우조선(封箕子于朝鮮)[949]하사 각일천년(各一千年) 평양(平壤)[950]이라

삼한(三韓) 적[951]은 그만두고 아국 도성(都城) 여기로다

대명(大明) 홍무(洪武) 임신년(壬申年)[952]에 사개국호조선(賜改國號朝鮮)[953]하사

정정한양(定鼎漢陽)[954] 하셨으니 중희누흡(重熙累洽)[955] 하였어라

금척(金尺)의 길몽(吉夢)[956]이요 옥첩(玉牒)의 상서(祥瑞)[957]로다

---

948) 여요병립(與堯竝立) 단군(檀君): 단군왕검(檀君王儉)이 중국 요(堯)임금과 같은 시대에 왕위에 올랐음을 말함.

949) 봉기자우조선(封箕子于朝鮮): 기자를 조선에 봉함. 기자조선(箕子朝鮮)이 시작되었음을 말함. 기자는 은(殷)나라 마지막 왕인 주왕(紂王)의 숙부(叔父)임. 은나라가 망하고 주(周)나라가 들어선 뒤 조선으로 와 기자조선을 세웠다는 기자동래설(箕子東來說)이 조선(朝鮮)시대에는 보편화되어 있었음.

950) 각일천년(各一千年) 평양(平壤): 단군이 세운 고조선과 기자가 세운 기자조선의 역사가 각각 약 1,000년씩이며 도읍한 곳이 모두 평양이었음을 말함.

951) 삼한(三韓) 적: 삼한 시절. 한반도 중남부에 마한(馬韓)·진한(辰韓)·변한(弁韓)이 있던 시절.

952) 대명(大明) 홍무(洪武) 임신년(壬申年): 1392년. 홍무는 명(明)나라 태조(太祖)의 연호(年號).

953) 사개국호조선(賜改國號朝鮮): 나라 이름을 조선이라고 고쳐서 내려줌.

954) 정정한양(定鼎漢陽): 한양(漢陽)에 도읍을 정함. 정정은 도읍을 정한다는 뜻이고, 한양은 한강(漢江)의 북쪽이라는 뜻.

955) 중희누흡(重熙累洽): 임금이 대대로 현명하여 태평성대가 이어짐.

956) 금척(金尺)의 길몽(吉夢): 태조 이성계(李成桂)가 임금이 되기 전에 꿈에 하늘에서 신인(神人)이 내려와 금빛 자를 주면서 "시중(侍中) 경복흥(慶復興)은 청렴하기는 하나 이미 늙었으며, 도통(都統) 최영(崔瑩)은 강직하기는 하나 조금 고지식하니, 이것을 가지고 나라를 바룰 사람은 공(公)이 아니고 누구이겠는가?"라고 하였다고 함. 이러한 내용을 노래한 악장이 〈몽금척(夢金尺)〉임.

957) 옥첩(玉牒)의 상서(祥瑞): 이성계가 임금이 되기 전에 어떤 사람이 지리산 석벽(石壁) 속에서 기이한 책을 얻어다가 주었는데, "목자(木子)가 돼지를 타고 내려와서 다시 삼한(三韓)의 강토를 바로잡을 것이다."라고 적혀 있었다고 함. 이러한 내용을 노래한 악장이 <수보록(受寶籙)>임.

오만사년(於萬斯年)[958] 누릴 도읍 한양성중(漢陽城中) 거룩하다
산천(山川) 누대(樓臺) 성곽(城郭) 지당(池塘) 윗글에 하였으니[959]
다시 할 말 아니로되 예의동방(禮義東方)[960] 장할씨고
원생고려(願生高麗)[961] 한단 말은 중원(中原) 사람 말이로세
추차언이관지(推此言而觀之)하면 제일강산(第一江山) 가지(可知)로다[962]
산악수기(山嶽秀氣) 받아 나니 충효 인물 총총(叢叢)하다
범절(凡節)이 이러하니 천하(天下) 제국(諸國) 제일일세
천시(天時) 지리(地理) 얻었으며 인화(人和)조차 되었어라[963]
현송지음(絃誦之音) 부절(不絶)[964]하니 수사지풍(洙泗之風)[965] 분명하고
인의지도(仁義之道) 찬연(燦然)하니 성현지국(聖賢之國) 되었어라

---

958) 오만사년(於萬斯年): 아! 만년토록. 『시경(詩經)』 「대아(大雅)」 〈하무(下武)〉편에 "아, 만년토록 하늘의 복을 받으리라.[於萬斯年 受天之祜]"는 구절이 있음.

959) 윗글에 하였으니: 한양의 산세(山勢)와 성첩(城堞), 누(樓)와 대(臺), 못 등을 작품의 서두에서 언급하였음을 말함.

960) 예의동방(禮義東方): 동방예의지국(東方禮儀之國). 예의에 밝은 동쪽 나라라는 뜻으로, 중국에서 조선을 이르던 말.

961) 원생고려(願生高麗): 조선에 태어나기를 원함. 고려는 중국에서 조선을 지칭한 다른 이름. 중국 사람의 시에, '원컨대 고려에 태어나 한 번 금강산을 봤으면 하네[願生高麗國 一見金剛山]'라는 구절이 있다고 하여 인구에 회자되었음.

962) 추차언(推此言)~: 이 말을 미루어 생각해보면 (조선이) 가장 뛰어난 강산임을 알 수 있음.

963) 천시(天時)~: 천시는 절기나 기후를, 지리는 지형을, 인화는 민심의 화합을 뜻함. 『맹자(孟子)』 「공손추하(公孫丑下)」에, "천시가 아무리 좋아도 지형적으로 유리한 조건을 갖춘 것만 못하고, 지리가 아무리 좋아도 인심을 얻는 것만 못하다.[天時不如地利 地利不如人和]"라고 하였음.

964) 현송지음(絃誦之音) 부절(不絶): 거문고를 타고 시를 읊는 소리가 끊이지 않음. 거문고를 타고 시를 읊는 것은 예악(禮樂)의 교화를 뜻함.

965) 수사지풍(洙泗之風): 공자의 사상과 학통을 따르는 기풍. 수수(洙水)와 사수(泗水)는 중국 산동성(山東省) 곡부현(曲阜縣)의 강물. 공자가 이 두 강물 사이에서 제자들을 가르쳤으므로 이와 같이 말함.

삼왕(三王)[966] 적 일월(日月)이요 오제(五帝)[967] 적 건곤(乾坤)이며
문·무(文·武)[968] 적 문명(文明)이요 한·당(漢·唐)[969] 적 문치(文治)로다
포판(蒲坂)이 아니 되면 기산(岐山)이 여기로세
북악(北岳)에 기린(麒麟) 놀고 종남(終南)에 봉황(鳳凰)[970] 운다
경성(景星)[971]은 명료(明瞭)하고 경운(景雲)[972]은 삼담하다[973]
태고시절(太古時節) 못 보거든 우리 세계 자세 보소
이런 국도(國都) 이런 세상 자고급금(自古及今)[974] 또 있으랴
엎드려 비나이다 북극전(北極前)[975]에 비나이다
우리나라 우리 인군(人君) 본지백세(本支百世)[976] 무강휴(無疆休)[977]를

---

966) 삼왕(三王): 여기서는 삼황(三皇)을 뜻함. 중국 상고시대 전설상의 세 제왕으로, 복희(伏羲)·신농(神農)·황제(黃帝)를 드는데, 황제 대신 여와(女媧)나 수인(燧人) 또는 축융(祝融)을 넣기도 함. 여러 설이 있어서 천황(天皇)·지황(地皇)·태황(太皇)을 들기도 하는데, 태황 대신 인황(人皇)을 넣기도 함.

967) 오제(五帝): 전설상의 중국 상고시대 다섯 제왕. 황제(皇帝)·전욱(顓頊)·제곡(帝嚳)·요(堯)·순(舜) 또는 복희(伏羲)·신농(神農)·황제(皇帝)·소호(少昊)·전욱(顓頊). 다른 설도 있음.

968) 문·무(文·武): 주(周)나라의 시조 문왕(文王)과 무왕(武王). 은(殷)나라 말 포악한 군주 걸(桀)왕을 물리치고 어진 정치를 하였음.

969) 한·당(漢·唐): 한(漢)나라와 당(唐)나라.

970) 기린(麒麟) 봉황(鳳凰): 둘 다 전설상의 동물. 태평한 시대에 나타난다고 함.

971) 경성(景星): 도(道)가 있는 나라에 나타난다는 별. 태평한 시대에 나타난다는 상서로운 조짐.

972) 경운(景雲): 상서로운 구름.

973) 삼담하다: 삼삼하다. 뚜렷하다.

974) 자고급금(自古及今): 예로부터 지금에 이르기까지.

975) 북극전(北極前): 북두칠성(北斗七星) 앞. 북극 하늘에 7개의 별이 국자 모양을 이루고 있는 별자리의 이름. 북두, 북두성, 칠성이라고도 함. 인간의 수명을 관장하는 신으로 여겨짐.

976) 본지백세(本支百世): 종손으로 이어지는 자손과 지손으로 이어지는 자손이 백세(百世)로 번창함. 『시경(詩經)』「대아(大雅)」에 있는 말.

977) 무강휴(無疆休): 무강지휴(無疆之休). 무한한 아름다움. 무궁한 행복.

여천지(與天地)[978]로 해로(偕老)하게 비나이다 비나이다

세재갑진(歲在甲辰) 계춘(季春) 한산거사 저(著)

978) 여천지(與天地): 천지와 더불어. 영원함을 말함.

신증동요(新增童謠)

원자(元子) 탄강하신 후 백성의 동요(童謠)가 거룩하기로 권말에 기록하노라

황하수(黃河水) 일청(一淸)하니 성인(聖人)이 나시거다
그 성인 누구신고 아동방(我東方) 군자(君子)로세
갑술(甲戌) 이월 초팔일(初八日)[1] 원자 탄강하셨으니
삼조(三朝)의 희경(喜慶)이요 삼전(三殿)의 대경(大慶)이라[2]
종사(宗社)의 임자시고 인민(人民)의 의탁(依託)일다
인지지(麟之趾) 종사(螽斯) 장(章)은 주남시(周南詩)에 보았으며[3]
요모가 사중가(四重歌)는 한대(漢代) 적 노래로다[4]
천일지표(天日之表) 엄위(嚴威)하고 용봉지자(龍鳳之姿) 거룩하사[5]

---

1) 갑술(甲戌) 이월(二月) 초팔일(初八日): 고종(高宗) 11년(1874) 음력 2월 8일. 이후 순종(純宗)이 되는 원자가 탄생한 날.

2) 삼조(三朝)~: 헌종, 철종, 고종의 삼대에 걸친 기쁨이고 왕대비전(王大妃殿)·대전(大殿)·중궁전(中宮殿)의 경사임.

3) 인지지(麟之趾)~: 〈인지지(麟之趾)〉와 〈종사(螽斯)〉는 『시경(詩經)』 「주남(周南)」의 편명. 〈인지지〉에서 "기린의 발이여, 어질고 후덕한 귀공자이니, 아! 이들이 바로 기린이로다.[麟之趾 振振公子 于嗟麟兮]"라고 하였는데, 기린은 어진 짐승이라 풀이나 벌레를 밟지 않는다고 하여, 주(周)나라 문왕(文王)과 후비(后妃)의 성덕(聖德)에 의해 수많은 자손 종족 모두 어질고 후덕할 것을 노래한 것. 〈종사〉에서 "수많은 메뚜기들 화목하게 모여드니, 의당 네 자손이 대대로 번성하리라.[螽斯羽 詵詵兮 宜爾子孫 振振兮]"라고 하였는데, 문왕(文王)의 후비가 투기하지 않고 모든 궁녀들과 화목하여 자손을 많이 두게 되었음을 노래한 것임.

4) 요모가~: 요모가는 미상. 사중가(四重歌)는 한(漢)나라 명제(明帝)가 태자(太子)로 있을 때 일중광(日重光) 월중륜(月重輪), 성중휘(星重輝) 해중윤(海重潤)이라는 4장(章)의 노래에서 중(重)을 네 번 써서 태자를 찬양한 노래.

5) 천일지표(天日之表)~: 해와 같은 모습이며 용과 봉황의 자태라는 뜻으로, 제왕(帝

북두성(北斗星) 남두성에 성수만년(聖壽萬年) 타 계시고

태상노군(太上老君) 태을성(太乙星)에 백복백록(百福百祿) 타 계시리

좌보성신(左輔星辰) 우필성(右弼星)은 시시(時時)로 암조(暗照)하네

서기(瑞氣)가 애애(靄靄)하여 학관(學官) 인각(麟閣)[6] 둘렀으며

서운(瑞雲)은 담담(淡淡)하여 구중천문(九重天門) 잠겼어라[7]

춘궁(春宮) 시위(侍衛) 택인(擇人)하니 박문(博聞) 도술(道術) 단정지사(端正之士)[8]

거처(去處) 출입(出入) 한데 하니 좌우전후 정인(正人)이라

견정사(見正事) 문정언(聞正言)은 보도(輔導)하는 도리로다[9]

이윤(伊尹) 부열(傅說)[10] 태사(太師) 태부(太傅)[11] 주공(周公) 소공(召公)[12] 좌우 빈객(賓客)[13]

王)을 뜻함. 당태종(唐太宗)이 네 살 때에 관상 보는 이가 이와 같이 말했다고 함.

6) 학관(學官) 인각(麟閣): 학관은 이문학관(吏文學官)으로 1524년(중종 19년)에 승문원(承文院)에 둔 벼슬. 모두 3명이며 뒤에 한림학관(翰林學官)이라 불리기도 함. 인각은 공신(功臣)들과 그들의 자손을 우대하기 위하여 설치된 부서인 충훈부(忠勳府)를 달리 이르는 말.

7) 서운(瑞雲)은~: 상서로운 구름이 차분하고 평온하게 대궐의 문을 감싸고 있음을 표현한 것.

8) 춘궁(春宮)~: 세자를 모실 사람을 가려 뽑으니 견문이 넓고 도덕과 학술이 있으며 단정한 선비임.

9) 견정사(見正事)~: 바른 일을 보고 바른 일을 듣는 것은 도와서 바르게 이끄는 도리이다. 한(漢)나라 때 가의(賈誼)가 올린 상소에서 “태자가 탄생하면 진실로 예(禮)로써 모든 일을 거행하고, 조금 자라 사물을 알아보면 진실로 효(孝)·인(仁)·예(禮)·의(義)의 이치를 알게 하여 도가 몸에 익혀지도록 하였으므로 태자가 태어나서부터 바른 일을 보고 바른 말을 듣고 바른 도를 행하며 전후좌우로 모두 바른 사람뿐이라.[太子乃生 固舉以禮 孩提有識 固明孝仁禮義 以道習之 故太子乃生 而見正事 聞正言 行正道 左右前後 皆正人也]”라고 하였음.

10) 이윤(伊尹) 부열(傅說): 둘 다 은(殷)나라 때의 명재상. 이윤은 탕왕(湯王)을 섬겼고 부열은 고종(高宗)을 섬겼음.

11) 태사(太師) 태부(太傅): 둘 다 왕세자의 교육을 맡은 관직.

현신(賢臣) 양좌(良佐) 벌였으니 동심동덕(同心同德)하는구나
춘방(春坊)의 보필선(輔弼善)[14]은 보덕(輔德) 필선(弼善) 성심(誠心)이요
계방(桂坊)의 익위솔(翊衛率)[15]은 익위(翊衛) 위솔(衛率) 직분이라
시시(時時)로 서연석(書筵席)[16]에 고금성쇠(古今盛衰) 강론할 제
당우지치(唐虞之治) 삼대지치(三代之治)[17] 독지송지(讀之誦之)하는구나
우순풍조(雨順風調)하였으니 시화세풍(時和歲豐) 좋을씨고
강구(康衢)의 저 백성들 격양가(擊壤歌)로 송축(頌祝)할 제
동방성인(東方聖人) 우리 춘궁(春宮) 하늘 같이 어지시고
일월(日月) 같이 밝으시고 성신(星辰) 같이 빛나시고
천하(天下) 같이 너르시고 남극(南極)[18] 같이 수(壽)하시고
하해(河海) 같이 부(富)하시고 자미(紫微)[19] 같이 귀하시고

12) 주공(周公) 소공(召公): 둘 다 주(周)나라의 명재상. 이들은 문왕(文王)의 아들이며 무왕(武王)의 동생으로서 조카인 성왕(成王)이 즉위하자 나라를 반으로 나누어 덕정(德政)을 베풀었음.

13) 빈객(賓客): 왕세자의 교육을 맡은 세자시강원(世子侍講院)에 속한 벼슬.

14) 춘방(春坊)의 보필선(輔弼善): 세자시강원에 속한 보덕(輔德)과 필선(弼善)을 말하는 듯. 춘방은 세자시강원 또는 세자궁(世子宮)의 별칭.

15) 계방(桂坊)의 익위솔(翊衛率): 왕세자의 시위(侍衛)를 맡은 세자익위사(世子翊衛司)의 익위(翊衛)와 위솔(衛率)을 말하는 듯. 계방은 세자익위사 또는 세자궁의 별칭.

16) 서연석(書筵席): 왕세자에게 경서를 강론하던 자리.

17) 당우지치(唐虞之治) 삼대지치(三代之治): 요순(堯舜) 시대와 하(夏)·은(殷)·주(周) 시대의 정치라는 뜻으로 정치가 잘 이루어진 이상적인 세상을 말함. 당은 요를, 우는 순을 말함.

18) 남극(南極): 남극노인성(南極老人星). 남쪽 하늘에 있는 별. 장수를 상징함. 노인성(老人星). 수성(壽星).

19) 자미(紫微): 북두성의 북쪽에 있는 별자리 이름. 삼원(三垣)의 하나로, 천제(天帝)가 거처하는 곳이라고 함. 자미궁(紫微宮).

문왕(文王) 같이 성자신손(聖子神孫)[20] 만세무강(萬世無疆)하옵소서

세(歲) 경진(庚辰) 국추(菊秋) 석동(石洞) 신간

20) 성자신손(聖子神孫): 황제의 아들과 손자. 역대의 임금이나 임금의 혈통을 칭송하는 말.

제2장 원문

남훈태평가

한양가

남훈ᄐᆡ평가　　권지단

낙시됴　　롱　　편　　송　소용

우됴　　후졍화　계면　　만수ᄃᆡ엽

원사쳥　　잡가　　　가사

1.

간밤에부든바람만졍도화ᄃᆞ지거다아희는뷔를들고스로랴하는고야낙화들고지아니랴스러무ᄉᆞᆷ

2.

뎍무인엄즁문ᄒᆞᆫ데만졍화락월명시라독의사창ᄒᆞ야장탄식만ᄒᆞ든ᄎᆞ에원촌에일계명ᄒᆞ니ᄋᆡ긋는듯

3.

아희는약캐러가고죽졍은휑덩그러이부엿ᄂᆞᆫ데흣터진바독장긔를어늬아희가스러담아쥬리슐취코송졍에누어스니졀가는쥴

4.

왕상의니어낙고밍동의죽슌걱거감돈머리빅발토록노ᄅᆡᄌᆞ의옷슬입고일싱에양지셩효를증ᄌᆞ갓치

5.

일각이ᄉᆞᆷ츄라ᄒᆞ니열흘이면몃ᄉᆞᆷ츄요ᄂᆡ마음질겁거니남의시름싱각는지갓득에다셕은간장이봄눈스듯

6.

이러니져러니ᄒᆡ도날더럴낭마를마소나죽은무덤우희논를풀지밧갈ᄂᆞᆫ지쥬부도유령분상토니아니놀고

7.

인싱이둘짜셋짜이몸이네다섯짜비러온인싱이쑴에몸가지구셔일싱에살풀닐만ᄒᆞ고언제놀녀

8.

산촌에밤이드니먼데ᄀᆡ가지져괸다시비를녈고보니하날이차고달이로다져ᄀᆡ야공산잠긴달보고지져무삼

9.

져건너일편셕이강틔공의됴ᄃᆡ로다문왕은어듸가고빈ᄃᆡ홀노ᄆᆡ엿는고셕양에물찬제비ᄂᆞᆫ오락가락

10.

오츄마우ᄂᆞᆫᄀᆞᆺ데칠쳑쟝검빗나거다자방은결승쳔리ᄒᆞ고한신은젼필승공필취라항우ᄂᆞᆫ일범증부릉용ᄒᆞ니ᄋᆡ굿는듯

11.

초강어부드라고기낙과삼지마라굴ᄉᆞᆷ녀츙혼이어복니에들엇는이아모 2
리졍확에살문들익를소냐

12.

사벽셔리찬바람에울구가는기럭이야쇼상으로향ᄒᆞ는냐동졍호로향ᄒᆞ느냐밤즁만네우름소ᄅᆡ잠못니러

13.

청명시절우분〃헐제노상힝인이욕단혼이로다문노라목동들아슐파는집어듸메뇨져건너청념쥬긔풍이니계가셔나뭇소

14.

남훈뎐달밝은밤에팔원팔ᄀᆡ거ᄂᆞ리시고오현금탄일셩에ᄒᆡ오민지은혜로다강구에문동요ᄒᆞ니졀가는쥴

15.

옥에는틔나잇지요말ᄀᆞᆺᄒᆞ면다남편됨나ᄂᆡ안뒤여남못뵈고요런답답헌일도쏘어듸잇노열놈ᄇᆡᆨ말를ᄒᆞ야도드르리짐작

16.

반나마늙어쓰니다시졈든못ᄒᆞ리라일후ᄂᆞᆫ늑지말고ᄆᆡ양이만ᄒᆞ얏고ᄌᆞ

ᄇᆡᆨ발이뎨짐작ᄒᆞ야더듸늙게

17.

녹양삼월졀에년근ᄏᆡ는져목동아잔년근캘지라도굴근년근다칠셰라곳속에ᄇᆡᆨ한이잠드러쓰니션잠ᄭᆡᆯ나

18.

달밝고셜이치는밤에울고가는기러기야소상동졍어듸두고녀관한등에잠든나를ᄭᆡ우느냐밤즁만네우름소릐잠못니러

19.

서ᄉᆡ산젼ᄇᆡᆨ노비ᄒᆞ고도화뉴슈궐어비라쳥약닙녹사의로사풍셰우불슈귀라지금에장지화업기로그를셔러

20.

삼월삼일니ᄇᆡᆨ도홍구월구일황국단풍금쥰에슐이잇고동졍호에달이로다아희야잔가득부어라완월장취

21.

초경에비취울고이경야에두견이운다삼경사오경에슬피우는져홍안아야〃에네우름소릐에잠못니러

22.

사랑인들임마다허며니별인들다셔루랴평싱쳐음이오다시못볼임이로다일후에다시만나면연분인가

23.

셜월이만졍헌데바람아부들마라예리셩아닌쥴를버년니알것만는아숩고그릐운마음예힝여귄가

24.

3 만경창파지슈에둥〃썬ᄂᆞᆫ기러기야구월구일망향ᄃᆡ에홍나동북지릐냐너의도니별를마ᄌᆞᄒᆞ고져리둥〃

25.
청슨아무러보ᄌᆞ고금ᄉᆞ를네알니라영웅쥰결드리몃〃치나지나드냐이뒤에문나니잇거든나도함씌
26.
빅구야한가ᄒᆞ다네야무숨닐잇스리강호로써단닐졔어듸〃〃경됴트냐우리도공명를하직ᄒᆞ고녀를됴차
27.
기러기쎄〃만니안진곳에포슈야총를함부로노치마라ᄉᆡ북강남오구가는길에임의소식를뉘젼ᄒᆞ리우리도그런쥴알기로아니노씀네
28.
초산목동드라남무뷔다듸닷칠ᄂᆞ그듸를고이길너ᄒᆞ오리라낙슈듸를우리도그런쥴알기로나무만뷔요
29.
글ᄒᆞ면등용문ᄒᆞ며활쏜다고만인젹ᄒᆞ랴왕발도됴사ᄒᆞ고염파라도늙어느니우리랑글도활도말고밧갈기를
30.
아희야연슈쳐라그린임쎄편지ᄒᆞᄌᆞ거문먹흔죠희는졍든임를보련만는져붓듸날과갓치그릴쥴만
31.
바람부러누은남기비온다고니러나며임그려누은병에약쓴다고니러나랴져임아널노난병이니날살려쥬렴
32.
녹초장졔상에도긔황독져목동아셰상시비사를네아느냐모르느냐그아희단젹만불면셔소이부답
33.
나탄말은청춍마오임탄말은오츄마라늬압헤청삽살기오임의팔에보라

ᄆᆡ라저ᄀᆡ야공산에깁히든쐥를자루두져투겨라ᄆᆡ씌여보게

34.

군불견황ᄒᆞ지슈쳔상ᄂᆡ헌다분류도ᄒᆡ불부희라우불견고당명경비ᄇᆡᆨ발헌다됴여쳥사모셩셜를인싱이득의슈진환이라막사금쥰공ᄃᆡ월ᄒᆞ소

35.

우연이지면ᄒᆞᆫ졍이심입골슈병이드러일미심월미계에분슈상별이웬말이냐아희야괴꼬리날녀라꿈결갓게

36.

4 만경창파지슈에둥〃써는불약거뮈게오리들아비솔금셩진경이둥〃강셩너싯두루미드라너썬는물기퓌를알고둥썬너냐모르구둥실써잇느냐우리도나뮈임거러두고기퓌를몰ᄂᆞ

37.

쳥셕녕지나다가옥ᄒᆞ관이어ᄃᆡ메뇨호풍도참두찰사구진비는무ᄉᆞᆷ일고뉘라셔ᄂᆡ형상그려다가임계신데

38.

쳥산이벽계슈야슈이가물자랑마라일도창ᄒᆡᄒᆞ면다시오기어려웨라명월이만공산ᄒᆞ니슈여갈가

39.

사벽달셔리치고지ᄉᆡ는밤에짝를닐코울고가는기러기야너가는길에졍든임니별ᄒᆞ고참아그리워못살네라고젼ᄒᆞ야쥬렴써단니다마흠나는ᄃᆡ로젼ᄒᆞ야즘세

40.

쳥초우거진곳에장기벳겨소를ᄆᆡ고길아레졍ᄌᆞ나무밋헤도롱이베고잠를드니쳥풍이셰우를모라다가잠든날를

41.

오려논에물시러노코고소ᄃᆡ에올ᄂᆞ보니나심은오됴팟헤ᄉᆡ안져스니아

희야네말녀쥬렴[1]아모리우려라날녀도감도라듬네

42.

가노라가노라님아언양단쳔에풍월강산으로가노라님아가다가심양강에피파셩를어이ᄒᆞ리밤즁만지국총닷감는소ᄅᆡ에잠못니러

43.

목블근산상치와쥴에안즌빅숑고리ᄂᆡ압논어살밋헤고기어루ᄂᆞᆫ져빅노야초당에너의곳업쓰면소일젹어

44.

젼원에봄이드니나헐일이젼혀만타약팟츤누가ᄆᆡ며화초모둉뉘옴기리아희야ᄃᆡ나먼져뷔여오너라사립겻게

45.

학타고져불고호로병차고블노초메고쌍상투짯고식등거리입고가는아희게잠셧거라네워듸로가느냐말무러보ᄌᆞ요지연션관들이누구누구모야계시드냐그곳에니젹션소동파두목지장건이다모야계시드라

46.

소상ᄒᆞᄉᆞ등한회오슈벽사명냥안틔라이십오현를탄냐월ᄒᆞ니불승쳥원각비ᄅᆡ라아마도이글지은ᄌᆞ는당젼긔라

47.

청산자부송아너는워이누어ᄂᆞᆫ냐풍상를못니긔여걱써져셔누엇노라가 5
다가냥공를만나거든옛드라소

48.

져건너거머웃쑥헌바회졍를드려쌀여ᄂᆡ야털삭여쏼조차네발모와겅셩드무시거러가는드시삭이이라쏼고분거문암소두엇싸임니별ᄒᆞ면타고나갈싸

---

1) 2권본에는 '말녀쥬렴'이 '날녀쥬렴'으로 되어 있음.

49.

만근쇠를느려ᄂᆡ야길게길게노흘ᄭᅩ와구만장쳔가는ᄒᆡ를ᄆᆡ우리라슈이슈이북당에학발쌍친이더듸늙게

50.

무릉도원홍도화도삼월이면모츈이오동졍호발근달도그뭄이면무광이라엇지타셜부화용를압겨무솜

51.

씌오리라씌오리라셰빅사뉵모얼네당사쥴감아씌오리라반공운무즁에싸엿ᄭᅩ나구머리장군에흥능화긴코그즁에짓거리잇고말잘듯고토김톡잘밧는년은ᄂᆡ연인가

52.

쑴에항우를맛ᄂᆞ쳔하사를외논ᄒᆞ니즁동의눈물이오큰칼집고일운말이지금에부도오강를못ᄂᆡ셔러

53.

오호ᄃᆡ장날넌장ᄉᆞ젼무후무제갈냥과그장사그모사면통일쳔하허련마는아마도삼분쳔하는쳔의신가

54.

솔아레구분길에듕셋가는즁〃에말〃ᄌᆡ듕놈아게잠셧써라네워듸로가느냐말무러보자인간니별만사즁에독숙공방싱기신부쳐어늬졀법당탁ᄌᆞ우희감즁년ᄒᆞ고눈나리쌀고고양바다자시더냥보앗너냐못보앗너냐소승은상좌즁이니스승즁더러

55.

사랑삽셰사랑를삽셰ᄒᆞᆫ들사랑팔니가누잇쓰며니별삽소니별를삽소헌들니별사리가누잇스리지금에팔고사리업쓰니장사랑에장니별인가

56.

곳지야곱다마는가지놉하못색싯다걱지는못ᄒᆞ나마일홈이나짓고가자

아마도그곳일홈은단장환가

57.

용갓치셜셜긔는말게반부담ᄒᆞ야ᄂᆡ사랑ᄐᆡ고산너머굴움밧게쎵산양히
라갈제ᄎᆡ치며돌쳐보니쎄굴움속에반달이로고나언제나져굴움다보ᄂᆡ 6
고왼달볼ᄶᅡ

58.

창힐이ᄌᆞᆨᄌᆞ시에차싱웬슈니별두ᄌᆞ진시황분셔시에어늬틈에싸엿다가
지금에ᄌᆡ인간ᄒᆞ야남의ᄋᆡ를

59.

한자쓰고누물지고두ᄌᆞ쓰고한숨지며글시는아니되고슈목산슈만되ᄂᆞᆫ
고나져임아울면셔쓴글시니눌너보소

60.

아희야말안장지여라타구셔쳔렵가자술병걸제항여나잔니즐셰라ᄇᆡᆨ슈
를흣날니며여흘여흘거너가니아희야이뒤에문나니잇거든뒨녀흘노

61.

니별이불이도야ᄐᆡ우는니간장이라눈물이비가도면붓는불를쓰련마는
ᄒᆞᆫ슘이바람도야졈졈붓네

62.

ᄭᅮᆷ이정녕허시로다임이왓다가단말가졔졍녕왓게드면흔적이나뵈련마
는지금에졔아니오고남의ᄋᆡ를

63.

ᄐᆡᄇᆡᆨ이언졔사람당국시절한림학ᄉᆞ풍월지션싱이오완월ᄒᆞ든호ᄉᆡ로다
아마도시간쳔자쥬즁션은니젹션인가

64.

간밤에ᄭᅮᆷ됴트니임의게셔편지왓네그편지바다ᄇᆡᆨ번이나보고가슴우희
언ᄌᆞᆺ잠를드니구ᄐᆡ야무겁지아니히도가슴답 〃

65.

ᄒᆡ지면장탄식이오촉ᄇᆡᆨ셩이단장회라잇자ᄒᆞ여도구진비는무ᄉᆞᆷ닐노원
촌에일계명ᄒᆞ니ᄋᆡ긋는듯

66.

ᄭᅮᆷ아여럽슨ᄭᅮᆷ아오ᄂᆞᆫ임를보ᄂᆡ고[2]ᄭᅮᆷ아오ᄂᆞᆫ임보ᄂᆡ들말고잠든나를ᄭᆡ
우려무나ᄂᆡ게는ᄭᅮᆷ됴차애쇽ᄒᆞ니그를셔러

67.

창오산붕상슈절이라야이ᄂᆡ시름업쓸거슬구의봉구름니러가지록ᄉᆡ루
웨라밤듕만월츌어동녕ᄒᆞ니임뵌드시

68.

쳥산도절누〃〃녹슈라도절누〃〃산절누슈절누ᄒᆞ니산슈간에나도절
누세상에절누자란몸이늙기도절누

69.

각시님엣ᄲᅮ든얼골져건너ᄂᆡ싸에홀노웃쪽션ᄂᆞᆫ슈양버드나무고목다도
야셕어스러진광ᄃᆡ등거리다되단말가절머ᄉᆞᆺ자절머ᄉᆞᆺ자세다셧만절머
ᄉᆞᆺ자열ᄒᆞ고다셧만절무랑이면ᄂᆡ원ᄃᆡ로

70.

7 젹셜이다진토록봄소식를모르드니귀홍득의쳔공활이요와류ᄉᆡᆼ심슈동
요라아희야비즌술걸너라ᄉᆡ봄맛게

71.

아미산월반륜츄와적벽강산무한경를니젹션소동파가놀구남겨두온뜻
은일후에영웅쥰걸드리이여놀게

72.

ᄐᆡ공의낙ᄃᆡ빌고엄자릉의쥴를다라범녀의ᄇᆡ를타고장한의강동차자가

2) 2권본에는 '보ᄂᆡ고나'로 되어 있음.

니빅구야날본쳬마라속인알나

73.

동산작일우에노사만나바독두고초당금야월에젹션만나쥬일쑤시빅편니라닉일은두릉호한단창과뒷못고지

74.

공산이젹막훈데슬피우는져두견야촉국흥망이어졔오날아니어든지금에피ᄂᆞ게울어셔잠든나를

75.

빅구는편〃딕동강상비ᄒᆞ고장송은낙〃청류벽상취라딕야동두졈〃산에셕양은빗쳐잇고장셩일면용〃슈에일엽어션흘니져어딕취코지기슈파ᄒᆞ야금슈능나도로임거류ᄒᆞ셰

76.

자규야우들마라네울어도속졀없다울거든네나울지잠든나를씨오느냐밤즁만네우름소릐에잠못니러

77.

비오는날들에가랴사립걸고소먹여라마이미양이랴장기연장다시러라오다가기는날잇거든깃밧밀싸

78.

츈풍에화만산이오츄야에월만딕라사시가흥은사람과한가지라허물며어약연비운영쳔광이야일너무숨

79.

인싱이죽어갈제갑쓸쥬고살냥이면안연이도됴사혈제공지어이못살녓노갑쥬고못살인싱이아니놀고

80.

물업슨강산에올ᄂᆞ〃무도썩거다리도노코돌두발노툭차데글데글궁글녀라슈렁도메고만첩청산니리구나린물결휘여자바타고에릉렝쌀쌀더

지둥덩실임차자가니셕양에물ᄎᆞᆫ제비ᄂᆞᆫ오락가락

81.

군자고향ᄂᆡᄒᆞ니알니로다고향사를오든날긔창젼에한ᄆᆡ화퓌엿드냐안

8 퓌엿드냐ᄆᆡ화가퓌기ᄂᆞᆫ퓌엿드라마는임ᄌᆞ그려

82.

장싱슕거진말이불ᄉᆞ약를뉘라보고[3]진황총한무릉도모연츄초쁜이로

다인싱이일장츈몽이니아니놀고

83.

버들은실이되고쐬ᄉᆞ리는북이되야구십삼츈에짜ᄂᆡ느니ᄂᆡ의시름뉘라

셔녹음방초를승화시라더냐

84.

창밧게가자[4]솟막이장사야니별나는궁도네잘막일소냐그장ᄉᆡᄃᆡ답허

되초한쌕항우라도녁발산ᄒᆞ고긔ᄀᆡ세로되심으로능이못막엿고삼국썩

제갈냥도상통쳔문에ᄒᆞ달지리로되ᄌᆡ쥬로능이못막엿써든허물며날거

튼소장부야일너무ᄉᆞᆷ

85.

빅사장홍뇨변에굽니러먹는져빅노야ᄒᆞᆫ닙에두셋물고무에낫빠굽니느

냐우리도구복이웬슈라굽니러먹네

86.

아희야네어ᄃᆡ사노ᄂᆡ말ᄉᆞᆷ이오강변사오강변셔무엇ᄒᆞ노고깃잡아싱ᄋᆡ

ᄒᆞ오네싱ᄋᆡ좀두됴큐나나도함씌

87.

덕들에동난젓삽소외느니장사야네무어시니그장ᄉᆡᄃᆡ답허되ᄃᆡ톡은이

---

3) 2권본에는 '뉘라본고'로 되어 있음.

4) 2권본에는 '가자'가 '가는'으로 되어 있음.

뎍소뎍은팔뎍양목이상쳔외골ᄂᆡ육쳥장흑장압두졀벽뒤도졀벽젼힝ᄒᆞ고후거도ᄒᆞ고썰썰긔는동난졋삽쏘장사야페룻게외들말고그져방궤졋삽소

88.

일소ᄇᆡᆨ미싱이ᄐᆡ진의녀질이라명황도니러무로만리힝촉ᄒᆞ얏느니지금에마외방혼를못ᄂᆡ셔러

89.

쳥됴야오도고야반갑도다님의소식약수삼쳔리를네어이건너온다우리임만단졍회를네알니라

90.

간밤에우든녀흘슬피우러지나거다이제야싱각ᄒᆞ니임이우러보ᄂᆡ도다져물이거슬니흐르량이면나도울게

91.

벽ᄒᆡ갈뉴후에모ᄅᆡ모혀셤이되어무졍방초는ᄒᆡ마다푸르르되엇지타우리왕손은귀불귀냐

92.

ᄂᆡ졍녕슐에셧겨임의속에흘너드러구회간장를촌촌이차자가셔날닛고남ᄉᆞ랑ᄒᆞᆫ마음를다슬혀볼가

93.

사마쳔의명만고문장왕일소의소쳔인필법유령의기쥬와두목지호ᄉᆡᆨ를 9
일심겸비ᄒᆞ야ᄇᆡᆨ년를동사허련이와쌍젼키어려울쓴ᄃᆡ슌증자효와뇽방비간츙이야

94.

독상악양누ᄒᆞ야동졍호칠ᄇᆡᆨ리라낙하는여고목제비ᄒᆞ고츄슈는공장쳔일ᄉᆡᆨ를ᄒᆞᆫ업쓴오초동남경이안젼어리워쓰니낙무궁인가

95.

왕발의등왕각셔쳔하명작이라허것마는삼쳑미명네글싸가쳐량헐쏜단명귀라일일수경튼니젹션도ᄎᆡ셕강에완월ᄒᆞ고두목지는취과양쥬귤만게라소아마도글ᄒᆞ고호화키는니두문장

96.

바람이불냐ᄂᆞᆫ지나무ᄭᅳᆺ치흐를긴다밀물은동흐로가고혀ᄂᆞᆫ물은셔흐로돈다사공아넌그물거더사리담고닷들고돗쓸놉히

97.

등잔불그무러질제창쎤집고드ᄂᆞᆫ임과오경둉ᄂᆡ리울제다시안고눕는임를아모리빅골이진퇴토록니즐소냐

98.

십년를경녕ᄒᆞ야초당일간지여ᄂᆡ니빈간은청풍이오쏘반간은명월이라아마도청풍명월이ᄂᆡ벗인가

99.

초방셕ᄂᆡ들마라낙엽인들못안즈랴솔불를혀들마라어제진달도다온다박쥬산칠망졍업다말고

100.

공명이갈건야복으로남병산상봉에올나칠셩단모고동남풍비년후에단하로ᄂᆡ려가니ᄒᆡ즁에일엽소션타고안져기다리ᄂᆞᆫ장사는됴자룡인가

101.

소상강긴ᄃᆡ뷔여낙시ᄆᆡ야드러메고불고공명ᄒᆞ고벽파로나려가니빅구야날본체마라셩상알나

102.

쳔하비슈겸를한데모회비를ᄆᆡ야남만북젹를다쓸어버인후에그쇠로호뮈를ᄆᆡᆫ들어강상뎐을ᄆᆡ우리라

103.
인의로그물ᄆᆡ져초한건곤후려ᄂᆡ니ᄒᆞ나흔장양이요ᄯᅩ하나흔ᄒᆞᆫ신이라 아마도부절냥도는소하런가

104.
졍게산초당뎐에봄은어이느졋느냐니화빅셜향에뉴식황금눈이로다만 학운촉빅셩즁에츈사망연

105.
소상강셰우즁에사립쓴져노옹아일엽쥬흘니져어〃ᄃᆡ메로향ᄒᆞ느냐니 빅이긔경비상쳔ᄒᆞ니풍월실나

106.
작악봉학쳥게상에쳥풍으로노인졍짓고달아례수어각잇고구름밧게오 송졍이로다동ᄌᆞ야소년누어ᄃᆡ메뇨취벽문안이오

107.
황산곡니당츈졀ᄒᆞ고니빅화지슈졀장를오류촌심도령턱ᄒᆞ니갈녹쥬우 낭〃를아마도이글지은자는자하런가

108.
산즁에무녁일ᄒᆞ야졀가는쥴모르러니곳퓌면츈졀이오입퓌면하졀이요 단풍들면츄졀이라지금에쳥송녹쥭이빅셜에져져쓰니동졀인가

109.
닷는말도오왕ᄒᆞ면셧ᄯᅩ누은소도니라탁치면가느니라심산에모진범도 경셰ᄒᆞ면가느니라각시네웻놈ᄡᆞᆯ이건ᄃᆡ남의ᄋᆡ를

110.
ᄂᆡ집이깁흐냐ᄒᆞ야두견이나제운다만학쳔봉우희외사립닷셧ᄯᅩ나ᄀᆡ됴 차지즈리업셔〃고단ᄒᆞ야됴니그를민망

111.
현덕이단게로갈제작노마야날녀라압헤는장강이오ᄯᅡ루나니ᄎᆡ뫼로다

아마도상산됴자룡이날못차져

112.

ᄂᆡ가쥭어이져야오르냐네가자라평싱에그리워야올타ᄒᆞ랴쥭어잇기도
어렵써니와사라싱니별더욱셜ᄶᅡ차라로ᄂᆡ먼뎌쥭어도라갈쎄네날긔리
워라

113.

어이ᄒᆞ야가려느냐무ᄉᆞᆷ일노가려느냐무단이실타느냐남의말을드럿느
냐져임아ᄋᆡ달ᄭᅩᄋᆡ달ᄂᆡ라가는ᄯᅳᆺ를

114.

족에셔우는ᄉᆡ는한나라를그려울고봄비에웃는곳은시절맛난탓시로다
두어라각유소회니웃고울고

115.

11 하창ᄒᆞ니가셩열이오슈번ᄒᆞ니무슈지라가셩열무슈지는임그리ᄂᆞᆫ타시
로다셔릉에일욕올ᄒᆞ니단장시를

116.

보거든솔뮈거나못보거든닛치거나네가나지말거나ᄂᆡ가너를모루거니
차라로ᄂᆡ먼져싀려져셔[5]그리게헐만

117.

창외삼경셰우시에양인심사를양인지라신졍미흡ᄒᆞ야나리장찻밝가세
리다시금나삼를뷔여잡고훗긔약을

118.

달아두렷ᄒᆞᆫ달아임의동창비쵠달아임홀노누엇드냐어늬낭ᄌᆞ[6]품었드
냐져달아본듸로일너라ᄉᆞ싱결ᄯᅡᆫ

---

5) 2권본에는 '슬러져셔'로 되어 있음.

6) 2권본에는 '남군'으로 되어 있음. 이는 낭군(郎君)의 잘못으로 보임.

119.

임니별ᄒᆞ든날밤에나는어히못죽엇노한강슈깁흔물에풍덩실빠지련만
지금에사라잇기는임보랴고

120.

달ᄯᅳ자ᄇᆡᄯᅥ나가니인졔가면언졔나올야만경창파지슈에나는디시단녀
옴셰밤즁만지국총닷감는소ᄅᆡ에잠못니러

121.

각셜현덕이관공장비거나리시고졔갈냥보랴고와룡강건너와룡산너머남
양찌를다〃라셔시문을두다리니동ᄌᆡ나와엇씀ᄂᆞᆫ말이션ᄉᆡᆼ님이뒤초당에
잠드러게오동자야네션ᄉᆡᆼᄊᆡ시거든뉴관장삼인이왓ᄯᅳ라고엿쥬어라

122.

국화야너는어이삼월동풍다보ᄂᆡ고낙목한쳔헌데너만홀노푸엿느냐이
마도능상고절은너뿐인가

123.

ᄆᆡ화사랑타가닌양으로나려가니무평초부평초와푸엿ᄭᅩ나담도회라ᄉᆡᆨ
장아연연잉잉츄월이월중ᄆᆡ화션이불너라완월장취

124.

시상오류촌에도쳐사의몸이도야쥴업는거문고를소리업시짓누리니ᄇᆡᆨ
한이제지음ᄒᆞ야우쥴우쥴

125.

청청에ᄯᅳᆫ기러기야네워듸로향ᄒᆞ느냐니리로져리로갈제ᄂᆡ한말드러다
한양셩ᄂᆡ임계신데잠간들너니룬말이월황혼계워갈제임그려참아못살
네라고부ᄃᆡᄒᆞᆫ말만젼ᄒᆞ야쥬렴우리도상ᄒᆞ[7]에일이만ᄒᆞ밧비가는길이
ᄆᆡ로젼힐ᄯᅩᆼ말ᄯᅩᆼ

---

7) 2권본에는 ‘상ᄒᆞ’가 ‘강호’로 되어 있음.

126.

12 슌이남슌슈ᄒᆞ사창오야에붕ᄒᆞ시니오현금남풍시를뉘게젼코붕ᄒᆞ시노지금에졍호농비를못ᄂᆡ셔러

127.

젹토마살지게먹여두만강슈에굽씩겨셰고농쳔금드는카를다시가라두러메고언졔나셩쥬를뵈옵고ᄐᆡᆨ평셩ᄃᆡ

128.

월졍명〃〃하니ᄇᆡ를타고금능에ᄂᆡ려물아례하날이오하날가온데명월이라션동아잠긴달건져라완월장취

129.

오날밤도혼ᄌᆞ곱승그려공방ᄉᆡ오잠자고지난밤도혼자곱슝그려공방ᄉᆡ우잠자니웨엿놈의팔자는쥬야장싱에혼자곱슝그려공방ᄉᆡ우잠만자노언졔나졍든임다리고홰〃츤〃가물치잠잘싸

130.

오날도져무러지거니져물면ᄉᆡ리로다ᄉᆡ면임이가리로다임가면못보려니못보면그리려니그리면응당병들녀니병긋[8]들면못살니라병드러죽을쥽알냥이면놀고갈싸

131.

어이ᄒᆞ야못오드냐무ᄉᆞᆷ일노못오드냐잠총급어부에촉도지난이가리웟듯냐무ᄉᆞᆷ일노못오드냐아마도ᄇᆡᆨ난지즁에ᄃᆡ인난이어러웨리

132.

바람도슈여넘고구름이라도다슈여너머감네산진이수진ᄆᆡᄒᆡ동창보라ᄆᆡ라도다슈여넘ᄂᆞᆫ고봉장셩녕고ᄀᆡ우리ᄂᆞᆫ임이왓싸면ᄒᆞᆫ번도아니슈여너머감네

8) 2권본에는 '병긋'이 '병곳'으로 되어 있음.

133.

창오산셩뎨혼이구릉됴치소상에나려야반에흘너드러쥭간우되온ᄯᅳ즌이비의쳔년누흔을못ᄂᆡ씨겨

134.

누은들잠이오며기다린들임이오랴이지누엇신들어늬잠이ᄒᆞ마오리찰아로안즌곳에셔긴밤실ᄶᅡ

135.

일싱에한허기를희항시절못난쥬를초의를무릅쓰고식목실ᄒᆞ올망졍인심이슌후ᄒᆞ던쥬를못ᄂᆡ부러

136.

ᄒᆞᆫ손에막ᄃᆡ들고ᄯᅩᄒᆞᆫ손에가사쥐고늙ᄂᆞᆫ길가시로막고오ᄂᆞᆫᄇᆡᆨ발막ᄃᆡ로치러더니ᄇᆡᆨ발이졔몬져알고즈럼길노

137.

가마기싸호ᄂᆞᆫ곳에ᄇᆡᆨ노야가지마라셩닌가마기흰빗보고ᄉᆡ울세라청강 13
에희도록씨슨몸을더러일ᄶᅡ

138.

말업슨청산이오ᄐᆡ업슨류슈로다갑업슨청풍이오임자엄슨명월이라이즁에일업슨몸이분별업시

139.

듀공도셩인이삳다셰상ᄉᆞ람드러스라문왕지자요무왕지졔요금왕의슉부로되평싱에일호교긔를넌일엄셔

140.

감장ᄉᆡ쟉다ᄒᆞ고ᄃᆡ붕아웃지마라구만리장공에너도날고나도난다두어리일반비죠를일너무삼

141.

가마기검다ᄒᆞ고ᄇᆡᆨ노야웃지마라것치거물씨언뎡쇽살조ᄎᆞ거물소냐것

희고쇽거무니는너뿐인가

142.

덕들에나무들삽소네나무ᄒᆞᆫ동에갑씨언ᄆᆡ니쌀이나무ᄒᆞᆫ동에쌀ᄒᆞᆫ말밧고검부젹이ᄒᆞᆫ동에쌀닷되밧고합허면ᄂᆞᆫ말닷되올세사짜야봅쏘불잘붓씀느니진실노그러량이면골단이나헙쎄

143.

군산ᄅᆞᆯᄉᆡᆨ평ᄐᆡᆫ들동졍호가널너쓰며계슈를버혓쎤들달이더욱ᄇᆞᆰ을련만쯧두고이로지못ᄒᆞ니그를셔러

144.

벼슬를셔마다ᄒᆞ변농부뇌리뉘잇쓰며의원이병곳치변북망산이셔러ᄒᆞ랴아희야ᄌᆞᆫ가득부어리ᄂᆡ쯧ᄃᆡ로

145.

이화우흣뿌릴졔울며잡고니별ᄒᆞᆫ임츄풍낙엽에져도날을ᄉᆡᆼ각ᄂᆞᆫ지쳔리에외로운꿈만오락가락

146.

챵피에낙시넛코편쥬에실녀스니낙됴쳥강에빗소ᄅᆡ더욱됴타류지에금닌를써여들고힝화촌으로

147.

화촉동방사창박게벽오동셩긘빗소ᄅᆡ잠놀나ᄭᆡ니만뇌ᄂᆞᆫ고젹ᄒᆞ고사벽츙셩즉〃ᄒᆞᆫ네관셩쳥됴ᄂᆞᆫ셔러라울고사벽달셔리치고지ᄉᆡ는밤에두나ᄅᆡ둥덩치고울구가는기러기야야야에네우름소ᄅᆡ에잠못니러

148.

ᄐᆡ산이놉다ᄒᆞ되ᄒᆞ날아ᄅᆡ뫼이로다올르고또울르면못오르러업썬마는사람이졔아니오르고뫼만놉다

149.

14 신농시상ᄇᆡᆨ초ᄒᆞ사일만병를다고치되임그려상사병에ᄇᆡᆨ약무효로다져

임아널노난병이니날살녀쥬렴

150.

풍파에놀난사공비를파라말을사니구절양장이물도군어려웨라이후는 비도말도말고밧갈기만

151.

귀거릐〃〃〃ᄒᆞ되말뿐이오가리업네젼원이장무ᄒᆞ니아니가고어이ᄒᆞ 리초당에청풍명월이기달인가

152.

ᄒᆞᆫ잔을부어라가득이부어편포젼왜반에담아뉴리잔에가득부어아모도 몰늬뒤초당문갑우희언졋더니어늬결을례유령이늬려와반이나다쌀아 먹고간나보다반ᄌᆞᆫ이로고나벽공에둥두렷ᄒᆞᆫ달이반이나여즐어지고반 이나마쓰니티빅이깅싱ᄒᆞ야나려와셔집헛뜬쥬령막ᄃᆡ로에화즉ᄉᆖ쑤다 려셔반이나여즐어지고반이나남앗나보다반달이로고나인제는헐일이 업고헐일이업스니남은달남은숣가지고졍든임더리고부지군쪽다〃싸 바리고완월장취

153.

밤은깁허삼경에니루엇고구진비는오동에흣날닐졔이리궁굴져리궁굴 두루싱각다가잠못니루에라동방에실솔셩과청쳔에쁜기러기소릐사롬 의무궁ᄒᆞᆫ심회를짝지여울고가는져기럭아갓쓱에다셕어스러진구뷔간 장이〃밤싀우기어려웨라

154.

기러기산이로잡아졍듸리고길듸려셔임의집가는길를녁〃히갈웃쳐싸 가밤즁만임싱각나거들낭소식젼케

155.

동방에별이낫싸ᄒᆞ니삼쳑동쟈야네나가보아라삼티뉵셩에북두칠셩됴 무상이도이이요임의게셔긔별이왓ᄂᆞ보디진실노임의게셔긔별이왓쓰

면네나가보들말고ᄂᆡ나가보마

156.

식불감침불안ᄒᆞ니이어인모진병고상사일념에임그린타시로다져임아 널노난병이니날살녀쥬렴

157.

ᄃᆡ장뷔삼겨나셔입신양명못헐씨면찰ᄒᆞ리다썰치고일업시늙으리라이 밧게녹〃ᄒᆞᆫ영위에걸일쥬를

158.

청츈소년들아ᄇᆡᆨ발노인웃지마라공번된하날아레넨들ᄆᆡ양절멋시랴우 리도소년ᄒᆡᆼ낙이어ᄌᆡ든늣

159.

술먹고노ᄂᆞᆫ일을나도왼쥴알것마는신릉군무덤우희밧가ᄂᆞᆫ쥴못보신가 ᄇᆡᆨ년이역초〃ᄒᆞ니아니놀고

160.

ᄂᆡ집이ᄇᆡᆨᄒᆞ산즁이라날ᄎᆞ즈리뉘이시리입오실자청풍이오ᄃᆡ아음자명 월이라졍반에학ᄇᆡ회ᄒᆞ니ᄂᆡ벗인가

161.

슐을ᄃᆡ취ᄒᆞ고두렷시안져쓰니억만시름이가노라고ᄒᆞ직ᄒᆞᆫ다아희야잔 자로부어라시름젼숑

162.

옥갓튼ᄒᆞᆫ궁녀도호지에진토되고ᄒᆡ어화양귀비도역노에바려스니각시 네일시화용을앗겨무ᄉᆞᆷ

163.

삿갓셰되롱이닙고셰우즁에호뮈들고산젼을김ᄆᆡ다가녹음즁에누어시 니목동[9]우양을모라다가ᄌᆞᆷ든날를

164.

달이두렷ᄒᆞ야벽공에걸녀시니만고풍상에써러졈즉허다마는지금에취ᄀᆡᆨ를위ᄒᆞ야장됴금쥰

165.

뉘라셔나자는창밧게벽오동을심오던고월명졍반에영파사도됴커니와밤즁만굵근비소ᄅᆡ에ᄌᆞᆷ못드러

166.

강변에총멘ᄉᆞ람기러길랑죄노ᄒᆞ라낙시그물가진ᄉᆞ람니어여든다잡아라니어와기러기잇셔도쇼식몰나

167.

슈요장단뉘아드냐쥭은후면거즛거시쳔황시일만팔쳔세도죽은후면거즛거시아마도먹고노ᄂᆞᆫ거시ᄀᆡ올흔가

168.

쳔지는만물지녁녀요광음은빅ᄃᆡ지과ᄀᆡᆨ이라인싱을혜아리니묘창ᄒᆡ지일속이라두어라약몽부싱이아니놀고

169.

녁발산ᄀᆡ세ᄀᆡ는초ᄑᆡ왕의버금이오츄상졀열일츙은오자셔의우히로다아마도늠〃ᄒᆞᆫ쟝부는슈졍후를

170.

뉘라셔장ᄉᆡ라던고니별베도[10]장사잇노명황도눈물지고초ᄑᆡ왕도울엇거든허물며여나문장부야일너무숨

171.

사람이쥭어가셔나올지못나올지드러가보니업고나오다보니업ᄂᆡ유령

---

9) 2권본에는 '목동이'로 되어 있음.

10) 2권본에는 '니별에도'로 되어 있음.

이〃러험으로장취불셩

172.

16 ᄇᆡᆨ년을가사인〃슈라도우락즁분미ᄇᆡᆨ년을황시ᄇᆡᆨ년을난가필이니불여장취ᄇᆡᆨ년젼이라진실노ᄇᆡᆨ년를살지아도쥬야장취

173.

님슐지츄칠월ᄀᆡ망일에ᄇᆡ를타고금능에ᄂᆡ려손쥬고기낙가고기쥬고슐를사니그곳에소동파업기로놀미젹어

174.

우뢰갓튼님을만나번ᄀᆡ가치벗쓴맛나비가치오락가락구름가치허여지니흉즁에바람갓든ᄒᆞᆫᄉᆞᆷ이안ᄀᆡ퓌듯

175.

우리두리후싱ᄒᆞ야네나되고ᄂᆡ너되야ᄂᆡ너그려셔굿던ᄋᆡ를너도나를그려보렴평싱에ᄂᆡ셜워ᄒᆞ던쥴을네알니라

176.

고인무부낙셩동이요금인환ᄃᆡ낙화풍을년〃세〃화상사요세〃년〃인부동을화상사인부동ᄒᆞ니그를셜어

177.

쥰쥬상봉십ᄌᆡ젼에군위장부아소년을쥰쥬상봉십ᄌᆡ후에아위장부군ᄇᆡᆨ슈로다아장부군ᄇᆡᆨ슈ᄒᆞ니그를셜어

178.

박낭사즁쓰고남은쳘퇴쳔하장ᄉᆞ항우쥬어힘것드러메여ᄊᆡ치리라이별두ᄌᆞ그제야우리님더리고ᄇᆡᆨ년동낙

179.

연롱ᄒᆞᆫ슈월롱사ᄒᆞ니야박진회근쥬가를상녀는부지망국ᄒᆞᆫᄒᆞ고격강유창후졍화를아희야오화마천금구로환미쥬ᄒᆞ야여군동취

180.

초당뒤에안져우는솟쩍다ᄉᆡ야암솟쩍다ᄉᆡᆫ다슈솟쩍다우는ᄉᆡᆫ다공산이어듸업셔ᄀᆡᆨ창에와우는솟쩍다ᄉᆡᆫ다공산이허고만ᄒᆞ야도울씌달나

181.

자네가슐을잘먹ᄂᆞᆫ다ᄒᆞ니슈〃쇠쥬셰ᄃᆡ와쇠셔셰졉시를먹을싸본가슈〃쇠쥬셰ᄃᆡ와쇠셔셰졉시를먹으량이면ᄂᆡ물니리[11]갑슬랑은옛날에니ᄐᆡ백도일일슈경삼ᄇᆡᆨ비라ᄒᆡ도이슐ᄒᆞᆫᄌᆞᆫ못다먹엇씀네

182.

ᄐᆡᄇᆡᆨ이슐실나가더니어제진달이도다져셔도루도다다지드록아니온다오ᄂᆞᆫᄇᆡ그ᄇᆡ만녀겨써니고기낙는어션이라동ᄌᆞ야달밋[12]만살피여라하미올ᄊᆡ

183.

십ᄉᆡ를경엉옥슈인ᄒᆞ니금강지상이요월봉젼이로다도화읍노홍부슈요 17
류셔표풍ᄇᆡᆨ만션을셕경귀승산영외요연사면로우셩변이로다약녕마힐노유어차런들불필당년에화망쳔이러냐

184.

항우작ᄒᆞᆫ쳔하장사랴마는우미인니별에ᄒᆞᆫ숨셕써눈물지고명황이작ᄒᆞᆫ졔셰영쥬랴마는양귀비니별에마외역에울었거든하물며녀남문장부야일너무ᄉᆞᆷ

185.

눈셥은슈나뷔안즌듯ᄒᆞ고닙바ᄃᆡ는이화로다날보고당싯웃ᄂᆞᆫ양은삼ᄉᆡᆨ도화미ᄀᆡ봉이ᄒᆞ로밤비에반만퓐형상이로다츈풍에호졉이도야간ᄃᆡ쪽쪽

---

11) 2권본에는 '물니리'가 아니라 '물리라'로 되어 있음.

12) 2권본에는 '달밋'이 아니라, '달빗'으로 되어 있음.

186.
웨와씀나웨와씀나나홀노자는방에웨와씀나오기ᄂᆞᆫ왓거이와자최업시
잘단녀가오갓득에말만코탈마는집안에모다깃녕날ᄶᅡ
187.
울며불며잡은사ᄆᆡ쩔〃이고가들마오그ᄃᆡ는장부라도라가면잇건마ᄂᆞᆫ
소쳡은아녀자라못ᄂᆡ잇씀네
188.
장삼쓰더지마[13]젹ᄉᆞᆷ짓고염쥬글너당나귀밀치ᄒᆞᄉᆡ셕왕세계극낙세계
관셰음보살나무아미타불십년공부도너갈ᄃᆡ로니거라밤즁만암거사품
에드니엄불경ᄋᆡ업셰라
189.
창ᄂᆡ고져창ᄂᆡ고져이ᄂᆡ가슴에창ᄂᆡ고져고무장ᄌᆞ셰살장ᄌᆞ모란장ᄌᆞ만
살장ᄌᆞ열장가들장자겹장자여다지에암돌쩍귀슈돌쩍귀ᄇᆡ목걸쇠겻드
려셔크낙헌장돌이로ᄡᅡᆼᄡᅡ〃 〃ᄡᅡᆼ〃박아이ᄂᆡ가슴에창ᄂᆡ고져잇다감ᄒᆞ
답답ᄒᆞ면여다져나보게
190.
풀은산즁빅발옹이고요독좌향남봉을바람부러송싱슬이요인ᄀᆡ푸여학
셩홍이라주걱졔금은쳔ᄒᆞᆫ이요젹다졍됴ᄂᆞᆫ일년풍이라뉘라셔산젹막다
던고나만홀노낙무궁인가
191.
쥬렴에달비취엿다멀니셔난다옥져쇼ᄅᆡ들니난고나벗님네오자ᄒᆡ금져
피리싱황양금죽장고거문고가지고달쓰거든오마드니동자야달빗만살
피여라ᄒᆞ마올ᄊᆡ

---

13) 2권본에는 '치마'로 되어 있음.

192.
가마기를뉘라물드려검다ᄒᆞ며빅노를뉘라마젼ᄒᆞ야희다드냐황ᄉᆡ다라 18
를뉘라니워기다ᄒᆞ며오리다리를뉘라분질너ᄯᅡᆯ으다ᄒᆞ랴아마도검고희
고길고잘으고흑빅장단이야일너무ᄉᆞᆷ

193.

틔빅이자넬낭은호아장츌환미쥬ᄒᆞ고엄자릉자네는동강칠리탄에은닌옥쳑낙과안쥬담당ᄒᆞ소도연명자네는오현금을둥지더라둥실타고장자방자네는계명산츄야월에옥퉁소만슬니불소그남아글짓고츔츄고노릐부르길낭ᄂᆡ다담당험셰

194.

니션이반ᄒᆞ야제집을빈ᄒᆞ고나귀등에슌금안장를지여금젼을걸고쳔틔산층암은졀벽방울ᄉᆡ삭기친곳에잉무공작넘나ᄂᆞᆫ데초부불너문ᄂᆞᆫ말이쳔틔산마고션녀슈영ᄯᆞᆯ슉향의집이게어듸메뇨져건너ᄃᆡ사립안에청삽살이가누엇스니게즄아러봅소

195.

져건너풀은산즁ᄒᆞ에두룽다리쓰고져총ᄊᆡ두러메고살낭〃〃나려오ᄂᆞᆫ져포슈야네져총ᄊᆡ로날버러지글짐싱길버러지날짐싱황ᄉᆡ촉ᄉᆡ두루미너ᄉᆡ긴진경이범사슴노루톡기를져총ᄊᆡ로노아잡을지라도사벽달셔리치고지ᄉᆡ는밤에동녘동ᄃᆡ희로짝을일코홀노에이을에이울〃고〃〃가는거러길낭노치를마라우리도그런즄알기로아니놋씀네

196.

싱마잡아길잘드려두메로ᄭᅬᆼ산양보ᄂᆡ고셋말구불굽통솔질솰〃ᄒᆞ야뒤송졍잔디〃〃금잔듸난데말쪽쌍〃박아바늘여ᄆᆡ고암ᄂᆡ여흘고기뒷ᄂᆡ여흘고기자나굴그나굴그나자나쥬어쥬셤낙과ᄂᆡ야움버들가지쥬루룩훌터아감지쒜여시ᄂᆡ잔〃흘으는물에청셕바〃둑돌을얼는닝큼슈〃히집어자장단마츄아지질너노코동자야이뒤에윗쌀가진청소타고그소가

우의가부푸러치질이셩헛가ᄒᆞ야남의소를읏어타고급히나려와뭇거들
나너도됴곰도지체말고뒷녀흘노
197.
19 져건너신진사집시령우희언친거시씰은쳥〃둥쳥졍미쳥차조쌀이아니
씰은쳥〃둥쳥졍미쳥차조쌀이냐우ᄃᆡ밍쏭이다셧아레ᄃᆡ밍쏭이다셧문
안밍쏭이다셧문밧밍쏭이다셧사오이십스무밍쏭이모화관숩버들궁게
셔밋헤밍쏭이ᄂᆞᆫ무겁다고밍쏭웃밍쏭이ᄂᆞᆫ무에무구우냐잣쌉스럽다고
밍쏭어늬밍쏭이슈밍쏭이냐아마도슉녜문밧썩ᄂᆡ다라쳥ᄑᆡ팔ᄑᆡ칠ᄑᆡ비
다리이문동도젹골쪽다리건너쳣ᄌᆡ둘ᄌᆡ셋ᄌᆡ넷ᄌᆡ다셧여섯일곱여들아
홉얼ᄉᆡ비나리논에셔코들쥽〃흘니고머리푸러산발ᄒᆞ고눈을희번덕이
며다리ᄉᆞᆺ아ᄂᆡ밀면셔용올니는밍쏭이슈밍쏭이냐
198.
가마기가〃마기를됴차셕양사로에나라든다써든다임의집숑졍뒤로오
르면골각나리면길곡갈곡길곡하ᄂᆞᆫ즁에어늬가마기슈가마기냐그즁에
멈졈나라안젓짜가야즁나라가는그가마기긴가
199.
진경은쌍〃옥담즁이요호월은단〃영창외라쳐량야류원에실솔셩슬피
울고인젹〃야심ᄒᆞᆫ데촉불만도두혀고옥누잔〃금노향진삼경월낙토록
어듸가밤ᄉᆡ도록뉘게잡혀뉘사랑만괴우느라못오시노
임이야나를그ᄃᆡ지그리랴마는나ᄂᆞᆫ임뿐이ᄆᆡ그를셔려
200.
드립더ᄇᆞ드덕안으니셰허리지자낙〃〃홍상을거두치니옥셜부지풍비
ᄒᆞ고거각쥰좌ᄒᆞ니반ᄀᆡᄒᆞᆫ홍모란이혜발어지츈풍이로다진〃코우퇴〃
ᄒᆞ니무림산즁에슈용셩인가
201.
ᄃᆡ장부쳔지간에ᄒᆞ올닐이바이업네글ᄒᆞ자니인칭식자우환시오칼쓰자

니ᄂᆡ지병자시흉긔로다
찰ᄒᆞ리셔검을다ᄯᅥᆯ치고청누쥬사에오락가락

202.
덕들에단져단슐사오외는니장사네무어시니그장ᄉᆡᄃᆡ답ᄒᆞ되아ᄅᆡᄯᅳᆼ경
웃ᄯᅳᆼ경걸ᄯᅳᆼ경놀ᄯᅳᆼ경걸쇠등경기루이퉁노구졀노ᄯᅮ러져물ᄲᆡᆼᄲᆡᆼ졸졸나 20
리는귀ᄯᆡᄲᅮ리봉막이장사장사야막킬제막킬지라도훗말업시

203.
만리장셩엔담[14]안에아방궁지어사랑삼고옥야쳔리고ᄅᆡ논에슈쳔궁녀
시위ᄒᆞ고옥ᄉᆡ를드더질졔유졍장항도령이우러〃나보리평싱에이목지
소호와심지지소락은잇뿐인가

204.
어촌에낙됴ᄒᆞ니강쳔이ᄒᆞᆫ빗치라소졍에그물싯고십니사장나려가니강
노적[15]에ᄒᆞ목도날고도화류슈에궐어ᄂᆞᆫ살졋ᄂᆞᆫ데류교변에ᄇᆡ를ᄆᆡ고고
기쥬고슈를사셔슬커장취헌후에관내셩부르면서달를ᄯᅴ여도라오니아
마도강호지락은잇뿐인가

205.
ᄃᆡ장부되야나셔공밍안증못헐양이면찰ᄒᆞ리다ᄯᅥᆯ치고ᄐᆡ공의병법외외
말만ᄒᆞᆫᄃᆡ장닌을허리아ᄅᆡ빗기차고금단에놉히안져만마쳔병를지휘간
에좌작진퇴미긔아니쾌헐소냐아마도심장젹구ᄒᆞ는션ᄇᆡ는ᄂᆡ몰ᄂᆡ라

206.
간밤에ᄃᆡ취ᄒᆞ고취ᄒᆞᆫ잠에ᄭᅮᆷ을ᄭᅮ니칠쳑검쳔리마로뇨ᄒᆡ를니라건너쳔
교를항복밧고북궐에도리와셔고궐셩공ᄒᆞ야뵈네장부의강ᄀᆡᄒᆞᆫ마음이
흉중에울울ᄒᆞ야ᄭᅮᆷ가은데시험ᄒᆞᆫ가

---

14) 2권본에는 '엔담'이 '왼담'으로 되어 있음.
15) 2권본에는 '강노적'이 '만강노적'으로 되어 있음.

207.

만고녁ᄃᆡ인신지즁에명쳘보신누고누고범녀의오호쥬와장량의사병벽곡소광의산쳔금과계옹의츄풍강동도연명의귀거래사를아마도탐관오리지ᄇᆡ야일너무숨

208.

니ᄐᆡᄇᆡᆨ의쥬량은긔엇더ᄒᆞ야일일슈경삼ᄇᆡᆨᄇᆡ ᄒᆞ고두목지풍치ᄂᆞᆫ긔엇더ᄒᆞ야취과양쥬귤만거런고

아마도이둘의풍류를못ᄂᆡ부러

209.

한무세의북쳑셔격과세살냥의칠죵칠금신나라사도독의팔공산위엄으로남만북젹를다쓰러바린후에진실노그러헐짝시면쥬시녜악과한ᄃᆡ의관를다시본듯

210.

21 월일편등삼경ᄒᆞᆫ데나간임을혜여보니청누쥬사에싀임거러두고불승탄졍ᄒᆞ야화간ᄆᆡᆨ상츈장만이요쥬마투계유미빈이로다지금에삼시츌망무쇼식ᄒᆞ니진일난두에공탄장이로다

211.

엇던남근ᄃᆡ명젼ᄃᆡ들보되고ᄯᅩ엇던남근열소경의도막ᄃᆡ된고난번소경다셧든번소경다셧장무공사원합ᄒᆞ야열ᄯᅩ쇼경도막ᄃᆡ되고찰ᄒᆞ리거문고슐ᄃᆡ되어임의손에

212.

병풍에압니작ᄯᅳᆫ동부러진괴그리고그괴앏픠죠고만사향쥐를그려두니ᄋᆡ고죠괴샷부로냥ᄒᆞ여그림에쥐를잡으려존니ᄂᆞᆫ고야우리도남의임거려두고존니려볼싸

213.

져건너광창놉흔집의머리죠흔각시네야초ᄉᆡᆼ에반달갓치빗취지나말녀

무나엇지티장부의간장를구뷔구뷔

214.

북두칠셩ᄒᆞ나둘셋넷다셧여셧일곱분게민망ᄒᆞᆫ소지발괄ᄒᆞᆫ장드리넌이다그리던님을만나만단정회ᄎᆡ못ᄒᆞ야날이슈이발가오니글노민망셔름이외다밤즁만삼ᄐᆡ차사노하칫별업시

215.

슐먹어병업슬약과식ᄒᆞ야장싱슈를갑쥬고살작시면아모려나관게ᄒᆞ랴갑쥬고못살약이니소로〃〃

216.

풍동쥭엽은십만장부지훤화요우쇄연회ᄂᆞᆫ삼천궁녀지목욕이라오경누하에셕양홍이요구월산듕에츈초록이로다아마도이글지은ᄌᆞ는양국ᄌᆡ사

217.

시문에ᄀᆡ지즈니임만녀겨칭녈고보니임은아니오고구월단풍에낙엽셩이로다져ᄀᆡ야츄풍낙엽셩무단이지져잠든나를ᄊᆡ우느냐

218.

쥭장망혀단표지로쳔리강산드러가니그곳지골이깁허두견졉동이나제운다구름은뭉게〃〃퓌여낙〃장송에봉둘너잇고바람은쏼〃부러시ᄂᆡ암상에곳가지만썰〃이는고나그곳지별유쳔지별건곤이니아니놀고

219.

아마도호방헐쏜션니건곤청녀거사옥황향안젼에황정경일자오독ᄒᆞᆫ죄 22
로인간에젹ᄒᆞ하야장명쥬시ᄒᆞ고쳔금쥰마환쇼쳡ᄒᆞ야농월ᄎᆡ셕다가긔경비상쳔ᄒᆞ니아마도강남풍이임자업셔

220.

모란은화즁왕이요향일화는츙신이라박ᄭᅩᆺ츤노인이요셕쥭화소년이라연화는군자요힝화쇼인국화는은일사요ᄆᆡ화ᄒᆞᆫ사로다규화무당ᄒᆡ당화는ᄎᆞᆼ기로다그즁에이화셰ᄀᆡᆨ홍도벽도삼식도화는풍류랑인자

221.

문독츈츄좌시젼ᄒᆞ고무사쳥농언월도라독힝쳔리ᄒᆞ야오관을지나실제싸로ᄂᆞᆫ져장사야ᄒᆞᆫ북쇼릐드럿느냐못드럿느냐아마도늠〃ᄒᆞᆫ장부는한슈졍후

222.

월황혼계워갈쎄졍쳐업시나간임이ᄇᆡᆨ마금편으로어듸가단니다가뉘숀에잡히여도라올쥴모르ᄂᆞᆫ고지금에독슉공방ᄒᆞ야장상사누여우헐제젼〃불ᄆᆡ

223.

옥으로말를삭여영쳔슈에흘니싯겨녹초장제상에바느려ᄆᆡ와두고그말이그풀을다먹도록니별업시

224.

봉황ᄃᆡ상봉황유ᄒᆞ니봉거ᄃᆡ공강자류를오궁화초ᄂᆞᆫᄆᆡ유경이요진ᄃᆡ의권셩고구를삼산반낙쳥쳔외요이슈즁분ᄇᆡᆨ노쥬를총위부운이능폐일ᄒᆞ니장안불견코사닌슈를

잡가편

1. 쇼츈향가

츈향의거동보아라오른손으로일광을가리고왼손놉히들어져건너쥭림뵌다ᄃᆡ시미울ᄒᆞ고솔시머졍자라동편에연당이요셔편에우물이라노방시ᄆᆡ오후과요문젼학동션싱류긴버들휘느러진늙근장송광풍에흥을계워우쥴〃〃츔을츄니져건너살입문안에삽살이안져먼산만발아보며쏠이치는져집이오니황혼에정년이도라오소썰치고가는형상사람썩다궐
23 다녹인다너ᄂᆞᆫ웨ᄒᆞᆫ계집이권ᄃᆡ날을둉〃속이느냐너는웨ᄒᆞᆫ계집이권ᄃᆡ

장부의간장를다녹이나녹음방초승화시의ᄒᆡ는어히더듸가고오동야월밝근달밤은어히수이간고일월무정덧업도다옥빈홍안이공노로다우는눈물바다ᄂᆡ면ᄇᆡ도타고가련마는지쳑동방쳔리완ᄃᆡ어히그리못오던가[16)]

2. ᄆᆡ화가

ᄆᆡ화야옛등걸에봄졀이도라은다츈셜이하분〃ᄒᆞ니필지말지도ᄒᆞ다마는입퓌엿든가지마다퓌염직도ᄒᆞ다마는북경사신녁관드라오ᄉᆡᆨ당사를붓침를ᄒᆞ셰ᄆᆡ셰〃〃그믈흘ᄆᆡ셰오ᄉᆡᆨ당사로그믈흘ᄆᆡ셰치셰〃〃그믈흘치셰부벽누하에그믈를치셰걸니소사〃〃〃〃뎡든사링만걸니소시물이ᄅᆡ그림자졋다〃리우희즁놈이간다즁아〃〃거ᄀᆡ잠안셕거라너가는인편에말무러를보자그즁놈이ᄇᆡᆨ운을가르치며돈담무심만허는구나셩쳔이라통의쥬를이리루졉쳠져리루졉쳠져부럼졉쳠가여다노코ᄒᆞᆫ손에는박달방츄ᄯᅩᄒᆞᆫ손에물박들고흐르ᄂᆞᆫ쳔슈듸립더덤셕이리루솰〃져ᄅᆡ루솰〃츌넝츅쳐안남산에밧남산에가얍를〃〃심어싱거라못다먹ᄂᆞᆫ져다람의안이야

3. ᄇᆡᆨ구사

나지마라너잡를ᄂᆡ아니로다셩상이비리시니너를됴차예왓노라오류츈광경됴흔데ᄇᆡᆨ마금편화류가자운침벽계화홍도류록ᄒᆞᆫ데만학쳔봉비쳔ᄉᆡ라호즁천지에별건곤이여긔로다고봉만장청계을ᄒᆞ니녹쥭청숑이놁기를닷토아바위암상에다람이긔고시ᄂᆡ계변에금자라긘다죱팝낭계피쥭ᄉᆡ소ᄅᆡ며함박ᄭᅩᆺ테벌이나서몸은둥글고발은져그니제몸를못이긔여동풍건듯불젹마다이리로졉두젹져리루졉두젹너훌〃〃츔를츄니근들 24
아니경일느냐황금것튼쇠ᄉᆞ리는양류간에왕ᄂᆡᄒᆞ고ᄇᆡᆨ셜것튼흔나뷔는ᄭᅩᆺ슬보고반긔여서나라든다ᄡᅥ든다두나ᄅᆡ펼치고가막케별것치동구라케달것치아쥬펄〃나라드니근들아니경일느냐

---

16) 2권본에는 '지척동방천리로다바라보니눈의암암'으로 되어 있음.

가사편

1. 츈면곡

춘면을느지ᄭᅵ여죽창을반ᄀᆡᄒᆞ고 뎡화는작〃ᄒᆞᆫ데가는나뷔머무ᄂᆞᆫ듯
안류ᄂᆞᆫ의〃ᄒᆞ야셩근ᄂᆡ를ᄯᅴ여세라 창뎐에덜괸슐를일이삼ᄇᆡ먹은후
에 호탕ᄒᆞ야미진흥을부질업시자아ᄂᆡ여 ᄇᆡᆨ마금편으로아류원치자가
니 화향은습의ᄒᆞ고월ᄉᆡᆨ은만졍ᄒᆞᆫ데 광ᄀᆡᆨ인듯취ᄀᆡᆨ인듯흥를겨워머무
ᄂᆞᆫ듯 ᄇᆡ회고면ᄒᆞ여유뎡이셧노라니 취와쥬란놉푼집이녹의홍상일미
인이 사창를반ᄀᆡᄒᆞ고옥안을잠간드러웃는듯ᄶᅵᆼ긔는[17]듯교ᄐᆡᄒᆞ고마자
드러 츄파을암쥬ᄒᆞ고녹의금빗기안고 쳥가일곡으로춘의를쟈아ᄂᆡ니
운우양ᄃᆡ상에초몽이다뎡ᄒᆞ다 사랑도긔지업고연분도긔지업다 이사
링이연분비길데젼혀업다 너는쥭어곳치되고나는쥭어나뷔되여 삼
츈이디진토록ᄯᅥ나사지마자터니 인간에말이만코죠물됴차ᄉᆡ음ᄒᆞ야
신뎡이미흡ᄒᆞ야ᄋᆡ달를손니별이라 쳥강에노던원앙우러녜고ᄯᅥ나는
듯 광풍에놀ᄂᆞᆫ봉접가다가돌치는듯 셕양은다져가고뎡마는자로울제
나삼을뷔여잡고암연이여흰후에 슬픈노ᄅᆡ긴ᄒᆞᆫ슘를벗슬삼아도라오
니 의제이임이야ᄉᆡᆼ각ᄒᆞ니원슈로다 간장이다셕그니목슘인들보젼ᄒᆞ
랴 일신에병이되니만사에무심ᄒᆞ여 셔창을구지닷고섬셔이누어스니
25 횡용월ᄐᆡ는안즁에삼연ᄒᆞ고 분벽사창은침변이여귀로다 하엽에노젹
ᄒᆞ니별누를ᄲᅮ리는듯 류막의연롱ᄒᆞ니유한을먹음은듯 공산야월의두
견이슬니울제 슬푸다져ᄉᆡ소ᄅᆡᄂᆡ말갓치불여귀라 삼경에못든잠를사
경말의비러드니 상사ᄒᆞ든우리님을ᄭᅮᆷ가온데잠간보고 쳔슈만한못다
일너일장호접흐터지니 아리ᄯᅡ온옥빈홍안겻헤얼픗안졋는듯 어화황
홀ᄒᆞ다ᄭᅮᆷ을상시삼고지고 무침허희ᄒᆞ야밧비니러바라보니 운산은첩

---

17) 2권본에는 '반기는'으로 되어 있음.

〃ᄒᆞ야쳔리안을가리왓고 호월은창〃ᄒᆞ야냥향심의비초엿다 어져ᄂᆡ 일이야나도모를일이로다 이리져리그리면셔어히그리못보는고 약슈 삼쳔리머단말을이런ᄃᆡ를니르도다 가약은묘연ᄒᆞ고세월은여류ᄒᆞ여 엇그뎨이월꼿지녹안변불거터니 그덧ᄉᆡ훌훌ᄒᆞ여낙엽이츄셩일다 ᄉᆡ 벽달지실젹에외기러기울어녤뎨 반가온님의쇼식힝여올가바라보니 창망ᄒᆞᆫ구름밧게빗소릐쁜이로다 지리ᄒᆞ디이니별을언제만나다시블 ᄶᅡ 산두에편월되여님의낫헤빗최고져 셕상에오동되여님의무흡베여 보랴 옥샹됴량에졔비되여날고지고 옥창잉도화에나뷔도여날고지고 회산이편지되고금강아다마르나 평싱슬푼회포어듸를가을ᄒᆞ리 셔즁 유옥안은나도잠간드러쩌니 마음를고쳐먹고강ᄀᆡ를다시ᄂᆡ여 장부의 공명을일노좃차알니로다

2. 상사별곡

인간니별만사즁에독슉공방이더욱셟다 상사불견이ᄂᆡ진뎡을졔뉘라 셔알니ᄆᆡ친시름 이렁져렁이라흣트러진근심다후루쳐더져두고 자나 ᄊᆡ나〃 〃자나님을못보니가삼이답〃 어린양자고은소릐눈에암〃귀 26
에ᄌᆡᆼ〃 보고지고님의얼골듯고지고님의쇼릐 비나이다하날님게님싱 기라ᄒᆞ고비나이다 뎐싱차싱무ᄉᆞᆷ되로우리두리싱겨나셔 쥭지마자ᄒᆞ 고ᄇᆡᆨ년긔약 만쳡청산을드러간들어늬우리낭군이날차즈리 산은첩〃 ᄒᆞ여고ᄀᆡ되고물은츙〃흘너쇼이된다 오동츄야밝근달에님싱각이ᄉᆡ 로ᄂᆞᆫ다 ᄒᆞᆫ번니별ᄒᆞ고도라가면다시오기어려웨라 쳔금쥬옥귀밧기오 셰사일부관계ᄒᆞ랴 근원흘러물이되야깁고〃 〃다시깁고 사랑ᄆᆡ혀뫼 히되여놉고〃 〃다시놉고 문허질쥴모르더니ᄭᅳᆫ어질쥴어이알니 됴물 이ᄉᆡ우는지귀신이희지는지 일됴낭군니별후에소식죠치영녁ᄒᆞ니 오 날이나드러올가ᄂᆡ일이나긔별올가 일월무졍졀노가니옥안운빈공노 로다 오동야우셩긘비에밤은어히더듸가고 녹양방쵸져문날에ᄒᆡ는어

히슈이가노 이ᄂᆡ상사아르시면님도날을그리〃라젹〃심야혼자안져다만ᄒᆞᆫ숣ᄂᆡ벗시라 일촌간장구뷔셕어ᄑᆡ여나니가삼답〃 우는눈물바다ᄂᆡ면ᄇᆡ도타고아니가랴 ᄑᆡ는불이니러나면님의옷세당ᄀᆡ리라 사랑계워우던우름싱각ᄒᆞ니목이메고 교ᄐᆡ계워웃던우슴헤아리니더욱셟다 지쳑동셔쳔리되여바라보니눈이ᄉᆡ고 만쳡상사그려넌들한붓스로다그리랴 날ᄅᆡ돗친학이되여나라가다아니가랴 산은어히고ᄀᆡ잇고물은어히사이진고 쳔지인간니별즁에날갓트니쏘인는가 ᄒᆡ는도다져문날에쏫츤퓌여졀노지니 이슬갓튼이인싱이무숨일노삼겨ᄂᆞᆫ고 바람부러구즌비와구름씨여져믄날에 나며들며빈방으로오락가락혼자셔〃

27 기다리고바라보니이ᄂᆡ상사허ᄉᆡ도나 공방미인독상사는녜로붓터이러ᄒᆞᆫ가 나혼자이러ᄒᆞᆫ가남도아니이러ᄒᆞᆫ가 날사랑하든씃ᄒᆡ남사랑허이는가 무졍ᄒᆞ여그러ᄒᆞᆫ가유졍ᄒᆞ여이러ᄒᆞᆫ가 산계야목길흘드러노흘쥴을모르는가 노류장화썩거쥐고츈ᄉᆡᆨ으로닷니는가 가는쑴이자최되면오ᄂᆞᆫ길이무되리라 한번쥭어도라가면다시보기어려오니 아마도네뎡이잇거든다시보게삼기쇼셔

3. 쳐사가

평ᄉᆡᆼᄋᆡ지쓸데업서세상공명을하직ᄒᆞ고 냥간슈명ᄒᆞ야운림쳐사되오리라 구승갈포를몸에걸고삼졀쥭장손에쥐고낙됴강호경조흔ᄃᆡ망혀완보로나려가니 젹〃송관다〃는ᄃᆡ요〃힝원ᄀᆡ짓는다 경ᄀᆡ무궁됴흘시고 산림초목푸르엇다 창암병풍둘너는ᄃᆡᄇᆡᆨ운심처되여세라 강호에어부갓치ᄒᆞ야쥭간사립젓게쓰고 십니사정나려가니ᄇᆡᆨ구비거ᄲᅮᆫ이로다 일위편범놉히달고만경창파로흘니져어 ○슈쳑은어낙가ᄂᆡ니송강노어비길네라 일낙창강져문날에박쥬표져로도라드니 남북고촌두세집은낙하묘연잠계세라 ᄀᆡ산영슈예아니냐별유쳔지여ᄀᆡ로다 연명오류심오신데쳔사류지느러졋다 아마도창강산임자는나ᄲᅮᆫ인가ᄒᆞ노라

4. 어부사

셜빈어옹이쥬포간ᄒᆞ니자언거슈승거산을ᄇᆡ씌여라〃〃〃〃조됴자락만됴ᄅᆡ라지국총〃〃 어사와ᄒᆞ니의셔어부일견괴라청고엽상에냥풍긔ᄒᆞ고홍뇨화변에ᄇᆡ노환을닷드러라〃〃〃〃동졍호리가귀풍을지국총〃〃〃어사와ᄒᆞ니범금젼산홀후산를진일범쥬연리거ᄒᆞ니유시요도월즁반를이어리〃〃〃아심규쳐자망긔라지국총〃〃〃어사와ᄒᆞ니고혜송류무졍게라만사무심일됴간ᄒᆞ니삼공불환차강산을돗거어라〃〃
〃〃산우계풍권됴ᄉᆡ라지국총〃〃〃어사와ᄒᆞ니일싱동젹ᄌᆡ창낭을동 28
풍셔일총강심ᄒᆞ니일편총긔만류음을어으라〃〃〃녹평신셰ᄇᆡ구심을지국총〃〃〃어사와ᄒᆞ니격안어총냥심ᄀᆡ라탁영가파쥬졍칭ᄒᆞ니쥭경시문유미관을ᄇᆡ씌여라〃〃〃〃야박진회근쥬가을지국총〃〃〃어사와ᄒᆞ니와구봉져독침시라취ᄅᆡ슈간무인환ᄒᆞ니류하젼탄야부지라비ᄆᆡ어라〃〃〃〃도화류슈궐어비라지국총〃〃〃어자와ᄒᆞ니만강풍월송어션를야졍슈한어불식ᄒᆞ니만션공ᄌᆡ월명귀라닷지여라〃〃〃〃피됴귀ᄅᆡ계단봉을지국총〃〃〃어사와ᄒᆞ니풍류미필ᄌᆡ셔시라일신지간상됴쥬ᄒᆞ니셰간경니진유〃라ᄇᆡ붓쳐라〃〃〃〃계쥬유〃거녕흔를지국총〃〃〃어사와ᄒᆞ니관ᄂᆡ일곡산슈록이라癸亥石洞新刊

2권본에만 있는 작품

225.

셔상의달빗쳣다단장두의화영이라엇그제가시든임이월상시로오마ᄒᆞ시드니금노향진ᄒᆞ고오경종이거위로되삼오야지ᄉᆡ도록독의난간ᄒᆞ야님보랴엿ᄐᆡ안자드라고그린낭군게젼ᄒᆞ쥬렴아마도유신ᄒᆞ기는명월인가

226.

초당에오신손임무어스로ᄃᆡ졉ᄒᆞ리오렵ᄡᆞᆯ노졈심짓고산에올나도라지ᄎᆡ며덜에나려미나리ᄎᆡ봉상시편포밋물낙씨〃고낙근고기로어ᄎᆡ을ᄒᆞ셰동자야잔ᄃᆡ로슐부어라손졉ᄃᆡᄒᆞ게

5. 황계사

못오드냐엇지구러셔안이오드냐지여자조흘시고조흘시고조흔경의어듸를가구셔날아니와찻노지여자말듯소달은발고바람찬데밤은길고잠업셔라지여자말듯소져달아보느냐임계신데명긔을빌니여라나도보자지여자조흘시고츈슈가민사ᄐᆡᆨᄒᆞ니물이깁허셔못오드냐엇지그리이니오나지어자조흘시고하운이다긔봉ᄒᆞ니산이놉하셔못옷드냐지어자조흘시고병풍에그린황계두나ᄅᆡ을둥덩치며사오경일졈에날ᄉᆡ오라고ᄭᅩᄭᅮ요울거든오랴시나지어자조흘시고황혼에긔약을두고어듸을가고셔네그리아니아니오느냐지어자조흘시고산이여든말을타고물이여든ᄇᆡ를타소지어자조흘시고강촌어부갓치ᄒᆞ여죽관사립졉어쓰고십니사장ᄂᆡ려간다지어자조흘시고너는죽어황ᄒᆡ슈되고나는죽어돗ᄃᆡ션되여광풍이건듯불제마다어화둥덩실써나놀셰어야자조흘시고한곳즐바라보니뉵관ᄃᆡᄉᆞ셩진이는팔션녀을다리고희롱헌다어야자조흘시고

한양가

쳔ᄀᆡ지벽ᄒᆞ니　일월이ᄉᆡᆼ겨셔라
셩신이광휘ᄒᆞ니　오ᄒᆡᆼ이 되여셔라
쵸목곤츙ᄉᆡᆼ겨날제　인물이번셩ᄒᆞ다
오악이용발ᄒᆞ고　ᄉᆞ독이광활ᄒᆞᆫᄃᆡ
곤륜산일지ᄆᆡᆨ이　동ᄒᆡ로드러올제
ᄒᆡᆼ룡은긔만리며　구뷔ᄂᆞᆫ몃구뷘고
ᄇᆡᆨ두산긔봉ᄒᆞ여　함경도너머셔〃
강원도ᄂᆡ다라셔　경긔로도라들제
북극을바쳣ᄂᆞᆫ닷　부용을싹가ᄂᆞᆫ닷
도봉의머물너셔　층〃이오ᄂᆞᆫ긔세
군션이모야ᄂᆞᆫ닷　아홀이버러ᄂᆞᆫ닷
삼각산일더셜제　쳔년을경영인가
만년을경영인가　호거룡반긔이ᄒᆞ다
북악이입수되고　죵남산안산일다
청룡은타락뫼요　ᄇᆡᆨ호ᄂᆞᆫ길마ᄌᆡ라
강원도금강산은　외청룡도여잇고
황ᄒᆡ도구월산은　외ᄇᆡᆨ호도여잇고
졔쥬의한나산은　외안이도여잇고
젹셩의감악산은　후장이되여잇고
두미월계나린물이　룡산ᄉᆞᆷᄀᆡ한강되고
그물줄기나리흘너　오두ᄌᆡ합금ᄒᆞ야
강화의마리산이　도수구도여셰라
하ᄂᆞᆯ이ᄂᆡ신왕도　ᄒᆡ동의웃듬이라

국호ᄂᆞᆫ죠션이오 도읍은한양일다
단군의구쇽이오 긔ᄌᆞ의유풍이라
의관도화려ᄒᆞ고 문물도거룩ᄒᆞ다
여념은억만가요 셩쳡은ᄉᆞ십니라
동편은동묘되고 셔편은ᄉᆞ직일다
경복궁창덕궁과 창경궁큰뎐각이
반공의쇼ᄉᆞ스니 만호쳔문깁플셔라
2 인뎡뎐근뎡뎐은 치민ᄒᆞᄂᆞᆫ뎡뎐이오
희뎡당ᄃᆡ됴뎐은 지밀쳐쇼도여셔라
영화당셕거각은 츈당ᄃᆡ임ᄒᆞ엿고
옥류쳔깁픈고즌 별유쳔지되여셰라
쥬ᄂᆞ라령ᄃᆡ령쇼 못보와도녀긔로다
금원의긔화이쵸 구중의봄느졋다
ᄇᆡᆨ죠ᄂᆞᆫ학〃ᄒᆞ고 우록은유복이라
어슈당말근연못 오인어약ᄒᆞᄂᆞᆫ구나
란뎐봉누쳡〃ᄒᆞ고 학관인각층〃ᄒᆞ다
아로ᄉᆡᆨ인들보들과 푸른부연불근기동
츈쳡시를부쳐스니 그글의ᄒᆞ여스되
ᄐᆡ평ᄐᆡ평우ᄐᆡ평의 여시여시부여시라
셜미살창ᄉᆡᆨ인문과 죱고죱은셰ᄉᆞᆯ분합
벽방금뎐영롱ᄒᆞ고 쥬란슈렴번화ᄒᆞ다
금천교셕난간은 부용모란ᄉᆡᆨ여잇고
장츈각나무다리 무지ᄀᆡ모양으로
은하를걸쳐ᄂᆞᆫ듯 옥경을통ᄒᆡᄂᆞᆫ듯
쳡〃ᄒᆞᆫ익각복도 우이굴곡긔ᄇᆡᆨ간고
낫고노푼층〃화계 빙문이긔이ᄒᆞ다

어로ᄒᆞᆫ가온ᄃᆡ
뎐각마다ᄒᆞᆫ가온ᄃᆡ
중앙의닷집무어
오봉산일월병풍
오봉이쇼ᄉᆞ스니
한편의보불병풍
졔간거흉ᄒᆞᄂᆞᆫᄀᆡ상
한편병풍그려스되
ᄌᆞ셰이그려스니
구즁궁궐깁흔곳에
기동마다명두부쳐
상방검ᄐᆡ아검은
ᄉᆞ지ᄒᆞᆫᄂᆡ시들은
건장ᄒᆞᆫ무예청은
십팔기예쥬장ᄒᆞ니
밤이면호피두건
파슈마다안져스니
닙시잇ᄂᆞᆫ뎐별감은
당〃홍의ᄌᆞ지두건
가슴의눌너ᄯᅴ고
큰ᄃᆡᄌᆞᄉᆡᆨ여ᄂᆡ여
모ᄃᆡᄒᆞᆫᄉᆞ알ᄉᆞ약
별감무감영튱ᄒᆞ여
각쳐쇼ᄂᆡ인들은
지밀침방슈방이며
ᄇᆡᆨ각ᄉᆞ각〃마타

쌍봉공작ᄉᆡᆨ여셔라
세층보탑놉히무고
아로ᄉᆡᆨ여단청ᄒᆞ고
ᄒᆡ도ᄂᆞᆫ몃만린고
ᄒᆡ가돗고달돗ᄂᆞᆫ다
엄위ᄒᆞᆫ그린독긔
뎨왕의위엄이요
칠월편경직도를
시민여상ᄒᆞᄂᆞᆫ덕턱
어이아라그리셧노
달ᄉᆞ춍ᄒᆞ시ᄂᆞᆫ고
ᄇᆡᆨ일뇌졍위엄이라
승뎐ᄎᆞ지장번일다
ᄌᆞ지군복남젼ᄃᆡ의 3
ᄀᆡ상이효용ᄒᆞ다
호피군복ᄉᆞᆷ모장의
호분군도여잇고
이팔청츈아희로다
남광다위널분ᄯᅴ를
빗죠흔슌금동곳
모양죠케ᄭᅩ자잇고
융복ᄒᆞᆫ무감통장
합문의등ᄃᆡᄒᆞ고
안일을감아ᄂᆞᆫᄃᆡ
ᄉᆡᆼ것방쇼쥬방이
아춤져역문안이며

의ᄃᆡ슈문침션이며 슈라진찬직분일다
윤쥬라모단너울 두록ᄃᆡ단드림이며
홍융ᄉᆞ유쇼ᄆᆡ돕 빗죠케느러지고
남쇼화쥬긴너울은 누른화판죠밀ᄒᆞ다
셜한단남치마와 불빗모단쪽도리며
어여머리느즌낭ᄌᆞ 오두좀금죡졀과
긴원삼ᄶᆞ른당의 요지연뫼셧ᄂᆞᆫ닷
분ᄃᆡ도졀등ᄒᆞ고 쥬취도화려ᄒᆞ다
항아가젹강ᄒᆞᆫ가 쇽틔도젼여업ᄂᆡ
나마ᄂᆞᆫ무슈리ᄂᆞᆫ 저근머리긴저구리
아쳥무명널분씌의 문픠를빗기ᄎᆞ고
각궁노ᄌᆞ모양드른 벙거지널분갓ᄉᆞᆫ
두로마기반물드려 쇼ᄆᆡ길게ᄒᆞ여입고
ᄂᆡ병죠금장군ᄉᆞ 문〃이직혀잇셔
금잡인춍출ᄒᆞ니 가쥭등치숀의들고
이리쒸며져리쒸니 긔상이호륵ᄒᆞ다
졍원의늙승지ᄂᆞᆫ 후셜지신되여잇셔
궐ᄂᆡ의ᄃᆡ쇼ᄉᆞ와 ᄇᆡᆨ각ᄉᆞ모단일을
ᄂᆡ외공ᄉᆞᄒᆞᆫᄃᆡᄒᆞ여 계쳥계파일ᄉᆞᆷ으니
4 영귀도갸륵ᄒᆞ고 쇼임도즁ᄃᆡᄒᆞ다
옥당각신한쥬네ᄂᆞᆫ 쥬경야ᄃᆡ일이로다
년쇼한어린명ᄉᆞ 공명이명환일다
별군직션젼관은 보기죠흔비단군복
다홍ᄃᆡ단홍수달고 슌금밀화쌍단쵸며
그우희갑ᄉᆞ관ᄃᆡ 슈박빗시고흘시고
오위장츙익장과 문부장수문장은

호반의벼ᄉᆞᆯ이라　관ᄃᆡ쇽의군복입고
뉵ᄇᆡᆨ금군호위군관　ᄂᆡᄉᆞᆷ청의번을드러
무예도갸륵ᄒᆞ고　치마도날ᄉᆡ도다
의뎡부ᄉᆞᆷ샹네ᄂᆞᆫ　ᄋᆡ민하ᄉᆞᄒᆞᄂᆞᆫ모양
평교ᄌᆞ느즌쥴의　나즌키별구즁이
고이며여가오실제　호피ᄉᆞ리싸를뜬다
ᄃᆡ로겨른파쵸션을　ᄒᆡ빗슬반즘가려
벽졔도크지안코　힝보도완〃하다
거륵다셔불장ᄀᆡ　샹위의도리로다
이호례병형공은　뉵경이되여셰라
호ᄀᆡ잇ᄂᆞᆫᄃᆡᄉᆞ마ᄂᆞᆫ　ᄇᆡᆨ보밧게인ᄇᆡ셰고
건장ᄒᆞᆫ뇌ᄌᆞᄀᆡ슈　원앙진ᄌᆞᆨᄃᆡᄒᆞ여
빵〃이벽졔쇼ᄅᆡ　날ᄂᆡ고도영열ᄒᆞ다
외박휘놉흔쵸헌　ᄏᆡ큰구죵드리
숀을드러미러갈제　좌우의ᄉᆡᆨ구견ᄇᆡ
호한ᄒᆞᆫ별ᄇᆡ드리　날ᄀᆡ로버러셔〃
셰층벽졔소ᄅᆡ　ᄀᆡ구도엄위ᄒᆞᆯᄉᆞ
무쟝네모양드른　은안쥰마죠흔말게
씨그어놉히안져　흉허복실마샹모양
웅호의ᄀᆡ샹이오　진변ᄒᆞᆯ장슈로다
도감은오쳔병마　수영문되여잇셔
대명젹복식으로　모단젼건젓게쓰고
션ᄀᆡᄃᆡ날ᄂᆡᆫ군ᄉᆞ　일검증당ᄇᆡᆨ만ᄉᆞ라
젼쥬작되어잇셔　몸ᄀᆡᄂᆞᆫ불근ᄀᆡ요
금위영ᄉᆞᆷ쳔병마　별무ᄉᆞ가건장ᄒᆞ다
좌청룡되여잇셔　몸ᄀᆡ난푸른ᄀᆡ요

어영청숨천병마
우빅호되여잇셔
춍융청숨천병마
북현무되엿스니
룡호영호위군관
즁앙이되엿스니
좌포장우포장은
오부의부관원은
경죠부평시셔난
의금부숨당상과
츈츄필법가지구셔
팔십명나장이ᄂᆞᆫ
상토ᄉᆞᆺ히졋계쓰고
흰실노즇을노아
젼옥은슈도부라
호죠ᄂᆞᆫ판탁지라
삼당상늒낭청의
호계ᄒᆞᄂᆞᆫ계ᄉᆞ들은
공죠ᄂᆞᆫ슈형부라
응역ᄒᆞ기일숨으니
례죠ᄂᆞᆫ남궁이라
군왕의진퇴번졀
졔례작악일숨으니
병이죠동셔편은
ᄂᆡ직이며외직이며
쥬셔한림각신들과
가젼별쵸도여잇고
몸긔ᄂᆞᆫ흰긔로다
무예ᄂᆞᆫ무젹일다
몸긔ᄂᆞᆫ거문긔오
빅발빅즁ᄒᆞᄂᆞᆫ구나
몸긔ᄂᆞᆫ누른길다
금난치젹일을숨고
ᄉᆞ숑이직분이요
치민평시ᄒᆞᄂᆞᆫ구나
도ᄉᆞᄂᆞᆫ열이로나
금고찬비일숨으니
알도의눈을박아
쳔익우희아청작의
임군왕ᄌᆞ쪄셔입고
약법숨장일을숨고
부셰젼곡마타잇셔
벼례방이쥬장이오
도필지니되여잇고
각식장식춍찰ᄒᆞ여
와셔션공미여잇고
션왕뎨례본바다셔
죵ᄉᆞ산쳔뎨향이며
통례원거ᄂᆞ리고
텩문텩무추려ᄂᆡ여
졍경아경도빅유슈
옥당승지ᄃᆡ간이며

묘ᄉᆞ뎐궁관원이며 능참봉슈봉관과
봉ᄉᆞ직장감역이며 동몽교관부도ᄉᆞ와
군ᄌᆞ판ᄉᆞ광흥슈와 능영이며션혜낭청
각ᄉᆞ제죠부제죠며 이죠젼낭홍문뎡ᄌᆞ
병ᄉᆞ슈ᄉᆞ방어ᄉᆞ며 영장즁군통뎨ᄉᆞ와
쳠ᄉᆞ만호병우후며 ᄉᆞ도참군권관이며 6
션젼관부쟝들과 별군직슈문장과
훈련판ᄉᆞ쥬부들과 도총도ᄉᆞ경역이며
ᄂᆡ금장오위장과 창검쵸관협연쵸관
문음무열읍슈령 비쳔이며병이빗슬
ᄐᆡᆨ인비망일ᄉᆞᆷ으니 임ᄃᆡ칙즁ᄒᆞ여셔라
형죠ᄂᆞᆫᄃᆡᄉᆞ구라 포장을영통ᄒᆞ여
각식금난죠률ᄒᆞ니 긔강이거륵ᄒᆞ다
ᄉᆞ복의ᄂᆡ승쥬부 도제죠며부제죠라
거덜이며견마부ᄂᆞᆫ 쵸립의널분갓쓴
누른ᄉᆞ더그레며 푸른긴옷벙거지며
이마와마의드른 말게ᄂᆞᆫᄇᆡᆨ낙일다
ᄇᆡᆨ총마청총마며 오츄마ᄌᆞ류마며
연ᄉᆞ라추마말과 돈점총이어승마다
동셔간너른마구 계마쳔필ᄒᆞ엿구나
문국부이마ᄃᆡ라 쳔승지국장ᄒᆞᆯ시고
하로날닷ᄉᆡ날은 ᄂᆡ와구마ᄒᆞᆫᄃᆡ모야
죠마거동ᄒᆞᆯ젹이면 한편의ᄂᆞᆫ명금ᄒᆞ고
한편의ᄂᆞᆫ명고ᄒᆞ며 말을경계ᄒᆞ여갈제
노량이며ᄂᆞᄂᆞᆫ품은 ᄒᆡᆼ운유슈모양일다
장악원협률낭은 습악ᄒᆞ기일ᄉᆞᆷ으니

이원뎨ᄌᆞ쳔여명이 무동악공되여셔라
뎨악의긴곡죠ᄂᆞᆫ 신명이오시ᄂᆞᆫ닷
여민낙보허ᄉᆞᄂᆞᆫ 여민동낙한이업다
표고락북츔이며 학츔이며몽금쳑과
징강츔ᄇᆡ써ᄂᆞ기 화려도거륵ᄒᆞ다
그즁의쳐용무ᄂᆞᆫ 경쥬로셔왓다ᄒᆞ니
오ᄉᆡᆨ빗운화의에 복도를ᄇᆞ로쓰고
너른쇼ᄆᆡ긴한숨을 곡죠마다ᄂᆞ붓길졔
불근얼골봉의눈은 반즘웃ᄂᆞᆫ모양일다
쳔관이ᄒᆞ림ᄒᆞᆫ가 보기의신긔ᄒᆞ다
션혜청은젼곡부라 츈츄ᄃᆡ동젼셰들과
7 쵸운ᄇᆡ강의ᄃᆡ고 각읍ᄉᆡᆨ니호위ᄒᆞ여
말게실고쇠게실고 큰슈례의잠뽁실어
션머리ᄂᆞᆫ드러오나 ᄭᅳᆺ머리ᄂᆞᆫ강의잇다
풍등ᄃᆡ유ᄒᆞ여스니 국가의복죠로다
십년지곡져츅ᄒᆞ니 진〃상인ᄒᆞ여셔라
즁츄부영판부ᄂᆞᆫ 츄밀ᄉᆞ되여잇고
홍문관ᄃᆡ졔학은 문장졔슐문형이요
셩균관ᄃᆡᄉᆞ셩은 국ᄌᆞ션싱되여잇고
ᄉᆞ간원ᄉᆞ헌부ᄂᆞᆫ 직언극간엄슉ᄒᆞ다
ᄉᆞ시뎨향봉상시며 우양고시젼싱셔며
어보차지상셔원과 의ᄃᆡ진ᄇᆡ상의원과
슈라ᄇᆡᆨ미ᄉᆞ도시며 금은보픠ᄂᆡ탕고며
긔용병장ᄂᆡ슈ᄉᆞ와 각ᄉᆡᆨ지쇽장흥고와
ᄎᆡ소공상ᄉᆞ포셔며 ᄒᆡ물공상ᄉᆞ지감과
실과진ᄇᆡ장원셔와 등유진ᄇᆡᄂᆡ셤시며

약물ᄃᆡ령약방이며 각식공상공상쳥과
ᄌᆡ목마튼슈어쳥과 군량마튼량향쳥과
의장긔명졔용감과 ᄉᆞ긔어션ᄉᆞ옹원과
ᄇᆡᆨ관반녹광흥창과 군병방뇨군ᄌᆞ감과
졔가시셔승문원과 쳑신공의돈령부며
시지ᄌᆞ문됴지셔며 측ᄉᆞᄃᆡ졉례빈시며
쳔문ᄐᆡᆨ일관상감과 민간질병활인셔며
쳥학왜학ᄉᆞ력원과 의학쥬장뎐의감과
둉실션파둉친부와 도위쳠위의빈부며
불망공신츙훈부와 양노죠신기로셔라
셜관분직ᄒᆞ여스니 임현ᄉᆞ릉거륵ᄒᆞ다
ᄉᆞ학이분ᄇᆡᄒᆞ여 유학을교훈ᄒᆞ니
명뉸당ᄃᆡ셩뎐은 우리ᄂᆞ라반궁이라
일ᄇᆡᆨ명ᄐᆡ학ᄉᆞᄂᆞᆫ 부ᄌᆞ위ᄑᆡ뫼셔잇고
ᄒᆡᆼ단의느진츈은 연비예쳔ᄒᆞᄂᆞᆫ구나
국가의근본이오 쵸현ᄒᆞᄂᆞᆫ도리로다
됸경각노픈집의 만권셔ᄊᆞ아노코
쥬숑야강ᄒᆞ니 셩현의풍도로다 8
츄로지방분명ᄒᆞ고 졍쥬지학장ᄒᆞ도다
남편은슝례문과 동편은흥인문과
셔편은쇼의문과 북편은창의문이
ᄉᆞ관이되여스니 슈문장호군부장
슈문군영통하여 칼을솢고신측ᄒᆞᆫ다
팔노를통하엿고 연경일본다아구나
우리나라쇼산들도 붓그럽지안컷마ᄂᆞᆫ
타국물화교합ᄒᆞ니 ᄇᆡᆨ각젼장ᄒᆞᆯ시고

칠ᄑᆡ의싱션젼의　각식싱션다잇구나
민어셕어셕수어며　도미쥰치고동어며
낙지소라오젹어며　죠ᄀᆡᄉᆡ우젼어로다
남문안큰모젼의　각식실과다잇구나
쳥실뇌황실뇌　건시홍시죠홍시며
밤ᄃᆡ됴잣호도며　포도경도외얏시며
셕류유ᄌᆞ복셩와며　룡안여지당ᄃᆡ츄다
샹미젼좌우가〃　십년지량ᄊᆞ아셔라
하미즁미극상미며　찹ᄊᆞᆯ죱ᄊᆞᆯ기장ᄊᆞᆯ과
록두쳥ᄐᆡ젹두팟과　마ᄐᆡ슝ᄐᆡ기름ᄫᆞᆯ다
되를드러ᄌᆞ랑ᄒᆞ니　민무ᄀᆡ식죠흘시고
슈각다리너머셔니　각식상젼버려셔라
면빗참빗어레빗과　ᄊᆞᆷ지쥼치허리씌며
춍젼보료모탄ᄌᆞ며　간지쥬지당쥬질다
큰광통교너머셔니　늑쥬비젼여ᄀᆡ로다
일아ᄂᆞᆫ여립군과　물화마흔젼시졍은
큰창옷세갓슬스고　쇼창옷셰한ᄉᆞᆷ달고
ᄉᆞ람불너흥졍ᄒᆞᆯ제　경박ᄒᆞ기측양업다
ᄇᆡᆨ목젼각식방의　무명이ᄊᆞ여셔라
강진목ᄒᆡ남목과　고양ᄂᆞ이강ᄂᆞ이며
상고목군포목과　공물목무녀포와
쳔은이며졍은이며　셔양목과셔양쥬라
지젼을ᄉᆞᆯ펴보니　각식죠희다잇구나
9 ᄇᆡᆨ지장지ᄃᆡ호지며　셜화지쥭청지며
션익지화쵸지며　ᄊᆡ긋ᄒᆞᆯᄉᆞᄇᆡᆨ면지며
상화지ᄌᆞ문지며　쵸도지상쇼지며

쳘년지모토지와 모면지분당지와
궁젼지시츅지와 각ᄉᆡᆨ능화고흘시고
뵈젼을ᄉᆞᆯ펴보니 각ᄉᆡᆨ마포드러쳣다
농포셰포즙산치와 함흥오승심의포며
뉵진장포안동포와 계츄리ᄒᆡ남포와
왜뵈당뵈ᄉᆡᆼ계츄리 문포죠포영춘포며
길쥬명쳔가는뵈ᄂᆞᆫ 바리안의드ᄂᆞᆫ뵐다
쳥포젼ᄉᆞᆯ펴보니 당물화가버러잇다
즙침셰침슈바날과 다홍ᄉᆞᆷ승쳥ᄉᆞᆷ승과
녹젼홍젼분홍젼과 삼승고약공단고약
감토모ᄌᆞ회〃포와 민강ᄉᆞ당오화당과
연환당옥츈당과 가진당쇽버러잇다
션젼은슈젼이라 돈마흔시졍드리
호사도홀난ᄒᆞ고 인물들도쥰슈ᄒᆞ다
각ᄉᆡᆨ비단버러스니 화려도장ᄒᆞᆯ시고
공단ᄃᆡ단ᄉᆞ단이며 궁쵸ᄉᆡᆼ쵸셜한쵸며
금계졔파일륜홍ᄒᆞ니 날도닷다일광단과
일년명월금쇼다ᄒᆞ니 달이발근월광단과
츄운담〃영유〃ᄒᆞ니 보기죠흔운문ᄃᆡ단
츈풍도리화ᄀᆡ야ᄒᆞ니 번화로은도리불슈
ᄆᆡ화만국쳥모젹ᄒᆞ니 ᄆᆡ죽문가계쥬며
룡귀효동운유습ᄒᆞ니 홀난ᄒᆞᆯᄉᆞ룡문갑ᄉᆞ
상ᄉᆞ불견이ᄂᆡ마음 임그리온상ᄉᆞ단과
은한셩회일도통ᄒᆞ니 통ᄒᆡ쥬일홈짓고
명괘금방졔일인ᄒᆞ니 장원쥬되여잇고
산쳔쵸목번셩ᄒᆞ니 넌츌진포도ᄃᆡ단

만경창파죠ᄀᆡ비단 보기죠흔금션단과
부화부슌만ᄉᆞ셩ᄒᆞ니 양화단일홈짓고
팔월구월쳔긔렁ᄒᆞ니 셜ᄉᆞ빙ᄉᆞ되여잇고
ᄐᆡ상노군호로단과 쳔셰만셰만슈단과
역발산긔ᄀᆡ셰ᄂᆞᆫ 쵸한젹우단일다
얼녹덜녹광월ᄉᆞ며 알숑달숑아롱단과
한양두양팔양쥬며 한빵두빵빵문쵸며
슈건감흑져ᄉᆞ며 이불감남츄라며
볼기감ᄌᆞ지상직 휘양감거문궁쵸
어눌젼ᄉᆞᆯ펴보니 삭식어물버러잇나
북어관목쏠독이며 민어셕어통ᄃᆡ구며
광어문어가오리며 젼복ᄒᆡ삼가ᄌᆞ미며
곤포메욱다ᄉᆞ마며 파ᄅᆡ김우무가시
도ᄌᆞ젼마로져ᄌᆡ 금은보ᄑᆡ노여구나
룡ᄌᆞᆷ봉ᄌᆞᆷ셔복ᄌᆞᆷ과 간화ᄌᆞᆷ장포ᄌᆞᆷ과
압뒤비녀민쥭졀과 ᄀᆡ고리안친쪽비녀며
은가락지옥가락지 보기죠흔밀화지환
금ᄑᆡ호박가락지와 갑만흔슌금지환
노리ᄀᆡ볼작시면 ᄃᆡᄉᆞᆷ작과쇼ᄉᆞᆷ작과
옥나뷔금벌이며 ᄉᆞᆫ호가지밀화불슈
옥장도ᄃᆡ모장도 빗죠흔ᄉᆞᆷ식실노
ᄉᆞᆫ슐픈슐가진ᄆᆡ돕 번화ᄒᆞ기측냥업다
광통교아ᄅᆡ가ᄀᆡ 각식그림걸녀구나
보기죠흔병풍ᄎᆞ의 ᄇᆡᄌᆞ도요지연과
곽분양힝락도며 강남금릉경직도며
한가ᄒᆞᆫ쇼상팔경 산슈도긔이ᄒᆞ다

다락벽계견ᄉᆞ호
ᄒᆡ학반도십장싱과
횡축을볼ᄌᆞᆨ시면
팔션녀희롱ᄒᆞ여
쥬나라강ᄐᆡ공이
ᄉᆞ립을슉녀쓰고
ᄊᆡ오기만기달일제
어진ᄉᆞ롬어드려고
한ᄂᆞ라상산ᄉᆞ호
네늘근이바독둘제
남양의제갈공명
형익도거러노코
한쇼렬유황슉이
진쳐ᄉᆞ도연명은
ᄑᆡᆼ턱령하직ᄒᆞ고
당학ᄉᆞ니ᄐᆡ빅은
쳔ᄌᆞ호ᄅᆡ불상션을
문의부칠신장들과
진ᄎᆡ며여그려스니
구리ᄀᆡ좌우집의
각식약이다잇구나
인ᄉᆞᆷᄉᆞᄉᆞᆷ현ᄉᆞᆷ이며
진피쳥피ᄃᆡ복피며
우황타황구황이며
침향졍향당ᄉᆞ향과
쇼합환광제환과

장지문어약룡문
벽장문ᄎᆞᄆᆡ죽난국
구운몽셩진이가
투화셩쥬ᄒᆞᄂᆞᆫ모양
궁팔십노옹으로
고든낙시물의너코
쥬문왕착ᄒᆞᆫ임군
숀죠와셔보ᄂᆞᆫ거동
갈건야복도인모양
졔셰안민경영일다 11
쵸당의잠을겨워
평싱을아ᄌᆞ지라
ᄉᆞᆷ고쵸려ᄒᆞᄂᆞᆫ모양
오두미마다ᄒᆞ고
무고숑이반환이라
쥬ᄉᆞ청누취ᄒᆞ여셔
역〃히그려스며
모ᄃᆡᄒᆞᆫ문비드를
화려ᄒᆞ기측양업다
신롱유업써부치고
슈세제즁ᄒᆞ리로다
황연황금황빅이며
감쵸ᄌᆞ쵸하고쵸며
웅담구담ᄉᆞ담이며
룡뇌룡안룡골이며
ᄐᆡ을환쇼침환과

청심환안신환과 포룡환만응환과
운모고우황고며 오독고신이고며
졔즁단옥츄단과 벽운단ᄌᆞ금단과
옥셜금셜진쥬셜과 은박금박호박셜과
민강귤병금젼병과 녹용고경옥골다
샹ᄇᆡᆨ쵸졔만민은 염뎨시공덕일세
물즁지ᄃᆡ장ᄒᆞᆯ시고 졔왕의도읍일다
화려가이러ᄒᆞᆯ졔 노린들업슬쇼냐
장안쇼연유협ᄀᆡᆨ과 공ᄌᆞ왕숀ᄌᆡ상ᄌᆞ뎨
부상ᄃᆡ고전시정과 다방골졔길동지
별감무감포도군관 졍원ᄉᆞ령나장이라
남북쵼한량드리 각식노름장ᄒᆞᆯ시고
션ᄇᆡ의시축노름 한량의셩쳥노름
공물방션유노름 포교의세ᄎᆞᆫ노름
각ᄉᆞ셔리슈유노름 각집겸죵화류노름
12 장안의편ᄉᆞ노름 장안의호걸노름
ᄌᆡ상의분부노름 ᄇᆡᆨ셩의즁포노름
각식노름버러지니 방〃곡〃노리쳘다
노리쳐어드멘고 누ᄃᆡ강산죠흘시고
죠양누셕양누며 명셜누츈슈루와
홍엽정노인졍과 숑셕원싱화졍과
영파졍츈쵸졍과 장유헌몽답졍과
필운ᄃᆡ샹션ᄃᆡ와 옥유동도화동과
창의문밧ᄂᆡ다라셔 탕츈ᄃᆡ세검졍과
옥쳔암셕경루와 한북문진관이며
경강졍ᄂᆡ다라셔 창랑졍압구졍과

쪽한졍ᄐᆡᆨ영졍과
구경가ᄌᆞ구경가ᄌᆞ
북일령군ᄌᆞ졍의
눈빗갓튼흰휘장과
차일아ᄅᆡ유둔치고
아로ᄉᆡᆨ인셕가ᄅᆡ의
빈틈업시다라노코
보기죠흔양각등을
난간밧게츈화가화
빙문진유리병의
각식총젼몽고젼과
ᄇᆡᆨ통타구옥타구며
왜찬합과당찬합과
모란병풍영모병풍
홍융ᄉᆞ구영ᄶᅮ러
별감의거동보쇼
밉시도잇거니와
편월상토밀화동곳
곱게쓴평양망건
상의원ᄌᆞ지팔ᄉᆞ
남융ᄉᆞ증두리의
숀폑갓튼슈ᄉᆞ갓끈
다홍ᄉᆡᆼ쵸고흔홍의
보라누비져구리의
양식단누비ᄇᆡᄌᆞ
금향슈쥬누비토슈

별령안읍청눌다
승젼노름구경가ᄌᆞ
죠흔노름버려구나
구름갓튼노픈차일
마로ᄭᅳᆺᄒᆡ보계판과
각영문ᄉᆞ쵹롱을
죱ᄉᆞᆯ구슬화쵸등과
ᄎᆞ례잇게거러노코
불근비다허리ᄆᆡ여
가득이ᄭᅩᄌᆞ노코
만화등ᄆᆡ담방셕의
ᄇᆡᆨ통요강은지ᄯᅥ리
아로ᄉᆡᆨ인교ᄌᆞ상과
산슈병풍글시병풍
이리져리얼거ᄆᆡ고
난번별감ᄇᆡᆨ여명이
치장도놀ᄂᆞ올ᄉᆞ
ᄃᆡᄌᆞ동곳셕거ᄭᅩᆺ고
외졉바기ᄃᆡ모관ᄌᆞ
쵸립밋ᄒᆡ팔괘노코
오동입식쎠셔달고
귀를가려숙여쓰고 13
숙쵸창의바쳐입고
외올쓰기누비바지
젼비ᄌᆞ바쳐입고
젼토슈밧쳐ᄭᅵ고

듕동치레볼작시면
각ᄉᆡᆨ줌치묘이졉어
파리ᄆᆡ돕도ᄅᆡᄆᆡ돕
오ᄉᆡᆨ비단괴불줌치
이궁젼ᄃᆡ방젼과
고롬마다거러ᄎᆞ고
밀화장도ᄇᆡᆨ옥장도
ᄉᆞᆷ승보션슌혹파셔
졔〃창〃안즌모양
금ᄌᆡᆨ가ᄌᆡᆨ모야구나
노ᄅᆡ의양ᄉᆞ길이
오동복판거문고ᄂᆞᆫ
치장ᄎᆞ린ᄉᆡ양금은
ᄉᆡᆼ황퉁쇼죽장고며
ᄉᆡ로갈인큰장구를
홍융ᄉᆞ룡두머리
ᄐᆡ극그린큰북가의
왕ᄃᆡ를가로질너
고리ᄢᅧ여ᄆᆡ여달고
각ᄉᆡᆨ기ᄉᆡᆼ드러온다
치장이놀납거든
별감의노름인ᄃᆡ
어름갓튼누른젼모
구름갓튼허튼머리
ᄡᆞᆯ〃빗겨고이빗겨
모단ᄉᆞᆷ승가리마를

우단ᄃᆡ단도리불슈
납의ᄆᆡ돕별ᄆᆡ돕의
ᄉᆡᆨ〃이로ᄢᅧ여ᄎᆞ고
약낭향낭셕거ᄎᆞ고
금ᄉᆞ향ᄌᆞᄀᆡ향을
ᄃᆡ모장도셔장도며
안팟그로빗기ᄎᆞ고
ᄆᆡᆸ시잇게ᄒᆞ여신고
졀ᄎᆞ도거륵ᄒᆞ다
거문고임죵철이
계면의공득이며
쥴골나셰워노코
ᄡᅥᄂᆞᆫ나뷔안쳐구나
피리져ᄒᆡ금이며
청셔피ᄉᆡ굴네의
단〃이죠야메고
쌍룡을그려구나
흰무명십여쳑을
다홍상모긴북칠다
예ᄉᆞ로은노름의도
허물며승젼노름
범연이치장ᄒᆞ랴
자지갑ᄉᆞᄭᅳᆫ을달고
반달갓튼빵어레로
편월죠케ᄶᅡ아언고
압홀덥퍼슉여쓰고

산호ᄌᆞᆷ밀화비녀 은비녀금봉ᄎᆞ를
이리꽂고져리꽂고 당가화상가화를 14
눈을가려ᄌᆞ쥬꽂고 도리불슈모죠단을
웃져구리지여입고 양ᄉᆡᆨ단쇽져구리
가진ᄑᆡ물쒀여ᄎᆞ고 남갑ᄉᆞ은죠ᄉᆞ며
화갑ᄉᆞ긴치마를 허리ᄍᆞᆯ나동여입고
ᄇᆡᆨ방슈쥬쇽〃곳과 슈갑ᄉᆞ단쇽것과
장원쥬너른바지 몽고ᄉᆞᆷ승것버션과
안동상젼슈운혜를 ᄆᆡᆸ시잇게신어두고
ᄇᆡᆨ만교ᄐᆡᆨ다푸이고 모양죠케드러온다
ᄂᆡ의녀침션비며 공죠라혜민셔며
늘근기ᄉᆡᆼ절문기ᄉᆡᆼ 명기동기드러온다
오동량월반근달의 발고발근츄월이며
츈ᄅᆡ편시도화슈라 벽도홍도드러온다
셜만장안학졍홍ᄒᆞ니 외로올ᄉᆞ일졈홍이
졍부만리슈타향ᄒᆞ니 바라볼ᄉᆞ관산월이
ᄋᆡᆼ젼고지연입루ᄒᆞ니 쇼리죠흔연ᄋᆡᆼ이며
청쳔삭츌금부용ᄒᆞ니 의젓ᄒᆞᆫ부용이며
쳔리ᄋᆡᆼ졔녹영홍ᄒᆞ니 탈ᄉᆡᆨᄒᆞᆯᄉᆞ영산홍이
구봉침잠간보니 화려할ᄉᆞᄎᆡ봉이며
옥츌곤강금ᄉᆡᆼ려슈 보ᄇᆡ로흔금옥이며
션셩ᄌᆡ슈홀ᄉᆞ양ᄒᆞ니 신긔롭다쵸션이며
낙양장안봄느뎟다 번화로운만졈홍이
강셩오월낙ᄆᆡ화ᄒᆞ니 향긔로흔ᄆᆡ향이며
녹죽의〃청고졀ᄒᆞ니 졀ᄀᆡ잇ᄂᆞᆫ죽엽이며
경슈무풍야ᄌᆞ파ᄒᆞ니 곱고고흔ᄇᆡᆨ능팔다

운빈화안금보요ᄒᆞ니 셜부화모춤치시라
ᄎᆞ례로느러안져 노름을지쵹ᄒᆞᆫ다
화려ᄒᆞᆫ거문고ᄂᆞᆫ 안쪽을옹겨노코
문무현다ᄉᆞ리니 롱현쇼ᄅᆡ더욱죠타
한만ᄒᆞᆫ져다스림 길고길고구슬푸다
피리ᄂᆞᆫ츰을밧고 ᄒᆡ금은숑진글고
장고는굴네죄여 더덕을크게치니
관현의죠흔쇼ᄅᆡ 심신이황홀ᄒᆞ다
거상죠ᄂᆞ린후의 쇼ᄅᆡᄒᆞᄂᆞᆫ어린기싱
한숀으로버리밧고 아비를반즘숙여
우죠라계면이며 쇼용이편락이며
츈면곡쳐ᄉᆞ가며 어부ᄉᆞ상ᄉᆞ별곡
황계타령ᄆᆡ화타령 잡가시죠듯기죠타
츔츄ᄂᆞᆫ기싱드른 머리의슈건ᄆᆡ고
웃영ᄉᆞᆫ느즌츔의 즁영ᄉᆞᆫ츔을모라
잔영ᄉᆞᆫ입츔추니 무산션녀나려온가
ᄇᆡ써ᄂᆞ기북츔이며 ᄃᆡ무남무다츈후의
안올린벙거지의 셩〃젼증두리의
쥬먹가튼밀화증ᄌᆞ ᄆᆡ암이ᄉᆡᆨ여달고
갑ᄉᆞ군복홍슈다라 남슈화쥬긴젼ᄃᆡ를
허리를잔득ᄆᆡ고 상모단노는칼을
두숀의빗기쥐고 잔영산모는ᄉᆡ면
항장의츔일넌가 가슴이셔를ᄒᆞ다
보기의번화ᄒᆞ고 듯기의신긔ᄒᆞ다
츈셩ᄉᆞᆷᄇᆡᆨ구십교와 ᄃᆡ도청루십이즁의
집〃이관현이요 거리거리노ᄅᆡ로다

년풍ᄒᆡ젼가〃쥬요　춘만강셩쳐〃화라
동도부셔도부며　임고ᄃᆡ제경편과
제왕국도지은글이　번화가장ᄒᆞᆫ건만
자셩제인어린쇼견　우리한양뎨일〃다
임ᄌᆞᄂᆞᆫ그뉘신고　하놀이ᄂᆡ신인군
젹덕ᄇᆡᆨ년 태됴대왕　홍무의 등극ᄒᆞᄉᆞ
례악법도쇼즁화라　션니건곤거륵ᄒᆞ다
계〃승〃 성ᄌᆞ신숀　질겁구나우리 셩듀
어질기ᄂᆞᆫ요슌이오　효롭기ᄂᆞᆫ문무로다
쥬ᄂᆞ라구여시와　한ᄂᆞ라ᄉᆞ즁가ᄂᆞᆫ
아마도우리나라　슈뮤쪽도즐겁구나
ᄒᆡ마다졍월이면　ᄐᆡ묘ᄉᆞ직 단니신후
능ᄒᆡᆼ령 ᄂᆞ리시니　남도 거동되신다ᄂᆡ
남도ᄂᆞᆫ화셩부라　두능을뫼셔스니 16
건능과 현륭원의　츈뎐알 령이낫다
병판은군령ᄃᆡ령　각영문장신네는
군장졈구신측ᄒᆞ고　ᄇᆡᆨ각ᄉᆞ관원드른
군복융복치장ᄒᆞ고　ᄇᆡᆨ각ᄉᆞ하인드른
능ᄒᆡᆼ복식ᄌᆡ촉ᄒᆞ니　ᄐᆡᆨ일은삼월이라
능ᄒᆡᆼ도ᄒᆞ시면서　츈셩경ᄒᆞ시련다
호죠의별례방은　계ᄉᆞ를영통ᄒᆞ여
각식장식거ᄂᆞ리고　능쇼로밧비가고
쥬교ᄃᆡ장젼령ᄒᆞ여　쥬교를신측흔다
젼셰ᄃᆡ동실는ᄇᆡ와　두ᄃᆡ박이외ᄃᆡ박이
당도리먼졍이며　즁거로낙거로를
십니장강너른물의　머리맛게느러셰고

션장이며지위목슈
쥬교별장군복ᄒᆞ고
등ᄑᆡ를영통ᄒᆞ여
ᄇᆡ우회장숑쌀고
그우희모ᄅᆡ펴고
그우희황토쌀고
팔둑갓튼쇠ᄉᆞ슬노
양ᄭᆞᆺᄒᆡ홍젼문과
홍긔를놉히ᄭᅩᆺ고
쳥의쳥건남젼ᄂᆡ의
십리쥬교버러스니
쥬교ᄃᆡ장쥬교별장
유도ᄃᆡ장영군ᄒᆞ고
차일을놉히치고
유둔아ᄅᆡ군막치고
신시의취군ᄒᆞ여
경야를ᄒᆞ려ᄒᆞ고
길마ᄌᆡ한봉화의
일제이네ᄌᆞ로가
17 쵸겻ᄉᆞᆷ졈인졍쇼ᄅᆡ
젼루를모라쳐셔
셜흔세번파루쇼ᄅᆡ
ᄌᆡ엄치고ᄉᆞᆷ엄치니
통례원좌통례가
부도가압도가며
ᄉᆞ헌부도가ᄭᆞᆺᄒᆡ

쥬야로일을ᄒᆞᆯ제
이리가며져리가며
결곤신측일을몬다
장숑우희박숑쌀고
모ᄅᆡ우희세ᄉᆞ펴고
좌우희난간ᄊᆞ고
ᄇᆡ머리를거러ᄆᆡ고
한가은ᄃᆡ홍젼문의
좌우의ᄇᆡᄉᆞ공은
오ᄉᆡᆨ긔숀의들고
쳔승군왕위의로다
신측호령엄위ᄒᆞ다
죵노마로ᄒᆞᆫ가온ᄃᆡ
차일밋ᄒᆡ유둔치고
군즁의호령ᄒᆞᆫ다
돈화문밧다모인다
어한제구가져구나
남산봉화응ᄒᆞ여셔
변방무ᄉᆞ보ᄒᆞ엿다
이십팔슈응ᄒᆞ엿고
오경이발셔되니
긋치면셔쇼엄치고
묘졍ᄉᆞᆷ각되여구나
승려를쳥ᄒᆞ엿다
한셩부쏙뒤도가
션진이동군ᄒᆞᆫ다

긔ᄃᆡ장압흘셔니
오마ᄃᆡ마군드른
별ᄃᆡ마병션긔ᄃᆡ며
각쵸〃관모양드른
더그레며슈긔줘고
젼쵸후쵸좌쵸우쵸
삼항으로ᄒᆡᆼ군ᄒᆞ니
범갓고곰갓트니
도감이션상이라
젼건쓴겹젼ᄇᆡ의
청도긔압흘셔고
관이영젼승긔젼의
금안쥰마쵸흔말게
흰무명된밀치며
안올인벙거지의
비단군복우단요ᄃᆡ
밀부병부쎠셔ᄎᆞ고
다홍ᄃᆡ단큰슈긔의
두려시ᄉᆡᆨ여ᄂᆡ여
그뒤의문무낭청
교련관집ᄉᆞ드리
그담은룡호영이
루른슈긔불근글ᄌᆞ
단졍이가ᄂᆞᆫ모양
금려ᄉᆞ령금군별장
어젼긔치느러셧다

마군의머리로다
항오가엄슉ᄒᆞ다
쳔총파총긔총이며
제방위ᄉᆡᆨ물을듸려
원앙진보군작ᄃᆡ
젼ᄉᆞ후ᄉᆞ좌ᄉᆞ우ᄉᆞ
쵸긔가압흘셧ᄂᆡ
군상이웅위ᄒᆞ다
ᄃᆡ장의긔구보쇼
영긔순시곤장쥬장
ᄃᆡ긔치버러셧다
월도든휘ᄌᆞ슈며
상모달고쥬락달고
흰무명마혁달고
상모의공작우며
환도ᄎᆞ고등ᄎᆡ집고
동ᄀᆡ의미젼ᄭᅩᆺ고
ᄉᆞᆷ군ᄉᆞ명네큰ᄌᆞ를
보기죠케쎠셔ᄭᅩᆺ고
그뒤의즁군셔고
뒤를막아호위ᄒᆞᆫ다
표긔밋ᄒᆡ병쵸판셔
본병이ᄌᆞ쎠셔들고
ᄃᆡᄉᆞ마원슈로다
뉵번금군작ᄃᆡᄒᆞ고
청도일ᄊᆞᆼ압션후의 18

좌쳥룡우ᄇᆡᆨ호며 남쥬ᄌᆞᆨ북현무며
동남각남동각과 동북각북동각과
셔남각남셔각과 셔북각북셔각과
홍신문흑신문과 쳥신문ᄇᆡᆨ신문과
황신문황신긔며 홍고쵸쳥고쵸며
ᄇᆡᆨ고쵸흑고쵸며 황고쵸등ᄉᆞ긔며
남신장북신장과 동신장셔신장과
칠셩긔표미긔며 쵸요긔금고긔라
물ᄉᆡᆨ도죠커니와 오군미목분명ᄒᆞ다
삼항분입완ᄒᆡᆼ으로 ᄂᆡ호쇼릐언ᄒᆞ엿ᄂᆡ
가젼의쵸ᄒᆞᆫ복ᄉᆡᆨ 교룡긔옹위ᄒᆞ고
둑담의양산셔고 좌우의슈정졀월
은증ᄌᆞ금증ᄌᆞ며 은몽동이금몽동이
각ᄉᆡᆨ의장버려셔니 션부의복ᄉᆡᆨ일세
관약지음난만ᄒᆞ고 우모지미현란ᄒᆞ다
호륵ᄒᆞᆫ어젼〃ᄇᆡ ᄌᆞᄀᆡ창시위ᄒᆞ고
모단전건홍더그레 화약통남날ᄀᆡ며
오라ᄉᆞ슬칼의걸고 ᄒᆡᆼ보죠케가ᄂᆞᆫ구나
다홍ᄃᆡ단홍령긔ᄂᆞᆫ 곤장쥬장셕거셔고
금헌화ᄃᆡ답쇼릐 보〃이령젼ᄒᆞᆫ다
어젼등롱홍ᄉᆞ쵸롱 신젼이며월도로다
션젼관별군직과 별운검춍관들과
별감무감ᄂᆡ시와 무례쳥통장들과
협연쵸관창검쵸관 금헌낭쳥ᄂᆡ금장과
ᄂᆡ구마외구마ᄂᆞᆫ 법안지어압히셔고
경긔감영세ᄑᆡ드른 홍쳔익공작우의

가ᄂᆞᆫ쇼ᄅᆡ권마셩이
슝례문밧 ᄂᆞᄋᆞ시니
자쥬거러긔여와셔
겸ᄂᆡ취ᄑᆡ두불너
겸ᄂᆡ취거동보쇼
누른쳔릭남젼ᄃᆡ의
고동이세번울며
엄위ᄒᆞᆫ라발이며
졍긔ᄂᆞᆫ표〃ᄒᆞ고
한가온ᄃᆡ취고슈ᄂᆞᆫ
일시의슈십명이
듯기의도죠커니와
압ᄒᆡᄂᆞᆫ공가교요
무예쳥호위ᄒᆞ고
모도다홍쳔릭의
가교의 ᄂᆞ옵시니
그밧게협연군이
그밧게나장이ᄂᆞᆫ
ᄃᆡ령포교ᄉᆞ오명은
약방ᄂᆡ각졍원옥당
위외의산반드른
후상은금위ᄃᆡ장
원앙진힝군ᄒᆞ여
난후취〃타ᄒᆞ고
돌모로지나셧다
쥬교ᄃᆡ장결진ᄒᆞ고

말고도고을시고
계라ᄎᆞ지션젼관이
취타를쳥ᄒᆞᆫ후의
취타령ᄂᆞ리오니
쵸립우희젹우ᄭᅩᆺ고
명금ᄉᆞᆷ셩ᄒᆞ년후의 19
군악이〃러나니
ᄋᆡ원ᄒᆞᆫ호젹이라
금고ᄂᆞᆫ당〃ᄒᆞ다
흰한ᄉᆞᆷ두북ᄎᆡ를
힝고를가치〃니
보기의도엄위ᄒᆞ다
뒤의ᄂᆞᆫ 타신가교
그밧게별감무감
공젹우ᄉᆞᆺᄌᆞ스며
홍양산은압ᄒᆡ셧다
ᄌᆞᄀᆡ창뒤를막고
쥬장들고시위ᄒᆞ고
ᄇᆡᆨ의로슈가ᄒᆞ고
군복ᄒᆞ고슈가ᄒᆞ고
쳔릭으로ᄇᆡ죵ᄒᆞ고
ᄉᆞᆷ쳔병마춍독ᄒᆞ고
ᄉᆞᆷ십팔면ᄃᆡ긔치의
후진도여가ᄂᆞᆫ구나
로량을당ᄒᆞ엿네
강물을굿계막아

나는ᄉᆡ를건넬쇼냐
표신을숀의쥐고
쥬교령드러가셔
방포ᄉᆞᆷ셩진문열고
명금취타ᄃᆡ진ᄒᆞ니
언긔고승긔젼의
풍운이변화ᄒᆞ고
규〃ᄒᆞᆫ무부드른
군제가쳥슉ᄒᆞ고
하로지나이틀지나
별단시상ᄒᆞ신후의
알셩의룡호방이
잇ᄯᆡᄂᆞᆫ어늬ᄶᅬᆫ고
츈풍이화려ᄒᆞ고
금쳔교버들빗슨
옥류쳔두견빗슨
쳔ᄌᆞ만록방비ᄒᆞ니
금셩류ᄉᆡᆨ쳔문효요
운리뎨셩빵봉궐의
츈당ᄃᆡ노픈언덕
ᄇᆡ셜방군ᄉᆞ들과
삼층보계판을
십칠냥어치일을
흰휘장둘너치고
유둔밋히바쳐치고
룡상우희교의노코

힝보죠흔션젼관이
홍영긔압세우고
표신을젼ᄒᆞᆫ후의
대가〃드으신다
어룡이다놀ᄂᆞᆫ다
삼군이호령ᄒᆞ니
룡ᄉᆞ가비등ᄒᆞᆫ다
공후간셩되여셔라
항오가졍졔ᄒᆞ다
ᄉᆞᆷ일만의환ᄀᆞᆼᄒᆞᄉᆞ
과가령나리시니
한ᄃᆡ로뵈신다ᄂᆡ
츈삼월호시졀의
만화방창ᄒᆞ여셔라
벽라만ᄉᆞ드리온닷
홍금쳔폭가리온닷
가지가지봄빗실다
옥동도화만슈츈을
우즁츈슈만인가를
영화당너른ᄯᅳᆯ의
어군막방직이가
광ᄃᆡᄒᆞ게널이무고
반공의놉히치고
다홍공단어군막을
오봉산일월병풍
룡문셕어포진을

광하쳔간널이쌀고
힝보셕느러펴고
북우희안탑무고
식스러온어ᄉᆞ화며
록의홍상무동드른
션ᄇᆡ의거동보쇼
거문씌눌너씌고
젹셔복즁ᄒᆞ여스니
긔상이청슈ᄒᆞ고
집츈문월근문과
부문을ᄒᆞᄂᆞᆫ구나
짜른도포제쳐ᄆᆡ고
말독이며말장이며
각식글ᄌᆞ표을ᄒᆞ여
밤즁의문을여니
춀불이펼쳐ᄂᆞᆫ닷
긔셰ᄂᆞᆫᄇᆡᆨ젼일셰
현제판밋셜포장의
휘장치고등을쏫고
졉마다직히면셔
그외의약ᄒᆞᆫ션ᄇᆡ
궁장밋ᄉᆡᆼ강밧ᄒᆡ
등불이죠요ᄒᆞ니
동〃일츌ᄃᆡ명궁하니
창검군압흘셔고
춍관각신모단ᄇᆡᆨ관

층〃셤돌어로의ᄂᆞᆫ
뜰아ᄅᆡ큰북노코
한편의향노〃코
보기죠흔거문ᄀᆡ며
쌍〃이늘어셧다
반물드린모시청포
유건의붓쥬머니
슈면앙ᄇᆡᄒᆞᄂᆞᆫ구나
모양이죠츌ᄒᆞ다
통화문홍화문의
건장ᄒᆞᆫ션졉군이
우산의공셕ᄊᆞ고
ᄃᆡ로만든등을들고
등을보고모야셧다
각식등이드러올제
ᄉᆡ벽별이흐르ᄂᆞᆫ닷
빠르기도술갓도다
말독박고우산치고 21
슈죵군이느러셔〃
엄포가ᄉᆞᄂᆞ올ᄉᆞ
장원봉기슬이며
잠복치고안져스니
ᄉᆞ월팔일모양일다
오식운즁가눅룡을
션진이느러셧다
거러셔비죵ᄒᆞᆫ다

의장이압흘셔고
병죠판셔금헌낭쳥
가젼의시위쇼ᄅᆡ
장악원일등악싱
션악을길게ᄂᆡ니
옥교로오〃실졔
비슥이 바드시고
츙의가들어스며
가진시위경필쇼ᄅᆡ
협연시위무례셩은
듯기의도쳥슉ᄒᆞ고
쳥양문 나아실졔
관풍각지나시고
보탑의 젼좌ᄒᆞᄉᆞ
어악이〃러ᄂᆞ며
어졔를고이들고
홍마삭끈을ᄆᆡ여
만장즁션ᄇᆡ드리
각〃졔졉ᄎᆞ져가셔
ᄒᆡ졔를싱각ᄒᆞ여
글ᄒᆞᄂᆞᆫ거벽드른
글시쓰ᄂᆞᆫᄉᆞ슈드른
글〃시업ᄂᆞᆫ션ᄇᆡ
22 공셕의도못안고도
부모션싱권학ᄒᆞᆯ졔
경ᄀᆡᆨ의션장드러

양산이며교룡긔며
오위장우림장과
길고도느러진다
다홍관ᄃᆡ야ᄌᆞᄃᆡ의
여민동락화ᄒᆞᆯ시고
양산이ᄒᆡ를가려
뒤의ᄂᆞᆫ현무션을
키큰봉두별감
갸륵ᄒᆞ고엄위ᄒᆞ다
고ᄀᆡ슉여ᄒᆞᄂᆞᆫ쇼ᄅᆡ
보기의도경됸ᄒᆞ다
ᄃᆡ답쇼ᄅᆡ웅장ᄒᆞ다
관덕졍지나셔〃
군병방위졍ᄒᆞᆫ후의
모ᄃᆡᄒᆞᆫ환시네가
현졔판임ᄒᆞ여셔
일시의올녀다니
붓슬들고다라ᄂᆞᆫ다
ᄎᆡᆨ힝담여러노코
풍우갓치지어ᄂᆡ니
귀〃이을펴ᄂᆡ고
시ᄀᆡᆨ을못머문다
슈죵군모양으로
글한장을ᄋᆡ걸ᄒᆞᆫ다
이런토심모르던가
위장군이외ᄂᆞᆫ구나

ᄒᆞᆫ장들고두장들어　ᄎᆞ〃로드러간다
ᄇᆡᆨ장이너머셔ᄂᆞᆫ　일시의드러오니
승긔젼모양이요　ᄇᆡᆨ셜이분〃ᄒᆞ다
슈건슈몃장인고　언덕갓고뫼갓구나
ᄉᆞ알ᄉᆞ약무감별감　졍원ᄉᆞ령우장군이
열장식작축ᄒᆞ여　젼ᄌᆞ관젼ᄌᆞ하고
쥬뮨명관시관압히　슈업시갓다놋ᄂᆡ
ᄎᆞ례로ᄊᆞ놀젹의　비졈치고관별ᄒᆞᆫ다
그외의낙고지ᄂᆞᆫ　짐〃이져셔넌다
학고의오른글장　먹으로등을쓰네
글시ᄂᆞᆫ명필이오　지은글은문장이라
니두의글릴넌가　희지의글시런가
이갓치공부ᄒᆞᆯ졔　장원이못될쇼냐
과거를다본후의　션비의거동보쇼
우산졉어둘너메고　공셕ᄊᆞ셔엽희ᄭᅵ고
장원봉언덕우희　잠복이모야셔〃
방나기〃달일졔　보계판을ᄇᆞ라보니
시관들과늌방승지　어젼의셔탁방ᄒᆞᆫ다
셜포장지우고셔　졍원ᄉᆞ령불너ᄂᆡ여
셩명숨ᄌᆞ써셔쥬니　졍원ᄉᆞ령거동보쇼
잣쥬름방픠쳔릭　통양갓젓게쓰고
다람박질ᄂᆡ려올졔　만장즁션ᄇᆡ마음
심독희자부ᄒᆞ여　가마니듯ᄂᆞᆫ구나
여러시묵거질너　셩명숨ᄌᆞ호명한다
젹덕한뉘집ᄌᆞ숀　글용한어ᄂᆡ션ᄇᆡ
십년등하쥭을공부　금일등과하엿ᄂᆞᆫ고

밧비불너올나갈제 망건을고쳐쓰고
도포를가라입고 여긔잇다쇼릐ᄒᆞ니
슈십명원령드리 일시의달녀드러
23 부익ᄒᆞ고올나가니 어약룡문되여구나
등과ᄒᆞᆫ신은드를 ᄎᆞ〃로불너올녀
어젼의례방승지 진퇴를식히고셔
ᄉᆞ온ᄉᆞᆷᄇᆡᄒᆞ신후의 얼골의희묵ᄒᆞ고
몸의ᄂᆞᆫ홍삼이오 머리의ᄂᆞᆫ어ᄉᆞ화라
좌우의ᄇᆡᆨ관드리 금관의금ᄌᆞᆷ쏫고
홍황나고은죠복 금흰후슈다라스며
냥엽ᄒᆡᄑᆡ옥쇼릐 거름마다징〃ᄒᆞ다
시위군병갑쥬ᄒᆞ고 츈당ᄃᆡ너른뜰의
득인진하되ᄂᆞᆫ구나 통례원인의드리
산호를놉히ᄒᆞ니 쳔세쳔세쳔〃세라
구경도장ᄒᆞᆯ시고 문물도거륵ᄒᆞ다
장원낭ᄀᆡ를쥬고 그나은신은들은
ᄉᆞ복마죠흔말게 무동쥬어ᄂᆡ보ᄂᆡ니
궐문밧ᄂᆞ올져게 긔구도장ᄒᆞ도다
아ᄎᆞᆷ의션ᄇᆡ러니 져역의션달이라
화류츈풍ᄃᆡ도샹의 셰마치길군악의
무동은츔을츄고 벽제쇼릐웅장ᄒᆞ다
츈풍득의마제질ᄒᆞ니 탐화랑되여셔라
남녀노쇼관광ᄒᆞ고 누가아니층찬ᄒᆞ리
세샹션ᄇᆡ드러보쇼 음슈독셔어려말쇼
졍셩쇼도금셕투ᄂᆞᆫ 옛말이그를숀가
슈문슈덕면강ᄒᆞ며 셩경현젼슈심ᄒᆞ여

츙군효친근본ᄉᆞᆷ고
발룡부봉현달ᄒᆞ여
례악법도이러ᄒᆞ니
어와벗님너야
한양은어듸면고
하후시도산도슈
뎨요뎨슌도읍터ᄂᆞᆫ
문왕무왕도읍터ᄂᆞᆫ
동셔한의ᄂᆞ려와셔
고됴의창업이요
강남금능번화지〃
력ᄃᆡ뎨왕젼슈ᄒᆞ니
싱어동방ᄒᆞ여스니
강우ᄐᆡᄇᆡᆨ단목ᄒᆞ여
봉긔ᄌᆞ우죠션하ᄉᆞ
ᄉᆞᆷ한젹은그만두고
ᄃᆡ명홍무임신연의
졍〃한양ᄒᆞ셔스니
금쳑의길몽이오
오만ᄉᆞ년누릴도읍
산쳔누ᄃᆡ셩곽지당
다시ᄒᆞᆯ말아니로ᄃᆡ
원싱고려ᄒᆞᆫ단말은
츄ᄎᆞ언이관지ᄒᆞ면
산악슈긔ᄇᆞ다ᄂᆞ니
범졀이〃러ᄒᆞ니

제셰안민ᄌᆡ죠닥가
입신양명ᄒᆞ게ᄒᆞ쇼
거륵ᄒᆞᆯᄉᆞ한양일다
한양구경가ᄌᆞ셔라
우리나라국도로세
시획구쥬ᄒᆞ셔스니
평양포판그아니며
기산풍호그아닌가
낙양장안동셔경은
광무의즁흥이라 24
당숑국도되여셔라
즁국의ᄶᅡ이로다
동국이나알리로다
여요병입단군이며
각일쳔연평양이라
아국도셩여긔로다
ᄉᆞᄀᆡ국호죠션ᄒᆞᄉᆞ
즁희누흡ᄒᆞ여셔라
옥쳡의상셔로다
한양셩즁거륵ᄒᆞ다
웃글의ᄒᆞ여스니
례의동방장ᄒᆞᆯ시고
즁원ᄉᆞᄅᆞᆷ말리로세
제일강산가지로다
츙효인물총〃ᄒᆞ다
쳔하제국제일일세

현시지리어더스며 인화죠ᄎᆞ되여셔라
현숑지음부졀ᄒᆞ니 슈ᄉᆞ지풍분명ᄒᆞ고
인의지도찬연ᄒᆞ니 셩현지국되여셔라
삼왕젹일월이오 오뎨젹건곤이며
문무젹문명이오 한당젹문치로다
포판이아니되면 기산이여긔로셰
북악의긔린놀고 죵남의봉황운다
경셩은명요ᄒᆞ고 경운은ᄉᆞᆷ담하다
ᄐᆡ고시졀못보거든 우리셰계ᄌᆞ셰보쇼
이런국도이런세상 ᄌᆞ고급금ᄯᅩ잇스랴
업듸여비나이다 북극젼의비나이다
우리나라우리인군 본지ᄇᆡᆨ셰무강휴를
여천지로히로ᄒᆞ게 비ᄂᆞ이다비ᄂᆞ이다
셰ᄌᆡ갑진계츈한산거ᄉᆞ져

25 신증동요 원ᄌᆞ탄강ᄒᆞ신후ᄇᆡᆨ셩의동요거륵ᄒᆞ기로권말에긔록ᄒᆞ노라
황하슈일쳥ᄒᆞ니 셩인이나시거다
그셩인누구신고 아동방군ᄌᆞ로세
갑술이월쵸팔일일 원ᄌᆞ탄강ᄒᆞ셔스니
삼쵸의희경이오 삼뎐의ᄃᆡ경이라
죵ᄉᆞ의 임ᄌᆞ시고 인민의〃탁일다
린지〃죵ᄉᆞ장은 쥬남시의보아스며
요모가ᄉᆞ즁가ᄂᆞᆫ 한ᄃᆡ젹노ᄅᆡ로다
쳔일지표엄위ᄒᆞ고 룡봉지ᄌᆞ거룩ᄒᆞᄉᆞ
북두셩남두셩의 셩슈만년타계시고
ᄐᆡ샹노군ᄐᆡ을셩의 ᄇᆡᆨ복ᄇᆡᆨ녹타계시리

좌보셩신우필셩은
셔긔가ᄋᆡ〃ᄒᆞ여
셔운은담〃ᄒᆞ여
츈궁시위틱인ᄒᆞ니
거쳐츌입ᄒᆞᆫᄃᆡᄒᆞ니
견뎡ᄉᆞ문뎡언은
이윤부열ᄐᆡᄉᆞᄐᆡ부
현신양좌버러스니
츈방의보필션은
계방의익위솔은
시〃로셔연셕의
당우지치삼ᄃᆡ지치
우슌풍죠ᄒᆞ여스니
강구의져빅셩들
동방셩인우리 츈궁
일월갓치발그시고
쳔하갓치너르시고
하ᄒᆡ갓치부ᄒᆞ시고
문왕갓치 셩ᄌᆞ신숀
세경진국츄셕동신간

시〃로암죠ᄒᆞ네
학관인각둘너스며
구즁쳔문잠겨셔라
박문도술단졍지ᄉᆞ
좌우젼후졍인이라
보도ᄒᆞᄂᆞᆫ도리로다
쥬공쇼공좌우빈ᄀᆡᆨ
동심동덕ᄒᆞᄂᆞᆫ구나
보덕필션셩심이요
익위〃솔직분이라
고금셩쇠강논ᄒᆞᆯ제
독지숑지ᄒᆞᄂᆞᆫ구나
시화세풍죠흘시고
격양가로송축ᄒᆞᆯ제
하ᄂᆞᆯ갓치어지시고
셩신갓치빗나시고
남극갓치슈ᄒᆞ시고
ᄌᆞ미갓치귀ᄒᆞ시고
만세무강ᄒᆞ옵쇼셔

색인

남훈태평가 초장

ㄱ

ㅁ

ㅂ

ㅇ

ㅈ

ㅊ

ㅌ

남훈태평가 어휘

ㅅ

ㅇ

ㅊ

ㅌ

ㅍ

ㅎ

한양가 어휘

ㄷ

ㅅ

ㅇ

ㅈ

ㅍ

ㅎ